本书采访者团队名单

徐 伟

张 娜

赵海娟

朱菲娜

刘 慧

王小霞

李成刚

范思立

徐伟为中国经济时报“国研视点”版主编

其余七位均为中国经济时报新闻中心编辑、记者

China and the World in the Post Financial Crisis Era

后危机时代的中国与世界

王晓军　李慧莲◎主编

中国发展出版社

图书在版编目（CIP）数据

后危机时代的中国与世界/王晓军，李慧莲主编. —北京：中国发展出版社，2011. 7

ISBN 978-7-80234-692-5

Ⅰ. ①后… Ⅱ. ①王… ②李… Ⅲ. ①世界经济—研究 Ⅳ. ①F112

中国版本图书馆 CIP 数据核字（2011）第 131638 号

书　　名：后危机时代的中国与世界
主　　编：王晓军　李慧莲
出版发行：中国发展出版社
（北京市西城区百万庄大街 16 号 8 层　100037）
标准书号：ISBN 978-7-80234-692-5
经 销 者：各地新华书店
印 刷 者：北京科信印刷有限公司
开　　本：700 × 1000mm　1/16
印　　张：21. 75
字　　数：342 千字
版　　次：2011 年 7 月第 1 版
印　　次：2011 年 7 月第 1 次印刷
定　　价：50. 00 元

联系电话：（010）68990630　68990692
购书热线：（010）68990682　68990686
网　　址：http：//www. develpress. com. cn
电子邮件：bianjibu16@ vip. sohu. com

序言 1

“十二五”时期我国开放战略需要转型升级

辜胜阻

“十二五”时期是我国全面建设小康社会的关键时期，是深化改革开放、加快转变经济发展方式的攻坚时期，转型已成为当今政府和企业共同的重大使命。转型不仅涉及国内经济发展方式转型，也要求开放型战略转型。虽然金融危机冲击了国际社会经济政治格局，改变了国际产业链分工体系和金融体系，但是没有改变经济全球化、区域经济一体化的发展趋势。对此，我国“十二五”规划明确提出，要“优化对外贸易结构，推动外贸发展从规模扩张向质量效益提高转变、从成本优势向综合竞争优势转变”，“坚持‘引进来’和‘走出去’相结合，利用外资和对外投资并重”，“提高对外开放水平”。

未来，我国要改变过度依赖“两头在外”的外需拉动、过度依赖企业商品输出等局面，坚持出口和进口并重、吸收外资和对外投资并重，积极转变外经贸增长方式，拓宽居民对外直接投资渠道，充分利用好国际市场和国际资源，实现从世界工厂走向世界市场、从商品输出走向资本输出、从中国制造走向中国所有，让企业实现从低层次国际分工战略向高层次国际运营战略的根本性转变。

首先，要积极转变外贸增长方式，坚持出口和进口并重，从“世界工厂”走向“世界市场”。长期以来，我国经济增长过度依赖“资金来自国外、产品销往国外”的出口导向型发展模式，尽管这种模式在我国经济起飞阶段具有积极意义，但是也使得我国经济存在外贸依存度过高、受国际影响较深的问题，不利于经济主体独立自主运营。据测算，上世纪 90 年代，我国对外贸易依存度徘徊在 30% ~40% 左右，2000 年达到 43.9%，2007 年达到 66.2%，2008 年和 2009 年受金融危机的影响有所下降，分别为59.2%和44.8%①。“十二五”时期，加快扩大内需、增加进口，推动中国由输出商品的“世界工厂”转向进口商品和服务的“世界市场”，不仅是适应中国经济转型的需要，也是促进世界经济再平衡、创造全球经济增长“新引擎”的客观要求。法国兴业银行的一份研究报告指出，中国正从一部“出口机器”变成“消费机器”②。未来，我国要推动加工贸易企业转型升级，进一步优化进出口产品结构，发挥进口在促进经济结构调整和维持国际收支平衡中的积极作用，提高外贸增长质量和效益。要积极发展新的贸易伙伴和新兴市场，减轻对欧美市场的过度依赖，实施贸易再平衡战略。

其次，要加强对我国企业海外投资的政策支持，坚持“引进来”和“走出去”相结合，使走向海外的企业成为全球资源“整合者”。数据显示，2009年世界吸收外资与对外投资比重的平均水平为1∶0.99，发达国家为1∶1.45，中国仅为1∶0.51，对外战略极不平衡③。当前，要引导我国企业从世界工厂“打工者”走向全球资源“整合者”，从商品输出走向资本输出，从全球价值链的低端制造环节向高端研发及营销环节提升，从中国制造走向中国创造。要通过加强海外投资立法、财税扶持、金融支持等举措鼓励中国企业“走出去”。要探索如何利用高额的外汇储备支持企业海外拓展，实现“藏汇于国”到“藏汇于民”、“藏汇于企”的转变。要推进外汇储备由“债权投资”向“股权投资”转变，鼓励企业对外资本输出，实现从“中国制造”时代向“中国所有”时代转变。

再次，要进一步拓宽国内居民对外直接投资渠道，加快资本输出进程，让国内居民分享国外经济增长成果。当前，我国民间资本富裕，据测算，目前约有46万亿元，包括20万亿元个人储蓄和26万亿元企业、社会资本。但由于缺乏投资渠道，国内流动性呈现过剩态势，甚至很多民间游资涌向房市、股市、农产品市场等，加剧了资产泡沫，推高了物价。日韩经验表明，加大居民对外直接投资力度是化解国内流动性过剩的有效手段。有研究发现，日本80年代之后，尽管出现了日元的大幅度升值和房地产泡沫、股市泡沫的产生和破灭，但CPI始终保持较低水平，这与日本企业和个人进行大量海外投资具有密切关系④。未来，要加快推进上海国际板，通过引进国外优质企业、海外红筹公司等在境内上市融资，为居民对外直接投资提供新渠道。要进一步放宽海外投资基金（QDII）的审

① “中国可以跨过‘中等收入陷阱’吗”，人民日报，2010-09-06。

② 明金维：“中国从世界工厂到世界市场”，新华网，2011-04-25。

③ 联合国贸易和发展会议：《2010年世界投资报告》。

④ 李迅雷：“放宽民间海外投资渠道将一举多得”，新财富，2010-12-14。

批标准和额度限制，加快推出海外房地产投资信托基金（REITs），丰富境内居民对外直接投资的金融产品种类。要加快推进温州市个人境外投资试点进程，进一步提高境内居民的购汇额度。

《后危机时代的中国与世界》一书，比较系统探究了国际金融危机后的世界经济形势和格局的变化，未来这种变化给中国带来的机遇和挑战，以及中国的应对策略，集中凸现了"变化"和"转型"这两个主题。全书具有以下特色：一是跨行业与跨国界相结合，全书作者包括我国政府官员、国内外专家学者和企业家、国际组织领导人等，使得书稿涵括了不同行业特色和国别视角，能够集思广益。二是宏观与微观并重，全书既有对全球经济格局、世界经济增长形势、外贸合作、中国金融和能源发展等宏观问题的分析，也有对企业国际化、人才素质提升等微观问题的探讨，使得本书能够较为全面、立体地揭示后危机时代的世界和中国经济形势。三是前瞻性和现实性并重，全书既有对亚洲经济一体化、超主权货币时代、新兴大国的国际治理责任、后危机时代中国的机遇与挑战等前瞻性问题的揭示，也有立足于现实对中美贸易困境、中国粮食安全和产业升级等问题的研究。四是理论与实践并重，全书既有对金融危机产生原因、危机影响的理论性分析，也有对中国外贸转型、企业"走出去"、战略性新兴产业发展等问题的可操作性的政策建议。我相信，此书的出版将有助于我们开阔视野、深化认识，有助于推进"十二五"时期我国开放战略的转型，推动中国从商品输出大国向资本输出强国、从世界工厂向世界市场、从中国制造向中国创造的"三大转变"。

（作者系全国人大常委会委员、内务司法委员会副主任委员、民建中央副主席）

序言 2

呼唤中国特色经济危机理论

王晓军

改革开放之初，在象牙塔里读经济学，“经济危机”对我们来说，犹如隔岸观火，反正与我无关，权当看热闹，有时心底还会游动一丝幸灾乐祸。

然而，1997 年 7 月，由于泰铢汇率急剧跌落而引发的国际货币风潮迅速波及东南亚，进而扩散并影响整个世界时，身受切肤之痛的我们不禁惊呼：“狼来了！”这一次，以 2007 年上半年美国次贷危机为前导，以 2008 年 9 月 15 日美国第四大投资银行雷曼兄弟公司宣布申请破产为标志的金融风暴席卷全球，让我们痛切地体会到，经济危机和金融危机这只恶狼不仅真的来了，而且粗暴地闯进了我们的家园，龇着狰狞的獠牙，无情地撕咬着我们的肌体。全国上下紧急行动起来，投身到应对危机的行动中。从积极的财政政策、适度宽松的货币政策，到扩内需、保增长……一系列政策措施相继出台，政府、企业、社会、个人，方方面面都经受了一次全方位的严峻挑战。时至今日，这场风暴仍然阴魂不散，让人回想起来依旧心有余悸。痛定思痛，我们真切地体会到，在经济日益全球化的当今时代，那道把一国经济和世界经济截然分开的隔岸之水已经不复存在。世界各国在分享增长与发展阳光的同时，也在共担停滞与危机的风雨。一荣俱荣、一损俱损的处境，让我们不再有幸灾乐祸的念头，甚至连侥幸心理都彻底抛弃了。

自 1857 年爆发第一次世界经济危机起，到 20 世纪 80 年代，全球发生了 16 次世界性的经济危机。每一次经济危机的爆发，都会导致金融资产大幅缩水，社会生产迅速萎缩，产值下降，失业增加，人均可支配收入减少，消费力下降，造成经济下滑，社会生产力遭受严重破坏，人民生活大幅度恶化。更为严重的是，世界性的经济危机直接导致了两次世界大战，使亿万人民身陷战火，生灵涂炭，万劫不复的噩梦至今令人不堪回首。危机的策源地不仅有发达国家也有发展中国家，从实体经济延伸至虚拟经济，从单纯的生产过剩转变为生产与资本的双重过剩，从以通货膨胀为特征转变为以通货紧缩为特征，危机的波动速度进一步加快，影响的范围进一步扩展，造成的经济损失和社会破坏更加严重。无情的现实警示我们，经济危机产生的经济和社会根源依然存在，周期性爆发经济危机的规律没有改变，那种认为经济危机已经随时间的消逝而远去的观点是天真而有害的。随着我国市场经济体制的建立和全球化的迅速发展，经济危机已经不再与已无关，周期性爆发的经济危机已经并将继续对社会主义市场经济体制下的中国造成周期性的影响。

理论是现实的反映，现实依赖理论光芒的照耀。严酷的现实告诉我们，面对经济危机，不仅要正视它，还要研究它，以系统科学的理论指导艰巨复杂的实践。从经济危机作为一种社会现象出现以来，人类的智慧就没有停止过对它的关注与思考。时至今日，世界上已有 27 种经济危机理论。从凯恩斯主义、新古典综合派、瑞典学派，到伦敦学派、现代货币主义、新左派政治经济学派等等，林林总总，不一而足。这一方面反映了理论界对经济危机的高度关注，另一方面也体现了人类为了制服危机所付出的艰辛努力。在众多危机理论中，从对李嘉图、萨伊、西斯蒙第的批判中建立起来的马克思主义经济危机理论是丰富的、全面的。他认为：资本主义经济危机说到底是生产过剩的危机，但它不是绝对过剩，而是相对于人们有支付能力的消费需求而言的过剩，即“不是财富生产得太多了，而是对抗性的形式上的财富，周期性的生产得太多了”。“生活资料和现有的人口相比不是生产的太多了，正好相反。要使大量人口能够体面地像人一样地生活，生活资料还是生产得太少了。”马克思通过对剩余价值，特别是资本积累的剖析，指出大工业同资本积累共同作用的结果导致危机的现实爆发。因为大工业使资本的集中加剧、资本有机构成大大提高，这必然导致资本方的财富积累和劳动者方贫困的积累，资本积累的这个一般规律使得生产能力无限扩张与劳动者有支付能力的消费之间的矛盾不断深化，必然导致以生产相对过剩为特征的经济危机。马克思认为，经济危机既可以是由虚拟资本异常活动引发的货币（金融）危机，又可能是发生在实体经济中的生产过剩的经济危机。金融危机的生成机制源于信用和虚拟资本存在造成的金融系统内部的紊乱。实体经济危机的生成机制源自社会再生产比例失调。危机产生的根源在于生产的社会化和生产资料的资本主义私人占有之间的矛盾，即：资本主义生产具有无限扩大的趋势与劳动人民有支付能力的需求相对缩小之间的矛盾。马克思看到了资产阶级试图运用财政、货币和金融等手段调节金融危机和经济危机的努力，同时指出这种调节具有局限性。他认为克服危机的根本途径是，用生产资料公有制代替资产阶级私有制，生产在社会的统一计划指导下避免盲目性；实行“按劳分配”（未来社会的第一阶段）和“各尽所能，按需分配”（未来社会的第二阶段），使劳动者不再贫穷，从而根除经济危机。

马克思经济危机理论揭示的是资本主义的经济危机问题，指出资本主义经济危机实际上是生产力发展到一定阶段的产物，危机不仅与制度相关，也存在于市场经济的一般体制中。从市场运行的角度看，马克思指出了危机爆发的现实条件：一是对剩余价值的追逐和机器的资本主义使用使生产力得以扩张，这既为生产过剩的经济危机提供了物质基础，也使经济危机成为可能；二是市场竞争和物质技术变革加速了生产过剩，造就了相对过剩的工人人口，使经济危机表现为相对过剩的危机；三是固定资本的周转特点为经济的周期性波动提供了实现条件；四是信用制度的发展，强化和加速了危机的出现。这一重要的分析角度有助于我们认识当前我国在社会主义市场经济条件下难以幸免于经济危机冲击的现实境遇。由此可以得出一个基本的结论：马克思主义经济危机理论不仅不是过时的理论，而且百余年的社会实际一次又一次地证明了这一理论的科学与深刻。当人类步入21世纪之后，我们不仅不能遗忘马克思，理智的人们更应该选择回到马克思，高举马克思的理性火炬照亮现实社会的迷局。

当历史的车轮碾过一百多年的岁月，我们不能苛求马克思为今天的社会现实给出所有具体的答案。随着人类经济、文化生活的发展与变迁，经济危机的根源和表现形式也呈现出许多新的特征。如信息化与全球化的影响、发展中国家也可能率先爆发危机、虚拟经济可能成为经济危机的主体和先导、不同经济制度的国家都有可能身陷危机泥潭等等。马克思之后，凯恩斯、萨缪尔森、哈耶克、弗里德曼、斯威齐……一批又一批经济学家从不同的角度解释着经济危机，提出了各式各样的药方。这种现实和理论的发展要求我们在坚持用马克思主义的基本立场、观点和方法去分析和解决现实问题的同时，也要充分吸收人类所有的智慧成果，丰富和发展马克思主义经济危机理论。正如牛顿所说：如果说我看得比别人更远些，那是因为我站在巨人的肩膀上。

改革开放三十多年以来，中国创造了人类社会发展的罕见奇迹，也经历了市场经济共有的经济周期性波动，更承受了两次世界范围内危机的冲击。在无情的现实面前，争议社会主义政治制度下有没有经济危机是毫无意义的，正确的选择是如何更好地学习和运用马克思主义经济危机理论，批判地吸收人类最近的经济危机理论成果，深入研究分析当今时代经济危机，特别是社会主义市场经济条件下经济和金融危机的新特点，尽快形成中国特色经济危机理论体系，用更加科学、更有针对性的理论指导我们应对危机的各项政策和工作措施。应该把加快建立和完善中国特色经济危机理论列入社会科学研究的迫切任务。高校和科研机构、社会和政府研究机构都应高度重视并积极投入中国特色经济危机理论的研究和探索。政府、企业和社会组织的领导决策者，以及广大民众，都需要学习中国特色经济危机理论，做到理论上明晰、行动上明智，避免因为无知和盲目造成的不自觉的损失。现实已经发出了强烈的呼唤，我们不能再有半点迟疑与彷徨。

尽管我们距离马克思主义指导下的有中国特色经济危机理论的建立还有漫漫征程，但是值得欣慰的是，一批有识之士已经开始睁开眼睛，怀着历史的责任感审视当下的中国与世界。当最近这次金融危机爆发后，他们和世界同行一道，记录历史，思考现实，力图为探索理论指南做一份努力。《中国经济时报》作为国家级的经济领域主流媒体，历来以敏锐深邃的触角，感知并反映着伟大时代的每一次脉动。当金融风暴余波未息，"后危机时代"作为一个新概念被大家讨论之初，报社的李慧莲先生和我交流，商议开辟一个专栏，联系国内外知名的学者专家企业家，从不同的视角会诊这场风暴，提出不同的治疗方案，同时为这场危机后的世界经济格局描绘出一个大致轮廓。很高兴也很荣幸，我们的努力得到了辜胜阻、李君如、隆国强、史蒂芬·罗奇、柯林·梅尔等等中外专家学者、企业家的支持和参与。在从 2010 年 9 月至今年 6 月的 10 个月时间，共有 44 位专家学者在这个小小的论坛上，发表了他们深刻和精彩的见解，这为人们研究观察金融危机及其后的世界提供了一扇窗口。我们选择其中的 41 位，按他们各自的话题重点分成"中国篇"、"中国与世界篇"以及"世界篇"三个部分，每个部分各有十三四位访谈对象或撰稿人，按他们的姓氏拼音进行排序，组成本书。我们没有能力也没有野心要构建一个什么样的理论体系，但是良知和使命，让我们自觉地回应时代对创建中国特色经济危机理论的强烈呼唤。把学者和专家的思想与理论成果集结成册，奉献给社会，奉献给广大读者，是对所有参与支持我们工作的专家学者、企业家表达郑重的敬意，也是对时代的一点点回报，哪怕这点回报只是一簇簇火花的积聚，只是一枚枚脚印的记录。

当海啸袭来的时候，我们的脚下有足够的高度，我们的头脑有足够的清醒，谁能说这不是人生之幸、民族之幸呢？

（作者系曲阜师范大学教授、临沂大学客座教授）

目录 Contents

中 国 篇

中国与世界篇

世 界 篇

中国篇

发展战略性新兴产业需要三个创新

——访国务院发展研究中心产业经济研究部部长冯飞

李慧莲/文

金融危机对全球经济带来冲击的一个直接后果就是，各国都在酝酿产业结构的调整，而在此调整过程中，新兴产业的发展越来越受到各国政府的重视，中国在2010年10月提出要发展七大战略性新兴产业。那么，新兴产业在全球是怎样的发展趋势？中国在新兴产业发展上存在哪些瓶颈？需要哪些创新？带着这些问题，中国经济时报记者采访了国务院发展研究中心产业经济研究部部长冯飞。

危机加速了全球新一轮产业结构调整

中国经济时报：你认为，金融危机对于世界经济有什么样的影响？从产业结构角度来讲，对新兴产业意味着什么？

冯飞：金融危机对世界经济的影响，我用三句话来概括：一是低速增长，二是结构调整，三是制度重构。

这轮调整对新兴产业发展来讲是个重要机遇。“新兴产业”这个词并不是中国现在所独有的，国外讲的是新兴产业和技术，欧盟用的词叫使能产业，这个产业的发展能带动整个结构的调整。从政府的政策来看，美国2009年12月份出台制造业复兴政策框架，提出了六大新兴产业，包括我们现在所确定的，像可再生能源、电动汽车、生物技术、纳米技术等六大新兴产业。日本在2010年的6月对外宣布2020新增长战略，提出了三个重点发展领域，其中还包括健康产业。欧盟在2009年12月出台了2020智慧可持续协调增长的战略，提出了五大新兴产业的发展。由此可以看出，目前全球正酝酿着新一轮产业革命和科技革命。

自主创新是中国面临的最大瓶颈

中国经济时报：你认为，中国发展战略性新兴产业有何基础？

冯飞：中国推进战略性新兴产业的发展是在金融危机爆发之后，世界范围内孕育新一轮产业革命和科技革命的背景下进行的。我觉得，发展战略性新兴产业，中国面临着几个瓶颈：第一个就是自主创新能力不足。

战略性新兴产业的发展在技术创新方面有三个特点：

第一，根本性创新为战略性新兴产业的创新特质。和成熟产业相比，更体现在创新的程度上，表现在根本性创新上，而不是像成熟产业以渐进性创新为主的特点。成熟产业的渐进性创新现在看，有创新边际收益递减、创新成本提高等问题。

第二，创新的频度和破坏性创新、颠覆性创新，从产业周期来看一般是三个阶段，起步阶段、成长阶段、成熟阶段。战略性新兴产业目前处在起步阶段。起步阶段的特点是创新的频度和破坏性创新，所谓破坏性创新就是一个创新成果的出现对一个刚刚诞生不久的所谓新技术就是一种颠覆性的创新。

第三，从世界上来看，新兴产业技术创新都是长期的技术积累成果随之产业化。比如像电动汽车，电动汽车的诞生时间比传统汽油车的诞生时间还早，现在新能源汽车的发展、新型动力电池的发展是近五年的时间，随着动力电池的技术突破而发展起来的。金融危机之后，我们刚刚得到的一个新名词叫物联网，这个概念是 1998 年麻省理工学院提出来的，到现在长达十几年的时间。

从这些特点来看，不是因为金融危机才使得这些技术出现，而是金融危机加速了新技术的产业化。第三次信息大浪潮迎来了以物联网为特征的产业化，对中国而言，前两次都是跟随式的，目前处在有可能是同发的位置上。但是我们认为，自主创新能力还不足，中国所确立的七大战略性新兴产业当中，发展最快的是新能源，我们一年的风电装机、新增装机世界第一，全球太阳能光伏 40% 的生产能力在中国。但是从技术的角度来看，基本上还处在引进技术、消化吸收向自主创新的过渡时期。因此在产业界，对新能源产业发展有争论，觉得是不是太快了。

中国经济时报：你怎么看待这个“快”与“慢”的关系？

冯飞：针对“快”与“慢”我提出几点：

第一，如果新能源的发展能够与创新能力积累相结合，能够与成本的下降相结合，“快”是好事，我认为新能源发展应该转到两个结合上。

第二，市场化初期带来的瓶颈问题，这些战略性新兴产业在需求方面有三个困境。其一是相当一部分利益在供给和需求的关系上，是供给创造需求。第二个特点，新兴的产品和服务成本偏高，特别是在一些领域当中它是替代传统产品，经济成本高的弱势比较明显，比如新能源汽车对传统汽车的替代，新能源对化石能源的替代等等，都存在成本偏高的问题。第三，基础设施的不完善，使得潜在的市场需求比较难以转化为现实的需求，比如像新能源汽车的充电设施不完善，会制约需求潜力的释放。

第三个瓶颈，是体制、机制不完善带来的瓶颈。

技术创新往往引发体制、机制的重大变革，不仅中国如此，全球都是如此。互联网的发展带来电信监管体制的重大变革。目前，我们的体制和机制障碍上大致可以分为两类，一类是一般性和普遍性的体制、机制问题。比如在准入问题上、产业组织、知识产权保护、科技与经济结合、科技成果转换的问题上，这些普遍性的问题对新兴产业的培育和发展的制约程度更大。第二类是针对七大战略性新兴产业的领域存在的特殊性的体制、机制问题，比如，新一代信息技术产业发展需要解决三网融合问题；生物制药要解决的是药物审批制度、医保目录等等问题；新能源汽车要解决的是准入问题。

新兴产业发展要重视三个创新

中国经济时报：对于这些瓶颈问题，我们应该如何应对呢？

冯飞：在战略性新兴产业发展上，我们要高度重视三个创新。一是技术创新的问题；二是商业模式的创新；三是体制、机制的创新。

也就是说战略性新兴产业的发展需要有系统的思路加以推进。强调“系统性”，不是单一方面的改革，通过系统性的改革和政策设计推动战略性新兴产业的发展。二是强调“新”，战略性新兴产业的发展要有新的思路、新的方式来加以推进。具体的内容在技术创新方面，除了现有的政策，我们还呼吁两个技术上的创新政策，其一，创新联盟，中国的企业创新能力偏弱，和国际大鳄等跨国公司不可相比。国际上，创新联盟是推动重大创新的一种行之有效的方式。联盟当中，我们还要注意切实联盟而不是名存实亡，联盟机制上要形成利益共享、风险共担，同时强调联盟的开放性，特别是将民营高技术企业吸引到联盟中；其二，创新政策注意向需求侧倾斜。我们很多创新政策主要还是在供给侧，政府资源主要支持科研机构、院校和企业等供给侧，而需求侧的创新激励政策是不足的，或者是对此没有足够的认识，需求侧的政策对于解决供给侧难以做到公平的问题，我认为是一个非常有效的措施。我们往往是有心栽花花不开、无心插柳柳成荫。如果再没有需求创新政策，我想对于一些没有纳入供给侧的机构和企业有比较大的问题。

再有是商业模式的创新问题，比如现在物联网发展中最大的挑战是商业模式的创新，不能靠简单的政府示范来支撑产业发展，这样是不具有可持续性的。如何鼓励商业模式的创新非常重要，而且要把这个问题提到政府政策的高度，而不仅仅是企业层面的问题。在政府政策的问题上，鼓励商业模式创新最重要的是采取更加宽松的准入政策。

第三，体制、机制的创新问题。我个人的看法：推动战略性新兴产业的发展和体制、机制创新结合起来，把这些新的领域作为体制改革、制度创新的试验田。借助新兴产业发展来加速推动相关领域的改革非常关键，体制和机制的创新比政府直接投资的支持还要重要。

冯　飞

国务院发展研究中心产业经济研究部部长，研究员，博士后。主要研究领域：产业经济、管制经济学、技术创新等。曾参加国家部署以及国务院发展研究中心主持的许多重大研究项目，参与有关部门发展规划、改革方案和政策设计。主持或承担的主要课题共百余项。多次获得有关部委的奖励，包括中国发展研究特等奖、一等奖，原国家教委科技进步一等奖等。获国务院特殊津贴。在多个学术团体中担任职务。

开放战略转型要加快企业海外拓展

——访全国人大常委、民建中央副主席辜胜阻

李慧莲/文

后危机时代，世界经济格局正在发生重大变化。“欧美消费—中国制造”的全球经济增长模式正逐步改变，世界金融体系、国际产业链结构也将面临新的调整。从中长期来看，由于世界经济再平衡、贸易保护、各国财政紧缩、人口老龄化等问题，全球经济将会进入中低速增长阶段。

这种国际环境的变化，对中国产业结构调整提供了怎样的契机？赋予中国企业怎样的新角色新使命？中国企业如何才能顺利“走出去”？政府如何推动中国企业“走出去”？2010 年晚些时候，在西安的一个研讨会上，全国人大常委、民建中央副主席、经济学家辜胜阻与此相关的演讲引起中国经济时报记者的关注，回京之后，记者邀请这名活跃的经济学家，对他的观点进行了详细的阐述。

中国企业要从世界工厂“打工者”走向全球资源“整合者”

中国经济时报：2010 年中央经济工作会议明确提出，“坚持互利共赢的开放战略，拓展国际经济合作空间”作为 2011 年经济工作六大任务之一。中国企业“走出去”虽然是个老话题，但在新的国际国内形势背景下，中央的这种提法有了新的内涵，你是如何看待这个问题的？

辜胜阻：我觉得，在当前我国经济发展方式转型的背景下，推动中国企业“走出去”进行海外拓展具有非常强烈的现实意义和战略意义。概括来说，有这么几个“有利于”：有利于促进我国储蓄向投资转化，解决我国储蓄与投资结构失衡的格局，有利于拓展民间资本的发展空间，缓解国内民间投资出路狭窄而形成大量游资的局面，可把大量的热钱引导到实体经济中来。

有利于化解我国当前的产能过剩，带动零部件出口，带动东道国的经济发展和就业，实现互利双赢。

有利于抢抓危机后的战略性投资机遇。国外经济衰退是我国企业战略性投资

的好时机。国外相当一部分知名企业纷纷在金融风暴中陷入经营危机，这为我国企业进入国际中高端市场、树立自身品牌提供了一个难得的机遇。金融危机也为购买国外先进技术和设备以及石油、黄金等战略资源创造了机遇。

有利于应对高成本压力。在国内企业进入了高成本时代，劳动力、原材料、资金、土地等各项成本上升的条件下，企业通过向国外廉价要素地区转移，也可以规避高成本压力。

有利于企业规避贸易壁垒，避免贸易争端。后危机时代，全球增长前景不容乐观，国际市场需求不振。联合国预计，2011 年世界经济增长率将从 2010 年的 3.6% 降至 3.1%，世界贸易增长率将从 2010 的 10.5% 降至 6.5%。同时，发达国家出现了再工业化趋势，纷纷出台了贸易保护政策，恶化了外贸环境。据商务部统计，2009 年我国以约 9.6% 的全球出口量，遭受了全球 40% 左右的反倾销案、全球 75% 的反补贴案。加快企业海外拓展，可以将部分生产环节转移到国外，规避贸易壁垒，有效应对贸易保护。

从现实角度看，目前，我国企业国际化取得了显著成绩，中国正在从资本的输入国转变为资本输出大国。据商务部统计，已经“走出去”的中资企业约有 1.4 万家，遍布全球上百个国家和地区。但是我国企业海外拓展的相对水平依然较低。《2010 年世界投资报告》显示，2009 年世界吸收外资与对外投资比重的平均水平为 1∶0.988，发达国家为 1∶1.45，中国仅为 1∶0.505，中国对外直接投资存量仅占全球存量的 1.21%。未来我国企业国际化战略需要进行调整，要从世界工厂“打工者”走向全球资源“整合者”。要推动我国从依赖廉价劳动力和土地等要素竞争取胜的产品国际化走向依靠技术、管理、创意等非物质要素竞争取胜的企业国际化，从商品输出走向资本输出，从中国制造走向中国所有，实现从低层次国际分工战略向高层次国际运营战略的根本性转变。

中国企业国际化的六大实施攻略

中国经济时报：近几年来，中国企业“走出去”已经有不少尝试，有成功的，但失败的更多，你认为，下一步该如何走才能保证成功的概率更大？

辜胜阻：失败是不可避免的，重要的是总结教训，吸取经验。我觉得，中国企业要成功进行海外拓展，一方面要分类拓展，趋利避害。海外拓展是高风险的，企业必须首先做到知己知彼。因此，中国企业要明晰自身发展战略和企业优势，要对目标市场、并购对象等进行详尽的调查研究，对海外拓展所需资金、人才做好分析和储备，对拓展的预期收益及风险做好评估。海外投资目的可分为寻求资源、寻求战略资产、寻求市场和寻求经济效用最大化四种，海外投资有并购和新建企业两种，各有利弊。并购的优点是能迅速利用现有的技术，品牌和生产能力，使用现有的营销渠道进入当地市场，减少竞争。但受当地政策限制，并购后业务整合和管理比较复杂。新建企业的优点是受到政策限制和民众抗议的可能性较小，在绝大部分国家，比并购需要的手续要简单，但对当地文化和管理机制的适应周期较长。我国企业在海外拓展中要根据自己的规模实力、发展阶段、行业性质、比较优势来灵活选择不同的目标市场、海外投资方式和经营模式，明确自己的定位，分类拓展。

另一方面要分步实施，循序渐进。企业在国际化进程中，可以选择以贸易为先导，再分阶段、分步骤将企业的生产经营环节向目标市场拓展，根据自身实际条件，由低到高逐级选择直接出口、设立海外代表处、设立海外分公司、海外子公司等方式。同时，企业要主动融入华商网络，巧借海外华商的力量，克服资金、人才、管理和品牌等国际化障碍。如华为模式是靠技术打造企业集群，采取“农村包围城市”战略，先开辟发展中国家市场，逐步走向发达国家。

中国经济时报：你的这种原则如何转化成可操作性的建议供企业参考？

辜胜阻：具体来说，中国企业要成功实现国际化，需要实施以下策略：

一要推进人才多元化。海外投资具有高风险，规避高风险的关键在于用好国际化的管理人才。通用电器（GE）前总裁韦尔奇说过，企业国际化“真正的挑战，是将组织的思想全球化。除非将人才全球化，否则就没有将公司真正全球化”。我国企业需要通过引进海外高端人才，聘请具有跨国公司工作经验的优秀人士加盟，选派企业内部高层管理、技术人员去海外深造，定期组织员工参加相关培训，灵活招聘、配置不同领域人才资源等途径，构建开放、多元化的人才体系。

二要实现品牌高端化。21世纪是品牌时代。能否打造出知名的国际品牌，既决定了企业能否成功实现国际化，也标志着企业国际化是否成功。我国企业可以借鉴日本家电企业推进品牌国际化的成功经验，灵活选择“OEM + 自有品牌”、“先OEM，后建立品牌”和“直接自有品牌”等不同策略，在市场定位、产品设计、渠道布置、广告策略、售后服务等方面下足工夫，推进品牌国际化。

三要推进管理国际化。管理大师德鲁克认为，国际化企业的经营管理“基本上就是一个把政治上、文化上的多样性结合起来而进行统一管理的问题”。我认为，中国企业要成功实现国际化，需要借鉴国际通用的管理模式，引进世界先进的管理方法，执行国际规范的管理认证标准，加快企业治理结构改造等，提升企业管理水平。尤其是要高度重视企业跨文化管理。国外管理学家的经验表明，大约有 35% ~45% 的跨国企业是以失败而告终的，其中约有 70% 是由于文化差异引起的。

四要实现生产专业化。握紧的拳头更有力，生产专业化可以降低企业运营成本、将企业资源集中于价值链创造的关键环节，培育企业核心竞争力。在欧洲和日本有许多几乎不为人知的中小企业，通过高度生产专业化，成为国际市场竞争中的“隐形冠军”，享有 50% 以上的国际市场份额，有的甚至达到 70% 或 90%。我国企业，尤其是中小企业，规模小、实力弱，在海外拓展中很难获取竞争优势。需要借鉴“隐形冠军”成功经验，专注于特定市场客户需求，把精力放在行业某一非主导产品领域，并力争把产品做精、做细、做专、做深，从而获得生存能力和生存空间。

五要推动发展集群化。抱团国际化是企业海外拓展初期的重要途径之一。如我国台湾地区企业通过建立“行销合作网”走向全球市场，日本企业通过“下请制”联合起来形成国际市场竞争的“命运共同体”，意大利中小企业以建立“弹性专精”为基础的产业集群来参与国际竞争。浙江民营企业通过在国外联合建立工业园区或开发区的形式，创造了集群国际化的新模式。有研究表明：国际投资不再向低成本方向转移，而是向产业群方向转移。当前，我国企业国际化可以以产业链为单位，上下游企业集群“走出去”，增加抗御风险能力，获取集群效应，也能在国际谈判中提高话语权，相对容易地从对方政府那里拿到政策优惠。

六要推进竞合联盟。战略联盟有利于企业间优势互补、风险共担和成本同降，有利于迅速突破市场进入壁垒，同时相比兼并收购、新建企业等国际化方式具有风险小、成本低的优点，已经成为增强企业国际竞争力的重要手段。管理大师德鲁克曾称，现在是“战略联盟的时代”。据统计，全球性跨国公司几乎平均每家有 60 个重要的战略联盟。而中国企业家调查系统最新调查显示，目前我国只有 14.4% 的企业在国际化过程中采用“战略联盟”形式。中国企业需要通过主动寻求与国外企业合作，建立供销联盟、研发联盟、生产联盟和合资企业联盟等。如华为海外拓展中，合作阵营是国外大企业、知名企业，从而大大增强海外拓展能力。

政府的作用：加快培育中国的跨国公司和国际知名品牌

中国经济时报：在中国企业国际化的过程中，政府该发挥怎样的作用？如何才能做到既支持了企业的“走出去”行为，又不会授人以柄？

辜胜阻：我个人认为，在企业积极推进国际化过程中，政府需要帮助企业进行海外拓展，把“引进来”和“走出去”更好地结合起来，创新对外投资和合作方式，加快培育我国的跨国公司和国际知名品牌。主要包括以下几个方面：

加强企业海外投资立法，制定国家对外直接投资的战略规划。出台促进企业海外投资的相关法律、法规及政策是推动中小企业国际化的前提。要完善现有企业“走出去”的法律法规体系，出台《海外投资法》和《海外投资保险法》等新法律。根据国内经济发展需要和国际环境变化，研究制定我国境外投资的总体战略，完善境外投资的产业导向和国别指导政策，引导国内企业围绕重点国家、重点领域、重点项目进行投资。

完善海外投资的金融支持，实现“藏汇于国”到“藏汇于企”的转变。从国际经验来看，世界上许多国家已经建立了完善的金融支持体系，来帮助企业进行海外拓展。目前我国企业海外拓展面临的突出问题是融资难。《2010 中国企业对外投资现状及意向调查报告》显示，59% 的企业获取海外投资资金的主要渠道为“利用公司自有资金”，“融资困难”在中国企业海外投资过程中遇到的各种挑战中排第一位。为此，要加大银行支持民营企业“走出去”的力度，要建立企业海外拓展投资基金；推动境内企业用人民币对外直接投资；特别是要探索如何利用高额的外汇储备支持企业海外拓展，实现“藏汇于国”到“藏汇于民”、“藏汇于企”的转变。

提供对企业海外投资的财税扶持，减轻企业海外拓展的负担。财税扶持是鼓励本国企业海外投资的重要手段。《2009 中国企业“走出去”发展报告》显示，政府鼓励企业“走出去”的政策和相关优惠条件影响我国企业对发达国家和发展中国家投资的程度分别达到 70% 和 64% 。我国需要制定鼓励企业“走出去”的财税支持措施，对企业海外市场拓展、对外投资等活动提供资金资助、贴息贷款，提供税收抵免、税收减免等税收优惠。

强化企业海外投资服务，为企业海外拓展搭建平台。国际市场复杂多变，企业势单力薄，需要政府提供海外投资服务。有调查显示，关于企业对政府“走出去”服务体系，68% 的企业希望政府“开展经贸活动，搭建合作平台”，61% 的企业希望政府“提供信息服务”。我国政府要完善企业海外投资的信息服务网，根据国别、行业、项目类型等特征建立对外投资数据库，加强对企业海外投资的信息服务。要通过整合高校、政府和社会资源，为企业海外拓展提供多层次、多元化培训服务。驻外机构和国内投资促进机构要履行职责，为企业特别是对国外缺乏了解的中小企业提供必要的咨询服务。

建立风险预警机制，帮助海外企业化解国际化风险。企业海外拓展风险极大。据统计，只有1/6的亚洲上市公司在“走出去”的5年之后有盈利的记录。而当前，我国企业海外拓展也迫切希望得到政府的风险保护。调查显示，我国50%的企业希望政府“保护投资者和境外资产的合法权益”。因此，政府要借鉴国外经验，加强海外使领馆的商业保障功能，完善双边与多边投资保护机制；要加强对海外投资风险的调研和分析，发布投资风险指南，建立风险预警机制；要鼓励海外企业建立行业协会和商会；要加快商业性出口信用保险发展，完善政策性出口信用保险，并借鉴美日等国成功经验，建立海外投资保险制度和海外投资亏损准备金制度，帮助企业分担国际化风险。

辜胜阻

湖北省武汉市人，1956年出生，经济学博士，经济学和管理学教授，国家有突出贡献中青年专家、国家有突出贡献的留学人员。现任全国人大常委会委员、内务司法委员会副主任委员、民建中央副主席、武汉大学战略管理研究院院长、国家教育咨询委员会委员、国家自然科学基金委管理科学部评审组成员、中国软科学研究会副理事长、教育部科技委管理学部学部委员，清华大学、中国人民大学、中国社会科学院兼职教授及博士生导师。曾任九届全国政协常委、全国工商联副主席、湖北省副省长、武汉市副市长。

构建中国外贸竞争新优势

——访商务部国际贸易经济合作研究院院长霍建国

李慧莲/文

近几年，尽管世界经济遭受金融危机的冲击，中国的外贸出口依然保持着较高的增长速度。然而，在高增速的背后，外贸结构调整与产业升级这个长期困扰中国经济领域和外贸领域的突出问题，并没有得到很好地解决。在后危机时代，如何才能解决这个突出难题、构建中国新的外贸竞争优势？中国经济时报记者采访了商务部国际贸易经济合作研究院院长霍建国。

外贸发展同国内工业化进程的非同步性特征明显

中国经济时报：你认为，金融危机给中国外贸结构带来了怎样的变化呢？

霍建国：自改革开放以来，中国的外贸长期维持高增长，特别是2001年中国加入世界贸易组织后，中国经济全面融入世界经济，市场化进程加快，在国企、民营、外资三股势力的推动下，中国外贸平均年增长都在26%左右。不过，外贸的竞争力主要集中在轻纺和机械行业的中低端产品。在高端产业，比如汽车、石化、机械制造方面，我们虽也形成了一定的规模优势，但主要以外资为主。

外贸的这些结构问题及竞争力问题一方面反映了中国目前的比较优势，但同时也暴露了中国外贸的发展同国内工业化进程的非同步性。这说明长期以来，我们没有处理好外贸发展和国内产业升级的互动关系。理想的模式应该是：外贸的发展、进出口的变化对国内产业升级有一个支撑作用。随着工业化水平的提高，应有更多具有竞争力的产品走向国际市场。日韩在这个问题上处理得相对比较好，即，它们在国内市场竞争优势比较强的产品在国际市场上也同样有较强的竞争力。

金融危机后，中国外贸也发生了一些积极的变化，一是加工贸易比重在下降，加工贸易从2009年的44%下降到2010年的39%，下降了约5个点，这说明一般贸易比例在上升。随着中国自主创新和开发能力的提高，一般贸易的比例还会继续上升，而加工贸易的比例逐步收缩也是正常的。当然从中国的国情出发，现阶段我们仍然有必要保持一定比例的加工贸易，比如维持在35%可能是比较合理的。

其次，国内产业的梯度转移发生了悄然变化。例如，2010 年中西部地区外贸的增长速度大大高于东部地区，东部地区维持在25%左右，但是中西部基本上都在45%左右的增幅。这一方面说明了中西部基数低、增长快，另一方面也反映了产业转移的趋势。像富士康这一类的企业，已将企业从东南沿海直接转移到河南、湖北、四川等中西部地区。据了解，目前这种转移还在进行，而且有加快的可能。这种变化很可能会构建将来中国外贸或者是中国产业的一个新的竞争优势。也就是说，与其大量的劳动力东移，不如就地发挥作用，而且我们不情愿看到现阶段大量的劳动密集型产业转到海外。从中国制造业的竞争力结构来看，应该说目前没有必要把大量的制造业转移到海外去，因为中国目前的劳动力状况和经济发展阶段，以及中西部现有的劳动力供应能力至少还可以维持十年，这种产业转移的变化趋势是值得我们关注的，并应加以引导和支持，因为这对中国整个产业布局的调整及构建新的竞争力是至关重要的，同时也可解决中西部加快发展的问题。

此外还有一个积极的变化，就是通过对外贸整个结构的分析，我们发现，目前的外贸竞争力已经不完全是建立在资源禀赋的优势上了。发展中国家外贸竞争力的变化主要有三个阶段：第一是劳动力资源优势阶段，中国大致已经过去；第二是技术进步和一部分贴牌生产的过程，中国目前主要是处于这个阶段；第三是自主创新、技术支撑、经营拓展能力的阶段。我们现在有部分企业已进入到这个阶段，多数企业没有进入，大部分停留在中间阶段。

中国经济时报：在你看来，是什么阻碍了我们把外贸竞争力建立在技术创新上？

霍建国：中国创新难度大，我觉得最大的障碍是体制上的。技术进步和创新同企业的发展阶段有关，但也同市场环境有关。我观察了不少合资企业，十年也没有什么技术溢出，技术溢出仅是理论上的推断。毫无疑问，和外资合资以后可能会逐步掌握他的技术，在独立发展时就能够把这个技术发挥出来。现在中国的汽车企业大都是合资企业，它们的技术溢出又怎么样呢？并不是很顺利、很成功，这一点也为我们现有的技术创新提出了新的要求：中国到底怎么走技术创新的路？是继续等待技术溢出呢，还是努力创造有利于技术创新的市场环境？

从中国目前的技术创新能力看，市场的支撑力度至少是不够的。创新应该是企业有一定规模后才能形成它的创新能力，或者它才具备这种条件。中小企业有创新的意识，但是他缺少创新的能力和动力，更缺少资金的支持。但是恰恰相反，现在更多的技术和创新来自于中小企业、民营企业。国有企业的创新又怎么样？走得不是很顺，这种现象是不正常的。应该在投融资体制实行公平的竞争政策，不论是大企业还是小企业只要有创新的项目或能力就应该享受应有的政策支持。

如何构建新的外贸竞争优势

中国经济时报：今后如何才能构建新的外贸竞争优势？

霍建国：我们在构建新的竞争优势过程中要处理好几个关系，即中央提出的应处理好进口和出口的关系，处理好吸引外资和海外投资的关系等，这些都是具有战略意义的考虑，不仅仅体现了互利共赢的理念，更重要的是可以加快构建中国未来在国际市场上新的竞争力。

关键要抓好以下几个方面的工作：

一是力促外贸转型升级，主要解决好政策问题。要有明确的政策支持那些有品牌、有渠道、深加工的企业。谁有品牌就应该支持谁，在海外建立营销网点，支持他们参加国际上的展会，加大他们的促销力度，甚至支持企业培训海外经营人才。同时要避免政策的普遍性，目前不是鼓励出口创汇的阶段，要引导企业追求出口的质量和效益，不应是保出口而应是保质量、保效益。随着人民币升值压力的逐步显现，外贸出口会进入一个新的困难阶段，这恰恰是发挥外贸政策倾斜作用的最佳时期。

二是要把产业布局调整抓好。目前商务部正在推进“周边大通道”建设，这是非常有战略意义的事。如果东部的劳动密集型产业能够部分转向四川、云南、广西，就可以和周边大通道的优势相结合创造一片新天地。所以东部和西部要同时出台政策力促产业转移。产业落地的省市要提供劳动力的培训，可利用的土地，税收政策的支持等。如我们制造业转移到西南，应建一条高铁集装箱运输线，国家要配套建立西部联通主要港口的铁路直线运输体系，或利用周边大通道的配套设施。如能成功完成上述调整和产业转移，中国未来十年至少还可以维系外贸的竞争力。

三是海外投资方面，上世纪 80 年代的时候我们在海外搞了 10 个海外贸易中心，现在可能就剩莫斯科和迪拜了，成功的不多。过去我们也有省市在海外主要地区，像美国、法国、英国、德国、香港特区都有布点，但维持下来都较困难，后来包括总公司在海外的点由于效益不高或赔钱都收缩了。今天回头看，当时想法是好的，但是有些冒进了，失败的原因是企业化经营不到位或是经营管理体制不到位。今天同 1980 年代已大不相同了，中国企业的经营能力和市场化水平已有了明显的变化，中国目前缺的恰恰是海外的营销网络，中国在国际竞争中的被动恰恰是由于海外势力的薄弱，所以加强海外经营能力和服务体系的建设不仅是企业的需要，也是维系中国国际竞争地位的需要，必须加快推进。

更何况我们有2.8万亿美元的外汇储备及外贸顺差带来的压力，不通过海外投资也无法摆脱目前困境。目前西方经济普遍处于困难时期，应该是最有利的投资时机，一旦错过，就错过了海外发展时机。我们必须依靠海外的布点支撑我们的发展地位，海外投资主要是支持企业境外投资，要在多方面提供政策便利，鼓励企业在海外设立经营网点，鼓励企业参与物流运输仓储建设、批发、零售，形成产业链下游的经营能力和利润增长点，这是摆脱我们单独靠加工出口被动局面的主要突破口。有些投资需要国家投，包括在主要国家建立一些贸易服务机构、促进机构。像日本、美国等许多国家的在华机构都是有政府背景的，都有政府专项拨款维系。我们现在的使馆和商贸中心，能力和力量是有限的，应同时予以加强。

有条件的企业也可以走资源发展的道路，制造业也可以兼并收购。经过三五年的努力，我们有可能形成部分的海外经营利润，到那时外贸顺差自然可以降下来了。因为有些企业的盈利是来自海外经营的收益而不单靠出口货物维持。美国的跨国公司150多户，其中40%的利润是海外形成的。到那时经济就摆脱了目前这种不平衡的状况，同时也构建了中国的新的竞争优势。

霍建国

商务部国际贸易经济合作研究院院长、经济学博士。1954年出生。曾先后在中国土畜产进出口总公司、外经贸部国际贸易研究所、中国驻英国大使馆商务处、国务院经贸办工作。1997年任国家经贸委外经贸司副司长，2003年国务院机构调整后，曾先后任商务部商贸服务司副司长和对外贸易司副司长。2007年4月任中国食品土畜进出口商会会长。2009年10月任商务部国际贸易经济合作研究院院长。

长期从事外经贸管理及政策研究工作，具有丰富的实践工作经验和较高的政策理论水平。曾先后参与过扩大机电产品出口战略研究、欧洲统一大市场研究、中国外贸外汇体制改革研究。1993~2001年期间曾多次参与中国入世谈判工作和APEC工作。中国加入世贸组织后，负责牵头组织研究国家经贸委所分管的14个产业部门的应对措施，并取得了积极的效果。在国内主要经济刊物上发表过多篇文章，并著有《中国外贸和国家竞争力》等专著。

转型的实质：寻求产业竞争力的新源泉

——访中国社会科学院工业经济研究所所长金碚

王小霞/文

金融危机影响的不仅是金融市场，其对全球实体经济的冲击更巨大、更深入。具体表现就是在世界范围内，新一轮产业结构调整正在全面展开，探寻“后危机时代”的全球产业结构调整与中国机会因此成为一个备受关注的话题。对中国来讲，在本次全球产业结构调整中，产业结构调整到底指的是什么？调到怎样才能说是合理的？这种调整与产业结构转型有着怎样的关系？对记者提出的这些问题，中国社会科学院工业经济研究所所长金碚的答案核心是：只有当企业能够提高效率，找到新的竞争力源泉，能够使得中国的产品继续保持技术的先进性和价格的优势，我们才能真正实现产业结构的转型。

国际金融危机有实体经济的根源，到底什么产业是值得发展的、值得长期投资的，这个问题全世界都不太清楚

中国经济时报：金融危机冲击之下的全球产业结构正在调整，你觉得，这种产业结构调整对中国来讲，机会在哪里？

金碚：探寻“后危机时代”的全球产业结构调整与中国机会，需要先明确一个问题：产业结构调整到底是什么意思，实践中到底应该怎么操作？这个问题我们研究了有十几年，一直在说转型和升级，一直说产业结构调整，到底应该调成什么样？说不清楚。但是方向是可以说清楚的，而产业结构调整到什么样才能说合理呢？这个问题可以做一般性的论述，但具体怎样的产业结构才算“合理”，即产业结构调整的目标状态实际上难以说清楚，也没有一种经济学理论可以作出具体描述。那么，问题的实质到底是什么？其实，从现实经济来说，问题的实质是，无论是中国还是美国，都必须要寻找产业竞争力的新源泉。到底是什么因素支持了产业竞争力，金融危机后和金融危机之前世界发生了很大的变化。我们可以看到，这次金融危机为什么持续这么长的时间，怎么才能渡过？目前，

虽然已经遏制了经济增长的下滑，但是美国还要实行量化宽松政策，这表明，至今没有找到产业技术实质性创新的方向，还不知道究竟哪些产业可以成为美国产业经济增长的新的支柱产业，用我们的话来说就是，究竟什么是战略性新兴产业，特别是哪些战略性新兴产业可以成为主导和支柱产业，这个问题至今没有明确的答案和一致的认识。所以，这次国际金融危机上有其实体经济的深刻根源，即到底什么产业是值得发展的、值得长期投资的，这个问题全世界都还不太清楚。因此，只得长期采取金融扩张和财政赤字的政策来刺激经济增长，没有实体经济基础支撑的金融扩张必然走到发生金融危机的境地。

中国经济时报：在你看来，新兴产业是值得发展的、长期投资的产业吗？

金碚：“新兴产业”这个词汇在专家们提出的时候有一个重要含义，就是它们通常是具有高度不确定性的产业，也就是说，新兴产业未来是否能够成为主导和支柱产业，是不确定的，因此，投资新兴产业具有相当大的风险。也正因为这样，对新兴产业的投资可能踌躇不前，远没有进行金融投资那么容易获得丰厚的短期利润（尽管也有风险）。

金融危机之前，30 年来中国产业经济的竞争力持续增强，有几个基本的原因。

一是我们进行了市场化的改革，特别是 21 世纪以来，我们加入 WTO（世界贸易组织），高度融入经济全球化，参与国际竞争和分工，大规模引进外资。我们一般产业的竞争力并不是很强，为什么还有顺差？是我们实行了一种“加工贸易”政策。其他国家也在局部地区和较短时间实行过这种政策。但很少有国家像我国这样全方位和长时期地实行这种政策。这是创造我国外贸顺差最大的关键点，正是加工贸易的顺差可以弥补一般项目的逆差，还可以在总体上顺差。如果没有实行加工贸易政策，中国的国际贸易很可能是逆差。

二是因为改革开放以来低价土地、低标准的环境保护。为什么我们的房产价格这么高呢？原因很简单，是因为我们大量的土地以很低的价格参与了产业竞争，我们的政府部门要地是免费获得，为了招商引资，政府以极低的价格甚至零地价向企业提供土地。既然大量的土地被低价格和免费使用了，那么，必然要用另外的高价格土地来弥补所有的土地开发、基础设施建设等的建设成本。这种土地就是居民商品房用地。这就是为什么商品房的用地不可能低下来的原因，因为，道理很简单，不可能所有的土地都低价和免费使用。二三十年前中国是一个基础设施滞后的国家，为什么现在我们成为基础设施相当发达的国家，也是因为土地使用制度。

三是30年来我们从极度僵化的劳动制度，快速转变为高度灵活和有弹性的劳动制度，从而充分发挥了劳动力丰富的优势。

四是30年来形成了增长优先追求物质财富的价值观，中国人为了获得收入和财富，付出了比大多数国家的人民更多的辛劳。

世界产业格局变化的几个新特点

中国经济时报：金融危机之后世界发生了很大的变化，世界产业竞争的格局也发生了很大的变化，你是如何看待这些变化的？

金碚：的确如此。世界产业格局的变化有这么几个特点：

第一，中国的国际地位显著提高，我们的市场份额、话语权提高，但是中国仍然处于工业化阶段，这个阶段仍然没有渡过。因为中国的地位显著提高，必然要承担更多的国际责任。

第二，美国等发达国家也想调整产业结构。美国提出要重振制造业，实现再工业化。因为现在的技术创新大部分发生在工业和制造业，如果工业特别是制造业的比重继续大幅度下降，美国将会丧失世界技术创新领导者的地位。所以美国也要调整产业结构，也希望发展制造业。当然，这个世界是竞争的世界，你想发展的东西，如果没有竞争力就发展不了，就是空说，美国就面临着这个问题：发展制造业的关键是必须找到提升制造业国际竞争力的源泉。

第三，金融危机之后将节能减排、绿色经济、低碳经济等高调地提到国际的议事日程上，这其中有合理的因素，就是为了解决经济发展的资源问题、环境问题、气候问题等等。但是更现实的因素是为了发达国家的利益，美国态度为什么有那么大的转变？就是跟希望提升产业竞争力有直接关系。因此，金融危机之后，产业竞争规则和国际贸易规则将发生重大变化，就是把传统的自由竞争规则里没有的因素，加入到国际贸易规则里面。比如在贸易规则中，一方面仍然不得不承认坚持自由贸易，但添加了很多非传统因素，例如节能、环保、低碳、企业社会责任、企业员工待遇等。可见，这反映出发达国家希望重振自己的产业国际竞争力。

第四，金融危机之后，政府、社会、市场、企业之间的关系将发生重大的变化，特别是劳动关系、分配关系、社会福利制度、金融体制等等，这些关系都会发生重大的变化。在这样一个形势下，中国传统的、支持我们产业竞争力的因素也在发生重大变化。这就是我为什么讲产业结构调整对企业和政府来讲意味着必须探寻中国产业国际竞争力的新源泉。尤其是，所有地方政府都在想我应该发展什么产业？这个问题很难笼统而论。例如，对中西部地区来说，往往考虑的仍然是发展资源密集型产业，发展煤、钢等产业，为什么？就是因为中国仍然处于工业化阶段。但是，我们看到现在的工业化和30年前走过的工业化道路相比，环境已经变化了，我们现在面临着严峻的挑战，一是资源，二是环境，三是劳动关系。面对这样的挑战，每一个地区都必须形成在新形势下具有竞争力的产业。这大概就是对“我们应该发展什么产业”问题的回答。

只有当企业能够提高效率，找到新的竞争力源泉，能够使得中国的产品继续保持技术的先进性和价格的优势，我们才能真正实现产业结构的转型

中国经济时报：在这种形势下，我们要建立一个什么样的产业体系，调整出一个什么样的产业结构，才能够使中国经济发展仍然能够抓住战略机遇期呢？

金碚：我们必须做到高效率、节约、清洁，而且老百姓能获利。在这个过程中，整个产业结构体系都要进行调整，其中也包括要寻求产业核心技术创新的前景，要发展战略性新兴产业，要明确这个方向。

我觉得，我们的战略性新兴产业发展方向大体是可以说清楚的，当然具体目标很难说清楚，因为新兴产业是具有高度不确定性的产业。但是，我们要努力寻求这个问题的答案。主要有两大问题，一是怎么转型，二是要提出民生问题，我们已经不能够像过去那样依靠过度消耗资源、破坏环境和压低劳动力价格的方式来维持产业竞争力。那么，用什么办法来解决这个问题？基本的办法：一是要创新，二是要形成新的产业成本的优势。产业竞争力一方面是依靠技术进步，另一方面，只要到了产业层面就不能回避一个问题，就是归根到底必须要以相对低的成本生产出产品，你的成本如何才能比别人低，这是企业竞争永远要面对的问题。资源价格在提升、环境标准在提高，劳动者的工资在增长、福利待遇在改善，在这个前提下实现产业转型，让我们产业有竞争力，还要保持中国产业在国际上相对低的成本优势。解决这个问题，中国有没有这个条件呢？应该说，已经具备了一定的条件。

举一个例子吧，怎样才有竞争力？比如我刚从日本回来，一个日本家电企业给我们介绍了一款环保理念的洗衣机，这个洗衣机以前是直的，现在把它做成斜的，斜了以后就可以节水，这个技术很好。我们就问他，做成斜的以后成本就增加了，他说是；增加成本以后价格会不会提高？他说价格会提高；我们就讲，那

么，问题的实质就是，你让消费者花费了成本来节约了用水，他想了半天说，是这个意思。

从这个案例可以推及到整个问题，转型也好、节能也好、环保也好，所有这些东西，请问谁来承担成本？对企业来讲，不是你自己承担成本，都是社会承担成本、消费者承担成本，那么你这个产品是没有竞争力的。因此，我认为，产业升级也好，结构调整也好，必须要回答一个问题，升级了，解决资源问题了，解决了环保问题，解决了员工福利待遇提高的问题，而且还要保证你的产品有竞争力，而不能把因此而增加的成本都转嫁给消费者，转嫁给社会。企业越有能力消化这样的成本，就越具有竞争力。

我们始终认为，不是说一个政府能够规划出一个新兴的产业，然后大家往那个新兴产业去走就行，其实是走不过去的。企业才能够使得自己生产出来的新产品，环保的产品、节能的产品、对老百姓有利的产品仍然有竞争力，而竞争力的表现之一是中国的产品在市场上价格仍然有竞争力。这就涉及一个话题：企业如何寻找到增强竞争力新的源泉，如果你不能找到竞争力新的源泉，一个必然的结果就是价格上涨。只有当企业能够提高效率，找到新的竞争源泉，能够使得我们的产品继续保持技术的先进性和价格的优势，我们才能真正实现产业结构的转型。从这一意义上可以说，产业转型升级实质上就是一个在新的形势和环境中提升产业国际竞争力的问题，即寻求产业国际竞争力的新源泉。

金　碚

经济学博士，中国社会科学院工业经济研究所所长、研究员、博士生导师。《中国经营报》社社长。并任《中国工业经济》、《经济管理》和《中国经济学人》（China Economist 英文·双月刊）主编。

出版学术著作30多部。获全国精神文明“五个一工程”著作奖、首届中国出版政府奖、中国社会科学院优秀成果奖、中国图书奖、孙冶方经济科学奖等18项国家级和部级优秀成果奖，并获“享受政府特殊津贴的专家”、“全国优秀留学回国人员”、“中青年有突出贡献专家”等多项个人荣誉。

用辩证唯物主义机遇论看当前形势

——访全国政协常委、中共中央党校原副校长李君如

李慧莲/文

国际金融危机给世界经济带来了重大的冲击，给中国带来的是什么？在接受中国经济时报记者采访时，全国政协常委、中共中央党校原副校长李君如认为，对于发展中的中国而言，国际金融危机是重大的挑战，同时又是极好的机遇，我们应该按照辩证唯物主义的机遇论来看形势，分析挑战和机遇，深刻认识挑战背后的机遇，抓住机遇才能谋求更好的发展。

操着浓重乡音的李君如说，他的这个观点在一些场合也零散讲过，但这样系统地提炼还是第一次，他甚至删去了本次采访的最后一部分约 1/3 的内容，“因为没有多大新意”，2011 年 1 月 24 日凌晨，他在给本报记者的邮件中说。

讨论中国机遇是为了解决两个问题：树信心，找方向

中国经济时报：很多人都在讨论金融危机冲击之后的中国机遇，你觉得讨论的价值何在？

李君如：十七届五中全会关于“十二五”规划的建议里提出，我国仍处于可以大有作为的重要战略机遇期。这个话从逻辑上讲，没有什么大问题，因为党的十六大就提出，21 世纪头 20 年是我们重要的战略机遇期。

但是，经过这 10 年发展，尤其是经过国际金融危机后，未来是不是还是像十六大时所说到的那样，对这个问题在一些人那里是有不同认识的。现在，中国的周边环境和全球环境，都发生了深刻的变化。有的人认为，国际上对我政治上的、经济上的遏制力量有上升趋势，担心战略机遇期已经提前结束；有的人认为，困难和问题什么时候都有，从总体上看我国的经济实力和国际关系，现在比过去什么时候都要好，依然是机遇大于挑战。

因此，我认为，今天讨论一下挑战和机遇问题，是有价值的。目前，有两个问题有必要提出来，一是树信心，二是找方向。讨论挑战和机遇问题不只是简单

地讨论我们面临着哪些有利的或不利的条件，而是要在复杂形势下树立起我们继续往前走的信心。这个信心是清醒的信心，不是盲目的信心。与此同时，是找方向，就是要在复杂多变的国内外环境下找到我国继续往前走的方向。

按辩证唯物主义的机遇论来看形势

中国经济时报：你认为应该如何看待中国在后危机时代的机遇呢？

李君如：在机遇问题上有两种方法论，一个是简单地罗列有利不利条件，看看有利条件有几个，不利条件有几个，从而决定我们应该怎么办。另一种方法是辩证唯物主义地看机遇，也就是不仅仅要看到客观存在的条件哪些对我们有利、哪些对我们不利，还要看这些有利的和不利的条件会不会发生变化，看我们通过主观的努力以后能够达到什么效果。我强调，应该按照辩证唯物主义的机遇论来看形势，来分析挑战和机遇。

什么叫辩证唯物主义的机遇论呢？

我认为，在今天的条件下，最重要的，是要把握好四个方面的问题。

一是要充分认识到中国发展的有利条件。看国际形势，总的来说，和平、发展、合作依然是时代的潮流，新科技革命和经济全球化依然在提供发展的动力。而且，中国在这次国际金融危机中已经从世界的边缘大踏步走上了世界中心舞台。我们恢复在联合国的合法席位时，在世界舞台拿到了一个话筒，但我们有没有话语权呢？没有。对外开放后，我们“走出去”、“引进来”，逐步形成经济上“你中有我、我中有你”这样一个新格局，在国际社会中的地位提升了。这是前30年改革开放打下的非常好的基础。在这次应对国际金融危机中，G20出现了。其最大的意义是，发展中国家和发达国家共同参与全球经济治理，而中国作为世界上最大的发展中国家进入G20，有话语权了，不仅可以在世界中心舞台发挥更大作用，而且可以参与制定全球经济的游戏规则了。因此，看国际形势，我认为是有利我们的多于不利于我们的。

看国内形势，尽管我们遇到许多问题，包括现在老百姓不满的物价上涨和干部腐败等问题，但是我们经过30年的改革发展，不仅驾驭复杂局面的执政能力大大提高了，而且经济实力也大大增强了。通俗地说，同20年、30年前比，钱多了，中国现在不缺钱。国内货币存量70多万亿元，外汇储备2.6万亿美元（2010年9月数据），就凭着这条跟过去相比就很不一样。应该讲，我们现在发展的条件，比过去任何时候都要好。

二是要深刻认识挑战背后的机遇。肯定机遇大并不是说我们没有看到挑战。从世界的变革来讲，从国内的环境来讲，我们面临的问题可以说要一大堆，但是这些问题的背后往往隐藏着极大的机遇。比如当年我们从“文化大革命”走出来的时候，遇到的困难可以说要多大就有多大，但是这些困难的背后是什么？就是把党和国家的工作重点转移到经济建设上来的条件成熟了，改革开放的条件成熟了，邓小平看到了挑战背后的机遇，领导中国开辟了中国特色社会主义的新路。

人的认识就是这样怪，面临着有利条件往往不思进取，一旦遇到困难和挑战，就会想方设法去解决问题，结果就会发现机遇就隐藏在挑战的背后。因此，不要把挑战看成消极的东西。前段时间炒得很热的房地产问题，这里面反映的是民生问题。低收入群体买不起房子，那政府就得提供公益性房子，比如廉租房、公租房。这是推进中国社会建设，完善中国社会保障的极好机遇。

前面说到我们不缺钱，但是这些钱往哪里投资能赢利？如果我们现在有一批新科技项目可以投资，几十万亿的人民币就可以有地方投资了。如果没有新科技产品的话，几十万亿的人民币今天在房地产市场外被堵住了，明天就冲黄金市场，后天还会冲古玩、字画市场，等等。这就是消极地应对挑战。积极地应对，就是我们加快自主创新，提供新的科技产品，或者引进国外新的科技项目，形成新的投资方向。所以，我讲过一句话，房地产问题的背后是科技创新滞后。但是，我相信，一旦看到这个挑战的背后，隐藏的是科技创新的机遇，那么一个新的科技革命的春天就来临了。

三是要善于化挑战为机遇。我们不仅仅要看到挑战背后是机遇，还要看到挑战本身就是机遇。胡锦涛总书记提出，要把国际金融危机转变成我们加快转变经济发展方式的“倒逼”机制。这是非常高明的一招。因为，党中央看明白了一点，这就是国际金融危机不是简单地对我们经济增长速度的冲击，而是对我们经济发展方式的冲击。而我们经济发展方式上存在的问题，是党中央早就发现的。在国际金融危机到来之前，党中央就提出这个问题，就已经注意到这个问题，在党的十七大上还旗帜鲜明地讲了“三个转变”。但是正在我们推进经济发展方式转变的时候，国际金融危机降临了，我们在发展方式上存在的问题也进一步暴露了。因此，胡锦涛总书记提出要把国际金融危机转变成我们加快转变经济发展方式的“倒逼”机制问题，其实质是把挑战变成了机遇。这是一种高超的领导艺术。

四是要敢于抢占下一轮竞争的先机。经过这轮全球经济大洗牌，洗完以后我们从新的起点出发，同步开始竞争，如果中国在后危机时代能够制定一个切合实际和紧跟时代发展潮流的发展战略，我们就可以抢占下一轮竞争的战略制高点，掌握主动权。这也是抓机遇的问题。这个思想，也是胡锦涛总书记提出的。我们应该很好地学习领会。

这四点，在我看来，就是辩证唯物主义的机遇论的主要精神。当然，这里讲的是抽象的道理，这是大道理，但大道理可以管小道理。

李君如

研究员，博士生导师。享受国务院颁发的政府特殊津贴。中共中央党校原副校长，第十届全国政协委员，第十一届全国政协常委。曾任中宣部理论局副局长，中央党史研究室副主任。兼任中国浦东干部学院中国特色社会主义研究院院长，中国改革开放论坛副理事长，中国中共党史学会副会长，中国政协理论研究会副会长，中国人权理论研究会副会长。著有《观念更新论》等几十部著作，《邓小平的“治国论”》等数百篇论文。其中由《毛泽东与近代中国》、《毛泽东与当代中国》、《毛泽东与毛泽东后的当代中国》组成的“毛泽东研究三部曲”，荣获第十一届中国国家图书奖。曾主持中央委托的一些重大课题的调研和重要文件的起草；主持起草《邓小平同志建设中国特色社会主义理论学习纲要》、《建设中国特色社会主义若干重大问题理论学习纲要》。

后危机时期产业发展应遵循两大原则

——访中国人民大学经济学院教授李义平

李成刚/文

经过金融危机冲击后，全球各经济体正在加快产业结构调整，提升产业层次。到底由谁来选择哪些产业作为产业结构调整的方向？这里面是大有讲究的。中国人民大学经济学院教授李义平的观点是：后危机时代，产业发展应在遵循最基本的投入产出等原则的前提下，对关键性产业、大型装备制造业国家可以给予必要的支持，而大量竞争性的产业应当让市场去选择，政府的职能是为此创造条件。以转变发展方式为2011年经济工作主线的中国更是如此。

后危机时期产业发展应遵循两大原则

中国经济时报：在后危机时代，调整产业结构、提升产业层次是一个很重要的内容，你对此有何看法？

李义平：我们讨论这个问题必须有两个基本的原则，或者说基本的前提。

第一，世界处在什么阶段？中国处在什么阶段？世界处在一个比较发达的阶段，上个世纪70年代美国未来学家丹尼尔·贝尔已经写了《后工业社会的来临》，就是说他们已基本完成了工业化。上世纪90年代美国学者E. 拉兹洛就写过《决定命运的选择》，托夫勒更是写过《力量的转移》。这就是说，在美国这样的发达国家，早已是现代产业体系，早已是知识经济，产业的发展有一个积累的过程、有一个准备的过程。中国处在什么阶段呢？中国处在工业化的阶段，这样一个条件决定了中国产业结构调整到底能调整到什么层次。我们是在这样的基础上调整产业结构的。在一些产业上我们可以弯道超车，而更多的产业选择可能还取决于我们的基础。所以，世界上所有的东西都有一个基本的条件，都不是最优的，而是次优的，是在现有的条件下它是优秀的。优秀的都是有条件的，在人家那儿是优秀的，在我们这儿不一定优秀。在人家那儿是有效的，在我们这儿不一定有效。

第二，一定要遵循市场经济的基本经济核算原则，即投入和产出原则，或者说最基本的是否经济的原则。我们学习马克思的政治经济学，资本家有时候将创造出来的先进技术搁置起来。他为什么把先进的技术搁置起来不用呢？因为先进的技术成本太大，没有经济价值，或者经济价值不大，或者不能挣钱。搞企业、搞经济，讲究投入和产出、有经济效益是一个很好的卖点。中国经济 30 年来为什么能快速发展？高精技术产品不多，但是有效益，有投入和产出的计算，有卖点，它的卖点不是新，卖点就是便宜。世界上的企业各有各的卖点，有的是新，有的是便宜。所以，一切有效的东西都应当遵循经济的原则，这是市场经济的基本规定，谁违背了这个规定谁就不懂市场经济。苏联的计划经济体制就不懂市场经济、不懂经济原则。

从这两个基本的原则出发，我们的产业选择应当是既有现代产业体系，有新技术的东西，也应当有传统的东西。

首先，要有现代产业体系。温家宝总理召开国务院常委会已经确定了这是一个方向，它是以现代技术为基点的基础。从理论上讲，迈克尔·波特在《国家竞争优势》里曾经指出，现代产业体系是以人力资本，现代技术为基础的产业体系，可以把没有的东西创造出来、生产出来，具有战略性意义。传统产业体系是以传统的、自然资源的比较优势为基础的。现代产业体系更有竞争力。

其次，应当是战略性的，涉及国家安全的装备制造业，例如先进的工业设施、大型飞机的制造能力，这涉及谁来装备中国，涉及国家安全。

再者，是作为国民经济基础的农业问题。农业在任何时候都是国民经济的基础，涉及粮食安全问题。在三次产业中农业是第一产业，没有第一产业就很难有好的第二、第三产业。然而，三十多年来我们的经济发展基本上靠工业，农业基础十分薄弱，现代服务业不算发达。为了追求 GDP、从中央到地方上的项目基本上都是工业项目。很少上农业的项目，大型水利建设基础设施破坏得很严重，在所谓的城市化支配之下不仅土地流失了、农民也流失了。中国治理农产品价格上扬的问题绝对不是一个简单地收紧银根的问题。我到山西去，去年土豆卖 3 毛钱，现在土豆卖 1 块钱，还没有货。没有地种，没人愿意种。一句话，供给失衡。北京过去有 17 万亩耕地给农民种菜，现在只剩下 1 万亩。农业涉及粮食安全问题，农业永远是国民经济的基础。中国现代的农业是一个短边，企业家投资就应该选择短边。我想特别强调，一家一户的传统农业，很难支撑巨大的现代化。农业是我们的短边，社会、政府应当投资农业，投资农业的基础设施，投资农民的素质。所有这一切，仅靠个体农民是难以完成的。

此外，循环经济、节能环保，富裕以后中国人的健康、旅游、休闲，都有广阔的发展前景。中国幅员辽阔，各地发展很不平衡，相当多地方在很大程度上还是靠山吃山、靠水吃水。这是把传统的、自然资源的比较优势怎样转化为市场优势和竞争优势的问题，是用现代技术改造传统产业的问题。当然，这里需要解放思想，更需要开拓眼界，培养和引进经营型人才。对于中部、西部来讲更是如此。

对于关键性产业、大型装备制造业国家可以给予必要的支持，而大量竞争性的产业应当让市场去选择，需要政府做的只是创造公平的竞争环境

中国经济时报： *在你看来，谁来选择这些产业？是政府来选择，还是让市场选择？谁是创新的主体？政府是创新的主体，还是企业家、市场？*

李义平： 我觉得，在中国这么一个特殊的体制下，对于关键性产业、大型装备制造业国家可以给予必要的支持，而大量竞争性的产业应当让市场去选择，政府创造条件。为什么让市场去选择呢？因为每个人对产业的感觉、对机会的感觉都是不一样的，企业家可以从这里面找到产业生长的机会，政府官员和学者可能就不行了，以娃哈哈为例，当年让发改委主任去感觉的话，大概也不会感觉到一个小孩儿喝的东西今天会成这么大气候。据说，当李书福把摔坏的摩托车组装起来时那一刹那他想到，既然造摩托车不难，那么造汽车也就不难了。这是企业家的感觉，你让发改委主任去，他可能感觉不到。丰田集团的创始人曾经凭直觉觉得纺纱机会很有前景，他以纺纱机为终生事业。临终前他告诉儿子，汽车可以成为他儿子的终生事业。这似乎是凭直觉，但这种直觉是生活阅历积累的直觉。所以这个选择是企业家的选择、市场的选择，是他们以敏锐的观察能力做出的判断。讲到创新，绝对是企业家、企业的创新。美国有个学者钱德勒写过《大企业与国民财富》，他发现更多的企业、更多的创新都是美国的大企业积蓄了大量人才，瞄准了需求，这样的创新很有效果，很有市场前景，是真创新。还有一种创新是“伪”创新。真创新是瞄准市场的，伪创新是做给人看的。

让政府选择会如何呢？政府的约束是软的，缺少与市场经济相关的信息，以及追求任期内辉煌政绩的冲动，追求首先是最大、最亮、最辉煌。很多地方政府不惜重复建设、不惜举债，经济发展就是上项目，把上项目等同于经济发展。目前我们提出要转变经济发展方式，各地政府已经提出来，大上新的项目，上技术含量高的项目，在21世纪的今天，上的项目肯定比20世纪80年代上的项目技术含量高，但是只要这些项目没有创新，只要这些项目不计成本，就依然是粗放经营，就依然没有转变经济发展方式，依然用政府手里的财政收入去喂大他们所

选的企业、所选的项目。亚当·斯密深刻地指出，“关于可以把资本用在什么种类的国内产业上，其生产能力有最大价值这一问题，每一个人处在他当时的地位，显然能够判断得比政治家、立法家好得多”。他强调，“千万不能把投资的权利交给大言不惭的国会议员”，意思是国会议员缺少这方面的知识，国会议员花的不是他的钱。我们看到了太多的“有心栽花花不开，无心插柳柳成荫”的现象，就是因为，政府欲栽之花不符合经济规律。

然而，产业的选择和升级离开了政府也是断然不行的。政府完全可以在他具有比较优势的领域大有作为。政府要创造良好的产业环境，良好的人文环境。政府要创造一个好的环境。美国产业的成功在于市场的选择。韩国虽然有政府的支持，但前提是你要在国际上打得赢，政府才支持。台湾也是这样，这里基本上没有政府资本，台湾到大陆投资的都是个人，他们自己不断地产业升级，原来是农副产品，然后又是现代产业，都是企业家个人选择，是选择到一定程度，政府加以归纳、加以总结、加以认同。中国的问题是政府管得太多了，我们对市场经济有点叶公好龙。韩国在亚洲金融危机期间，渡过危机的一个重要办法是减少政府的规制，中国是不断加强政府的规制，不断地加强审批，不断地跑“部”前进。市场经济政府需要做的是更少的审批和更多的创造公平竞争的环境。市场经济的全部魅力在于公平竞争。

中国经济时报：具体来讲，你认为如何才能做到政府和企业各司其职呢？

李义平：我注意到“十二五”规划建议里说到，转变经济发展方式是一场深刻的经济社会变革，没有这个深刻的经济社会变革的话，产业结构也调整不了，转变经济发展方式也转变不了。我的理解，这里面第一个要做的是经济体制的变化，真正走向市场，不要把政府搞得越来越庞大，市场经济体制都是小政府，把政府搞得太庞大，政府掌握的资源太多了，办事的环节多了容易降低效率，也容易腐败。

此外，要改变干部的考核标准和晋升机制。干部的考核标准应当和社会整体追求的目标相一致，我们现在要转变经济发展方式，而保障民生是转变经济发展方式的出发点和归宿点。要加强社会的公平正义，要建立资源节约型、环境友好型社会，应当据此设定考核标准，而不是简单的 GDP。如果还是考核经济增长速度，人们会不择手段，不计一切后果。如果在干部选拔机制上，让人民群众有更多的发言权，谁给官员的权利，官员就会按照谁的要求办，党和人民的利益是一致的，我们应当设计在干部选拔问题上让人民群众有更多发言权的制度。

另外是教育的问题。我们现在的经济发展模式的问题某种程度上是教育模式、教育水平的问题。实际上，一个国家不在于有没有教育，而在于有什么样的教育，以及用什么东西教育人，怎样教育人，把人教育成什么样的人。这个问题不解决，中关村里堆一堆大学也没有用。

科研的问题就更大了，靠国家巨额的支持去搞科研，但绝大部分科研经费都分给了没有时间直接从事研究的官员。官员们总是强调团队，因为官员要靠团队完成他挂名的项目。有些东西应当强调团队，比如卫星上天。但是学术性的东西如果过于强调团队可能就扼杀了最初的、甚至表现为异端的思想火花，就违背了学术研究的基本规律。

转变经济发展方式是一场深刻的经济社会变革，是一场涉及方方面面的革命，但是至为关键的是建立和完善社会主义市场经济体制。政府创造出一个好的环境，提供必要的公共产品，包括高质量的规章制度，让市场、让企业家按照市场的原则，去进行产业调整和选择。按照这样的思路，相信中国政府和企业家一定能选择一个既走在世界前列、又符合中国实际，行之有效的产业结构。当然，这还取决于中国在世界经济格局中的地位。

附

由美国次贷危机引发的经济危机的经济学分析

李义平

【内容提要】本文对由美国次贷危机引发的对我国经济实体产生了重大影响的经济危机作了深刻的经济学分析。本文认为：①实体经济是真正创造社会财富的、是一国经济的基础，金融创新应当服从和服务于实体经济的发展。②从中国幅员辽阔的基本国情和效率原则出发，内需应当成为推动我国经济发展的自然状态，而不应当是一时的政策举措。③在经济政策的取向上，要始终把经济发展放在首位，宁肯选择有轻度价格上扬的充分就业和经济发展，也不选择物价指数低，经济紧缩和严重失业。④在遵循经济规律的基础上，科学地把握调控的方向和力度。过度刺激会把原本该在经济周期中解决的问题包下来，再一次爆发时会产生更大的危机。

对由美国次贷危机引发的金融危机，再到波及我国实体经济的下滑进行细致的经济学分析，有利于我们更好地把握未来的经济走势，科学地制定经济政策。

一、实体经济是一国经济的基础，金融创新应当服从于实体经济的发展

在马克思经济学看来，实体经济是一国经济的基础，是真正创造社会财富的经济形态。马克思指出，“不论财富的社会形式如何，使用价值总是构成财富的物质内容”①。马克思这里所讲的使用价值是作为物质产品的商品的使用价值。由这样的前提出发，马克思认为，生产物质产品的劳动才是生产性劳动，其他的劳动都是非生产性劳动。在资本主义社会生产性劳动不仅要生产物质产品，而且是要生产剩余价值的劳动。马克思经济学中社会总产品的概念是与实体经济相关联的概念，具体指一个生产周期内两大部类所生产的全部产品的总和。马克思经济学中的国民收入被严格地限制在物质生产部门，即在总产品的价值中，扣除掉一年内消耗掉的生产资料的价值后余下的那部分价值，亦即当年创造的新价值，可分为 V + M 两个部分。其中作为 V 的部分是物质生产部门的劳动者为自己的消费创造的价值，作为 M 的部分是物质生产部门的劳动者为社会创造的价值，是要在社会所需要的非生产部门重新分配的。马克思所研究的资本循环、资本周转、社会总资本的再生产，都是对实体经济运行的探讨。

马克思把现实资本的所有权证书即纸质复本叫做虚拟资本。虚拟资本的运行就是我们今天所讲的经济。纸质复本一旦作为相对独立的形态，就有了相对独立的运行。马克思指出，“作为纸质复本，这些证券只是幻想的，它们的价值的涨落和它们有权代表的现实资本价值变动完全无关，尽管它们可以作为资本价值来流通”②。

马克思观察到，作为虚拟资本的运行并非像实体经济那样清晰和简单，而是因为“虚拟”而带有赌博的性质。他说，“由这种所有权证书的价格变动而造成的盈亏，以及这种证书在铁路大王等人手里的集中，就其本质来说越来越成为赌博的结果。赌博已经代替劳动，并且也代替了直接的暴力，而表现为夺取资本财产的原始方法”③。虚拟资本构成了银行和私人资本的相当部分。

市场经济离不开信用，信用为综合利用社会资源提供了有力的杠杆。然而，信用的膨胀会使信用的功能适得其反。信用的膨胀使得信用失去了扎实的实体经济的基础，并且把想象中的实体经济不断放大，最终在某一个环节突然断裂，危机随之爆发。

---

① 《马克思恩格斯全集》第 23 卷，人民出版社 1972 年版，第 48 页。

② 《马克思恩格斯全集》第 25 卷，人民出版社 1974 年版，第 540～541 页。

③ 《马克思恩格斯全集》第 25 卷，人民出版社 1974 年版，第 541 页。

那么，虚拟资本是如何借助于信用迅速膨胀的呢？信用是在以为有“信用”，即“信用”的基础是扎实的基础上膨胀的，在反复的存贷中膨胀的。马克思以一张500磅的银行券为例生动地描述了这个过程：“A今天在兑付汇票时把这张银行券交给B；B在同一天把它存到他的银行家那里；这个银行家在同一天用它来为C的汇票贴现；C把它支付给他的银行，这个银行再把它贷给汇票经纪人等等”①。然而，在这无数的既存又贷的链条上，一个支付行为是以另外一个支付行为的确实无疑的进行为前提的，只要其中的一个环节出了问题，整个支付行为就会中断，就会产生经济危机。

如果仅仅是虚拟资本相对独立的运行，在这个领域的损益及运行情况，一般不代表资本市场的损益及运行情况。马克思说：“只要这种证券的贬值或增值同它们所代表的现实资本的价值变动无关，一国的财富在这种贬值或增值以后，和在此以前是一样的”。他强调，“只要这种贬值不表示生产亦即运河运输的实行停滞，不表示已开始经营企业的倒闭，不表示资本在毫无价值的企业的白白浪费，一个国家就决不会因为名义货币这种肥皂泡的破灭减少分文”②。但是，如果支付环节断裂那就必然影响到实体经济——实体经济中的资本循环从商品到货币阶段就不能完成。

当前的经济危机就是由美国过度的“金融创新”脱离实体经济，天马行空而产生的。马克思的经济学分析告诉我们：①一定要扎实地抓好实体经济，只要实体经济结构合理、健康发展，就会增加国家的社会财富，就会在任何条件下都有抗衡危机的基础。②金融创新或金融衍生产品一定要从服务于实体经济出发，一定不能脱离实体经济，一定要在可控范围之内。

二、内需应当成为我国经济发展的自然状态，而不仅仅是情急之下的启动

从一定意义上讲，由美国次贷危机引发的我国经济的下滑是内需不足使然。

我国的经济发展曾经严重依赖外需。原因在于改革开放初期我国资本缺乏，必须通过对外贸易解决最初的资本积累。虽然资本积累的问题得到了解决，与之相关的一系列问题却随之产生：①经济发展受世界经济波动的影响甚大。例如2004～2007年，世界经济处于一个较快的发展时期，对我国产品有着较大的需求，中国经济也就会同样处于一个较快的发展时期。一旦世界经济萧条，减少了对中国产品的需求，中国经济也就会萧条，这就是我国当前的情况。②在严重依

---

① 《马克思恩格斯全集》第25卷，人民出版社1974年版，第590页。

② 《马克思恩格斯全集》第25卷，人民出版社1974年版，第531页。

赖外需的情况下，由于原材料在外和产品销售在外，上游产品特别是原材料价格上涨会导致国内产品价格的上扬，形成输入性经济波动。这就是 2008 年上半年我国经济的状况。③在国际贸易中处于逆差的国家会要求保持顺差的国家货币升值，以缓解本国的经济压力。比如美国会一方面使美元贬值，另一方面则要求人民币升值，进一步加大了我国产品出口的难度。这些分析说明，严重依赖对外贸易的、曾经对我国经济发展起过积极作用的经济发展模式，在变化了的态势下遇到了的挑战。

经济学的研究证明，大国的经济发展模式是应当不同于小国的。亚当·斯密在《国民财富的性质和原因的研究》中特别写道，“中国幅员辽阔，居民那么多，气候是多种多样，因此各地方有各种各样的产物，各省间的水运交通大部分又是极其便利，所以单单这个广大的国内市场，就能支持巨大的制造业，并且容许很可观的分工程度……，假如能在国内市场之外，再加上世界其余各地的市场，那么更广大的国外贸易，必能大大增加中国制造品，大大改进其制造业的生产力”[①]。霍利斯·钱纳里在其著名的《结构变化与发展政策》中进行了大国发展模式与小国的发展模式的比较。钱纳里根据大量的实证考察得出的结论是：“大国发展型式的主要的特征是较低的国际贸易水平。国家越大，且政策的内向性越强，它的经济就越趋于封闭经济的情形。在整个转变时期，典型的大国型式具有占国民生产总值 12% 的出口额，假想的半开放国家的出口额占 6%”[②]。小国的经济发展模式不同于大国。“那些在大国中导致有限贸易和平衡增长的因素在小国中产生了相反的影响。后者具有较少多样性的资源和较小的市场，这就使对外贸易的利益增加了，对大多数小国而言，外资也更容易得到”[③]。斯密和钱纳里的这些论述，为我们提供了理解大国经济增长模式的基础。我国幅员辽阔、国内市场广大，忽视内需、过分依赖于外需拉动经济，不仅不符合我国的实际情况，而且外需一旦出现问题，我国的经济发展立刻就遇到了麻烦。这就是我国当前经济下滑的原因。如果说我们在改革开放的初期因为资本的缺乏，应当更多地依赖对外贸易。那么，在已经有了一定数量的资本积累，且国际经济形势发生了变化的情况下，应当不失时机的转换经济增长模式，注重内需的拉动。

以内需拉动经济应当是战略性的调整，应当是一种自然状态。笔者这里所讲的自然状态指的是经济发展的常态，是本来应当如此的意思，是相对于启动内需

---

① 【英】亚当·斯密：《国民财富的性质和原因的研究》，王亚南等译，商务印书馆 1972 年版，第 247 页。

② 【美】霍利斯·钱纳里：《结构变化与发展政策》，朱东海等译，经济科学出版社 1991 年版，第 87 页。

③ 【美】霍利斯·钱纳里：《结构变化与发展政策》，朱东海等译，经济科学出版社 1991 年版，第 91 页。

而言的。启动内需是在经济发展出现下滑时借助于行政力量发动的，以提升国内需求阻止经济下滑，带动经济发展的政策举措，通常带有应急的性质。在我国特定的行政从属关系下，中央政府期望的措施和目标被认为是衡量干部的标准而放大，于是会产生形象工程和政绩工程，会造成不必要的浪费。而内需作为促进经济发展的自然状态，背后的力量是市场、是消费者，产品完成了生产、分配、流通、消费的全过程，最终得到了社会的承认，这样的经济增长是有质量的。

以上的论述都丝毫不否定在目前情况下启动内需的积极意义，只是说从长远来看、从战略层面来看，内需应当成为带动我国经济发展的自然状态。启动内需就像汽车重新发动一样耗油巨大。

内需成为拉动经济的主导力量是一个系统工程。首先，重视内需在拉动经济发展中的作用必须提高人民收入。马克思在分析资本主义经济危机时曾经指出，这个社会一方面在提高剩余价值率的同时，生产了很多的产品，另一方面拼命压低工人的工资，由于工人既是生产者，又是消费者，压低工资收入的结果是生产出来的东西卖不出去，于是发生了生产过剩的危机。马克思这里揭示的是市场经济的一般规律，对理解当前的经济下滑具有启发意义。目前内需拉动所以有限，是因为人民群众的收入水平低。有关数据显示，截至 2008 年 8 月末，我国居民储蓄存款大约为 20 万亿元，但按全国 13.2 亿人口平均，每人仅 1.5 美元。扣除收入不均等因素，这些钱也不足以支付教育、医疗、养老等方面的支出。另一组数据则说明，一个时期以来，分配一直向国家税收转移。2008 年上半年城镇人均可支配收入为 8065 元，同比增长 14.4%，扣除价格因素实际增长为 6.3%，上半年农民人均收入 2528 元，同比增长 19.8%，扣除价格因素，实际增长 10%，2008 年上半年同比增长 30.5%。这样的分配格局显然不利于以内需拉动经济的发展。

国民收入分配适当向劳动转移，不仅是启动内需的需要，也是经济发展的一般规律使然。发展中国家在经济发展的初期阶段，通常资本比较稀缺，收入分配会向资本倾斜。但经济发展意味着资本的积累，资本的不断充裕会使资本的价格下降，相比之下，劳动会相对短缺，其价格自然会上升。此外，按照马克思的经济学说，劳动力价值所包含的生活资料的范围会扩展，这也会促使劳动力价格上扬，这说明国民收入向劳动的转移是有其必然性的。

把内需作为经济发展的自然状态，分配不仅应当向劳动转移，更应当适当向收入低的人群转移。凯恩斯认为，能不能把收入转化为消费，关键在于边际消费倾向的高低。所谓边际消费倾向是指最末一个收入单位中用来消费的比例。他指出，富人的边际消费倾向通常低于穷人的边际消费倾向，应当通过向低收入群体倾斜的重新分配，提高总体的消费倾向，使得一个较小的投资量就可以维持一个较高的就业率，具体可以采取税收和转移支付等。庇古在其著名的《福利经济学》中也认为，财富的分配适当向穷人转移，可以提高整个社会的福利指数。他说："一个人越是富有，他可能消费的收入占其总收入的比重就会越少。如果假设他的总收入是某个穷人总收入的二十倍，则其消费的收入可能是穷人的五倍。无论如何，非常明显的是，收入从相对富有者向相对贫困者的任何转移，是以牺牲较不急迫的愿望为代价的，使得比较急迫的愿望得到了满足。因此，他一定会使满意感的总和有所增加"①。收入分配适当地向低收入群体转移，不仅是一个再分配问题，而且在初次分配中也应当给劳动者的权利以充分的保护。

基于我国特殊的国情，要使内需成为一种拉动经济发展的自然状态，必须重视农民收入的提高，重视农民社会保障制度的建立。就人口比例来说，农民占中国人口的80%，应当有广阔的需求。然而，经济学上所讲的需求能力不是看人口的多少，而是看货币购买力。从现实来看，虽然我国经济在长足发展，由于各种生产要素都流向回报高的地区，特别是流向回报高的产业（这样的产业显然不是农业），农民增收十分有限。政府的政策一直把农民增收作为重点，特别是党的十七届三中全会作出的关于三农问题的一系列决策，恰恰说明农民增收的问题依然没有得到有效地解决。农民增收除了政府补贴，还应当让农产品价格真正反映市场的供求状况。应当明确，在供求规律驱使下的农产品价格上涨，是解决农民增收的有效途径。因农产品价格上扬而产生的对城市收入群体的生活影响的问题，应当通过另外的途径，诸如补贴的途径去解决。此外，还应当一视同仁地解决好农民的医保、社保问题，使农民敢于消费。不仅收入分配要向农民倾斜，而且国家投资也应当如此。庇古认为，只有各领域的投资边际效率相等，资本的效益和社会福利才会最大化。

三、在经济政策的取向上，要始终把经济发展放在首位，宁肯选择有轻度通胀的充分就业和经济发展，也不选择经济紧缩和严重失业

菲利普斯曲线揭示了失业和通货膨胀之间的替代关系。具体而言，即经济发展通常与物价上升（可以理解为通货膨胀或者轻度通货膨胀）、充分就业相伴。而与经济紧缩相伴的则是物价指数下降和失业增加。凯恩斯的经济学分析和经济政策主张就是以二者可以互相替代为前提的。

---

① 【英】庇古：《福利经济学》，金镝译，华夏出版社2007年版，第69～70页。

基本的经济学分析证明，只要经济在高速发展，就难以避免物价上涨。这是因为在经济发展时，因为对生产要素的需求多，各种生产要素都相对稀缺并被充分地利用，供求关系会自动拉动价格上扬。但此时因为生产要素的充分利用，产品会源源不断地生产出来，源源不断地供给的产品，又会反制价格上扬。这是一种积极的价格上扬，从本质上区别于由于经济不景气，供给短缺所形成的消极的价格上扬。另一方面，在这种状态下，工资水平也在上涨，只要工资水平与价格指数同步上涨，或者比物价指数上涨的更快，就不用担心物价上涨。弗里德曼证明，人们并不是担心物价上涨，而是担心在政府干预下不可预期的忽高忽低。

另外一种状况是经济紧缩。经济紧缩期间各种生产要素都存在着不同状态的指数下降，失业增加。此时虽然物价指数下降了，但由于失业严重，这种物价指数的下降是没有意义的。此时人们收入更低，或者预期收入更低而不敢消费，过低价格的商品反倒没有经济快速发展时较高价格的商品易于销售，这就是我们目前的状况。

保罗·克鲁格曼曾经以一个互助性质的保姆公司的运行说明了萧条状态下的尴尬和应当采取的政策举措。这个保姆公司通过印制票券来解决运行问题：每做一个小时的保姆工作（即照顾别人孩子）可以得到一个单位的票券。这套制度设计得很科学，它可以自动保证每对儿夫妇照顾别人孩子的时间与别人照顾自己的孩子的时间刚好相等。然而在运行中人们发现事情并不那么简单，没有外出计划的夫妇总是想多替别人照看孩子，多积蓄票券，以便在有较长时间的外出计划时用。这样的现象发展到一定时期，流通中的票券就不够用了，少到无法应对日常运行，保姆公司的活动进入了衰退（可以类比于社会经济的衰退）。唯一的出路是更多地印制票券。于是保姆公司的运行又回到了正常运行和发展的轨道。这个案例起码说明，第一，保姆公司高效运行要有与之相适应的票券投入。第二，只是简单地印制钞票就可以治理衰退。

事实上，一个国家如果长期实行紧缩政策，一旦遇到经济萧条将会极大地增加启动的难度，这是因为过度地紧缩政策可能破坏了曾经有的、正常的经济运行，企业经营、人员组成等实体经济的内在联系，例如紧缩到连订单都没有了、紧缩到人员走散了、紧缩到机器由于没有使用而锈损了，再一次恢复起来将会很难。一个国家选择紧缩政策一定要慎之又慎。

总结以上的分析，我们应当区别和把握的是：①积极的价格上扬和消极的价格上扬。积极的价格上扬是因为经济发展，各种生产要素多被充分利用时的上扬。消极的价格上扬是因为经济不景气、产品短缺而产生的价格上扬。积极的价格上扬是经济发展的常态。②由于经济发展时工资同时上涨，人们更易于接受经济发展时的价格上扬，而不是经济紧缩时的价格下降。③一国积极政策设计宁肯选择经济发展、充分就业、轻度价格上扬，而不是价格下降，经济紧缩和严重失业。政策的惯性要求我们在选择紧缩政策时要慎之又慎。

四、在遵循经济规律的基础上刺激经济

市场经济有它内在的发展规律和特有的调节机制。经济周期就是市场经济不可避免的现象，这就如同一年四季、春夏秋冬一样。经济萧条，甚或经济危机本身就是市场经济的一种内在调节机制：借助萧条，可以强制性地挤出快速发展时的经济泡沫，萧条期间的强制性淘汰，可以激励创新和调整产品、产业结构。试想，如果没有这种强制性地淘汰，会有市场经济国家经济的长远发展吗！马克思曾经深刻地指出，“迫使企业设备提前按照更大的社会规律实行更新的，主要是灾祸、危机”①。换言之，固定资本的更新，即创新和经济结构调整，是一国经济走出萧条和危机的契机。

既然经济萧条、或者经济危机有如此的积极作用，那么，过度的刺激只能是适得其反。以美国为例，美国这次金融危机与2001年互联网泡沫破灭不无关系。当时泡沫破灭美国经济就会陷入衰退，但那次衰退的时间却很短，实际上只有一个季度的衰退，因为美联储用降息来刺激房地产经济。房地产市场被刺激起来，很成功的避免了经济衰退，但代价是房地产泡沫是更大的泡沫，这就是次贷危机。事实上，凯恩斯的经济政策建议执行到后来，也产生了如同上述的效果：滞胀。原因在于：第一，人们会通过理性预期保护自己的利益；第二，市场确实存在着失灵，但政府同样存在着失灵。政府的决策受其组织者知识结构、信息来源和信息质量，价值取向和价值判断的影响。如果政府不把政府的功能限制在具有比较优势的范围内，政府失灵造成的后果比市场失灵造成的后果更严重。

熊彼特以他的长期观察和敏锐的洞察力对于如何治理萧条说过一段十分有意义的话。他说：“只有让它自己治愈自己才是可取的，任何人为刺激带来的复苏，都会令那些在萧条中未能完成调整的剩余问题更加严重，从中又会产生出新问题，再造成另一次更严重的商业危机的威胁”②。

当然，所有这些论述并不是说我们不应当刺激经济，而是说我们在刺激经济

---

① 《马克思恩格斯全集》第24卷，人民出版社1972年版，第191页。

② 转引自【美】保罗·克鲁格曼：《萧条经济学的回归》，中国人民大学出版社1999年版，第17页。

时必须遵循经济规律，把刺激经济和调整经济结构、产业升级和科学发展结合起来。

更深层次的问题是面对萧条，我们还要不要相信市场经济。答案是我们必须始终不渝地相信市场经济。人类历史已经证明市场经济在动力源泉、信息传达、知识利用、资源配置方面都优于其他经济体制。对于我们来说首先还是通过改革，建设完善的市场经济体制，让其真正地、充分地发挥功能。其次才是在此基础上的宏观调节。

【参考文献】

[1]《马克思恩格斯全集》第 23、24、25 卷，北京：人民出版社，1972、1974

[2]【英】亚当·斯密著，王亚南等译．国民财富的性质和原因的研究．北京：商务印书馆，1972

[3]【美】霍利斯·钱纳里著，朱东海等译．结构变化与发展政策．北京：经济科学出版社，1991

[4]【英】庇古著，金镝译．福利经济学．北京：华夏出版社，2007

[5]【美】保罗·克鲁格曼．萧条经济学的回归．北京：中国人民大学出版社，1999

李义平

北京大学第一个经济学博士后，中国人民大学经济学教授、博士生导师。北京大学民营经济研究院社会责任研究所所长，中国西部研究与发展促进会首席经济学家，中国民私营经济研究会常务理事。

1985 年考上西北大学经济学院研究生，1988 年获硕士学位；1990 年考上西南财经大学博士研究生，1993 年获博士学位；1993 年作为北京大学第一个经济学博士后进站从事研究工作，1995 年出站后到中国人民大学工作至今。

研究领域：经济理论、民营经济、区域经济、国有企业改革、宏观经济走势、社会主义市场经济、企业竞争力等。个人学术专著有《经济体制改革热点理论探源》、《体制选择分析》、《中国的经济过渡》、《经济学百年》、《和着时代节拍的思考》、《来自市场经济的繁荣——论中国经济之发展》等。曾荣获孙冶方经济学奖、蒋一苇改革与发展基金奖，教育部人文社会科学成果奖，北京市社会科学优秀成果奖等。

农业安全是国家安全的重中之重

——访国务院参事、农业部农村经济研究中心研究员刘志仁

徐 伟/文

农业是国民经济的基础，同时农业安全也是国家安全的基础。农村改革三十多年来尤其是中国加入世界贸易组织这十几年间，中国农业对外开放力度不断加大，取得了不少成果，但也出现了很多问题，给农业发展带来很多负面影响。尤其是金融危机爆发后，国际游资纷纷进入到我国，并且大量渗透到农业产业的各个环节，对我国产生新的威胁，必须引起我们的高度重视。

我国农业安全形势不容乐观

中国经济时报：您经常到全国各地调研，非常熟悉我国农业发展情况，您认为，在金融危机的冲击下，我国农业现在面临什么形势?

刘志仁：从最近十年的走势来看，国外对我国农业的影响面越来越宽，冲击越来越大，留给我们的隐患越来越多。从产业方面看，大豆和榨油产业已经陷入十分危急的境地。另外，种子产业、大麦产业、肥料产业、棉花产业、羊毛产业以及乳制品产业等也都受到了不同程度的冲击。

中国可以说是世界上农业和农产品开放度比较高的国家之一。由于开放，我们要引进大量的作物、畜牧品种，特别是最近几年的一些转基因作物，使得大量国外作物和牲畜疫病也跟着进来了，这样很危险。2010 年以来，外资企业或外资控股企业大量进入到农业和农村，本来有很多企业和农业没有一点儿关系，但也在中国搞养猪、种菜以及农产品加工等等，这个情况在全国各地大量存在。另外还有一个趋势，一些外资企业到农村大面积承包农民的承包地，租用我们的土地，这就带来很多负面的影响。

最近我们通过一些调查感觉到，这方面形势越来越严峻，如果不及时采取一些措施的话，恐怕这种情况将来会泛滥起来，很可怕，将直接冲击到我国的农业安全。我一直认为，在诸多的国家安全中包括国防安全、外交安全、能源安全等

方面，农业安全是重中之重。

为什么这样讲，我们国家在全面推进小康社会建设过程之中，出现了很多矛盾，这些矛盾交织在一起，如果我们农产品的供给再出现问题，社会稳定就受到很大威胁。所以从这个角度来讲，必须高度关注这个问题。我感觉很多人现在还没有认识到这一点，大家都感到在农业方面莺歌燕舞宣传得很多，当然这也有必要，但是作为我们研究人员不仅要看到这一点，最重要的是还应当看到我们现在到底面临哪些主要问题，中长期我们可能会遇到哪些问题，要早一点采取措施，有点预警的意识，这样对国家发展会有好处。

要高度认识国外对我国农业安全的冲击

中国经济时报： 国外的冲击究竟到了何种程度？

刘志仁： 从案例来讲，比如大豆，大豆是广为议论的产业，最近十年间，我们虽然做了很多努力，但是我国的大豆生产却一直是直线下降的趋势。大豆原产于中国，在上世纪 90 年代我们一直是纯出口国，目前已经变成世界上最大的大豆纯进口国，2009 年的进口量已经达到了 4255 万吨。现在，在主要的粮食作物中，大豆的自给率是最低的，仅仅才 31%，也就是说有 69% 的大豆要依靠国外进口，这种情况很可怕。

中国经济时报： 这个大豆市场是已经逐渐丧失了。

刘志仁： 对，另外从食用油来看也是这样的，本世纪初，全国还有 1000 多家榨油企业，后来经过不断的整合重组，仅剩 90 余家了。这 90 多家榨油企业中有 64 家是外资控股或者参股的企业，64 家企业的产能占我国市场份额的 85%，这说明一个什么问题呢？比如说市场上植物油涨价，我们要想调控基本上没办法。

中国经济时报： 对，外资说了算。

刘志仁： 这是一个特别特殊的例子，也是一个很大的教训，这种情况下产业安全就没保障了。这个例子能够调动我们今后很好地来重视这个问题。

另外从种子产业来看，现在问题也很大，由于国外的四大粮商进入到国内搞一些合资或独资的公司，他们在很多的领域里实质上已经掌握了我们的种子行业。举一个大宗作物玉米为例，现在很多国内玉米主产地用的都是美国公司的种子，一些主产地的干部向我们反映“我们这个玉米主产地已经成了美国种子的殖民地了”，形势十分严峻。

另外蔬菜产业现在发展很快，品种增加很多，产量增长很快，但是一些高端蔬菜的品种基本上都是国外的。寿光是我国最大的蔬菜集散地也是蔬菜之乡，我到山东去调查，一些干部对我讲，这里现在已经成了一个国外种子的博览会了，因为当地很多种子是从国外来的。比如大棚茄子，用国内的品种，一亩地可能就几十块钱，而用国外的种子，一亩地要1800到2000块钱，这个差距就很大了。当然人家种子也是好，但是如果我们不提高警觉的话，一旦人家把我们的种子产业占领了，我国的种子产业也就垮掉了。

第三个比较重大的是棉花产业，实际上中国也是产棉大国，有出口也有进口，但是最近几年进口是逐年增加的。由于国际市场不稳定，所以导致我们棉花价格波动很大。我有一个大致的测算，从1999年到2008年这10年间，平均收购价的价格波动幅度超过20%的有7年，超过30%的有3年。由于进口价格波动大，导致棉农种植棉花的收益直线下降，从2003年每亩纯收益467元，降到2008年的142元。我们国家有几千万棉农，在很多地方，比如新疆，棉花是个大产业，这样继续下去危险性很大。

另外还有羊毛产业，大家都穿着毛衣毛呢等羊毛料子衣服感觉很荣光，但是我们羊毛产业正面临着历史上最大一次冲击，也是进口的问题。入世前我们每年的进口大致也就是十几万吨的样子，到2008年每年的进口接近30万吨，翻了一番。国外的羊毛像澳毛，质量比我们的好，价格也有优势，而且其还有价格决定权，直接冲击我们的羊毛市场。这块儿也影响到几百万农户。

在木材产业方面，现在我国50%木材需要进口，中国现在18亿亩的耕地可以养活13亿的人口，但43亿亩的林地却解决不了中国的用材问题。50%的木材要进口，纸浆用材的90%左右需要进口，所以我们这方面面临的形势的的确确很严峻。

肥料产业对海外依存度也在不断提高，氮、磷、钾三种主要肥料中，我们的氮肥没问题，磷肥和钾肥这两种肥料都有问题。磷肥的一个主原料是硫磺，硫磺的60%～70%要依赖国外。钾肥是农作物很需要的一种肥料，可以促进作物的光合作用，很大程度决定果实的质量，但钾肥的自给率仅有45%左右，最高的时候海外依存度达70%，现在国家下了很大的工夫，但目前仍有一半以上需要进口。

综合看，上述这些受到冲击的产业都是关系国计民生的产业。从农业安全角度而言，我们国内本身就有很多不利因素，包括自然环境、气候、市场等，如果再叠加上国际方面的因素，也就是说国际国内两个不利因素叠加在一起，这个问题就大了。

我认为，如果不立即重视、加紧解决这个问题，必将对中国农业安全产生更大的威胁。这个问题的影响主要有这几个方面：

第一，由于国外企业对我们的冲击，使得我们一些农产品的产业自给率不断下降，对海外的依存度不断提高，这就使得我们将来的一些产品特别是重要产品要受制于人。大豆是个明显的例子。

第二，国外企业进入国内后逐步控制了市场，使得我国政府调控市场的手段和能力大大下降。食用油就是一个明显的例子。

第三，影响农民的收入。因为农民除了外出打工收入以外，主要的收入还是来自于农产品。当这些主要农产品受到冲击以后，农民增加收入就很困难了。另外，我国山东、福建、广东、江苏、浙江这些沿海地方，有很多农民专门以生产农产品出口谋生，一旦产业受到冲击，我们的出口也将受到打击，就是国外用技术壁垒来打压我们，这对我国农民收入影响很大。对农民收入影响大，对全面小康就影响大，对中国全面实现现代化就影响大，所以这是很大的一件事。

第四，会有大量的国外疫病进入到中国。病虫害也好，家畜疫病也好，已经在一些国家产生特别恶劣的影响，造成毁灭性的打击，如果我们再不重视这件事，以后影响可能就会逐步显现。

第五，这种情况无论在农业经济界还是在整个经济界，还没有引起很大的注意，都是想到莺歌燕舞，实际上我个人认为这些都是一些确实存在的隐患。

提高我国农业的安全系数刻不容缓

中国经济时报：我国农业面临的安全形势如此严峻，那么下一步应该采取哪些措施应对？

刘志仁：因为农业安全有一个系数的概念，比如从粮食安全来讲，水稻自给率达99%左右，玉米、小麦也基本是这样的自给率，但是有一些品种的安全系数是下降的，大豆是明显的例子。如果安全系数继续下滑的话，必然对中国农业产生不可估量的冲击。如果不采取积极、主动、有效的措施，不仅将大大抵消中央惠农政策的效应，也必将进一步降低我国农业的安全系数，从而影响我们整个国家的发展。

现在不要只看到莺歌燕舞的这一面，还要看到有很多的影响、有很多的冲击，在这方面要立即采取一些积极的、主动的、有效的措施。所以我考虑了以下几条建议：

第一，要提高对这个问题的严峻形势的认识。如果大家认识不到这个事情，这个事情就会比较麻烦，而且形势是越来越严峻。我前面讲的是整个面越来越宽、冲击越来越大、隐患越来越多，而我们的认识如果越来越淡的话，就会很危险。所以现在无论从国家层面、地方层面，还是从研究层面、研究开发层面、老百姓层面，都要认识到这个问题。

第二，要重新审视对外农业开放度。中国现在是农产品市场开放度最高的国家之一，开放农产品市场，允许外资外企大量进入，本身就是个双刃剑，有利同时也有弊，所以现在就要立即开始研究详实的趋利避害政策。

如果这样继续下去，不立即采取积极、有效、主动的措施，这个冲击将来会越来越大。这也是一些国家对开放本国农业市场谨小慎微的一个重要原因，同时也是多哈谈判一而再再而三延迟下来的一个重要原因。所以，我国应该根据形势的变化重新审视农业的对外开放度，在一些重要的产业，特别是涉及国计民生的产业，必须要把握住度，必须要掌握我们的主动权，决不能受制于人。我始终认为，招商引资是必要的，但决不能引狼入室。

第三，要提高保护我国农业的意识。这一点过去提的比较少。

中国经济时报：保护农业，您这是第一次提出来的。

刘志仁：对，要大力保护农业。我国改革开放三十多年，由农产品严重短缺的国家变成了农业大国，但是我们现在离农业强国还有很远距离。保护农业，现在应该提到很高的位置来认识这件事。

我们离农业强国还有很长的一段路要走，尽管我们是农业大国，但是有很多的产业还是比较脆弱的，所以要不断地在国家惠农政策中，加大保护农业的力度；要认真研究借鉴日本、韩国等一些国家保护本国农业的经验，提高保护本国农业的意识；制定保护农业的制度，采取保护农业的政策，并把这些内容纳入“十二五”的规划之中。

第四，在国际谈判和国际农产品贸易中，要争取更多的话语权。要改变以往消极应付的姿态，今后要采取积极应对的态度，改变作为一个农业大国却不断受欺压的状态。贸易谈判要把保护农业作为重点，不能轻易把农业作为政治和外交的筹码抛出去。

第五，要不断提高我们农产品的国际竞争能力，提高农业科技创新水平。这是老生常谈的一个话题了，既然外资对我们冲击这么大，我们就要更加自觉地加快速度来提高创新能力。比如蔬菜育种是整个农业的根本，最近几年在品种繁育方面突破并不是很大，国家在这方面要加大投入。其实在国家整个科技投入方面，农业一直是个薄弱环节，各个部门都在喊，农业就显得更薄弱。

第六，要提高外资外企进入主要农业市场的门槛。热钱都是短期行为，在中国投资也没有大的风险，最近国际游资猖狂，所以我们就要提高我们的门槛，不能让其轻轻松松就进来了。

最近，东北粮食和农业部门反映，东北现在正是粮食收购季节，但一些市场一派乱象。国内企业、国外企业、国内粮食企业、国内非粮食企业，甚至包括房地产商、国外的一些控股企业都到东北抢粮，把粮食价格推得很高。所以这方面就要求国家出台一个准入的制度和准入的政策。如果不提高农业准入门槛的话，就会重蹈房地产业覆辙。我作为一个研究人员感觉到在农业方面，现在必须要采取一些限制政策，这和我们对外开放政策并不矛盾。

第七，要密切跟踪国际市场，千方百计减缓国际市场对国内的传导效应。现在国际市场上一些信息包括价格信息、供求信息等对国内市场的影响越来越大，我个人认为这种传导效应的加速和量的加大，比我们进口几百万吨的商品影响还要大。所以我们要密切跟踪国际市场，要有预警的意识，要做好预案，来防止国际农产品市场的波动性、不确定性和风险性传入中国市场，增加我们的风险。把以上这些事情做好之后可能对我们的农业和农产品会更有好处。

刘志仁

1945 年 7 月出生，农业部农村经济研究中心研究员。九三学社第十一届中央委员、农林委员会主任。2003 年 8 月被聘任为国务院参事，享受政府特殊津贴。长期从事国际农业经济和“三农”问题研究工作。

推动后危机时代中国外经贸可持续发展

——访中共中央党校国际战略研究所研究员潘悦

张　娜/文

经过30多年的改革开放，中国成为全球最大的开放经济体之一，中国经济的增长与发展已经与全球经济、世界市场密不可分。一方面，中国在国际经济格局中的地位与作用与日俱增；另一方面，外经贸发展成为中国经济增长与发展的不可替代的机制性推动力量。

中共中央党校国际战略研究所研究员潘悦认为，在后危机时期，保持中国外经贸的可持续发展，对于推动中国持续稳定的经济增长和社会发展具有重要的战略意义，因为它是牢牢把握战略机遇期、实行更加积极主动的开放战略的题中之意。

贸易不平衡和经贸摩擦不是阻碍中国外经贸可持续发展的核心问题

中国经济时报： 长期以来，总有一种观点认为，中国的外经贸发展就是用大量的廉价劳动力、资源、环境支出获取了不断贬值的外汇储备，收益与成本不匹配，不划算，您怎么看？

潘悦： 作为一个转轨中的发展中大国，判断中国外经贸30多年发展的成本和收益，需要跳出外经贸领域本身，从历史的角度、国际的视野来衡量。从历史的角度看，没有对外开放和外经贸发展，就没有现代中国经济的崛起和复兴。

改革开放之初，中国除了廉价的劳动力一无所有，十数亿人口是我们经济发展的沉重负担，然而，正是对外开放，通过外经贸的发展，十数亿人口成为我们参与国际竞争的独一无二的优势，借助这个优势，我们适时抓住了历史机遇，承接了制造业转移，建立了全球制造业基地，我们也由此创造了共和国高速增长的奇迹，不仅改变了民族和国家的发展轨迹，也改变了世界经济和国际政治的格局；从国际的视野看，中国的成功是通过外经贸发展整合全球资源的成功。世界上任何一个国家，它的疆土都是有限的，因而天赋的要素资源也是有限的，所以，一国要想强盛，必然要突破本土资源的约束和羁绊。

因此，全球化背景下的国际竞争，就是整合全球资源的能力的竞争。中国后危机时代的结构调整、中国从大国走向强国的发展，都需要通过更大规模、更高效率的全球资源整合来解决。也正因如此，我们要实行更加积极主动的开放战略，不断拓展开放领域和空间，不遗余力地推动中国外经贸的可持续发展。

中国经济时报：一提到中国外贸的可持续发展，很多人就想到中国的贸易不平衡和经贸摩擦。后危机时代，中国是否面临更加严峻的经贸摩擦？

潘悦：确实，中国的贸易不平衡和经贸摩擦在国内外舆论中愈演愈烈，但后危机时期，阻碍中国外经贸可持续发展的核心问题不是贸易不平衡和经贸摩擦。客观分析可以发现，中国的贸易不平衡问题并不突出，它更多的是美国为了转嫁危机责任和全球视线故意挑起的话题。由于国际竞争力不断提升，大国崛起的历程中都出现了较长时期的贸易顺差，美国、德国和日本都曾经拥有或依然拥有长期持续的贸易顺差。在当今世界经济中，美国、德国、挪威等发达国家，印度、越南等发展中国家，俄罗斯等转轨国家都拥有比中国更高的贸易不平衡度，更何况，由于位于全球产业分工的中低端，中国的贸易不平衡被显著放大了。把全球危机归结于全球经济失衡、进而是贸易失衡、进而是中国的贸易不平衡，由此要求中国承担全球经济危机的责任，打压中国出口，这是美国的阴谋。展望未来，伴随着中国产业的升级换代，中国确实将面临更加严峻的经贸摩擦，但以往的外经贸发展历史告诉我们，它并不能改变中国外经贸发展的动力和步伐，相反，面对层出不穷的技术贸易壁垒和环境贸易壁垒，“中国制造”的技术水平和质量都在稳步提高，中国企业还将在经贸摩擦中越战越勇。

真正的挑战是出口优势产业能否顺利实现升级换代

中国经济时报：中国外经贸可持续发展所面临的挑战有哪些？

潘悦：真正挑战中国外经贸可持续发展的因素在于，在后危机时期全球产业大幅重组和重构的背景下，伴随着中国低成本优势的逐步削弱，中国的出口优势产业能否顺利实现升级换代。改革开放前 30 年里，“中国制造”之所以能够在全球市场所向披靡，就在于我们顺应了国际产业结构的变化趋势，在保持和扩大了服装鞋帽等劳动密集型产业的竞争优势的同时，不断培育和发展了包括电子办公设备在内的新兴优势产业。后危机时期，低碳理念推动全球产业重构，国际贸易的产品结构将因此发生巨大变化。发达国家重返制造业，新的科技革命和产业革命正在酝酿之中，国际贸易竞争将更加严峻。

与此同时，伴随着工资的增长、环保的加强、资源体制的改革等等，中国低成本优势显著削弱，这就要求我们必须在准确判断新时期产业重构趋势的前提下，加快产业的升级换代，否则，我们不仅将难以保持和增进“中国制造”在国际市场中的份额，而且有可能被印度等后起经济体挤出全球产业链。

中国经济时报：在全球产业链上，一提到产业升级换代，人们首先想到的是向上游高端制造业和下游服务业的转移，但对中国这样一个13亿人口的工业化、城市化进程中的国家而言，升级换代有着怎样的意味？

潘悦：升级换代需要考虑中国国情，需要探索新的模式和路径。事实上，由于所处分工位置不同，劳动密集型产业创造的附加值不见得比所谓的高技术产业低，在台湾，服装纺织业的附加值普遍高于IT业的附加值，因为台湾企业在纺织服装业的分工位置高于在IT业的分工位置；另一方面，由于一些就业者一生都没有能力在高技术含量的岗位上就业，因此，许多经济体比如新加坡都保有大量劳动密集岗位。在中国，在一个相当长的历史时期里，就业仍然是压倒一切的问题，我们仍然有上亿的初级水平的劳动力需要向城市转移，我们仍将是全球最具劳动力竞争优势的主要经济体，所以，依据中国国情，我们需要长期保有劳动密集型产业和中低端链条，产业的升级换代应该是在所有产业中用低成本优势创造高附加值，是在全球产业链上从中低端向上下游的延展，而不是简单地放弃或让出中低端环节，或者是资本、技术密集型产业对劳动密集型产业的替代。

中国经济时报：定位未来外经贸可持续发展的路径还要重视哪些方面？

潘悦：还要高度重视边境贸易的发展。长期以来，人们将边境贸易的发展作用仅仅局限于富民固边，但在未来的发展中，我们需要赋予边境贸易更多的战略意义。通过各种制度变革和政策调整推动边境贸易的发展，促进包括直接投资在内的中国与周边国家的经贸合作，既能够有力地促进沿边地区的经济增长和社会发展，也能够深化和扩展我国与周边国家的利益汇合点，更重要的是，边境经贸的大发展将使我国继沿海地区之后塑造新的增长点，优化开放布局，实现真正全方位的开放与发展。

展望未来中国外经贸的可持续发展，还有一个更为现实的战略性议题。作为开放中的大国，伴随着中国经济实力的增长和海外经贸关系的发展，我们进入了一个新阶段，海外的国家利益在加速增长。为此，需要我们采取切实有效的战略措施防范海外经营风险，维护和增进海外的国家利益。但是，作为一个后起的转轨国家，作为国际经济领域的新手，我们维护和增进海外国家利益的能力与现实需要之间存在着一定的距离。我们不仅缺乏足够的经验，而且缺乏系统性推动和力量整合。

为此，我们亟待研究、建立与完善国家战略性体制，按照国际惯例，学习国际经验，综合运用经济的、政治的、外交的、安全的甚至军事的手段，充分整合宏微观各部门、各领域的力量，切实防范风险，维护和增进国家的海外利益。这是大国走向强国的重要标志，也是外经贸可持续发展的战略保障。

潘　悦

经济学博士，中央党校国际战略研究所研究员，中央党校研究生院教授。近年来在中央党校省部、地厅级干部进修班、中青年干部培训班、新疆班和西藏班等主体班次承担多项教学任务，出版专著及合著多部，在《世界经济》、《财贸经济》、《当代亚太》等专业核心期刊发表学术论文数十篇，主要研究领域为世界经济与中国对外经贸发展。获得的荣誉包括：中央党校优秀教学奖、中直机关十大杰出青年等。

重构经济中长期增长动力机制

——访南京大学经济学院副院长沈坤荣教授

李成刚/文

随着经济总量的上升，中国对整个世界的经济格局产生了重大影响。在全球金融危机之后，特别是在世界经济的复苏过程中，因为失业严重，许多国家无论是出于政治的需要还是现实的需要，纷纷采取贸易保护的措施，其结果是给中国经济带来了巨大的产能过剩压力。

而另一方面，中国的宏观调控其背景实际上又是货币政策的转向，从现有的格局来说，特别是在现有的财权和事权的分权、中央和地方的分权模式下，中国经济很难摆脱对房地产市场的依赖。而由于市场价格和收入之间很不匹配，使得中央宏观调控面临巨大压力。但是，调控的真正压力来自于价格逆转之后财政收入的压力，因为财政收入是弹性的，财政支出是刚性的，社会保障、失业保障、教育、卫生等都是刚性支出，刚性的支出和弹性的收入之间不匹配成为最大的问题。

因此，面临全球格局变化带来的产能过剩压力和中国宏观调控所产生的转向压力，如何实现中国经济结构的转型，以创新驱动中国经济又好又快发展，成为经济学界研究的重要内容。就此中国经济时报专访了南京大学经济学院副院长沈坤荣教授。

警惕税收竞争

中国经济时报：金融危机对中国的经济影响还在延续，你认为，中国经济宏观调控面临的内外部环境有何变化？

沈坤荣：在全球经济环境不确定的情况下，中国的调控难免要进行经济考量外的政治风险评估。实际上从现有数据来看，经济的通货膨胀和经济的减速双重隐忧是并存的，这是当下面临的经济决策最重要的外部和内部环境，外部环境趋紧，内部环境则是两难的抉择。

而调控的核心问题是房地产波动和宏观调控的关系。

最核心的问题除了价格和供需关系之外就是财税体制，是中央政府与地方政府财权与事权划分不合理，或者是在现有的经济增长格局下，地方政府的事权过多，而中央政府财权过大带来的一系列矛盾。

我曾经在2006年的时候做了一个理论研究，叫做税收竞争、地区博弈与中国的经济增长，如果我们离开了地方政府的税收竞争，离开了地方政府承担的事权，而中央政府又有过多的财权，中央和地方之间博弈就会形成。我们看所有地方政府“十二五”规划里面都谈到怎么争取更多的项目，争取更多的中央认同的国家战略规划，拿到更多资源；怎么样体现税收的增长，来增加地方政府政绩。这背后就是财权和事权的关系，它的背后还有地方和中央的关系，这些关系二十几年来没有变化，而且随着1994年财税体制分权化改革以后，其竞争更加激烈。

税收竞争这个问题，是政府必须要考虑的，否则会恶化整个经济增长环境，而且会透支过多的自然资源，使中国经济难以为继。

重构经济中长期增长动力机制

中国经济时报：从中长期看，中国经济面临着挑战是什么？或者说中长期增长的动力机制是什么？

沈坤荣：中国经济面临着中长期挑战和增长动力机制重构的问题。中国经济30年来的路径概括地说主要是：高投资、高出口、低消费。这一路径支撑了中国经济30年高增长。打个不恰当的比方，就是一个十四五岁的孩子和父亲差不多高了，但他是吃粗粮长大的，一有风吹草动就有很多问题。所以资源约束、环境污染、经济波动等等问题不断。同时又难以退出来，由于没有准备好社会保障，没有准备好高端人力资本，没有准备好高端产业结构，如果退出来，民生和就业就有风险。像沿海发达地区提出转型，转型实际上面临低端就业者的就业压力。而且，做衣服、做鞋子的很难马上去编软件，这需要漫长的过程，需要有一个时间来消化，如果要强制性退出，则就业问题和民生问题凸显，出现了进退两难的境地。

这次金融危机给了中国看见自己的一面镜子。我们面临一个如何跨越中等收入陷阱问题，如何在经济总量超越过程中自身定位的问题。在现有的效益模式下问题会凸显出来，所以怎么从低成本驱动向创新驱动转型；怎么培训低端劳动力，实现顺利的转型，让社会有一个平稳过渡，这都是需要研究的。

从经济增长角度来看，一个国家有外需、有内需，尤其是在全球化过程中，外需因金融危机受阻，投资纯粹靠项目投资也难以为继，消费就受到重点关注，但是消费是需要有钱才能进行的。同时，即使有钱也不一定会有消费，因为要敢于消费，要有消费环境。现在中国至少有两个问题，一个是低收入阶层，尤其是农民收入太低，定价机制、初次分配有问题，为什么种了一年地还买不起两袋化肥，就是定价机制的问题，因此在初次分配上要进行改革。在中高收入阶层里面最核心的是要解决公共支出的扭曲问题，政府过多地参与了经济运行，实际公共支出领域太小，扭曲了，使得有钱人不敢消费。比如公租房建设有限，使得商品房的价格提高，而医疗支出的扭曲和教育支出的扭曲，使得有钱人也不敢消费。

中国经济时报：那么，你认为，我们应该如何进行结构调整？

沈坤荣：第一，结构调整最核心的问题就是要推进要素市场化改革，要构建有限的政府，政府过大了，政府无处不在，这是扭曲市场最重要的原因。第二，构建有限的政府，如果没有有效的政府来支撑，效率不高，就不能完成政府的职能，所以要构建有效政府，就要把有限政府和有效政府结合，使得国家在治理结构上和财政上支出减少，否则收入难以满足刚性支出。第三，推进城乡一体化。把农村排除在外的经济现代化的进程是有问题的。

当前改革已经成为一个社会和政治需要，而背后的权利和利益调整是推进改革的最大阻力，最大担忧是改革动力不足。值得思考的现象是最近出现的中产阶层移民，上世纪 80 年代之前为了生存移民，80 年代之后为了求学移民，现在出现了中产阶级移民，实际上就是因为我们制度设计不够，零敲碎打的改革已经不能满足需要了，中国要从上而下的做好制度安排，让中央和地方有合理的财权和事权，让社会公众有一个良好的期待和良好的预期，这样才能使得我们的转型升级有明确的路径，公众参与也会有很好的预期。

沈坤荣

江苏省吴江市人。中国人民大学经济学博士，中国社科院经济学博士后，荷兰蒂尔堡（TILBURG）大学经济系访问学者，美国斯坦福大学经济学系高级研究学者。现任南京大学经济学院副院长、教授、博士生导师，南京大学—霍普金斯大学中美文化研究中心兼职教授，江苏省青年联合会副主席。首批入选教育部“新世纪优秀人才支持计划”，是“新世纪百千万人才工程”国家级人选，国家级教学名师奖获得者；全国优秀博士学位论文指导教师；孙冶方经济科学奖获得者。兼任中国价格协会理事；中国工业经济学会理事；江苏省交通经济学会会长；享受国务院专家特殊津贴。

主要研究领域：宏观经济学、经济增长、资本市场、企业战略。

占领产业发展的制高点

——访国家发改委对外经济研究所研究员王海峰

王小霞/文

对于在金融危机冲击后的世界产业结构调整背景下、中国产业结构调整的方略，国家发改委宏观经济研究院对外经济研究所王海峰研究员是这样看的：不管是国外还是国内，产业调整的重点或者核心，已经集中到这样一个点上，就是控制或争夺产业发展的制高点。

全球产业调整的重点已集中在产业发展的制高点上

中国经济时报： *在后危机时代，你认为产业调整的重点在哪里？*

王海峰： 不管是国外还是国内，产业调整的重点或者核心，我个人感觉，已经集中到这样一个点上，就是产业发展的制高点。

对发达国家来讲，他们是要控制这个产业发展的制高点，牢牢控制产业核心竞争力，主要是技术的竞争力；对我们来讲，作为一个发展中大国、新兴大国是要尽可能地去争取，去抢占这样一个制高点，真正建立自己的核心竞争力。从这点来看，主要的发展中大国已经普遍意识到，抢占产业发展的制高点和核心竞争力，关键是提高技术对产业发展的支撑能力。在技术方面，无论 OECD 国家讲的高技术，美国讲的先进技术、尖端技术，还是我们讲的高新技术，也包括金融危机后，最近几年大家讲的战略性新兴产业，其核心均集中在对技术、特别是核心技术的争夺和控制上。这样一个对技术的争夺和控制，既普遍存在于传统的产业中，也存在新兴的产业中。奥巴马政府提出的再工业化核心就是要进一步强化美国在传统产业中的核心竞争力。金融危机前美国传统制造业在大量向发展中国家转移，比较优势不断下降，对技术的控制能力也在减弱；美国政府已经认识到，没有一定规模的制造业，就很难在美国国内有效支撑相应的研发能力，也就可能最终丧失技术的控制力；在这方面，美国最担心的应该是日本和德国，而不是中国和印度。目前，各国普遍关注的知识经济就是基于技术控制，对人力资本、科技发展以及高端服务的控制。

从微笑曲线来看，对产业核心竞争力的控制实际上是对现代服务或者高端服务能力的控制。大家都知道，在微笑曲线的左端，设计、研发和专利，属于服务业；在微笑曲线的右端，品牌、质量和服务也属于服务业。这两类高增值的服务既包括一般的生产性服务业，也包括高端的服务业，比如金融、保险、会计、法律这样的行业。在这些方面，发达国家的控制力是非常有效、非常厉害的；在发达国家之间，美国和英国在高端和专业服务方面，能力要强于日本和德国。发达国家形成的这种对新兴产业的垄断控制能力，体现在技术方面的垄断、品牌方面的垄断、质量方面的垄断、人才方面的垄断和服务方面的垄断。从这一角度来讲，任何一个新兴产业，或者是大家谈论的热点产业，发达国家都远远地走在了前面，他们既有技术的储备、还有人才的储备、更有制度的优势，需要发展中国家集中精力和资源，从各方面来追赶。比如在环保和低碳领域，从美国能源署最新统计来看，2008 年我国单位 GDP 一次能源消耗强度是英国的 7 倍、日本的 6 倍、德国的 5.7 倍、法国的 5.5 倍、美国的 3.5 倍、世界平均水平的 2.8 倍。主要国家中，英国单位产出能源消耗之所以最低，是因为其技术水平、服务水平高，用服务贸易顺差来对冲货物贸易逆差，同时生活和消费方式较为低碳。日本、德国和法国由于服务能力不强，只能用货物贸易的顺差抵消服务贸易逆差，单位产出能源消耗高于英国。美国则由于生活和消费水平不太低碳，单位产出能源消耗在发达大国中最高。

如果企业不能有自发的积极的基于市场层面的反应，任何创新政策、创新战略或者产业调整战略都很难取得成效

中国经济时报：在你看来，中国产业结构调整的主体是什么呢？

王海峰：从改革开放到现在，在过去的 30 年中，中国已经走过了依靠量的扩张的发展阶段，这一阶段的典型特征就是价格竞争，特别是以廉价要素投入为基础的低水平价格竞争。未来我们需要更多的质的竞争，通过技术的竞争、质量的竞争、人才的竞争、服务的竞争，来全面提高质的水平。过去那种主要依靠价格竞争的产业发展模式空间有限、潜力有限、对经济发展的支撑作用会不断减弱。也就是说，“十二五”及未来 10 到 15 年，我们再也不可能单纯依靠价格竞争来维持我们经济的快速发展，维系产业的国际竞争能力。“十二五”规划纲要也明确提出了要构建现代产业体系，提升核心竞争力。过去，我们在某些方面虽

然做出了一些成绩，但是成绩远低于我们的预期。如果不能有效地提升产业的核心技术竞争能力，我们就有可能被绑定在产业发展的低端，我们也就很难在未来10年跨越“中等收入陷阱”。因此，我们必须突破技术的、品牌的、质量的、人才的和服务的发展瓶颈：我们必须在产业链的首端——设计、研发和专利，在产业链的末端——品牌、质量、营销和服务方面多下工夫，下苦工夫。否则，我们就会被绑定在简单加工组装，单纯依靠数量扩张、廉价要素竞争这样一个产业发展的低端环节。

从产业竞争和结构调整的国际经验来看，上世纪90年代，发达国家已经放弃了所谓产业结构调整这一概念，因为产业结构调整，主体应该是企业，而且必然是企业，是以非公经济为主体的企业。如果政府的政策得不到企业的反应，政策的效果就会大打折扣，最终必然是一个失败的政策。因为，无论是前面谈到的微笑曲线，还是后来谈到的产业链；无论是研发、设计和专利，还是品牌、质量和服务，如果离开了企业这一主体，都只能是空谈。对于产业调整的主体——企业来讲，在中国更需要一个支撑企业创新的氛围。

过去两年，奥巴马政府的新能源政策在美国受到普遍质疑。我去年五月到兰德公司访问，听到了一位资深专家的质疑，后来斯坦福大学的一位教授也提出了类似的质疑。概括起来，这些质疑集中在三个方面：第一，美国政府的新能源政策到现在为止总体上还是一个自上而下的政策，很多方面要靠政府补贴来推动，未来有可能有个别产品通过市场化取得成功，如新能源电池。但是，靠政府补贴的产业如果经过一定的补贴期，多数企业和产品还难以赢利，不能通过市场实现自发增长，这个政策肯定是失败的。第二，包括新能源产业在内的新兴产业，在初级阶段是一个增加成本、价格上升、降低社会福利的过程，在这个过程中，如果不能实现商业化，就不可能被市场接受，也是难以持续的。第三，在很多国家，创新政策和一些新能源政策可能会导致或加剧社会财富的不公平分配，可能变为一个影响选举的政治问题，最终必然成为主导决策的关键问题。因此，无论是产业发展的主体、创新的主体、营销的主体、还是商业活动的主体，如果企业没有自发的、积极的、基于市场层面的反应，任何创新政策、创新战略或者产业调整战略都很难取得成效。

产业发展或提高企业竞争力要多种支撑环境

中国经济时报：这就是说，产业发展或企业竞争力是需要良好的支撑环境的，这些支撑环境具体有哪些？

王海峰： 的确是这样，而且对于我们这样的转轨国家、发展中国家更加重要，这些环境概括起来大致包括以下几个方面。

第一，从长远的角度看，企业要发展就需要一个良好的发展氛围，特别是一个良好的创新氛围。遗憾的是，从我们现在观察到的现象来看，这样的发展环境、创新氛围在局部是恶化了而不是好转了。比如法律环境，过去老讲知识产权保护、商标保护。实际上，知识产权保护是一把“双刃剑”，尽管过去做了很大的努力，但是由于各方面的原因，从结果来讲，落实的情况并不好，客观上打击了企业的创新意识、品牌意识。忽视知识产权保护，从小的方面讲就是保护了落后者，从大的方面讲，就是牺牲了民族和企业家的创新精神。再比如，债务问题已经成为困扰中小企业发展的一块顽疾。国内很多企业宁愿利润低一点出口，也不愿利润高一点把产品销往国内，企业出口可以较快拿到货款，但是销往国内，就有可能拿不到货款，进而陷入债务危机，这个问题已经成为制约企业发展、影响产业调整的一个老大难问题。

第二，现在我们越来越缺乏诚实守信的企业，很多领域都有了可怕的潜规则。在整个社会和企业诚信缺失的情况下，我们的产品更多的是一种不过关的产品，消费者对任何产品均采取一种质疑的态度。过去由于三聚氰氨的问题，奶制品行业整体出了问题，现在又出现食品添加剂的问题：我们自己都信不过自己的企业和产品。我想这样的问题集中反映了整个社会或者整个商业的诚信问题，如果没有诚信，你怎样跟跨国公司去竞争？你又如何走出国门？这种结果其实就是长期以来不受约束的不良竞争、过度竞争、恶性竞争的市场环境本身造成的，本质上是不惜失去信誉、不惜代价的恶性价格竞争的结果。因此我们需要尽快建立规范而且必须是充分竞争的市场环境，这个竞争不能单纯依靠不受约束的恶性价格竞争，而需要更多的鼓励和保护技术的竞争、质量的竞争、品牌的竞争、人才的竞争。如果没有竞争模式的转换，我想未来 5 年、10 年我们仍会停留的低水平的竞争阶段，我们的企业有可能被挤出国际市场，在国内市场也会面临生存危机。

第三，需要一个有效的政策激励机制，我们不好简单地评价哪个政策好，哪个政策不好，但是你看过去几年的国内市场的竞争机制，房地产、资产性和金融行业很容易赚钱，在很容易赚钱的时候，长期的、依靠技术的核心产业谁去做？技术型的行业、创新型的行业利润比较低，而像房地产业是 20%、30%、50%，甚至 100% 的利润水平，你让企业怎么竞争？怎么发展？如何创新？我们这样的激励机制必然让大量资金投向了房地产、资产性、甚至是虚拟领域。如果说中国的房地产出了问题，对经济的影响可能是暂时的和局部的，最多可能会带来几个百分点的经济增长速度的下降。但是，如果中国在未来5年到10年，企业的技术竞争力不能有效提高，我们的创新型企业由于这种恶性的低水平价格竞争环境，由于国家层面缺乏必要的刺激机制而被挤出国际、国内市场，那么我们整个国家可能再次错过发展的战略机遇期，我们“十二五”规划纲要提出的提升产业核心竞争力就有可能落空，对企业和中华民族复兴的影响，将不仅是长期的，而且是致命的。

最后，缺乏企业发展和创新的社会保障。这一轮通货膨胀中，粮食价格涨了，蔬菜价格涨了，农民的实际收入水平并没有涨多少；农民工去年的平均工资大概涨了30%~50%，但是农民工的实际福利水平并没有明显提高。房价对低收入群体来讲，可能永远是一个天文数字，需要政府提供廉租房。但是，如果房价上涨到一定水平，让清华、北大的本科生、硕士生和博士生，让这些承载国家未来发展希望的骄子们用他们毕生的俸禄也买不起房子的时候，房价就变成了一个社会问题、一个发展问题，一个民族的大问题。去年9月，华为集团的一个老总说，他们正准备把公司的研发部门撤到二线城市的郊区，因为以他们现有实力无法为新一代的高端技术人员提供一个稳定的生活保障。如果国内有创新能力的企业都将核心资源撤到二线城市，将最好的基础设施留给房地产、暴发户、金融和政府部门，必将造成社会资源的极度错配，让中华民族如何在新一轮全球产业调整中去追赶发达国家，去争夺产业发展的制高点？我想这是一个很大的问题。

王海峰

英国巴斯（Bath）大学经济学博士，现任国家发改委对外经济研究所国际经济综合研究室主任，研究领域为经济增长、国际经济和国际区域合作。近年来部分文章登载于《宏观经济管理》、《中国经贸导刊》、《宏观经济研究》、《国际贸易》、《中国金融》、《现代商业银行》、《中国海关》、《证券市场周刊》、《求是》、《瞭望》、《红旗文稿》和《领导之友》等杂志。

中国应对金融危机的路径

王晓军（曲阜师范大学教授）

源于美国的金融危机对中国的冲击之大前所未有。金融危机影响的突发性与我国经济结构中的固有矛盾叠加，使我们的产业结构、就业等矛盾更加突出。但中国经济却很快以超凡的速度反弹，并引领全球经济复苏，这大大超出很多人的预期。

措施

中国经济之所以能够快速反弹，首先应当归功于中国政府及时迅速地采取了巨额经济刺激计划和宽松货币政策等一系列有效措施。对于 2008 年以来中央政府采取的促进经济发展政策组合拳，我们可以归纳为以下几个方面。

第一，中国采取了一系列的积极政策应对危机。中央政府出台了促进经济平稳较快发展的一揽子计划，主要包括四个方面：一是扩大内需政策。其重点是通过增加中央财政赤字和国债发行规模、减轻企业和居民税费负担、保持货币信贷供应量合理增长、优化信贷结构等措施，增强投资和消费对经济增长的拉动作用。4 万亿投资计划快速有效实施，使得我国经济在很短的时间内停止了下滑，并迅速出现了企稳向好的迹象，不仅保护了经济，也保护了民间投资者的信心。二是产业振兴政策。重点是组织实施钢铁、汽车、船舶、石化、纺织、轻工、有色金属、装备制造、电子信息、现代物流等十个产业调整和振兴规划，落实规划中提出的近 120 项政策措施。三是科技支撑政策。重点是支持和引导各类要素向加强自主创新集聚，围绕扩大内需和产业振兴加强科技攻关，促进形成新的经济增长点，力争在新一轮经济上升期站在更高的起点上发展。四是社会保障政策。重点是积极促进就业，健全各类社会保障制度，着力解决涉及群众切身利益的医疗和教育等方面的问题。

各种措施既应对了危机的一时之需，也兼顾了解决我国经济和社会发展的深层次和长远战略问题，如自主创新、节能减排、农村民生工程、重大基础设施、社会保障等。

第二，中国负责地履行大国义务。和各国共同反对在危机时期实行贸易保护，并主动加强和深化与主要贸易伙伴的经贸合作，如派采购团赴欧洲采购；同时积极和新兴国家开展贸易交流、拓展新兴市场，如非洲、拉美。这些立场和行动有力地维护了全球自由贸易。

2008 年中国政府提出加强中国—东盟全面合作的设想和建议。加强和深化中国与东盟的合作是双方的共同愿望，是当前形势下抵御保护主义、提高防风险能力的重要渠道，也是区域整体一体化建设的时代要求。中国—东盟合作双方推动签署中国—东盟自贸区《投资协议》，中国—东盟自贸区 2010 年全面建成，大力推进中国—东盟基础设施及网络化建设、加强东盟一体化建设和区域合作等重要内容。

2011 年 1 月，国外诸多媒体对中国公布的对外贸易数据给予了高度关注，关注了中国作为“世界市场”的角色。《日本经济新闻》报道称，由于进口增长率超过出口，中国对日本的出口同比增长 23.7%，达到 1211 亿美元，从日本的进口增长 35%，达到 1767 亿美元，中国对日本的贸易逆差同比增长 68.5%。韩国联合通讯社报道说，中国对外贸易额去年出现快速增长，为韩国的电子产品生产商和汽车生产商等提供了很好的发展机遇，特别是去年中国汽车产销量连续第二年占据世界第一的位置，显示了中国经济的巨大活力。很多媒体认为，中国经济增长为各个主要贸易伙伴和全球经济提供了机遇和动力，中国已不仅仅是“世界工厂”，其作为“世界市场”的存在感日益增强。

第三，中国积极参与国际金融监管合作、参与制定新的国际投资贸易规则，为控制日益泛滥的金融投机、为世界摆脱美元霸权格局寻找可能的路径，中国也较早地指出了危机的实质起因：资本的过度贪婪、金融业脱离实体经济的自我服务倾向、忽视人民利益、忽视穷国小国利益。这也有利于各国尽早采取措施予以纠正。

温家宝总理在达沃斯世界经济论坛 2009 年年会的特别致辞中明确指出，国际社会特别是发达国家要承担应尽的责任和义务，尽量减少国际金融危机对发展中国家造成的损害，帮助发展中国家保持金融稳定和经济增长。国际金融组织应该通过放宽贷款条件等措施，及时救助有需要的发展中国家。积极推进国际减贫进程，特别要加大对最不发达国家和地区的援助力度，增强他们的自我发展能力。

第四，中国为稳定世界经济，维护和加强和美国的战略关系。中国一如既往地投资美国国债，也一如既往地履行对发展中国家的援助义务，同时允许人民币有限升值，采取一定措施，及时避免不必要的贸易摩擦。中国经济发展为美国经济复苏带来了巨大机遇。2011 年，美国对中国的商品和服务出口有望超过 1000

亿美元，美国对中国的出口增速是美国对世界其他地区出口增速的两倍。美国对华出口为美国众多行业创造了数以万计的就业岗位。

第五，中国利用现有的资金优势和危机的有利时机加强了海外投资。我国对重点资源、新技术领域和新市场加大了投资收购力度，这些投资活动对所在国和地区的经济恢复、就业增长都有帮助。中国已经在非洲投资建设了大量铁路和水电站，并在拉丁美洲地区建设了炼油厂和采矿场，以满足当地日益扩张的经济需求。据世界银行统计，中国对非洲地区的投资，已经从2003年以前的平均每年不足10亿美元，剧增到了2007年以来的平均每年70亿美元。

成效

如上的巨额经济刺激计划和宽松货币政策等一系列有效措施，使中国经济不仅没有在金融危机面前垮掉，反而出现了巨大发展。我们可以把这些经济发展成就归纳为以下几个方面。

经济增长方面：成功化危为机的中国，2010年宏观经济保持了回稳向好的态势，经济高位增长。与应对金融危机初期相比，这一年，我国经济增长的动力结构发生了积极变化，市场驱动的投资、消费和出口共同拉动经济增长的格局初步形成。金融危机对我国外贸打击尤其严重，外贸动力不足，使我们不得不再次面对一个问题：内需不足。内需不足，尤其是最终消费不足，多年来是困扰我国经济发展的软肋。金融危机使我们不得不下决心彻底解决这个问题，如2008年国际金融危机以来，国家对购买部分消费品给予财政补贴，成为撬动内需的重要杠杆。同时，不少地区上调最低工资标准，中低收入阶层收入呈现稳步增长，为扩内需注入了强劲的活力。

吸引外资方面：随着中国经济经历了金融危机后的快速发展，并基于越来越大的国内市场容量、不断完善的法制环境、持续提升的劳动力素质和增长的受教育人口，2010年前9个月全国实际使用外资743.4亿美元，与2008年同期的743.74亿美元水平持平，表明中国成功地将吸引外资回复到金融危机之前水平上。中国美国商会2009年发布的《2009年中国商务环境调查报告》显示，受访的400多家美资公司在2008年总体营业情况较好，74%实现了盈利，91%选择继续扩大在华业务规模，只有2%取消了在华投资项目。

中国企业应对金融危机谋求发展方面：2010年《财富》世界500强企业的最新排名显示，中国入榜企业数量再次刷新。54家中国企业榜上有名，超过了

2009 年 43 家的纪录。其中，中国石化、国家电网、中国石油三家央企进入前十名。受国际金融危机持续扩散蔓延影响，2009 年世界主要发达经济体的经济均出现了明显下滑，500 强中欧美及日本公司的营业收入和利润大幅减少，总体收入下降。而中国通过实施促进经济增长的一揽子刺激计划，为中国企业成功应对、走出困境以及平稳健康发展创造了有利条件。

在国际经济、政治地位和在国际话语权方面：中国为国际社会共同努力应对金融危机发挥了重要的建设性作用。欧盟财政规划和预算事务委员达莉亚·格里葆丝凯特的观点颇有代表性："虽然具体问题如何解决还需各方的磋商，但是可以肯定的是，如果没有中国的参与，这轮金融危机是无法完全得到解决的。"国际社会总体看好中国发展前景，认为中国的国际地位和影响可望在危机后进一步提升，甚至有专家认为，"美国爆发的金融危机将成为中国从地区大国崛起为全球性大国的标志性事件"。

国际货币基金组织（IMF）发布的 2010 年中国经济评估报告中，对中国应对国际金融危机的各项举措给予了高度肯定。IMF 给中国经济打高分，也与中国自身在该组织的话语权提高有关。在 IMF 执董会中，固定有一名中国成员。而且，在最新一轮份额改革完成后，中国已经成为 IMF 第三大股东，仅次于美国和日本。

综合上述，我们发现这次宏观调控与以往有了较大不同，中央政府汲取了以前"短期波动冲击发展战略"的历史教训，采取了标本兼治的措施，既注重解决当前的突出问题，努力将金融危机对我国经济传染的负面影响降到最低程度，从而保证经济平稳增长的良好态势；同时，又着眼长远发展，加快结构调整和体制机制改革，促进经济转型，从而为我国经济提高金融危机防范能力和可持续发展奠定坚实基础。

王晓军

1968 年 7 月生，山东省日照市人，研究生学历，管理学硕士，1990 年 7 月参加工作，高级政工师。历任日照港务局铁路运输公司团委副书记、书记，日照港务局宣教组长、宣传部副部长、团委书记，费县县委副书记，莒南县委副书记、县政府常务副县长，临沂高新技术开发区党工委书记、管委会副主任。现任苍山县委副书记、县长，曲阜师范大学教授、临沂大学客座教授。

后危机时代应注重人力素质的提高

——访北京大学国家发展研究院副院长巫和懋教授

刘 慧/文

全球经济的复苏与中国密切相关，而决定经济长期发展的有三大因素，分别是人口、自然资源和技术进步。后两者都与知识紧密相关，而知识进步总量与受到良好教育人口（人力资本）占总人口比例成正比。当前中国处于转型时期，创新驱动力来源于人力资本，而人力资本的维持要靠教育和医疗，这两大领域也是改革的重点所在。

中国经济时报记者在北京大学朗润园专访北京大学国家发展研究院副院长巫和懋教授时，他表示，在后金融危机时代，气候危机同时发生，中国角色尤其凸显。中国应考虑在恶劣的国际环境下进行自身调整，宏观调控政策都是短期的，中长期要注重国家人力素质、研发能力培养，厚植国力其实就在人。

创新重在教育改革

中国经济时报：国际金融危机后，欧美等主要经济体的经济复苏迟缓，在复杂的国际背景下，中国的中长期经济政策应该如何应对？

巫和懋：中国不能过于依赖外贸增长作为中国经济的引擎，更应该注重国内市场。在“十二五”规划里，中国提出要转变经济增长方式，这是重要方向，但这不是一件容易的事。

以前提到东亚模式时曾讲到“雁行模型”，亚洲四小龙韩国、新加坡、中国台湾和香港对于中国大陆而言产业等级较高端，而中国之后的马来西亚、越南也在追赶，可谓前有强敌，后有追兵。大陆的产业升级方向是正确的，但我们应认识到，宏观调控政策都是短期行为，中长期要从国家的人力素质、研发能力培养以及工业提升方面作改进，这并不是5年就能完成的，是个长期的过程。

中国走入现代化国家最根本的是人力素质，这决定了未来中国能否成为工业强国，其中包括产业政策和教育体系。中国政府提出，教育经费要占到GDP的

4%。只有有效提高国民素质，才能真正提高生产力，政府未来在政策讨论时，可就教育改革细节多做文章。

教育体系应该和市场需求挂钩

中国经济时报：发达国家的强大与其教育体系密不可分，你认为中国的教育体系存在哪些差距？

巫和懋：我们要多关心人力素质和研发能力的提高，把大学做成世界一流大学。日本东京大学出了几个诺贝尔奖得主，而北京大学、清华大学都没有。中国大学的研发能力不足，在这方面尚有努力的空间。

日本、德国之所以成为工业强国，在于他们有完备的教育体系。比如瑞士人很愿意就读职业学校，而中国学生则不然，害怕毕业后找不到好工作。而且，很多中国大学培养出来的人才与社会脱节，我们应该思考教育体系如何和市场挂钩。

美国硅谷代表着美国国力，加州的伯克来大学与斯坦福大学跟企业有紧密联系，学校的毕业生创业回到学校，告诉学校需要什么人才。美国也有两年的大学，专门做职业培训。

台湾高职学校的毕业生可以找到好工作，这与早年台湾建立的职教体系相关，比如台湾科技大学就很成功、台湾交通大学与产业结合紧密。而中国的校办企业模式不对，学校不应该办企业，但是学校要与企业有密切联系。

政府应鼓励民间办教育

中国经济时报：教育和医疗的改革是未来改革的重点所在，能否谈谈中国教育体系改革的问题？

巫和懋：全世界重要的大学很多都是民办的，如美国哈佛等排名前几位大学都是民办的，台湾的辅仁大学是民办的而且办得很好。

后危机时代都是体制改革，包括金融改革等深层次的改革，教育改革是其中之一。目前中国政府应着重关注教育的公平性和普及性，以及职教体系和高等教育的创新。中国经济发展方式的转变，没有教育的支撑是无法想象的。当前民办大学的环境不够好，政府没有保持公平竞争的环境。中国政府应该给民办教育足够的条件，现在对民办教育的限制太多，教育应对民间投资完全开放。

应鼓励民企发展

中国经济时报：大陆与台湾签署ECFA后，如何看待两岸关系？台湾的软实力有哪些可以借鉴的地方？

巫和懋：签署ECFA之后，我觉得最重要的意义是两岸经贸关系实现正常化。先经后政，先易后难，经济和政治必然有密切关系，希望今后不仅是经贸关系正常化。

两岸经贸关系实现正常化，对于促进大陆东南沿海地区，如福建、上海、浙江的经济发展有好处。台湾的产业升级紧追美国和日本之后，台湾的产业可以和大陆更多结合。大陆的规模大，如果与台湾产业结合出现成功的例子，就可以找到产业升级的方向。

台湾民营企业的发展有政府的扶持。例如，台湾的台塑刚开始是小厂，政府给予扶持政策从而发展起来；台湾集成电路现在做得很好，当年是台湾“行政院”的开发基金和民间的资本结合，且大部分资金由政府以股权形式投资，后来发展好了政府资金再退出，去帮助其他民营企业。

全球500强企业中，中国国有企业居多，民营企业太少，大陆要往前走，需要扶植更多的民营企业。台湾经验可以推广，不在于规模，而在它的内涵。

巫和懋

北京大学国家发展研究院常务副院长，中国经济研究中心常务副主任。

1974年获台湾大学经济系学士学位，1982年获美国斯坦福大学经济学博士学位。台湾大学终身特聘教授，台湾赛局学会理事长。曾任美国杜兰大学与斯坦福大学教授、北京大学光华管理学院特聘教授、中华经济研究院副院长、台湾期货交易所公益监察人、台湾富邦银行独立董事及“行政院”经济建设委员会咨询委员。

研究教学领域：财务金融理论、赛局与产业竞争策略、转型经济与政策。

从金融弱国走向金融强国

——访国务院发展研究中心金融研究所所长夏斌

刘 慧/文

被称为“中国金融政策研究第一人”的国务院发展研究中心金融研究所所长夏斌，是中国30年金融改革开放历程的亲历者、见证人。日前，他就2020年中国金融资本项目下的大开放等话题接受了中国经济时报记者的专访，他勾画了到2020年的战略过渡期内，中国如何由一个金融弱国逐步走向金融强国。

中国经济时报：全球金融危机带来怎样的启示？中国金融大开放的时机是否到来？

夏斌：2008年美国金融危机爆发，在此次危机中，中国金融体系损失较小。危机后的世界金融格局重组中，中国整体的金融实力没有下降，反而相对提高。与改革开放前30年相比，相信今后可以用相对较短的时间，取得比以前30年更快、更具实质性的发展。基于中国目前的经济、金融实力，再用10年时间的努力，应该有条件实现中国金融的更大开放。

金融危机加速了世界各国经济力量的重新组合，世界经济与金融格局已大不同于过去。在中国，随着国际收支失衡日益严重、外汇储备不断增加、货币供应增速难抑，一方面经济趋热，另一方面呼吁资本项目下完全开放的声音也越来越大。危机后的时局迫切要求中国金融的改革开放必须要有新思维、新举动。在今后10年，必然是中国经济大踏步发展，奠定本世纪中叶中国在世界经济格局中基本地位的重要机遇期，也是中国市场经济制度基本完善的重大历史时期。

中国经济时报：中国成为世界第二大经济体，你如何看待中国经济的发展和金融未来？

夏斌：过去30年，中国以年均9.8%的GDP增速保持高增长，创造了人类经济史上的奇迹，但在迈向全球化经济征途中，迄今的“内修”功夫仍有差距，经济、金融发展中遇到的各种矛盾与问题，其多样性和复杂性是30年来从未见过的。

中国经济发展当前存在四大机遇：高储蓄率、工业化和城镇化、全球化趋势、制度体制改革空间，但也存在错综复杂的不利因素：资源环境制约、人口老龄化、经济结构失衡、国际金融秩序的不确定和动荡。中国需要尽快建立适应未来经济发展要求的市场化金融体系，既要不断追求金融全球化，又要保持有限的金融全球化，参与金融全球化绝对不能操之过急。

我国金融现实的最大特征是“金融滞后”与“金融弱国”，表现在投资不足与产能过剩并存，金融资源优化配置功能明显不足，货币供应过多，对外的大量金融投资与较高水平的境外投资并存，人民币远不是可自由兑换的国际货币。虽成为世界第二大经济体仍受制于他国货币、汇率政策影响，缺乏对大宗原材料、能源等的定价话语权，金融市场的规模化、国际化程度低，等等。

未来10年，国际金融秩序仍处于不确定、动荡的局面，中国金融开放需谨防国际金融风险向我国传递。大国的货币、汇率政策要服从于世界经济的稳定发展。中国要逐步走向金融强国，加快金融改革与开放，到2020年前后过渡期内的金融战略总体取向的选择，只能是国内金融的充分市场化和涉外金融（包括汇率、资本管理等内容）的有限全球化。这是在实现金融强国前的一种无奈选择。

中国经济时报：你对中国汇率改革有何看法?

夏斌：当前的国际货币体系是以美元、欧元、英镑、日元为主要储备、结算货币，各主要货币之间汇率自由浮动，各国自由选择储备货币、汇率制度和汇率调节机制。从全球看，当各国都只顾本国利益，“独自制定政策”时，任何一个汇率体系都无法保持良好的运行。

中国只要继续保持有效的改革开放，未来10年经济仍有潜力在全球经济中保持相对高速的增长。但未来的增长模式面临与以往不同的挑战，经济增长将不得不从粗放式、出口导向转向效率型、内需为主的增长。而国内金融业的大开放、经济体的市场化改革以及民主政治改革任务尚未完成。

中国金融战略过渡期内，简单选择盯住某个货币的严格的固定汇率或者选择完全浮动的汇率（两极论），都不符合中国利益。中国当前既不适合实行严格的固定汇率制度，也不具备条件充当国际上（包括区域内）的关键货币、实行完全浮动的汇率制度，而是需要选择有管理的浮动汇率制度。借助美国等中心货币优势，使人民币逐步成为亚洲区内的重要货币。

亚洲成立共同货币区具有现实的利益。随着中国影响力的加大，人民币在其中发挥关键作用的必要性会越来越大，但人民币在当前阶段直接充当亚洲关键货币的条件尚不完全具备。中国的经济实力、宏观调控能力以及为世界其他国家所认可的程度，还没有完全达到独立承担货币区内关键货币的水平。

在当前和未来动荡、不确定的国际货币体系下，大国经济体汇率制度改革的根本出路主要在自身。通过改善我国自身的经济结构与增长质量，提高货币政策的独立调控能力，逐步实现资本账户的完全开放，来促成建立让市场真正相信的、盯住“一篮子”货币的、有管理的浮动汇率制度。通过人民币逐步区域化、国际化的漫长进程，最后水到渠成，使人民币汇率完全融入国际间的浮动汇率体系，使人民币成为国际主要储备货币之一。

中国经济时报：今后人民币是否具备国际化的条件？

夏斌：世界经济增长的中心正在向亚洲转移，中国已成为世界第一大出口国，经济长期稳定增长，人民币币值稳中有升，对外投资近年急剧上升，这为人民币国际化奠定了基本的经济基础。随着中国经济在世界的影响力不断增大，人民币币值的相对稳定以及人民币国际化也成为全球经济一体化进程稳定发展的期盼。

对于正在进一步崛起、到本世纪20年代有望成为世界第一大经济体的中国而言，追求本币的国际化，是中国长远的核心战略利益。但我国在综合国力、获得国际社会普遍信任方面，还有很长的路要走，人民币在相当长时间内还不适宜完全国际化。既然人民币国际化不能一蹴而就，在2020年之前的金融战略过渡期内，人民币国际化应追求的只能是区域化目标。

当前，人民币在边贸地区的报关、结算、对外直接投资等方面早已取消外汇政策限制。2010年7月底，香港人民币存款达1037亿元。中国与蒙古、越南、尼泊尔、吉尔吉斯斯坦、俄罗斯等8个主要国家分别签订边境地区双边本币支付结算的协议。人民币在蒙古、老挝、缅甸已成为事实上的流通货币之一，在越南境内，绝大部分消费可以用人民币结算，在朝鲜当地被誉为“第二美元”。

中国政府应进一步放宽境内自然人到境外消费的换汇额度，允许境外贸易融资，继续推动中国央行和海外各国央行人民币互换计划等，支持世界各地区“区域货币”、“货币同盟”的发展，探索与其签订货币互换计划，用双边货币开展贸易结算的方式与便利措施。

中国经济时报：中国如何管理2.8万亿美元的外汇储备？

夏斌：从长远看，长期保持不断增长的巨额外汇储备并非是件好事，保持“适度”的外汇储备，大概7000亿美元左右足矣。

中国政府从平衡国际收支目标出发，应采取政策措施尽可能减少外汇储备增量，在“藏汇于民”增加民间外汇持有量的前提下，官方外汇储备的使用应用于：保持必要的流动性，以满足平衡国际收支的需要；干预外汇市场，满足调节汇率水平的需要；服务于国家经济可持续发展目标，获取战略性利益，包括提高国民福利水平；再有多余的外汇储备，用以获取相对较高收益的投资。

外汇储备管理原则是“安全、流动、保值”，建议增加“战略性利益”原则。外汇储备作为国家资产，其使用应以宏观经济的平衡及长期稳定发展，提高人民的福利为终极目标。只要是有利于中国经济保持长期稳定增长和国民福利提高的关键性、长期性、重大性因素，均应视为战略性利益。

从中国的利益出发，应凭借雄厚的外汇储备实力，支持国际货币体系的改革，包括扩大新兴国家在IMF的份额、扩大SDR（特别提款权）等的改革，尽早争取把人民币纳入SDR的篮子。在本世纪第二个10年的中期，人民币应该能纳入SDR的货币篮子。由此可提升人民币在国际经济社会中的信任地位，推进人民币国际化的进程。

2009年底，我国官方外汇储备中，黄金储备约仅占1.5%（1054吨），其余均为各主权国家发行的信用货币。国家相关部门应贯彻“逢低吸纳”的方针，在境内、境外两个市场增加收购、储藏黄金储备，为谋求人民币国际化这一战略核心利益构筑战略性储备。到2020年末，国家黄金储备应达到3000～3500吨，对在海外购买的黄金等贵金属，应尽可能运回国内储藏。

中国经济时报：你对中国的金融改革有何看法？

夏斌：中国未来的金融改革必须按照市场化的方向继续走下去，中国未来金融才有希望。未来10年我国金融体系必须实现两项重大转变：金融体系更加市场化和更加开放。

目前我国金融结构不合理，有众多问题需要改善：融资格局以银行体系为主；资本市场中缺乏多层次融资结构，特别是债券市场的不统一、欠发展；融资对象结构中为中小企业、三农服务的金融体系始终没有很好解决。境内外资产运用结构中，境外资产收益率明显低于境内资产收益率；等等。

要实现金融机构、金融产品的市场化进入和退出，减少不必要的行政审批和政府保护，特别是政府的隐性担保。实现资金和风险的市场定价。在推动理财产品市场、债券和股票等直接融资市场发展的基础上，逐步降低银行存贷业务在我国融资体系中的相对重要性。在不引起市场重大波动的情况下，渐进推进利率的市场化。要在发展债券市场，尤其是加大国债市场的活跃程度后，形成以国债收益率曲线为市场的基准利率，并在此基础上理顺中央银行利率、商业利率和市场利率之间的关系。

中国经济时报：你对上海、香港两个国家金融中心的建设有何期望？

夏斌：中国要把握汇率、资本管理逐步开放的节奏与次序，享有人民币区域化的好处，实现“鱼与熊掌”兼得，必须充分利用香港的独特优势，通过创设境外香港人民币离岸市场，实现中央政府可控的、风险相对隔离的境外人民币市场，以配合、支持内地汇率、资本管理政策的逐步放开。

中国要把香港国际金融中心作为战略过渡期内的重要支点，加强上海、香港两地金融中心的紧密合作。香港是亚洲区最大的国际金融中心，但香港金融有越来越“内地化”的倾向，只有充分借助人民币国际化之力，利用国内金融市场仍有所管制之机，加快发展债券市场、衍生品市场，提高亚洲甚至全球财富管理中心的地位，借此聚集亚洲甚至全球的金融供需资源，方能为未来的结构大转型奠定良好的基础。

香港推动人民币离岸市场发展，是加速香港转型的重要契机。通过境外人民币离岸市场的发展，有助于使中国内地顺利推进渐进、有序的开放，在尽可能短的时间内提升人民币在国际上的地位，助推上海国际金融中心地位的尽快确立。这不仅可提升上海金融中心的国际化水平，也意味着中国资本管制在放开，汇率管理可进一步融入全球浮动汇率体系，人民币国家化进程中的障碍逐步减少，自然促进上海人民币国际金融中心的形成。

2020年前，上海国际金融中心的发展应主要定位于境内各种人民币资产的交易中心。香港应主要定位于自身传统的金融交易业务和境外各种人民币资产的交易中心。沪港两地分别定位于境内、境外人民币市场。

夏　斌

国务院参事、中国人民银行货币政策委员会委员、国务院发展研究中心金融研究所所长。

享受国务院特殊津贴，研究员，博士生导师。国家哲学社会科学规划评审组专家，“中国经济学家50人论坛”成员，中国金融学会常务理事，《银行家》杂志编委会主任，上海、北京等多个省市政府特聘专家、顾问，北京大学中国经济研究中心及国家行政学院等高校兼职教授，中国人民银行总行博士后流动站学术委员会委员，中国并购公会首席经济学家。

曾任中国人民银行金融研究所副所长、中国证监会交易部主任、深圳证券交易所总经理、中国人民银行政策研究室负责人、中国人民银行非银行金融机构监管司司长。

后危机时代的“中国模式”

——访中国人民大学经济学院副院长张宇教授

李慧莲　李成刚/文

自改革开放以来，中国经济持续快速发展，人民生活水平不断提高，综合国力大幅提升，“中国经验”、“中国道路”、“中国模式”受到全世界日益广泛的关注。尤其是金融危机爆发以来，中国模式成为热点话题。到底何谓中国模式，应该如何认识它？带着这些问题，日前，中国经济时报记者专访了《政治经济学评论》主编、中国人民大学经济学院副院长张宇教授。

在张宇看来，中国模式形成过程中有一些重要因素尤其是“2008 年以来的国际金融危机”等值得关注。他认为，学术界对于中国模式的认识和研究已经开始超越西方主流经济学的狭隘视野、价值偏见和思维定义，政治经济学的范式正在并且必将成为学术界认识和研究中国模式的主流。

中国模式之争

中国经济时报： 近年来尤其是金融危机爆发以来，对于“中国模式”之说，学界一直存在争论，你是如何认识这个问题的？

张宇： 对中国模式是否存在的问题，有否定有肯定。否定中国模式这个概念的观点主要有三个方面。

第一种，认为中国模式不能说是成功的，认为它的问题非常多，比如两极分化、环境污染、没有核心技术等。这种观点“左”和“右”都有，所谓“右”就是新自由主义根本上否定中国模式，他们认为所有改革就是私有化、自由化这种西方的模式，中国没有走这条路当然不行。左翼的一些西方学者讨论中国时，对中国问题看得比较重，认为中国模式就是边缘化的、外围的资本主义，所以也谈不上成功。

第二种，国内有种观点认为，“中国模式”这个概念不好，因为一说模式大家就会想到固定了、成型了，有固定化的嫌疑，但是中国的改革还不成熟，虽然取得了成绩，但是不成熟，还在变化运动当中，所以现在宁可叫做“中国道路”、“中国经验”，而不要叫模式。

第三种观点认为，提中国模式就意味着要向别的国家推广你的经验和做法，这个倾向不好。

目前赞成中国模式的观点越来越多。这种观点认为，因为任何模式都是变化的，比如美国、日本模式，东亚模式、拉美模式等，并不是有了中国模式就不能变了。再者，任何模式都是在一定范围内和一定阶段存在，不是说有一个模式就得全世界都要推广，比如瑞典模式、北欧模式也不是这样的，所以否定中国模式的理由并不成立。

此外，虽然对中国模式的内容认识不尽相同，但中国模式的存在是一个事实，国内外都在探讨，当然不能否认。比如，从经济体制的角度看，有社会主义基本经济制度、社会主义市场经济、农业联产承包责任制、国有企业的抓大放小和现代企业制度、政府的计划或规划和主导作用、价格双轨制、新兴加转轨的资本市场等。

从发展道路的角度看，有中国特色社会主义道路、中国特色自主创新道路、中国特色新型工业化道路、中国特色农业现代化道路、中国特色城镇化道路、中国特色政治发展道路等。在中共十七大报告中，胡锦涛强调，改革开放以来我们取得一切成绩和进步的根本原因，归结起来就是：开辟了中国特色社会主义道路，形成了中国特色社会主义理论体系，这实际上就是对中国模式的实质所作的明确阐述。

中国模式的由来

中国经济时报：根据你的研究，中国模式究竟是什么，从经济学角度看，它的演化路径是怎样的？

张宇：中国模式可以从经济、文化、历史等多个角度解读。从经济学来讲中国模式是什么？认识这个问题，我们可以从历史发展角度来把握。大体上来说，对中国模式的认识有三个阶段，第一个就是上世纪 80 年代，中国学者对于模式的探讨是非常热的话题，当时对中国模式的把握，核心关键词是“比较经济体制”，讨论的经济模式主要是指对经济体制改革的目标模式的选择。因为当时没有成熟理论也没有多少经验，所以主要是做比较，从理论上归纳出经济体制的几种模式，比如集权模式、分权模式、集权和分权相结合的模式和市场社会主义的模式等，从现实当中概括出英美模式、德日模式、拉美模式、东亚模式、东欧模式、匈牙利模式、苏联模式等等，然后看看哪种模式更好一些。这时候的理论是比较简单抽象的。

第二个阶段是上世纪 90 年代，关键词就是“转轨经济学和转型经济学范式”。上世纪 90 年代以后，随着苏联、东欧剧变，中国向市场经济过渡，我们面临一个共同问题就是怎样从计划经济向市场经济过渡的问题。这时候全世界的目光转向了所谓的转轨方法问题，也就出现了中国的渐进式改革和苏联、东欧激进式改革的比较。这个阶段对于中国模式来说，讲的是经济转轨的方式方法，是渐进式改革好还是激进式改革好。在这个问题上出现很多观点，比如萨克斯等人认为，中国经济改革的成功主要是因为中国特殊的初始条件比如二元结构等，中国面临发展问题，苏联和东欧是转型问题，所以中国的事情比较容易。

在这一时期，还有一种比较流行的观点是演化经济的解释，认为社会的变迁应该是渐进的、缓慢的、学习的过程，一步到位整体式改革往往是不成功的，所以渐进式改革要优于激进式改革。此外，还有一种观点是双轨制增量改革，认为中国改革的特点就是双轨过渡，一边搞市场一边搞计划，一边搞国有制一边搞非国有制，双轨并存，然后转型，这是中国特有的转型模式。总之，这个阶段探讨的主要是从市场化的方式方法层面上认识中国模式，没有从基本制度和发展道路上认识问题，有明显的局限。

第三个阶段是新世纪以后对中国模式的探讨，可以说是政治经济学的探讨。有这么几个重要的因素改变了人们对中国模式的认识。

第一个，十六大以后中国经济体制改革从建立社会主义市场经济转向完善社会主义市场经济体制，这意味着中国的经济转型已经完成了它的主要目标和任务，经济改革已经从上世纪 80 年代的以“破”为主、90 年代的以“立”为主，进入到了以“完善或定型”为主的阶段。特别是科学发展观的提出，使中国经济发展的理论和实践得到了进一步的丰富和完善。

第二个，在中共十七大报告中，胡锦涛对中国改革开放的基本经验作了科学的概括，提出了“十个结合”的重要论断，并在纪念党的十一届三中全会召开 30 周年大会上的讲话中对这“十个结合”作了进一步深入的阐述。这些概括和阐述使我们对“中国经验”、“中国道路”和“中国模式”的认识达到了一个新的高度。同时，围绕着纪念改革开放 30 周年和建国 60 周年，对“中国模式”的关注度空前提高，认识不断深化。

第三个，2008 年以来的国际金融危机改变了人们的很多观念，人们对资本主义的新自由主义模式有了广泛的怀疑，资本主义经济制度暴露了深刻的内在矛盾，资本主义体系有可能走向衰退。反观中国模式，人们则发现很多东西是很值得肯定和研究的，而绝不仅仅是转型或过渡这样的技术性问题。这一时期人们开始更加重视对中国的基本制度、经济体制、发展道路和核心价值的研究。一些国外学者提出了所谓的“北京共识”。有两本书很有代表性，一本是美国学者阿里基写的《亚当·斯密在北京》，还有一本是英国人写的《当中国统治世界》，这两本书在世界体系变动大格局中把握了为什么中国会必然崛起，从世界历史发展的长河中对中国模式和道路的重大意义作了考察。

第四个，近年来人们更加重视中国模式与中国特色社会主义的本质联系。越来越多的人开始认识到，中国模式就是社会主义本质的中国实现形式，就是有中国特色的社会主义道路，其成功的关键在于中国共产党的领导、公有制的主体地位、政府的主导作用和有效利用市场。从这一时期开始，中国的主流媒体开始不再回避“中国模式”这个词，而开始认真研究这个问题。比如人民日报、人民网、《中国社会科学》等报刊都对中国模式进行讨论。

对于中国模式认识和研究的上述变化，体现了唯物史观和马克思主义政治经济学关于生产力与生产关系、经济基础与上层建筑以及历史与逻辑、理论与实践的辩证关系，反映了中国特色社会主义发展的历史进程。这清楚地表明，学术界对于中国模式的认识和研究已经开始超越西方主流经济学的狭隘视野、价值偏见和思维定义，政治经济学的范式正在并且必将成为学术界认识和研究中国模式的主流。

中国模式的核心

中国经济时报：在你看来，什么是中国模式的核心，如何才能全面把握中国模式？

张宇：把握中国模式有这样几个角度：基本制度、经济体制、发展方式、全球化和对外开放、中国特色社会主义，全面地讲，中国模式就是这五个层次。

第一个是基本经济制度，这是核心，也就是以公有制为主体、多种所有制共同发展，基本制度或所有制形式是经济体制和经济发展的基础，这个不成立，中国模式就不能成立。第二个层次是经济体制，叫做社会主义市场经济体制，这是中国经济改革核心概念，它表明了中国经济改革的目标和性质，这个概念不成立，中国的经济模式也不能成立。第三个就是经济发展的方式、模式或道路，包括中国特色的新型工业化道路、中国特色的自主创新道路、中国特色的农业现代化道路等。当然，对于科学发展、和谐发展、自主发展、和平发展和可持续发展等都是发展模式问题，而且是更重要的问题。第四个层次是全球化和对外开放，中国叫做积极、渐进的、自主的有管理的开放，核心是把积极参与全球化与独立自主相结合。第五个是转型方式，即中国的渐进式改革道路，包括从局部与整体结合、自上而下与自下而上的结合、双轨制过渡、先试验后推广的方法等。最后一个层次，中国模式的实质是什么？毫无疑问，能站住脚的就是中国特色社会主义，讲中国模式和中国特色离开了中国特色社会主义都是不能成立的，至少从主流的理论和价值体系是不能成立的。

中国经济模式的上述几个方面的特点是相互联系的有机整体。中国的经济模式，从基本制度的角度看，就是以公有制为主体、多种所有制经济共同发展；这一基本制度体现在经济体制方面，就是社会主义市场经济体制；体现在对外开放方面，就是独立自主的对外开放战略；体现在经济发展方面，就是科学发展的道路。这些相互联系的内容集中到一点，就是建设中国特色社会主义经济。

总而言之，中国模式的形成既体现了经济现代化和市场经济发展的一般规律，又反映了中国特殊的制度、国情和历史阶段的要求，因而它既尊重一般规律，又充满了首创精神；既有特殊性，也有普遍意义；既是民族的，也是世界的。中国经济模式的成功不仅使中国现代化和中华民族伟大复兴理想有望实现，也为发展中国家走向现代化、发展市场经济和参与全球化，开辟了一条新的道路，展现了一种新的可能。

中国模式的未来

中国经济时报：在后危机时代，你认为，中国模式的发展趋势会是怎样？

张宇：中国的经济模式虽然业已形成并取得了举世瞩目的成就，但是这一模式还不完善，还存在不少尖锐矛盾和严重问题，如生态环境恶化，失业压力增强，贫富差距扩大，自主创新水平低，社会事业发展滞后，社会保障体系不健全，腐败现象严重等。

如何解决这些问题呢？有两种对立的观点。一种是新自由主义的观点。这种观点认为，中国的改革之所以成功，是因为实行了所谓的私有化、自由化和国际化，而中国改革存在的问题则在于私有化、自由化和国际化的程度不够，公有制经济和国有经济的比重过大，政府干预和社会调节过多，与国际接轨的程度不高，政治体制改革滞后。由此得出的结论是，要进一步深化市场化改革，继续减少和取消政府干预和社会调节，对国有企业实行彻底的私有化，进一步加快与国际经济接轨的步伐，并逐步引入西方式的所谓民主化的宪政体制为自由市场的作用奠定政治和法律基础。

另一种观点则对中国市场经济改革的方向提出了质疑。这种观点在西方一些新左派学者中比较流行，代表人物有大卫·哈维、马丁·哈特、沃克尔等人。持这种观点的学者认为，市场化的改革造成中国国有企业比重下降和私营企业比重上升，收入与财富分配越来越不公平，经济的扩张日益依赖外国投资与出口，资源与环境的危机日益加剧，阶级矛盾日益凸显，社会矛盾日益激化。如果不改变市场经济的改革方向以及相应的所有制和阶级结构，这些问题是不可能克服的。

新左派与新自由主义的观点看似对立实则相通，它们都否定了社会主义与市场经济结合的可能性与合理性，也就从根本上否定了中国模式的价值与意义。不同的是，新自由主义否定的是社会主义，新左派否定的是市场经济。这当然不是什么新见解，而是那种把社会主义与市场经济相对立的“左”的和“右”的教条观点的再现。

在我看来，完善的中国模式的方向不应当是全面背离和否定这一模式的基本经验和基本内核去重复集中计划经济的老路和“全盘西化”的死路，而是要在充分发挥市场机制的基础性作用的同时，更加关注科学发展，更加关注社会和谐，更加关注公平正义，更加关注人民民主，更加关注民生建设，更加关注自主创新，把社会主义制度的优势和市场经济的长处更好地结合起来。归根到底，中国的经济模式是社会主义基本制度与市场经济相结合的成果，离开了社会主义基本制度与市场经济的结合这一主线，中国模式就失去了灵魂，迷失了方向。

同时应当清楚地认识到，所谓的中国模式，并不是一种一成不变的东西，而是丰富多彩、生机勃勃、与时俱进的历史创造过程。因此，我们必须从实际出发，不断解决和克服现实经济中存在的各种矛盾和问题，不断丰富和完善中国模式的内涵，并不断赋予其新的活力和创造力，使中国特色社会主义道路越走越宽广。

张　宇

1964年生，陕西省榆林人，中国人民大学经济学院教授，副院长，《政治经济学评论》主编，中国资本论研究会副会长，享受国务院特殊津贴。2004年入选教育部“新世纪优秀人才支持计划”，2006年入选全国宣传文化系统“四个一批”人才培养工程，中央马克思主义理论研究与建设工程政治经济学学科首席专家。“新世纪百千万人才工程”国家级人选。国家社会科学基金评审组专家。

主要从事马克思主义政治经济学、社会主义经济理论和转型经济学的研究。

中国与世界篇

四维看待世界 重新定位中国

——访泰康人寿保险股份有限公司董事长兼CEO陈东升

李慧莲/文

在企业家中，陈东升可以列入理论水平最高的那一小队人中。他对中国经济时报记者说，他对理论问题“非常感兴趣”，这使站在经济实战第一线的他能以一个学者的眼光来看待出现在他面前的一切经济现象。前不久，即将结束的“后危机时代的世界”专栏想以对他的采访作为结束篇，他很痛快地答应了。因为是老朋友，采访是轻松愉快的，他放得很开。在近三个小时的采访中，他的语速很快，抑扬顿挫。思路既跳跃，又连贯，借句金庸的话，“如滔滔江水连绵不绝”。

采访时聊得很多，针对后危机时代的中国与世界格局这个话题，陈东升语出惊人，细听之下，又颇有道理。他没有就现象谈现象，而是追根溯源，并试图上升到理论层面深入解读。比如，对于此次金融危机的形成与对中美关系的影响，非常与众不同，他判断“中美经济高度契合的蜜月时代结束了”。而他关于中国模式争论的评论及对未来中国大体走势的看法也带有相当的陈氏色彩，他认为，中国现代性或社会的现代化建设可能还要用30～50年的时间。“抽象地讲，首先要建立一个法制的社会，才有民主社会。高度法制加上高度民主才能叫做高度文明，我相信中国一代人比一代人聪明。”

看待当前世界有四大要素

中国经济时报：金融危机爆发至今已有三年多，对“是否进入后危机时代”这种说法，人们的看法也不尽一致，你是如何看待这次危机后的世界的？

陈东升：我个人认为，如何看待这次危机后的世界，可以说有四个大的要素或者说四个出发点。

第一个出发点就是新技术革命——网络。我认为网络的最核心，就是发明了搜索引擎。搜索引擎把我们从图书馆获得知识这个复杂、高成本的过程简化到一瞬间就能够解决，一敲进去“关键词”所有的资料就出来了。搜索引擎出现的意义，是让知识廉价、迅速地获得。过去知识是力量，知识是最昂贵的东西；今天，空气和水变成战略资源，知识变成了最廉价、最容易获得的东西。搜索引擎的发明颠覆了人类知识的体系，让所有的只要有一定技能和理解能力的人都可以获得知识。获得知识就意味着民主的普及化，意味着世俗力量社会的崛起，这打破了过去少数人（精英阶层）对知识的垄断。

第二个出发点就是经济全球化。经济全球化的核心就是一种产品进行全球的要素配置，产品的全球要素配置就是把比较成本从国与国衍生到公司与公司，这代表公司力量的崛起。这实际上颠覆了李嘉图学派，颠覆了经济学理论的基本原理。过去，世界贸易发展的核心理论就是李嘉图的国与国禀赋优势的比较成本理论。可以说，世界贸易正在实现从国与国的禀赋优势向公司的禀赋优势的转移。

中国经济时报：你这个观点很新鲜，详细地说，这意味着什么呢？

陈东升：目前在世界上，公司的力量在崛起，当然不能说民族和国家在削弱，是相对的。全球化的公司和跨国公司是两回事，跨国公司的定义就是在两个以上国家有机构，而什么叫全球化的公司？是一半以上的雇员在企业所属的国家之外，一半以上的收入来自于本国之外。比如诺基亚等很多公司，诺基亚的产量在中国占80%，销量也占很大比例，我们的消费取向决定它的生死。不要认为它是跨国公司，实际上它是“中国”的公司，是全球化的公司。所以当它的收入、雇员一半以上是来自他国的时候，它的一切决策和产品研发、生产、服务都要根据本土市场消费者的偏好来做决定，这个公司就不是属于哪个国家了，它已是全球化公司。所以，经济全球化的核心就是公司的崛起，是全球化公司的崛起。禀赋优势已从国与国的配置转到公司的配置，这也是一个巨大的革命性的思想和理论，这是当今世界第二个最重要的问题。

第三个很重要的出发点就是气候变暖。气候变暖的核心原因我有个人的见解。工业文明是建立在不可再生的化学能源基础上的，比如石油、煤炭，是我们动用了40亿年的地球储备发展起来的，而储备是不可再生的。工业文明依靠这些不可再生的能源，终究是会枯竭的，因此，气候变暖是对工业文明的一个挑战，实际上是对我们未来生活方式的挑战。

下一阶段，我认为，人类会进入到一个生态文明的时代。工业文明后我不提什么后工业文明，什么信息革命，这都是工业文明。农业文明、工业文明之后，下一个文明是什么？是生态文明。如果工业文明带来的好处你不想丢掉，但是这种铺张浪费、对不可再生能源的无休止的使用，必然导致气候变暖，威胁人类的生存，所以人类必须要改变自己的生活方式。

第四个出发点就是中国崛起。前三个，网络、经济全球化、气候变暖，这都是人类共同面临的问题，大家在争吵承担责任多一点、少一点的问题，但是中国崛起是人类面临的最大问题。也就是说，中国的崛起是世界面临最大的一个挑战，我用的一个词是“最大的麻烦”，麻烦这个词比较好——不知所措，不知道怎么应对。中国崛起的麻烦是个什么麻烦呢？实际上是在挑战或者在威胁从文艺复兴到今天西方一直领先全球的、号称普世价值的西方文明和西方规则体系。

已经崛起的中国是全球性的大课题

中国经济时报：你认为这种挑战会有什么结果？

陈东升：这个挑战可能有三种结果：一种就是大家彼此接受人类文明的共同成果，东方文明跟西方文明融合，这可能是西方愿意看到的。第二种结果，彼此认同，相互欣赏，求同存异，共存共荣。第三种就是我们东方文明，挑战西方世界，挑战就意味着两种文明的剧烈冲突。我相信中国人不会采取这种方式，因为目前没有这个能力和必要。

中国经济时报：你如何看待中国崛起的全球意义？

陈东升：我分析今天的中国崛起，基本上是用我当年在国际贸易研究所时就形成的一种方法论：市场和消费视角。

讨论中国崛起不崛起、是发展中国家还是发达国家都没意义，我觉得最主要的是中国会不会成为世界最大市场。当你成为世界第一大市场的时候，定价权就会逐步转移到你这来。当定价权转移到你这来的时候，标准和规矩的制定权也会转移过来。当定价权、标准权转移到你这里的时候，当在经济上你在领导世界的时候，你是谁就很清楚了。美国为什么能有今天这样的地位？就是因为它是世界第一大市场。

上世纪80年代的时候，我刚到外经贸部贸易所时参加一个课题，研究日本能不能取代美国。日本当时发展很迅猛，泡沫经济到了高峰，在1989～1990年，美国洛克菲勒大厦都被他们买了，还有好莱坞的几个电影公司也被他们买了，所以那个时候美国派代表到日本学习，日本成了世界学习的样板。

但是日本能不能取代美国？我们研究的结果是：不能够。为什么呢？日本是一个封闭的市场。还有一个原因，日本是个小市场，因此它不可能取代美国。那时候中国还没有崛起，美国是世界最大市场，所以东南亚这些劳动密集型产品全部出口到美国。

这个研究影响了我一生。我一直坚持这种方法，比方中产理论，我喊中产也喊了 20 年，基本是从消费的升级来看中国经济总量的增长的。我老讲，研究三大件是挺有意义的，它是人们追求财富的象征、成功的象征。手表、缝纫机、自行车这三大件是百元级的，百元级带动的产业它有多大规模呢？到了彩电、冰箱、洗衣机这三件的时候，到了千元级，就把经济放大了十倍。今天我讲的三大件是“买车、买房、买保险”，就到了 20 万元级，甚至是百万元级。那它带动的经济总量会是多大呢？很可观。所以我一直从消费、从市场来看中国和全球经济。

中国经济时报：中国现在已经成为世界第二大经济体，你觉得是否可以说从经济上中国已经崛起了？

陈东升：我有很多观点跟人家不太一样。我认为购买力平价是最符合实际的。我认为从经济上，中国已经崛起，而且还在持续之中。崛起这个概念已经完全可以用了。

今天定位中国，我还有一句话，中国是最大发展中国家，是世界上最大的新兴工业化国家。“最大的发展中国家”还是有政治上的韬光养晦用意。

世界如何看待中国的崛起

中国经济时报：对于中国的崛起，根据你了解，西方发达国家和不发达国家的看法会有不同吗？

陈东升：我一直讲，中国崛起是世界上遇到的最大的一个挑战，对美国更是这样。

其实，中国崛起是“跷跷板”的问题，你起来了别人都不舒服了，因为你把整个地球过去的政治生态文明的平衡打破了。

在我看来，中国近 30 年的崛起之路是这样走过来的：在上世纪 80 年代的准备阶段，我们在体制方面做了大量的工作。上世纪 90 年代打破 1989 年的封锁，中国重返国际市场，这是改革的基础阶段。2001 年中国加入 WTO 后一发不可收，我称它为“黄金十年”。“黄金十年”的叫法是我提出来的，其标志一个是经济总量，中国从世界第七大经济体一跃成为第二大经济体；第二个是外汇储备，2000 年时中国的外汇储备不到 2000 亿美元，现在将近 3 万亿美元。国力急剧上升，这个时候西方再要遏制中国是不可能的。所以说今天中国的崛起，已经是不可阻挠的事实。未来 10 年，我认为到 2020 年中国基本实现现代化没有悬念，经济现代化再用10年就能彻底搞定。

金融危机产生的深层原因

中国经济时报：回到金融危机的话题吧，关于这次危机的原因，到目前为止，人们总结了很多种，你的看法是什么呢？

陈东升：关于这次美国的金融危机成因，我基本赞成布坎南的说法，问题一定是出在美国。但是，危机的形成机制却和我们有关。经济全球化最大的受益国实际上是中国和美国。过去很多人说印度和俄罗斯能不能赶上中国，我一直持有一个观点："很难"。其原因在于，上世纪80年代中国改革开放，中国搭上了世界经济转型这趟列车。这趟什么列车呢？就是亚洲四小龙的经济在提升的时候、产业要转移的时候，本来按照西方的理论，他们应该转移到他们的同盟国、意识形态相同的国家。但是实事上却没有，而是转移到了中国。

发生这样转移的原因也很复杂。我觉得今天世界的格局，起始于中国的改变，1978年很重要，1972年更重要，可以说，这一年美国总统尼克松踏上中国的领土跟毛泽东握手的那一刹那就注定了今天的这个世界格局。当时，中苏关系破裂后，中国受到来自北方的威胁，中国和美国自然地结盟，尼克松来华意味着中美放下意识形态所有的分歧，在战略上形成联盟。这个战略联盟形成恰恰就是四小龙产业转移的时候，本来应该转去泰国、马来西亚等地的，却转了90度的弯到中国来了。转到中国的原因是，亚洲四小龙中有三个是华人血统，所以这个转移就没按照意识形态的路子，而是按照血缘和文化的渊源转移到大陆来了，大陆从此搭上了世界经济的这趟列车。

搭上这趟列车的结果是什么呢？就是形成了中美经济的15年的繁荣。在当时，美国要是强迫这些国家他们是不敢不听的，那时候美国很厉害。美国也没想到今天的中国会是这样的局面，要是能想到今天的中国他那时可能不会让他们那样做。

美国经济持续繁荣，通货膨胀在这世界上没有了。可以说，上世纪90年代到本世纪的前5年，甚至2008年前，我认为至少有15年时间，世界上没有通货膨胀。原因是什么？就是中国存在大量的、廉价的劳动力。

中国经济时报：你是说中国的廉价劳动力是"黄金十年"时段世界没有通胀的功臣？

陈东升：可以这么说，没有通胀在于持续15年、中国3亿多农民工这支新兴产业大军的存在。你可以研究一下这个过程，这15年农民工的福利待遇，吃、住花了多少钱？基本上一个月 300 块到 500 块，最后到 800 块，大概是这样的水平。跟美国的工人工资比，我认为只相当于他们的 1/50。一个非常深刻的案例就是沃尔玛，沃尔玛那个时候一次在中国采购 100 亿美元的货，它全年在中国采购的货，我估计有几百亿美元。沃尔玛怎么崛起的？就是靠中国崛起，靠中国的廉价东西。美国老太太，毛衣买一打，穿了就扔了。这个世界于是就变成如今的局面。

可以说，15 年中美经济高度契合，美国人的吃穿用全是中国造，中国这么廉价的商品持续维持了他们 10 年的繁荣，也让我们的农民、让中国积累了资本，双赢。在这个过程中我们换了外汇拿回来，没有增加国民福利，而是用来增加投入。全世界美元最安全的，美国有国家信誉，又把我们钱借回去，持续刺激它的消费。就是这样一个循环。

中美经济高度契合的蜜月时代结束了

中国经济时报：你的这个“危机成因观”很少见。从美国内部看，应该也是有原因的吧？

陈东升：金融危机美国实际上发生过多次，前一次是次级债、垃圾债券。其实次级债券也不是都不好，英特尔和微软就是当年的次级债把他们培养起来的。次级债只涉及企业，而次级贷涉及千家万户，就是说过去只在企业范围搞次级债，现在次级贷就扩大到普通老百姓了，所以说，这次美国的危机是一个综合经济体系方面的问题。

概括地说，我对金融危机的理解是，这样一个链条不可再持续了：中国拿那么多钱借给他们，他们无休止地消费，不创造财富，最后泡沫是要破的。所以这次就破了。

总而言之，在我看来，这一次金融危机看起来是一次人类历史上大的金融危机，实际上是过去长期持续的这样一种中美经济的互补结构再也走不下去了的必然结果。

中国经济时报：这次危机给中美两国经济带来的破坏是巨大的，反思危机，你认为，两国应该吸取哪些教训？

陈东升：金融危机带来的结果就是两边都反省，中美经济高度契合的蜜月时代结束了。这个时代结束了，中国完全靠出口来支撑经济的时代也结束了，中国要产业结构升级，培植中产人群，向服务业、向内需发展，向消费发展。产业升级在东部已经开始。美国的反思是收缩，节衣缩食，不再继续无限消费的这种模式。

后危机时期中国会出现新二元现象

中国经济时报：你是如何看待这次危机对中国经济的影响的？或者说你如何判断后危机时期中国经济的走向？

陈东升：投资拉动还是中国经济的一个大特点，因为是新兴国家，工业化和城市化还在进程之中，所以投资拉动是我们新兴工业国的本质特征。新兴工业化国家经济的本质就是投资拉动、出口拉动。对于后危机时期中国经济的走向，我认为很简单，过去是依靠出口、投资、消费，现在要逐步转到依靠消费、投资、出口，实际上要变成消费为主。

我认为，后危机时代中国经济会出现新的二元结构。所谓二元结构是指沿海地区，像北京、上海、深圳、广东、江苏、浙江、山东、加上辽宁这些地区面临着产业结构升级，江浙、广东、上海、北京的人均GDP都到1万美金了，服务业崛起很快，它是需要转型的，而中西部还在工业化、城市化的进程之中。所以可以这样概括，中国经济过去进行工业化、城市化，沿海先崛起再惠及中西部这样一个梯级推进。目前，由于这次金融危机的影响，变成了两个板块，就是东部进行转型、产业结构调整，中产阶级培植，服务业崛起；中西部还在进行城市化、工业化的进程，中国呈现这样一个新的二元现象。这是我的一个判断。

中国不会陷入中等收入陷阱

中国经济时报：你对中等收入陷阱怎么看，你认为后危机时代崛起的中国会不会掉到这个陷阱里？

陈东升：刘易斯拐点、中等收入陷阱、拉美现象等，我认为绝对不会出现在中国。什么叫拉美现象？拉美现象的核心有几点，一个就是民主体制，民主体制容易被民意左右；还有一个是它的经济高度外向，被西方跨国公司控制。这样的体制容易造成贪污横行，两极分化，它的经济怎么能增长上来。

中国跟他们不一样。虽然我们的经济外向型特征很强，但情况跟拉美、北非完全不同。这就必然要涉及中国模式的话题。

当前中国思想界学术界最核心争论的一个重大课题就是中国模式，对此，市场原教旨主义派坚决否定，左派和极左派也持批判态度，但是改革开放30年，中国经济取得的成就，在人类历史上是没有的，这个事实是存在的。取得这个成就的核心，我有一个看法：邓小平改革开放的核心是走了市场经济道路，但是极具中国特色，就是叫政府主导经济，这是已形成的共识。政府这只手确实很强大，政府主导经济的核心包括，以政府为主导的经济体制改革，特别是国有企业的改制；还有就是中央政府搞“特区”，各地政府搞“开发区”、县里搞招商引资这种方式。如果要讲中国今天成功的原因，就是一句话——政府主导经济，或者叫企业家精神社会化：省委书记就相当于董事长，省长就相当于这个省的总经理，其实是一种企业家精神的社会化，大家都在搞经济建设。当然今天我们所批判的这个社会存在的各种问题，很多也是由于政府主导经济带来的。我们很多人都没意识到，今天这个强大的中央集权体系，其实是为中国转化成以经济建设为核心发挥了巨大的力量。

我认为城市人口占60%，第三产业占60%，人均GDP达到1万美元——这三个指标大概10年内会做到，那时中国经济现代化就大功告成。再谈到另一个问题，就是现代性和国家现代化的问题，现代性或社会的现代化建设可能还要用30～50年的时间。抽象地讲，首先要建立一个法制的社会，才有民主社会。高度法制加上高度民主才能叫做高度文明，我相信中国一代人比一代人聪明。这是我对未来中国大体走势的看法。

陈东升

汉族，湖北人，武汉大学经济学博士。现任泰康人寿保险股份有限公司董事长兼首席执行官，中国保险行业协会、中国拍卖行业协会副会长，北京湖北商会会长，武汉大学北京校友会会长，武汉大学杰出校友。

1983年毕业于武汉大学政治经济系后，就职于对外经济贸易合作部国际贸易研究所发达国家研究室；1988年任国务院发展研究中心《管理世界》杂志社常务副总编，长期从事国际贸易及宏观经济研究等工作，开创中国500家大型企业评比先河。1993年创办中国第一家具有国际概念的中国嘉德国际拍卖有限公司，任董事长兼总经理；1996年创办泰康人寿保险股份有限公司，任董事长兼首席执行官至今。

作为中国企业家论坛创始人之一，“92派”名词的发明者，一直活跃于中国经济、金融、企业及学术界，核心观点包括“创新就是率先模仿”、“买房买车买保险是现代生活新三大件”、“中国全面和平崛起”、“改革开放唤醒中国梦”等。

获得的主要荣誉包括：2004年底，入选“北京影响力十大经济人物”。2005年，入选《财富》（中文版）“2004年度中国商人”。2006年，当选“推动中国品牌国际化50人”。2007年，荣获“亚洲品牌十大最具影响力人物奖”和“亚洲品牌创新人物奖”。2009年获评“建国60年60位功勋品牌人物”，2008～2010年连续三年入选“年度最具影响力的25位企业领袖”。

后危机时代中美经贸合作遭遇多重挑战

——访对外经贸大学中美经贸研究中心主任何伟文

赵海娟/文

中美经贸合作是互利互惠的，这不仅是中美双方的普遍共识，也是通过实践检验过的。但当前，世界经济变幻莫测，经济复苏存在很多不确定因素，中美经贸合作遭遇多重挑战。对外经贸大学中美经贸研究中心主任何伟文在接受中国经济时报记者专访时认为，虽然金融危机使中美两国相互依赖有所增强，但在后危机时代，两国将进入经贸合作比较困难和花力气的时期，双方唯有寻求双赢、合作才可持续。

中美经贸合作将进入相对困难时期

中国经济时报：你认为金融危机对中美经贸合作有何影响？

何伟文：金融危机使中美两国相互依赖有所增强，经贸合作增强。2009 年我国对外贸易进口下降 11.2%，但从美国进口仅下降 4.8%。中国对美国出口下降 12.5%，但是对全球的出口下降 16.0%。因此，美国占中国进出口的比重都有上升。

金融危机进一步增强了中美相互市场对彼此的重要性。一方面，中国产品在美国市场相对其他国家产品来说具有一定的竞争优势，不仅包括鞋子、衣服、玩具等劳动密集型产品，也包括电脑、鼠标、键盘、音响、手机、普通机械等机电产品。在遭遇金融危机的情况下，中国相对其他国家的这种优势也没有改变。而另一方面，中国经济的快速增长，为美国经济发展提供了机会。虽然美国要达到对全球出口 5 年翻番的目标很困难，但按目前形势来看，其 4 年就可实现对中国的出口翻番。中国市场对美国意义重大。

此外，金融危机凸显了中美两国在全球气候变化和新能源合作上的重要性，对中美经贸关系具有重大影响。美国需要新能源作为新的经济增长点，而中国也需要新能源促进产业转型升级。中美两国共同发展低碳经济和新能源，有很多共同利益，加强这方面的合作，可以争取到互利共赢。

但金融危机后，中美贸易摩擦也比以前增多。摩擦并不是中国出口产品的问题，而主要来源于美国，是美国自己的就业问题。美国为了保护其就业，实施贸易保护主义，对华频发反倾销、反补贴调查，有违背世界贸易组织相关规则的倾向。从目前许多具体的案子来看，中美两国的贸易摩擦与危机前不一样。比如危机前，中国对美国出口的产品，连续两年数量增长、连续两年价格下跌，基本会被立案调查，但现在仅是单纯的数量增长就可能会被调查。

中国经济时报：*后危机时代，中美经贸关系将是怎样的？*

何伟文：后危机时代，中美经贸关系将比较困难。

首先，中国要扩大对美国的出口存在困难。尽管中国出口与美国国内就业并不构成主要矛盾，而且中国对美国的出口，还在一定程度上为美国的港口、运输、仓储、零售等行业创造了就业岗位，但美国并不这样认为。考虑到当前美国政治的特点，以民主党为主导的政治是以劳工为基础的，而劳工是反对全球化的，在这种情况下，扩大中国对美国出口是比较困难的。

其次，由于美国自身的问题，美国扩大对中国的出口也存在困难。尽管中国鼓励从美国进口，但目前美国高科技产品的出口管制对中国是不可能放开的，这严重阻碍了美国对中国的出口。另一方面，美国对中国出口产品的结构存在问题。一些并没有受到出口管制的高附加值的机电产品，对中国出口较弱，自身竞争力和营销力度都不够。2010 年上半年，美国对中国出口的前十大类产品中，五类是高附加值产品，还有五类是原材料和加工成本很低的中间产品，像大豆、塑料、纸张等。其中机械、电气设备和运输设备三类对中国出口金额是 173 亿美元，但该数值与日本相距甚远。日本同期这三大类对华出口金额是 362.6 亿美元，比美国多得多。而美国制造业规模又比日本大 70%。所以美国制造业的竞争力和推销力度都远远不如日本。如果美国对中国出口的高附加值产品金额占其制造业的比重达到日本的水平，美国对中国的出口就可以增加 850 亿美元。而 2009 年美国对中国出口总额是 695 亿美元。也就是说，马上可以翻一番。

此外，人民币汇率问题也给中美经贸合作带来负面影响。客观地说，无论贸易不平衡还是人民币汇率，都只是中美经贸问题中很次要的问题，但在美国却被扩大化和政治化。美国这种只顾政治利益而违背经济规律的做法不仅损害中国利益，实际上也损害中美贸易。

经贸合作持续的关键是双赢

中国经济时报：后危机时代，如何推动中美经贸合作？

何伟文：后危机时代，要想推动中美经贸合作持续发展就要做到双赢。没有双赢的合作是不会成功的。

首先，中国企业特别是民营企业，应走出去，加大对美国实业的投资。大规模地投资美国实业，将加速中国企业全球化，并将为美国提供就业岗位，增加税收，这种双赢做法是后危机时代中美经贸稳步发展的新推动力。但投资美国时要注意不要去碰禁止或敏感区域，比如电信、矿山、石油等。反过来，美国公司也应积极参与中国的产业升级，这是中国经济的发展方向，也是美国的发展机会。

其次，双方应加强新能源领域的合作，并努力反对贸易保护主义。

此外，中美经贸合作还应重视双方政府以外的作用。从具体做法来说，要大大增强第二轨道，即民间轨道。包括企业之间的合作以及文化、教育和智库之间的交流，而且不光是在中央层面，在地方、基层也应大大加强。

从长远来看，我认为中美经贸关系是乐观的。回顾既往，年年都有困难，但是两国经贸发展还是非常快。过去 30 年，中美经贸业务的发展是战后以来任何两个经济体之间双边贸易发展所不能比拟的。

美国经济低速脆弱复苏

中国经济时报：请你分析一下当前美国的经济形势。

何伟文：近来，美国的经济数据不太乐观，甚至有人认为美国经济将二次探底。但通过对其经济形势的分析判断，可以认为，当前美国经济仍在复苏，尽管低速而脆弱。

首先，二次探底的概念并不明确，如果仅以出现连续两个季度经济负增长为标准的话，那么二次探底的可能性微乎其微。但如果以一个季度的 GDP 增长率低于 1.5% 为标准的话，恐怕二次探底的可能性就存在。但那并不是衰退。

其次，GDP 不是衡量一国经济发展的唯一指标。光凭 GDP 增长率低于 1.5% 就说美国经济二次探底，还远远不够。美国国家经济研究局从美国经济上次衰退开始，也就是 2001 年就已经把经济衰退的标准改了，不是 GDP 连续两个季度的负增长，而是要看四个指标：工业生产、个人收入、批发零售销售和就业。如果这四个指标同时连续几个月下降，就表明经济开始衰退。美国国家经济研究局已经宣布，由金融危机引起的这次衰退，始于2007年12月，结束于2009年6月。如果再次陷入衰退，需要这四个指标连续几个月全面下降。从目前来看，这四个指标都不太好，但还没有出现连续几个月的同时下降。因此，还需一段时间进一步观察。

此外，美国经济的基本面是个人消费和私人投资。美国个人消费2010年二季度增长2.0%，私人投资增长25%，总的情况并不是很差。这两项加在一起为GDP贡献率是3.5%，而一季度只有2%多一点。从这两个因素来看反而是加强的。

因此，分析美国经济形势要综合多方面因素，审慎判断。当前美国经济并没有二次探底那么糟糕，但也不能说很乐观，是比较低速脆弱的复苏。

中国经济时报：你怎么看待最近美国出台的新经济刺激政策？

何伟文：最近出台的这些经济政策只是单项措施，与之前的大规模的经济刺激政策根本没法比，不能笼统地说是新经济刺激政策。这些政策分为两部分，一部分是为期6年，投资500亿美元的基础设施更新计划，实际上这个事情早就该做，并且是迟早要做的。还有一个是扩大并永久性延长针对企业研发的税收抵免政策，以鼓励企业在美国本土开展自主研发并带动就业。这项政策将于2010年12月到期，而使其永久性延长将在未来10年耗资1000亿美元。这本是原来的旧政策，现在无非是增加一些财力措施延长。

在此时出台上述经济政策，对当前经济并无太明显的拉动作用，但可以提升一点点民众信心，为民主党多少赢得一点中期大选选票。

附

积极开创中美全面互利经贸关系新局面

何伟文

只有在互利共赢的前提下，中国与美国的经贸关系及一系列问题才可能逐步合理解决，双边经贸合作的发展才有可持续性。

一、中美经贸的发展和主要问题

以2010年为例，让我们看看中美经贸发展面临的主要问题。

1. 双边贸易大幅增长

2010年，同中国对全球贸易一样，中美贸易也实现了大幅增长。双边贸易额达到3853.4亿美元，比上年增长29.2%。其中中国出口2833亿美元，增长28.3%；美国出口首次超过1000亿美元，达到1020.4亿美元，增长31.7%。中国顺差达到1812.7亿美元，比上年增加379亿美元。

这里看出几个特点：第一，增速不仅低于中国对全球贸易，也低于中国对欧盟（增长31.8%）、日本（30.2%）、东盟（37.5%）和其他主要新兴国家的双边贸易增速。结果，美国在我出口总额中的比重从上年的18.4%略降到18.0%，进口比重从7.7%略降到7.3%。

第二，从美进口增速略快于对美出口增速。进口首次突破1000亿美元大关。

第三，由于出口基数大，对美贸易顺差不仅没有减少，反而增加。

根据美国官方统计，2010年1~11月份的数据显示，美国对华贸易总额为4159.0亿美元，比上年同期的3310.76亿美元增长25.6%。其中对华出口817.58亿美元，增长33.7%；从中国进口3341.42亿美元，增长23.8%。逆差2523.82亿美元，同比增加436.52亿美元。

这里也有几个特点：

第一，对华出口增速大大高于从中国进口增速。

第二，对华出口增速大大高于对全球出口增速。后者为21.4%。结果，中国在美国对全球出口中的比重从上年同期的6.4%上升到7.0%；净增0.6个百分点。

第三，从中国进口增速和从全球进口增速（23.4%）基本一样。因此中国在美国进口中的比重仍维持在19.1%不变。

第四，由于中国对美出口基数大，美国对华贸易逆差仍比上年增加436.52亿美元。但由于美国全球贸易逆差大幅回升，中国所占比重却从上年同期的45.7%下降到43.2%。

双向投资有新的增长。根据商务部统计，2010年美国对华实际投资额为40.52亿美元，同比增长13.3%。截至2010年底，美国对华实际投资存量为652.3亿美元，中国对美实际投资存量为47.3亿美元。据美国中国总商会介绍，2010年仅1~9月就新增28.1亿美元。相比之下，中国对美国投资虽然基数小，但增长快得多。

2. 2011年中美经贸发展前景仍然看好

其中我对美出口可望增长15%左右，从美国进口则可能增长30%左右。美方逆差大致保持在2010年水平，或略有增加。双向投资也会进一步增长。其中美国对华投资增长势头有可能略微增强，中国对美投资则可能大幅增长。两国在联合研发、联合生产、联合开拓第三国市场方面将有新的发展，在能源、航空航天、新材料、服务贸易、旅游等方面的合作会有一个大的增长。

3. 中美经贸关系中一些突出问题依然存在并将继续存在，不可盲目乐观

人民币汇率问题。2010年2月3日奥巴马发表人民币汇率严重低估的讲话后，美国国会和部分利益集团压人民币升值浪潮突然高涨。3月份，130名议员联名致信财长盖特纳和商务部长骆家辉，要求在汇率报告中将中国列入汇率操纵国，并对来自中国的产品采取相应的惩罚性措施。3月23日，即众院就人民币汇率听证的前一天，有劳工背景的美国经济政策研究所发表《中国不公平贸易夺走美国人饭碗》的报告，声称从2001年到2008年，对华贸易逆差共使美国241万人失去工作，并详细分解到各个行业和50各州。报告声称人民币汇率是中国“不公平贸易”的重要手段。9月29日，众院以348比79票的高比率通过《汇率与贸易法案》。无论在双边还是G20多伦多峰会，美国不但持续对我国施压，也力图纠集国际阵线对我联合施压。美国彼得森国际经济研究所提出的《2010年根本性均衡汇率》研究报告认为，人民币对美元的汇率水平应升至5.50，即升值24.2%。截至2010年底，人民币对美元只升值3%左右。此次胡主席访美期间，奥巴马在记者招待会上仍然声称人民币汇率低估。舒默等正推动新一届参议院通过相应立法。2011年这个问题还将继续存在。

贸易不平衡问题。这是美国长期认为中美经贸关系主要问题的基石。理由是造成美国大量失业，原因是人民币汇率低估。虽然美国对华出口增长远快于从中国进口，但由于基数不同，美国对华贸易逆差如果停止增长，对华出口必须增长40%，从中国进口增长必须低于15%。这在市场经济环境下是很难在一年内做到的。因此，2011年美方逆差还有略微扩大可能。

2011年，普遍估计美国失业率仍将停留在9%左右的高水平。因此，美国某些利益集团和国会部分势力，出于政治需要，仍将把贸易不平衡作为一个问题基石。

我国自主创新和市场准入问题。与对人民币汇率的指责主要来自美国劳工不同，美国大企业主要关心的则是中国市场准入和公平竞争。特别抱怨我国自主创新的一些产业政策排斥了美国企业。经过一年来的共同努力，这个问题已经大大减轻。但除了继续关注和施压外，将更多地关注我国参加世贸组织政府采购协议的问题，并在此问题上提高要价。

除了商品贸易领域外，对我国服务贸易领域的开放也将继续提出要求。

无论奥巴马总统的出口5年倍增计划，还是大企业关心的拓展市场，还是劳工诉求的就业，都集中要求中国进一步开放市场，给予美国企业更多市场准入和公平竞争。

美国对我贸易摩擦仍将保持在高位。2010年，虽然美国对我新发起的贸易救济案例只有8项，比上年显著减少，但对2009年以前立案的大量裁决对我非常苛刻。一个新的动向是从单个产品向整个行业起诉发展。比较突出的是美国联合钢铁工人工会对我造纸业补贴的起诉，和美国贸易代表署就我新能源补贴向世贸组织的起诉。其影响和杀伤力是非常大的。

知识产权问题将成为中美经贸关系的一个重点问题。不但在软件领域，而且更多是针对我国整个自主创新政策，认为我“强制”外资转让技术，然后加以改变后，成为自己的“自主知识产权”，在世界市场反过头来与技术首创企业竞争，且往往获胜。从而给跨国公司的“生存”带来威胁。2010年前三个季度，美国针对知识产权问题发起的42起337调查中，中国产品占18项。2011年，这一趋势仍可能持续。

美国仍然不会大幅放宽高技术对我出口。美国政府正在酝酿的出口管制改革方案中，列出放宽出口的146个对象国或地区，仍然没有中国。且中国仍在其管控较高的D名单上。

美国不会很快承认我国市场经济地位。虽然中美联合声明提到“迅速”一语，但美方的潜台词是“取决于中国自己何时符合条件”。美方对市场经济条件的标准和我国有很大差异。因此，短期内尚难有重大突破。

二、美方需要走出失业—逆差—汇率这一重大误区

美方长期以来在人民币汇率、贸易平衡问题上的责难，是基于这样的基本判断：美国失业来自对华逆差，逆差来自人民币汇率低估，而人民币汇率低估来自中国政府“操纵”，“操纵”的原因则来自“出口导向型”的需要。因此，只有人民币大幅升值，美国对华逆差才能大大减少，美国失业才会大大下降。

因此，中国为了“出口导向型”的需要，对美国出口产品很可能都有政府“有意补贴”。因此，要加紧双反。

所有这些，构成一个怪圈：即美国失业来自对华逆差，逆差来自人民币低估。这实际上是一个重大误区。

1. 美国失业问题原因在国内，不在对华逆差

（1）在很大程度上，目前美国的失业情况与国际贸易没有关联

表 1　　失业最严重的领域从 2009 年 11 月到 2010 年 11 月的变化情况

单位：千人，失业率

	11/09	11/10	变化
非农私营部门的失业人数	14407（9.7%）	14282（9.3%）	-125
建筑业	1780（19.4%）	1596（18.8%）	-184
制造业	1882（12.5%）	1526（9.9%）	-356
交通运输和公用事业	493（8.5%）	434（7.6%）	-59
专业服务和商业服务	1514（10.6%）	1521（10.6%）	+7
休闲和住宿业	1524（11.9%）	1634（12.4%）	+110

数据来源：美国劳工部（www.bls.gov）。

显然，建筑业、专业服务和商业服务、休闲和住宿业的就业形势最严峻，它们的失业率均高于全国平均水平。这几个行业都是非贸易品行业。它们的糟糕表现与国际贸易没有太多关系或根本没有关系，更不要提中国对它们会有什么影响。

与国际贸易关系最密切的是制造业。然而，制造业在四个行业中的表现最优异，在过去的 12 个月里，制造业的失业人群减少了 35.6 万人，从而使 2010 年 11 月的失业率降到 9.9%，基本达到全国平均水平，远远低于其他三个非贸易品行业（这三个行业的失业率分别是 18.8%，10.6% 和 12.4%）。交通运输和公用事业在一定程度上与国际贸易有些关系，它的失业人数减少了 5.9 万人，失业率下降 0.8 个百分点至 7.6%，远远低于全国水平。

（2）美国就业与对华贸易赤字的变化之间没有直接关联

①过去 10 年的实证研究无法找到这二者间的关联。

表 2

年份	美国赤字	与上年同期相比	非农部门
就业人数变化情况（y-o-y）			
	（单位：亿美元）		（单位：千人）
1999	686.66	+117.70	+3172
2000	838.04	+151.36	+2005
2001	830.45	-7.59	-1782
2002	1031.15	+200.70	-563
2003	1239.61	+208.46	-61

表 3

	美国赤字	与上年同期相比	制造业的就业人数	与上年同期相比
		（单位：亿美元）		（单位：千人）
2007	2585.06	+244.05	13879	-27.4
2008	2680.40	+95.36	13406	-47.3
2009	2268.26	-412.14	11883	-152.3

数据来源：www.trade.gov.，www.bls.gov。

贸易赤字上升时就业会上升，赤字下降时就业也会下降。

②决定美国就业变化的是经济周期和生产率。

③《中国的不公平贸易夺走美国人饭碗》——EPI 政策报告中的缺陷（2010 年 3 月 23 日）。

这个报告的计算基于一个假设，即所有出口都创造就业机会，进口会导致工作机会流失。因此贸易顺差会增加就业机会，贸易赤字导致工作机会减少。随后这个报告清晰地分解到所有 50 个州和各个行业受到影响的工作机会，得出的最终结论是在 2001 ~2008 年，中国导致美国失去 241 万个工作机会。

然而，这个报告的推导基础很值得商榷。

第一，它忽略了生产率要素。只要生产率增长更快，贸易顺差也会导致工作机会流失。

表 4　　　　美国 2001 ~2008 年航空业的生产、出口和就业

（10 亿美元，工作机会以千人计）

	2001	2008	变化情况
总装运量	133.7	177.2	+32.5%
就业机会	510.9	503.9	-1.4%
出口	58.5	95.4	+63.1%
进口	33.0	37.7	+14.2%
贸易差额	+25.5	+57.8	+126.7%
每个员工的产出（千美元）	197.1	276.8	+40.4%
每单位产出所需的工作人员（每 10 亿元所需员工）	5070	3610	-28.8%

数据来源：美国商务部，ITA，www.trade.gov，以此为基础进行计算。

在 2001 ~2008 年，美国航空业的贸易顺差增加了一倍以上。然而，总就业率下降了 1.4%，造成这种情况的原因是生产率的增长速度超过总装运量，因此需要的员工也不多。

第二，它忽略了一个常识，即进口也会创造工作机会。

——美国的玩具进口：在 2007 年，美国的玩具交货额达到 31.95 亿美元，它的出口和进口分别为19.83亿美元和217.69亿美元。表现消费额为229.81亿美元，其中进口占到94.73%。中国的玩具在总进口中达到194.47亿美元，或表现消费额的84.62%。

在2010年第一个季度，美国的玩具零售业共有14.07万员工，假设上述比例不变，那么从中国进口的玩具在零售业制造了11.906万个就业机会。

——沃尔玛在全球的员工约有210万人，在2010财年（截至2010年1月）的总销售额达到4050.46亿美元。因此，每销售10亿美元的货物就创造出5180个就业机会。换句话说，从中国每进口100亿美元的产品，就会在美国创造出5.18万个就业机会。

——中远集团的集装箱货舱直接挂靠波士顿港，并且创造出数百个就业机会，由此赢得美国参议院的表彰。显然中远的货船满载着从中国进口的商品。

——长滩港：那里有58%的工作岗位是用来处理中国进口商品的。

2. 中国的贸易顺差和人民币汇率之间没有直接联系

（1）过去10年的实证研究无法证明这一关联

表5　人民币汇率和中国贸易差额　单位：10亿美元

年份	美元兑人民币汇率	中国对全球的贸易差额	中国对美国的贸易差额*
2000	8.28	24.11	83.83
2001	8.28	22.55	83.10
2002	8.28	30.37	103.07
2003	8.28	25.54	124.07
2004	8.28	31.95	162.25
2005	8.28/8.11	101.19	202.78
2006	7.70	177.47	234.10
2007	7.30	262.20	258.51
2008	6.83	295.46	268.04
2009	6.83	196.06	226.88

数据来源：中国海关，*美国商务部，没有进行技术调整。

中国对全球的贸易顺差只在2005~2008年飙升，当时人民币相对于美元升值了21%。尽管人民币汇率发生了变化，但中国与美国的顺差始终在上升，只有在2009年美国受到全球金融危机的重创时才有所下降。

（2）美国对华出口增速远远超过了对全球其他国家的出口增速，这个事实并不能证明人民币被低估

表 6 美国出口/进口 单位：10 亿美元

	1997	2009	变化
出口			
全球	687.60	1056.93	+53.7%
中国	12.81	69.58	+443.4%
进口			
全球	870.21	1557.88	+79.0%
中国	62.55	296.40	+373.9%

增长率： 出口：进口

中国： 1.19：1.00

全球： 1.00：1.47

（3）在人民币汇率相同的情况下，中国与各个贸易伙伴的贸易差额不尽相同（2010 年），因此并不能证明人民币被低估

表 7

贸易合作伙伴	对 RMB 进行 BIS 加权	差额（亿美元）
日本	16.8%	-556.46
韩国	6.6%	-696.26
台湾	8.2%	-859.93
欧盟	18.6%	1427.58
美国	21.0%	1812.66

数据来源：中国海关。

三、需要重新计算中美贸易不平衡

1. *加工贸易扭曲了贸易真正差额*

中美贸易的巨额不平衡本身是值得推敲和否定的。它固然是海关统计时的客观记载，但依据是原产地规则，即凡是来自某国的产品，全部算成该国所产。这样，其贸易差额全部算在最终供应国头上。

实际上，中国对美国的巨额贸易顺差，和对全球贸易顺差一样，是加工贸易带来的。2010 年我国外贸顺差 1833 亿美元，其中加工贸易顺差 3227 亿美元。换言之，如果没有加工贸易，我国本来会有 1394 亿美元逆差。而加工贸易只是把来自不同国家的地区的零部件或半成品组装一下，真正属于中国本地产出的只是一小部分。

《华尔街日报》2010 年 12 月 16 日发表文章称，根据有关研究人员的具体计算，在中国组装后出口到美国的苹果一款 iphone，批发价为每台 179 美元。2009 年共供应美国 1130 万部，金额 20.15 亿美元。扣除其中来自美国的零部件 1.215 亿美元，共形成 19 亿美元美国对华贸易逆差。但实际上中国装配每台只得到 6.5

美元，合计7350万美元；美国则有4810万美元顺差。

据加州大学三位学者的研究，富士康为苹果公司加工的另一款iPad，在美售价299美元。其中苹果专利设计和营销收入163美元（占54.5%），相关零配件（来自日本、台湾地区和菲律宾）133美元（占44.5%），富士康组装费4美元（占1.3%）。但在贸易统计上，富士康对美国每出口一台，出口额为150美元，即中国顺差增加150美元。

据美国际贸易委员会首席经济学家罗伯特·科普曼计算，中国制造业出口的58.7%来自加工贸易。中国对美贸易顺差的67%来自电子信息产品和其他机电产品。贸易统计上的中国巨大出口额中，中国企业只获得少数加工费，绝大部分归入美国公司。其中美国公司获得的部分（例如设计费），也算成美国逆差。这显然不符合事实。

在加工贸易中，获得最大利益的是美国公司。

2009年，苹果全球销售总额为365.37亿美元，只有沃尔玛4082.14亿美元的9.0%，利润额则为57.04亿美元，为沃尔玛143.35亿美元的39.8%；利润率高达15.6%，为沃尔玛3.5%的四倍多。不可否认，苹果在中国的加工贸易起到了重大作用。

苹果不过是美国跨国公司在华获取巨大利益的一个缩影。尚缺最新数字，但据商务部副部长易小准提供的2004年数字，美国公司在“中国制造”上合计获得毛利约600亿美元，约占标普500利润总额10%。据美国商务部统计，2004年中国对美出口总额为1967.0亿美元。即从中国进口毛利率为30.5%。

2. 中国对美贸易顺差被严重高估

据法国《费加罗报》2010年6月8日报道，世贸组织认为中国对美贸易顺差被严重高估。2009年统计数字是大约2200亿美元（美国商务部统计数字是2268.26亿美元），其实只有1100亿美元，约为此数一半。

科普曼曾以中国2006年对美出口中实际产生于中国的部分进行测算。结果是，当年对美出口2010亿美元中，有1130亿美元来自世界其他地区，产生于中国的只有880亿美元，即占总额45%。

美国某些利益集团也是这样计算美国出口的。美国国会山攻击人民币汇率低估的一个重要依据——美国经济政策研究所2010年3月23日发表的《中国不公平贸易夺走美国人饭碗》的报告，凡美国对中国出口，只计算真正在美国加工的部分，来自海外的原材料和零部件部分均被剔除。这样，2001年和2008年对中国出口分别是180亿和672亿美元，比美国商务部根据海关统计公布的191.8亿和697.3亿美元分别剔除11.8亿和25.3亿美元。但报告计算从中国进口则没有做相应剔除，而是直接用海关统计。这一双重标准显然没有任何科学价值。

世贸组织正在推动进行贸易统计改革。2010年5月10日，世贸组织总干事拉米在巴黎经济学院演讲时说："今天我们对贸易关系所作的描述已经有所改变。重要的东西不是贸易不平衡，而是要看价值中新增的部分。"

如果按照以上数据匡算和世贸新的统计方法，2010年1～11月，美方统计的我国对美出口总额3341.42亿美元中，属于在中国产生的只有1503.64亿美元；与同期美国对华出口817.58亿美元相抵，中方顺差只有686.06亿美元，只及美方统计的2523.84亿美元的27.2%。当然，这仅是初步推算。具体计算，需要进行大量精确的调查和统计分析。

3. 现行贸易平衡统计方法必须改变

现行以国界为基础的贸易流向计算的顺差或逆差标准已经过时。在全球化分工、资源 全球化配置的总趋势下，生产和贸易流程早已实现高度全球化。一个产品的生产和销售的全过程，往往涉及很多国家或地区。最终形成的实际上是多国产品，包含不同国家和地区的设计、原材料、零部件等。仅以最后组装地计算贸易总差额，显然不能反映真实情况。这种统计扭曲了事实，依此制定的政策也必然容易误导。

更重要的是，这种全球化生产和贸易流程是以跨国公司主导，以利润最大化为基础。最后产品的所有权，及主要利润，都属于它们。为了如实反映这一客观过程，在世界贸易组织的倡导和推动下，国际贸易平衡的统计最后会以每个国家或地区实际新增的产品价值为准，计算该国家或地区的实际出口额，即属权法。按照属权法，全球贸易不平衡的图景将出现重大变化。中国对美贸易顺差也大大缩小。以巨额顺差指责人民币汇率和影响美国就业的指责也将失去依据。

四、人民币汇率水平必须改成以实际有效汇率指数为标准

美国长期以来指责人民币汇率低估，或衡量人民升值了多少，只指兑美元的名义汇率。长期以来，我国很多主流观点也是这样沿用的。以这个标准衡量人民币汇率水平往往导致误判。

自从1971年8月美元同黄金脱钩以后，美元就不再拥有含金量，因此不再是衡量某个货币汇率水平的标准，虽然仍然是重要指标。

衡量某个货币汇率水平的变化，应当以国际清算银行公布的，以该币对贸易加权的一揽子货币有效汇率指数为准。其中包括名义有效汇率和实际有效汇率。后者剔除了本国通胀因素，因此更加准确。

如果按照国际清算银行公布的实际有效汇率指数，人民币汇率显然没有低估（见表8）。

表8　　主要货币实际有效汇率变动比较　　（2005 = 100.0000）

	美元	人民币	欧元	日元	英镑
1994.1	94.22	75.97	98.05	128.05	90.99
2002.2	116.00	119.83	83.49	100.98	102.89
2005.7	101.42	99.61	98.66	99.33	98.65
2010.6	93.48	119.04	92.75	101.04	81.49
2010.9	89.38	119.69	93.91	104.23	81.21
2010.12	87.27	120.53	94.25	103.24	80.56
1994/1 ~ 2010/12	-7.37%	+58.65%	-3.88%	-19.38%	-11.46%
2005/7 ~ 2010/12	-13.95%	+21.08%	-4.47%	+3.94%	-18.34%
2010/6 ~ 2010/12	-6.66%	+1.25%	+1.68%	+2.18%	-1.14%

资料来源：国际清算银行，及据此计算。

2010年人民币实际有效汇率比6月份上升1.25%，但同期美元下跌6.66%。因此人民币对美元相对升幅为8.49%，而不是兑美元名义汇率上升的3%。

2005年7月人民币汇改以来，到2010年底累计升值21.08%，同期美元下跌13.95%。因此人民币对美元的相对升幅是41.71%。已经超过了舒默的初衷。

1994年1月到2010年底，人民币累计升值58.65%，同期美元下跌7.37%。因此人民币对美元相对上升了71.27%！

如果拿国际标准衡量，所谓人民币低估的责难会立刻崩溃。

五、走出误区，互利共赢

一旦我们走出了上述困扰多年的这些大误区，立刻会“轻装上阵”，中美两国经贸合作的前景极为广阔。

我们应当全力转移到、集中到如何合作，使中美双方都得到实实在在的利益上来。

1. 中美合作，大大增加美国对华出口

美国对华出口的增长潜力极大，一个重要问题是美国自己的推销和竞争远远不够，中国应当帮助。

2010年前三季度，美国机械、电气设备和运输设别三大类对华出口额为271亿美元，折年率361亿美元。同期日本该三大类对华出口额为573亿美元，折年率763亿美元。美国为日本的48.4%。而美国制造业规模比日本大75%。如果美国该三大类对华出口占国内制造业增加值比率达到日本的水平，仅此三大类全年对华出口可以增加946亿美元。假定其他大类出口额不变，对华出口总额将为1786亿美元，比2009年美国对华出口实绩695亿美元翻一番以上。对华逆差也相应减少1090亿美元。

即便仍按属地法统计，美国对华贸易逆差也将出现完全新的图景。

表9　　美国对华贸易逆差　　单位：亿美元

2010年1～10月美国官方统计	2267.5
折年率	2721
达到日本水平后	1775
放宽高科技产品控制	1575（假定大部分与上条重复计算）
中美双方联合技术调整（匡算减26%）	1166
美国跨国公司回迁（匡算减28.2%）	839

839亿美元逆差，不足对华出口1786亿美元的一半。也可以说中美贸易不平衡问题基本解决。

问题的症结在美国。主要是：高科技产品对华出口不合时宜的控制，产品竞争力不如日本和德国（同样是面对中国市场，面对同一个人民币，日本对华贸易有较大顺差，德国基本平衡，美国却有巨大逆差，说明基本问题在美国，不在中国）。既然如此，主动权也完全在美国手中。

中国方面则提供一切可能的帮助，推动美国产品大量进入中国。在已经证明的新能源、运输设备、环境技术、信息、电子、生物工程、医药、新材料等众多方面，美国拥有很大优势。中美可以采取直接贸易、合资、共同开发等多种形式，促进美国对华出口在三年内翻一番。并在此后继续保持较快增长。双方可以共同设立官产学结合的特别小组，就美国对华出口增加1000亿美元以上提出报告；也可设立美国中小企业对华出口特别项目，每年为200家美国中小企业在华寻找客户等等。

2. 大力推动中国企业投资美国

2010年，我国直接利用外资达到1057.4亿美元，比上年增长17.4%。同年非金融类对外直接投资590亿美元，同比增长36%。假定各按此速度继续增长，对外投资规模将在4年内超过引进外资额。但迄今我国大规模投资海外的地区分布很不合理。截至2009年底的海外投资总存量2457.5亿美元中，香港、英属维尔京群岛和开曼群岛三地合计为1931.37亿美元，占78.6%。美国只有33.38亿美元，占2.1%。近年来的势头表明，中国企业对美投资有极大的发展空间。这次胡主席会见美国参院多数党领袖瑞德时，瑞表示参院将帮助促进中国企业对美投资。我们设想，以投资实业为主，每年对美投资规模在两三年内达到100亿美元，超过美国对华投资额（流量）；5～10年内存量超过1000亿美元。或相当于日本对美投资总存量的1/3强。匡算直接创造就业60.7万人。这不仅大大增进两国互利共赢的经济实绩，也将使整个中美经贸关系乃至中美关系建立在更加坚实的基础上。

3. 大力发展旅游和其他服务贸易

2010年，中美双边公民赴对方旅游人数已突破300万人次。其中中国公民赴美旅游人数突破了100万人次。根据双方政府的设想，在5年内翻一番。从实际情况看，中国公民赴美旅游人数年增率在20%以上。按此速度，5年后可以达到250万人次，10年后可达625万人次。按2020年这个规模，美国需要新增10万个旅馆房间，27万个餐座位，每月100万个航班座位，全年零售额在2010年水平上增加0.44%。酒店和餐饮可直接创造数万个就业岗位，零售可新增3.3万个就业岗位。而且旅游不仅是服务贸易，更是两国人民相互了解和文化交流的极重要途径。

综上所述，中美两国通过两国政府、人民、商界的共同努力，走出误区，妥善处理矛盾，积极发展各种形式的互利合作，今后几年中美经贸很有希望出现新的高涨，我们有理由适度乐观。

何伟文

对外经贸大学中美经贸研究中心主任，西南财经大学兼职教授，中国美国经济学会理事，中国WTO研究会常务理事，美国富顿集团高级顾问，全球中小企业联盟副主席，前驻旧金山、纽约总领馆经济商务参赞。

著有：《赢在美国》、《飞越太平洋——美国西海岸市场概览》、《商会》，发表关于世界经贸、美国经济、中美经贸关系、国际金融危机、中国贸易投资政策等领域分析和研究文章100多篇。

全球经济资源加速再平衡

——访牛津大学赛德商学院院长柯林·梅尔

李慧莲　朱菲娜　徐　伟/文

中国经济时报记者把采访提纲传给柯林·梅尔先生的时候，并没有期待他能回答得这样细致，这样深刻。因为，他在北京的时间很短，采访只能安排在2010年9月中旬他去钓鱼台国宾馆出席“牛津中国财经论坛”的空隙中进行。这些问题是：金融危机对全球经济格局的影响、中国在危机之后角色的变化及其对全球的影响、如何看待本次金融危机目前所处的阶段，等等。他可能是为此次采访做了功课，回答问题简明扼要，不紧不慢，不苟言笑，只是在拍照时听到记者说出“smile”时才露出他那独特的笑容。全然英国做派，相当绅士。

金融危机加速全球经济资源再平衡进程

中国经济时报：你认为金融危机在哪些方面影响了各国经济？

柯林·梅尔：金融危机爆发之后，各国政府做出了不同的反应。表现在多个方面，首先也是最重要的一点是，他们加大了监管力度。比如欧洲和美国的监管当局，就加强了对银行金融机构的监管要求，尤其是资本金方面的要求。同时也进一步强调了对银行不同风险级别业务的有效地隔离和分离的制度。他们希望通过加强监管，来避免银行较有风险的业务，在未来对商业银行的主营业务产生更大波及效应。

第二个反应更多的是表现在宏观层面，这些政府部门削减了自己的政府开支，也为市场制定了或引入了更低的利率水平。不过，这带来了双重效果，一方面，避免了政府赤字不断扩大所带来的风险，或者是灾难的再次重复，但另外一方面，正是因为削减开支或者降低利率，也给西方经济体带来了一定的风险，即在未来不能保持继续增长。

与此同时，西方经济体在经历这些变化时，中国和东方的其他一些经济体受到的影响非常有限，甚至是未受影响。比如说，中国经济在过去的几年中就保持着高速增长。

中国经济时报：你的意思是说，危机中，中国金融体系表现出众？

柯林·梅尔：应该说在这次危机中，中国的金融体系在中国实体经济的成功当中扮演了一个至关重要的角色，尤其是银行业，它实际上是为整个体系提供了大量流动性，使其经历了其他国家未曾经历的扩张。

当然，中国的金融体系仍有一些需要改革的领域，很多人都在热烈讨论这些方面，相关的政策制定者也认真地考虑了。比如，首先应该讨论的是，除了银行以外，金融体系的其他部分该如何发展，尤其是中国债券市场发展的重要性。

再一个是中小企业融资的问题。我听说，现在国内外有这样一个辩论，主要是针对国有企业在获得融资的背景之下迅速扩展，它们和中国的中小企业，尤其是来自农村和欠发达地区的中小企业发展形成鲜明对比这样一个问题。通过这样的讨论，现在大家基本上有一个共识，就是需要进一步扩大中小企业融资的渠道和方式。

第三个重要领域，就是如何推进企业创业的进程。同时，如何向这些创业活动提供融资。在西方，普遍的做法是，风投公司为那些初创企业提供融资。很有可能，在未来的中国，也能看到类似的情形。

当然，其他金融领域的发展也得到了进一步充分的讨论，比如说私募或直接投资的领域。现在有一个广泛的期望就是中国的私募行业能在未来中国大企业重组过程中扮演更重要的角色。同样的，市场对金融市场提供产品和服务的广度和深度、未来进一步发展等方面，也存在着一定的期望。比如说，中国最近推出了股指期货，但是我觉得除了推出股指期货以外，在其他的一些金融市场细分领域，仍然有同样进展的可能。这样，在未来，可以预期企业和生产者对他们在实体经济中遇到的风险，能够在金融市场上得到有效的对冲。

当然了，也有其他一些政策方面的问题，在未来也会有同样的变化，比如说企业治理的方面。未来可能在这些企业当中，虽然仍然保留着所有者和管理者控制企业的模式，但是可能会有更好的机制出现，相对于大股东或者企业管理层来说，能够更好地保护企业的小投资者。

最重要的政策方面，就是未来对金融市场监管方面的变化。我刚才说过，中国与西方相比，在金融危机当中，避免了西方金融体系所犯的很多错误或者是失败的地方，部分原因是中国在市场监管方面与西方有所不同。随着金融创新，或者是金融市场不断地深化发展，对中国来讲，很重要的一点就是金融监管也要与时俱进，这样可以避免西方经济体所犯下的错误。

举一个例子来说，现在人们担心中国房地产市场有可能产生泡沫，人们也担心这个泡沫一旦破裂，会有怎样的后果。实际上，我们首先要记住，房地产泡沫正是导致西方这次金融危机的导火索。但同时也必须考虑到，如果泡沫破裂，中国自己的金融体系尤其是银行，会不会受到严重的影响，监管政策尤其需要考虑这方面的内容。我们已看到，现在一些监管政策的出台，正是为了避免这样的情况发生。

中国经济时报：你认为，金融危机后，世界经济格局会发生怎样的变化？

柯林·梅尔：在宏观经济层面，在过去几年，在金融危机之前，我们已经看到，我称之为“全球经济资源的再平衡的过程”，也就是说在西方发达经济体和东方发展中经济体之间，资源的流动出现一种再平衡的现象，而金融危机加速了这种再平衡的进程。意思就是西方发达经济体资产的相对价值，相对于东方经济体，出现了价值的进一步减值或减少，而在此过程当中，西方经济体会采取一些措施，避免这种再平衡向另一个方向发展，比如它们会引入低息的政策环境，但这种低息的政策存在可能会导致金融危机再次爆发的风险。

危机提升了中国在全球的经济地位

中国经济时报：经过这次金融危机之后，你认为，中国在全球市场的角色有怎样的变化？

柯林·梅尔：这次危机使中国发生了许多变化，毫无疑问，一个最大的变化是中国在全球扮演一个越来越重要的角色。一方面是因为中国经济活动的自身体量在未来会不断地扩大，规模也会不断扩大，同时，中国在国际金融活动当中，国内的资本流动和国际的资本流动之间的比例关系在未来也会发生微妙的变化，会更多地倾向于跨境的、国际性的资本流动。

另外一个变化，我觉得，中国应当在全球金融市场规则的制定当中扮演一个更重要的角色。因为这次金融危机有个很重要的教训，即风险是无国界的。一个市场上出现的危机，很快就会扩散到世界上的其他角落，影响其他地方。因此，中国也需要帮助全球金融体系建立一个更好的监管或者标准体系。

中国经济时报：你认为中国角色的这两大变化会对世界经济格局带来怎样的影响？

柯林·梅尔：中国的这种角色变化，必然会对世界经济造成影响。因为中国经济本身已经是全球经济当中——虽然令人难以想象，但是已是既成事实——一个极其重要的部分。刚才我谈到，关于全球经济资源的再平衡或者转移的这样一个过程，只会进一步加重或者提升中国在全球经济体中的地位。

中国除了在金融市场当中扮演一个更重要的角色之外，同时也能通过参与相关规则的制定，改变世界金融体系和经济体系的架构。比如刚才谈到的企业治理方面，中国可以帮助全球在危机之后设立新的标准。比如说，过去，西方经济体在企业治理当中，出现了很多失误，不管是21世纪初的因特网泡沫，还有像企业治理方面的安然的丑闻、最近爆发的金融机构方面的治理不力等等。中国在这个过程当中，可以制定符合发展中经济体特点的一种标准。当然，这个标准同时也要符合全球企业的共同特性。

无论如何，最重要的一点是，中国必须要在全球性的、不管是公司治理也好或者是其他经济规则的制定当中，扮演一个更加积极的角色。

西方经济有二次探底的可能

中国经济时报：目前有很多人认为金融危机已经过去，您认为是否存在二次探底的可能？

柯林·梅尔：危机是不是完全过去有待观察。至于二次探底，与其说我对中国经济二次探底有担心的话，不如说我最担心的是西欧和美国出现二次探底的可能。我觉得在欧洲或是北美，可能有这样一种真实的风险存在，就是经济会再次衰退。因为现在这些地方的政府为了避免出现主权债务危机，不得不大幅削减政府支出，但这种政府支出的减少会带来经济活动的进一步放缓，从而阻碍经济的复苏。所以说，虽然它们的衰退会影响中国，因为中国也是一个追求出口比较效益的国家，但是中国经济中还有一些其他的成分，或者说是抗危机、抗打击的成分，这是西方经济体所没有的。

中国经济时报：人们应该从这次金融危机中吸取何种教训，或者说如何避免今后出现类似的危机？

柯林·梅尔：实际上，全球的金融创新得继续下去。因为金融创新对实体经济来说，是一个十分重要的成分。但是我想，西方的主要金融机构在危机当中所犯下的主要错误，值得我们总结的一个教训就是：它们过多地把它们不同类型、不同风险的业务进行了创新的组合，比如一方面，它们向公司和个人提供普通的借贷服务，另外，它们又出于投机的目的，进行大量的投资。这两种业务混合之后，赚钱了当然没事，但是如果出现亏损的话，这个亏损除了影响它们的投机业务之外，也会影响到一些实体经济或进行正常商业信贷业务的个人或者公司。所以要记住这个主要教训：我们要避免混业经营所带来的可能的风险。解决方案是，要么进行分业经营，如果这些投机性活动和正常的业务同时存在的话，就要对投机性业务进行更严格的管制。

柯林·梅尔

牛津大学赛德商学院彼得·摩尔斯院长、管理学教授以及圣埃德蒙学院教授级研究员。从1994年赛德商学院筹建起，一直在该商学院工作，担任其第一位教授。在金融领域享有国际声誉，多次发表关于公司金融、公司治理和税务以及金融市场监管的文章和著作。担任数份主要学术刊物的编委，在经济政策研究中心和欧洲公司治理学会促成组建欧洲最大、最负盛名的经济学、法律与金融学的学术网络。他还是斯坦福大学、麻省理工学院和布鲁塞尔大学客座研究员，以及布鲁塞尔大学首位里奥·戈德斯密特公司治理教授。他是欧洲公司治理学会研究员、牛津大学奥里尔学院和圣安学院的荣誉研究员。

还担任0Xera公司主席，推动公司成为现今英国最大的独立经济学咨询公司。为全球无数的大型企业、政府、政策制定者和国际机构提供咨询。

在不确定性中寻求能源秩序

——访壳牌中国集团主席林浩光

范思立/文

能源和环境问题变得越来越敏感和重要，尤其是在后危机时代，全球将如何应对能源和环境挑战？全球能源将面临怎样的趋势？中国经济时报记者带着上述问题采访了壳牌中国集团主席林浩光。

世界能源需求和消费呈现新特征

中国经济时报：*在金融危机之后，你如何看待全球经济发展以及世界的能源供应、使用和需求？*

林浩光：我们预测能源未来时，通常考虑两个基本因素，即人口和经济前景。到2050年，我们相信全球人口和经济都将呈现上升趋势，表明能源需求和消费也将保持上升趋势。扣除技术进步和节能减排政策的正面效果，我们预计新增的能源需求量仍将达到2000年全球能源消费量的总和。这种巨大的需求既是巨大的机会，也是巨大的风险，全看我们如何应对，作什么样的路径选择。我们认为，社会、政府、企业携手合作，是塑造未来能源秩序的基本前提，也是避免巨大的能源需求导致灾难性后果的基本条件。

在整体的增长态势中，世界经济发展和能源需求的增加呈现出与以往不同的特征，经济发展和能源需求的重心正从西方向东方转移，而能源新技术的发展仍主要源自北美和欧洲。这构成一种有趣的结合，即西方的技术创新和进步为能源供应增加了数量巨大的非常规油气资源以及在深海、极地地区开发传统油气资源的可能性，这不仅为东方的经济增长省出一部分传统油气供应，如美国以非常规天然气代替液化天然气，也为东方增加自我能源供应提供可能，如中国开发本土致密气、煤层气和页岩气并参与国际合作，并获得海外份额。另一方面，世界主要国家正努力合作，相互促进，以便改善世界能源结构，实现节能减排的目标。

新兴经济体正在吸取西方发展历程的经验教训，努力利用新的能源科技和节能减排技术，以便减少对传统能源和化石能源的依赖，提高能源利用率，减少温室气体排放。

人类的能源消费终将从化石能源过渡到可再生能源，但这很可能是个相对漫长的过程。一种新能源从投放市场到成为全球主要商用能源通常需要花20年到30年的时间。但即使要花更长的时间，我们也必须选择低碳和可再生的道路，因为这关系到人类的可持续发展。如何从石油和煤炭依赖过渡到可再生能源是各界讨论了很久的问题。因此，能源政策和企业活动的核心应该是为现在提供负担得起的解决方案，并为未来创造技术进步，逐步构成可再生能源消费结构。作为摆脱石油和煤炭依赖的第一步，必须持续增加天然气的比重。与此同时，节约能源、提高能效也应该成为每一个生产、运营单位和每一个家庭、个人的行为规范。

面对环境挑战　能源企业责无旁贷

中国经济时报：对目前能源和环境的挑战，你是如何认识的？

林浩光：能源和环境是经济、社会发展必须克服的双重挑战。能源企业有责任不断实现技术进步和技术突破，在提高现有资源采收率的同时，找到新的和更清洁的能源，并在政府政策的支持下使可再生能源不断商业化，最终成为普遍负担得起的消费能源。提供经济、社会发展所必需的清洁能源产品是企业的本分，帮助社会生产部门和个体消费者提高能源效率、节能减排，也是企业应尽的义务，在勘探、开发、生产、运营的过程中最大限度地降低环境影响更是企业必须坚守的标准和企业责任。

能源企业的生产和运营活动，由于其复杂性、所涉范围的广泛性和与环境的密切相关性，无论如何都不可能是完美的。我们的目标是最大限度地提升企业活动的环境可接受性和环境可容纳性，与环境和社区人群安全乃至和谐地并存。但是，我们在少数极具挑战性的地区处境则大有不同，环境挑战远大于能源开发和生产的挑战，其成本也更高。事实上，此类环境挑战在本质上是社会政治挑战，超越了企业能够治理的范围。纵观全球传统油气资源的地理分布，不难看出我们所面临的资源环境的多样性和复杂性。我们不能决定油气资源的地理分布，但我们能够确定坚持什么样的价值原则。我们必须基于商业现实选择合作伙伴，但能源和环境的发展必须选择正确的轨道，无论商业伙伴是谁。

中国的能源未来面对许多挑战

中国经济时报：你如何看待中国能源发展的未来？

林浩光：我们对中国和中国市场满怀信心。这种信心不是这几年才有的，而是基于壳牌在中国100年的商业经验获得的。我们与中国社会和人民共同经历了20世纪几乎所有的重要事件，包括艰难的抗战。现在是壳牌在中国的最好时期，所有主要业务都在中国取得了长足进展，特别是上游和下游业务。我们感谢中国社会对壳牌的接纳，感谢众多的中国伙伴和员工，他们是壳牌成功的基础。

中国的能源未来面对许多挑战。首先是能源供给。中国的经济和人口规模以及发展速度使得中国的新增能源需求占到世界新增能源需求的大半，而中国自身拥有的能源资源远远不够满足这样的需求。因此，获取国际能源资源便是唯一的选择。由于需求量巨大，中国如何获取国际资源对未来世界的能源秩序起到塑造作用。鉴于世界能源环境的复杂性和多变性，中国政府和企业正努力探寻有效的和建设性的方式。壳牌愿意并已经参与到这个探寻过程，在澳大利亚、卡塔尔、伊拉克、叙利亚、中国和当地伙伴开展项目合作。

其次是能源消费结构和环境保护。中国最大的能源资源是煤，因此，煤在能源消费结构中占最大比例。煤带给环境的负担是显而易见的，中国许多地方都已到了不堪重负的程度。所以，必须最大限度地减少煤的简单利用，同时最大限度地增加天然气的使用，特别是以天然气替代煤来发电。中国的常规天然气储量有限，但值得庆幸的是，非常规天然气资源量巨大，比如煤层气、页岩气、致密气。壳牌已经有了成熟的非常规天然气开发和生产技术及经验，并已经开始在陕西、山西、四川与中国石油一起勘探、开发和生产。我们也正在探讨在新疆从事非常规天然气勘探和开发的可能性。非常规天然气的开发和利用将对中国的能源消费结构调整起到至关重要的作用。

环境保护的另一个方面是燃油质量。在大城市，中国的机动车保有量正趋于饱和，尾气排放对城市空气质量的影响是十分明显的。壳牌利用在F1法拉利车队油品实验室获得的最高油品科技，开发燃油和润滑油民用产品，在提升汽车引擎性能的同时，减少尾气排放。这样的油品正在中国许多城市得到应用。

最后是能源能力建设。所谓能源能力，主要包括政府的能源政策制定和企业的能源开发、生产和运营能力。中国这两方面的能力都在不断提高。我们乐见政府通过政策制定改善中国的能源消费结构，增加天然气的利用，并在世界范围内通过与政府、企业、社会的协商与合作，帮助建立新的世界能源秩序。我们在自己熟悉的商业领域积极与中国企业开展研发和技术、商业合作，以能力建设为目标，相互取长补短，共利共赢。

能源是经济发展的引擎，也是社会发展的缩影。我们了解能源工作的重要性，因此始终怀有谦卑之心，力求对社会、经济发展作出正面的贡献。

林浩光

马来西亚籍，获得拿督斯里封号。1978 年毕业于伦敦大学帝国学院，1985 年在日内瓦国际学院学习，并获得国际工商管理学硕士。1978 年加入壳牌，并在 IT、财务、天然气、勘探与生产、油品及集团总部担任不同的职务。2005 年 9 月起担任壳牌中国集团主席。

危机使中国迎来战略机遇黄金期

——访国务院发展研究中心对外经济研究部部长隆国强

李慧莲　张　娜　黄晓萌/文

本轮金融危机给世界经济带来了巨大的冲击，一场全球性的洗牌正在进行着，无论愿不愿意。那么，危机是如何发生的？危机给世界经济格局带来了怎样的影响？反思各国应对这场危机的措施，会得到怎样的启示？危机带给中国的是“危”还是“机”？如何看待中国在这次危机中的表现？中国该如何面对目前的世界经济新格局？带着这些问题，中国经济时报记者专访了国务院发展研究中心对外经济研究部部长隆国强。在两个多小时的采访中，他回答了我们提出的所有问题，对有关中国的问题回答得更是详细。如果用一句话来概括他的观点，那就是：“金融危机不仅使中国迎来战略机遇期，而且是战略机遇期中的黄金期。”

金融危机是美国泡沫经济破灭的结果

中国经济时报：你认为导致这次金融危机的根本原因是什么？从危机爆发至今，成因说真是太多了。

隆国强：伴随着危机的爆发、发展，各方面都在反思原因。美国提出，危机爆发的深层原因是全球失衡，全球失衡是谁闹的？是中国人闹的，是中国的贸易不平衡导致了全球失衡，然后导致美国金融危机。这里面其实包藏着巨大的祸心。事实上，如果认定全球失衡是危机原因的话，美国就把责任摘掉一大半。

我个人认为，金融危机实际上是美国泡沫经济的破灭。

回顾美国近20年的经济发展，上世纪80年代是滞胀。滞胀有多方面的原因，比如说冷战，让它把更多的资源投入到国防而不是民生上。在冷战时期，石油价格上涨，成本推进通货膨胀，形成了一个滞胀的态势。美国为应对滞胀做了很多改革，改革的成效到上世纪90年代才真正生效。到克林顿上台以后，美国有一个繁荣的十年。这里有三个主要因素：一是80年代改革的红利；二是技术进步的红利，比如以IT互联网为代表的信息技术革命；三是和平的红利，冷战结束了，国家有更多的资源用于民间，用于经济发展而不是国防。

这三个因素的结合带来了美国繁荣的十年，但同时也积累了风险，最大的风险是泡沫。IT 泡沫在 2001 年破灭以后，美国人应对泡沫破灭的办法是再造一个泡沫。通过大幅度降低利率，增加流动性的供给，造就了房地产的泡沫，使经济繁荣延续到 2007 年。泡沫总是要破灭，于是出现了次贷危机引发整个金融体系的动荡。

因此，导致危机发生的根本原因，我认为，就是金融泡沫。有人说金融危机是因为华尔街的贪婪。华尔街从来都贪婪，为什么这次有危机？华尔街不是这几年才变贪婪的。金融创新也一直都在持续，也不是今天才有的，这些是伴随着流动性过剩产生的，因此，危机的根子，我认为是过度的流动性。人为制造了泡沫经济，金融创新把泡沫进一步放大，华尔街的贪婪又进一步把它放大了。

所以说，这场危机说白了也没什么新鲜，在人类历史上已经多次出现过，就是金融泡沫的破灭。从荷兰的泡沫，到后来日本房地产泡沫，到这一次的泡沫，其实都是一脉相承，原因是一样的。大家可能有不同的解读，解读一些自己希望从中吸取的教训，其实他更看重什么，就会解读出什么。

正确反思各国应对危机的措施

中国经济时报：危机出现后，各经济体都采取了很多措施来应对，总体上看，各有侧重。对此，你怎么看？

隆国强：危机爆发后，世界发生了很多变化。危机爆发就像火灾一样，大家都要采取措施。就像着火的楼，有人赶紧灭火。没有着火的，为了防止着火，赶紧打防火墙。

各国从 2008 年起都采取了应对危机的措施。危机爆发使得很多企业破产、失业增加，要想办法走出危机，即火烧完了以后，如何善后？应对危机的很多措施，都是两个目的：一是救火，一个是刺激经济。

欧美通过救助金融机构，采取适度宽松的货币政策，甚至央行直接贷款的一些应急政策，减税、救助企业等措施，目的是防止金融危机的进一步扩散，稳定金融市场，这属于救火行为。再一个就是刺激经济，走出危机。

我们要注意到，这里的很多措施是临时性的。不能说，这些是经过反思以后，所采取的更好、更正确的措施。看别人搞了金融机构的国有化，国内确实有人这样解读，“这说明国有经济是很强大的”。其实这仅仅是救火措施，不能把救火的短期措施认为是反思金融危机后采取的长期策略，这是我们一定要厘清的。否则，我们就可能会错误地反思了这场危机，吸取了错误的教训。

中国在这场危机中，是属于打防火墙的。中国采取了一揽子的防范和应对措施，其中最引人注目的是4万亿投资计划，但它绝对不是中国应对金融危机措施的全部，我们在出口、汇率、货币政策，甚至还有很多社会政策方面，都采取了措施。两年前我们统计，不同的部门出台了60多项政策。现在，我估计起码有上百项措施来应对危机。

中国经济时报：你怎么评价这些措施？

隆国强：总的来看，不管是西方国家还是中国，应对危机的措施都是有效果的。西方国家应对之策方面最大的优点有两个：一是没有重蹈1929～1933年经济危机的覆辙，也就是说没有通过贸易保护、以邻为壑的贸易措施来转嫁危机。当然，贸易保护在抬头，这是不可避免的，但它没有重犯过去的错误。二是采取了扩张性的财政政策。这对于稳定市场，恢复信心还是起了明显作用的，所以美国经济2009年走出了反弹。尽管都在说这次危机是百年一遇的，但是我们看到，美国走出危机的步伐，远远快于历史上任何一场危机。这得益于当事国在危机爆发后，采取了正确的措施。

还有一点要肯定的是国际合作。危机爆发后，20国集团在协调宏观政策方面起到了很重要的作用。协调本来就是给市场一个很强劲的信号。这20个经济体占世界上绝大部分的GDP，他们的协调一致，表明了国际社会共同应对危机的努力。这对于恢复信心非常重要。危机爆发后最重要的是信心，所以温家宝总理说，信心比黄金重要，这是非常精辟的一句话，因此引起共鸣。

我们还要注意到，奥巴马政府采取的很多措施虽然是为应对危机提出来的，但是具有长期战略性意义。比如重新重视制造业、重视出口、大力推动新能源产业，这对整个美国的产业结构、经济结构，对国家的竞争力，是有长远影响的。如果执行得好，完全可以化危机为战略机遇，在新一轮技术革命、在新兴产业中，重新领跑世界。

不过，美国定量宽松的货币政策、扩张性的财政政策，事后也会留下很多副作用，货币的贬值、通胀的压力等，甚至会不会造成一个新的泡沫，这都是值得担心的。

对于中国来说，一揽子计划成效显著，保持了在金融危机中经济平稳快速的增长，就业增长、市场繁荣。放在全球看，凸显了活力和未来增长的潜力。

我们在应对危机的措施中，有的也是短期措施，应该随着经济平稳以后，尽快地调整。有些是远近结合的措施，在未来应该加强。

客观说，一揽子计划是成功的，但也有副作用。这么大规模的投资下去，是不是每个项目都能达到商业意义上的成功，怎样才能保障建设的质量，也是需要密切观察的。应急措施一定会有负面的作用，但不能因为有负面作用，就否定美国的救助政策，否定中国不该干这些事，不干引起的效果更可怕。其实最可怕的是不讲历史，一叶障目，不见泰山，揪住一个缺点否定全盘。这是我们思想上的一个误区。

中国迎来战略机遇期中的黄金期

中国经济时报：这次危机爆发后，对世界经济格局产生了哪些影响呢？对中国来讲，意味着什么？

隆国强：危机爆发后对国际经济格局的影响是很深远的。直接的影响是，发达国家相对地位的下降，新兴经济体相对地位的上升。

对中国来说，我们受到了冲击，但更要看到危机带来的战略机遇。从2009年底，我们已看到中国政府应对危机取得了成效，同时，我们还需要清楚，危机中到底会有什么机遇。

我们认为，全球性的重大事件，一定是导致全球洗牌的一个机会，有的人会因为这个机会，上几个台阶，有的人可能会相对衰弱。中国相对处于一个有利的地位，经济还在快速增长，财政很稳健，信心十足，各方面比较健康，我们要更多考虑这场危机给我们带来什么样的机遇。历史上，1929～1933年的大危机，苏联抓住机遇，综合国力提高了。第二次世界大战，这是全人类的灾难，美国抓住了机遇，危机以后才有了美国主导的国际格局。

危机爆发后对世界格局的影响很大，对中国来讲，更多的是一个战略机遇。中央早在1997年就提出，新世纪的前20年是战略机遇期。危机爆发后曾一度动摇，而我认为，这不仅是战略机遇期，而是战略机遇期中的黄金期。在宏观层面上，中国的国际地位相对提高。当然，伴随而来的是中国责任论，压力也会增加，这实际上是加快了中国和平崛起的到来。对中国人来说，怎样实现和平崛起，化解矛盾，实现互利共赢，需要我们的决策者、企业甚至个人有充分的智慧。

中国经济时报：那你认为，这个战略黄金期给中国带来了哪些具体机会？

隆国强：我们提出几个具体机遇，主要包括两方面，一个是“引进来”，一个是“走出去”。

“引进来”方面，一个是引进高端生产要素的机会，特别是人才。危机爆发以后，全世界看好中国，很多人通过这场危机看到了中国的活力，我们吸引了大量全球稀缺的金融人才。国家出台了很多措施，比如说千人计划，这是个主要针对科技人才的计划，各个地方到美国去招聘金融人才，成效很好。如果没有这场危机，很多人才也许不会来中国，觉得在美国呆着挺好。全世界谁能接纳和吸引人才，谁就有未来，这是一个重大的机遇。

二是引进高端产业的机遇。这场危机凸显了中国的吸引力。危机爆发后，有媒体炒作说跨国公司要重新布局、不愿意在中国干了，当时还伴随着投资环境恶化论等等。2009 年 9 月，我们对在华的跨国公司做了一个调查，调查的结果却说明，相当高比例的企业重视中国。它们不仅仅把中国作为面向全球市场的出口基地，同时，更重要的是把中国作为市场进行开拓。为了开拓市场，战略开始调整，要在中国应对更加激烈的竞争，把更高端的技术和人才拿过来。高达 31% 的企业要在中国开展研发活动，这对我们利用外部研发资源，无疑是一个非常好的机遇。总之，跨国公司把它更高端的产业活动，包括研发、高端制造、区域总部管理都拿到中国来，对于提高我们利用外资水平，对于建设创新型国家，对于提升中国的产业结构、增强高端产业的国际竞争力，都是非常好的机会。

走出去的机会也很多。危机爆发后，全世界的企业都面临资金短缺的问题。而中国有两万多亿的外汇储备，企业利润大，融资环境也在改善。危机中，现金为王，有钱是个巨大的优势。别人以前不卖的东西，危机爆发以后不得不卖了；原来很贵的东西，现在很便宜地卖给你，比如吉利收购沃尔沃。走出去，我们需要到海外去获取资源和能源。实际上，危机是给中国及企业对外投资、开展国际化经营创造了难得的外部机会。

隆国强

国务院特殊津贴专家，现任国务院发展研究中心对外经济研究部部长，研究员。兼任对外经贸大学博士生导师，北京大学、北京理工大学等多所大学教授/研究员。中国国际经济合作学会副会长、中国国际贸易学会理事。曾任北京大学分校讲师、美国布鲁金斯学会访问研究员、美国乔治华盛顿大学访问学者，世界经济论坛 2009 全球贸易议程委员会副主席。

长期从事中国对外经济政策的研究，在对外贸易、跨国投资、经济合作、特殊经济区、区域经济合作等领域完成多项重大政策研究报告。其研究领域还包括宏观经济、产业政策、粮食经济、汽车工业等。2007 年为中共中央政治局集体学习讲解《扩大对外开放，维护国家经济安全》。多次参加国务院和相关部委的经济形势分析与政策研讨会议。

毕业于北京大学，获北京大学理学士、管理学硕士和经济学博士，受教于中国人民大学中美合作现代经济学培训中心（福特班）和国际货币基金组织金融规划研究班，清华大学/哈佛大学高级公共管理培训班。

多次获得中国发展研究奖、全国外经贸优秀成果奖、北京市哲学社会科学优秀成果奖。

危机促使全球经济格局加速变化

——访对外经贸大学教授史世伟

徐　伟　黄晓萌/文

金融危机的爆发，对世界经济格局产生了重大的影响。世界主要强国的经济都遭受了重大打击，与此同时，一些新兴经济体开始崭露头角。在后危机时代，世界经济格局会发生什么样的改变呢，中国的经济地位又会发生怎样的变化？带着这些问题，中国经济时报记者采访了对外经贸大学教授史世伟。

全球经济失衡是导致金融危机的根本原因

中国经济时报：你认为这次金融危机爆发的根本原因是什么？

史世伟：在导致金融危机爆发的多种因素中，一个很重要的原因就是现在的全球经济结构不平衡。总体来讲，美国和欧洲多数国家的制造业都比较衰落，为了维持一定的增长率，他们不得不采取国家举债、银行杠杆率、银行金融创新这些办法。但一味用这些办法来维持经济上涨、消费和就业，肯定会出现问题。到2008年，由于次贷危机，由于房地产泡沫的破裂，这些问题积攒到一块儿就爆发了金融危机。

现在美国的经济已经开始恢复，但是根本性的问题其实还没有解决。从经济整个基本面来讲，储蓄率太低，消费过剩，有些寅吃卯粮的感觉；从国家来讲，支出大大高于收入；从居民来讲，消费和投资大大高于创造的产值。现在通过政府的一些财政政策、银行的救助、宽松的货币政策，在短期内可能还可以维持，但是这种情况并不可持续。从长期来讲，还是要振兴产业。

美国这些年来产业比较空洞，这种状况已经持续很长时间了，他们把制造业都转移出去，主要是搞服务业。目前，美国80%左右的产业基本上都是服务业，包括金融业。虽然美国的创新能力很强，但由于长期的低储蓄、低投资和国家结构性的负债、外贸的赤字，经济想很快恢复就很困难。所以美国需要中国购买美国国债，实际上就是需要中国借钱给它来维持消费。美国自发的投资和储蓄也就是自己的创造能力还是没有恢复。这个需要很长的时间。

欧洲也属于这种状况。英国和美国情况比较相似，除了英国，在欧洲的核心国家中，法国和德国特别是德国最近表现比较好。因为前一段进行了结构改革。德国和法国还保有一定的制造业，有一定的出口，有一定的国际竞争力。德国人一向比较重视稳定，前一段时间进行的包括养老金改革、市场改革在内的结构改革，进一步增强了经济稳定性。

但是从整个欧洲来讲，这个问题也同时存在，特别是一些边缘国家，也存在国家过度举债、居民过度消费的问题，生产竞争力不够，所以就出现了大家都知道的主权债务危机，拖累了整个欧洲。在这种情况下，欧洲经济要想恢复也需要一定的时间。

美欧不仅是生产方面存在问题，在储蓄方面也存在问题。我们讲生产要素，生产出来的东西有一部分要用于投资，特别是对一些产业投资，这样才能使经济发展有可持续性。

另外，人口老龄化也是一个很重要的问题。西方发达国家存在一些根本性的问题很难解决。人口老龄化意味着能工作的人相对减少，所以需要科技创新。因为不管是什么样的经济，还是不能脱离人。即便是服务业，也需要一定的人力来维持。从基本面上看，美欧都存在人口老龄化的问题。这种情况长期以来都没有得到根本性的改变，而是通过政府的政策和银行的创新来维持现状，因此就造成了整个世界经济的失衡。

中国经济时报：金融危机对哪些国家造成的冲击比较大呢？

史世伟：金融危机对美国的冲击是最大的，因为美国的金融创新是搞得最厉害的。资产证券化的产品由2000年的7000亿美元增加到了2007年的24000亿美元。银行就把很多的债转移出去了，因此杠杆化就可以使银行放出特别多的贷款。同时由于政府长期实行低利率，就造成了泡沫的膨胀，先是股市泡沫，接下来就是房地产泡沫。本身实体经济就存在问题，对于这样的基本问题，却没有想到用创新来解决。当然美国有互联网创新，但是在2001年互联网泡沫破裂以后，这个问题就明显了。当时为了维持相对比较高的增长，美国采取了目前这样的政策，可以说目前已是积重难返。因为银行的去杠杆化是一个非常严厉的政策，很多的银行都不能贷款了，银行之间互相也不能借贷了，这血液就不能流动了。当然现在有些银行表面上因为政府手段已经恢复了，但实际上这个问题的根本还没有解决。去杠杆化还需要很长的时间，银行业才能真正完全恢复过来，所以对实体经济的影响还是很大的。要不然美国为什么要搞宽松的货币政策，这是因为没有办法了，政府只能不断给银行输入流动性。所以现在美国的经济恢复是不稳定的，一旦政府的货币政策和财政政策停止，就有重新陷入危机的危险。美国经济的恢复还存在不确定因素。

从欧洲来讲，问题就更大了。主权债务危机是导致国家破产的问题，所以欧洲现在必须进行结构性改革。但是进行改革现在也存在两难情况。一方面，欧洲的问题确实是因为政府长期举债过多，同时实行比较宽松的货币政策引起的。像爱尔兰主要是银行破产问题，希腊主要是国家负债过多的问题，现在还有西班牙、葡萄牙这些国家，甚至比利时都进来了。所以这些国家现在必须要紧缩。可是一紧缩当然会对实体经济有影响。国家现在在经济中扮演很重要的角色，一紧缩，很多投资就没有了，这样也会影响到就业。所以现在这些问题国家非常两难。有人就提出是不是可以把紧缩推迟一段时间，但是如果推迟，根本的问题可能就难以得到解决了。我判断现在恐怕欧洲这些国家不得不采取紧缩政策，所以未来其经济将会受到很大的影响。现在只有中国财大气粗，28000 亿美元的外汇储备，经济增长率 2009 年是 9.7%，2010 年也在 9% 左右。所以他们就想让中国来帮他们一下。

中国稳定世界经济的作用非常大

中国经济时报：在你看来，哪些经济体在金融危机中经济增长比较快？

史世伟：现在金砖五国经济增长都很快，而不仅仅只有中国。当然，中国的经济在金砖五国里是表现最好的，但俄罗斯、印度、巴西等国家的增长速度也都很快。

随着金砖五国经济的快速增长，其在世界经济格局中的地位也随之大大提高。这种实力的变化在一些国际机构和制度方面已经表现出来了。比如新兴经济体在世界银行、国际货币基金组织等世界上最主要的经济机构中的份额都有所增加，这种份额的增加反映出这些国家在世界经济格局中的新地位。

中国现在已经是世界第二大经济体，从经济总量来讲已经超过日本，此外，外贸总额世界第一，外汇储备也非常多，所以，中国在稳定世界经济的过程中能够发挥重要作用。首先是增长，中国的经济继续高速增长将会带动出口继续保持比较高的增长速度，成为推动世界经济复苏的一个重要力量。其次是进口，中国经济高速增长也会带动进口大幅增长。目前中国还在扩大内需，需要机器、厂房、大型设备等很多资本的投入，而这些也是西方的强项，此外，中国的服务业也需要发展，这同样给西方国家提供了一些机会。当然西方国家对中国还有一些制裁，比如高科技等方面的。但在中国这样新的强大的经济力量面前，他们可能会适当放松一些对中国高科技方面的出口。这样，中国可以通过比较高速的经济增长带动进口，从而为发达国家恢复经济增长作出贡献。最后，从金融方面来讲，中国还可以通过金融直接救助的方式，对西方国家进行帮助，从而起到稳定世界经济的作用。

中国现在持有一万多亿美元美国的债券，前一段又对欧洲的西班牙、葡萄牙等国进行了援助，这些都是中国稳定世界经济的具体体现。

总体来说，金融危机对金砖五国的打击不是非常大。这次经济危机主要是由银行引起的，中国和印度对金融市场的开放程度比较有限，对资本的流动还有管制，特别是中国的银行国际业务相对比较少，所以受冲击就比较小。俄罗斯经济主要依靠资源出口，和实体经济联系紧密，而且，在20世纪90年代的时候，俄罗斯已经经历过两次金融危机，现在处于一个比较稳定的时期。巴西、南非的情况也不是很严重。

中国经济时报：你认为金融危机对世界经济格局将产生哪些影响？

史世伟：我的观点是，这次金融危机只是一次爆发的现象，它对世界经济格局的改变只是起到一种促进作用，实际上这个格局的改变在以前已经缓慢地发生了。

在金融危机之前，一些强国的相对衰落实际上已经持续很长一段时间了。这次金融危机不是说突然像地震一样降临的，其实是一个积累的过程，到一定时候自然就喷发出来了。

现在是一个全球化的经济体，经济是你中有我我中有你，不是以前那种纯粹的民族经济的状况了。今后的经济发展可能更加依赖于创新，从技术、管理等角度来讲，欧美等西方发达国家还是有创新优势的。我认为美国如果能够尽快改变政策，增加居民储蓄，减少消费，扩大出口，振兴制造业，加上其在服务业上的原有优势，在未来相当长的一个时期里仍会占据全球经济主导地位。中国也是经济全球化的受益者，我们也希望世界经济稳定，不希望发达国家衰退。尽管现在国际经济格局已经有所变动，比如中国在国际货币基金组织的投票权已经上升到第三位，仅次于美国和日本，原来排在中国之前的法国和德国都在后面了，在欧洲人和美国人眼里，中国已经上升为第二大最有影响力的经济体了，但有一点毫无疑问，就是美国的地位还没有动摇，美国在世界经济中的影响力还是很大，美元作为国际货币还是非常重要，现在还无可替代。因此，我认为发达经济体的力量只是相对减弱，新兴经济体的力量正在逐步增强，不能绝对地说三十年河东三十年河西。

史世伟

德国柏林自由大学政治学硕士，波茨坦大学经济学博士，对外经济贸易大学外语学院教授、国际关系学院兼职教授、区域国别研究所欧洲研究中心主任，中国欧洲学会德国研究分会理事。主要从事制度经济学、经济政策以及欧盟与德国经济的教学与研究。

压力骤增：国际经济形势演变影响中国经济

——访中国国际问题研究所研究员汪巍

徐　伟/文

金融危机冲击下的世界经济形势将会有怎样的演变趋势，是当前世人关心的话题。中国国际问题研究所研究员汪巍对这个问题的判断是乐观的，他认为，复苏将是今后发展的总趋势。而国际经济形势演变对中国经济的影响则是“压力骤增”。

复苏将是今后经济发展的总趋势

中国经济时报：*您对发达经济体目前经济状况持何看法？*

汪巍：2010年第二季度欧元区经济同比增长1.7%，欧元区失业率保持在10%左右，加之希腊、西班牙、葡萄牙需要削减财政赤字应对债务危机，预计2010年第四季度欧元区经济增长速度约为1.5%。

美国2010年第二季度GDP增速由第一季度的3.9%降至2.4%，鉴于美国刺激经济政策将逐步退出，9.5%失业率居高不下，房地产市场依然低迷，预计2010年第四季度经济增长率将回落至2%左右。

受欧美市场疲软等因素的影响，日本2010年第二季度经济仅增长0.2%，较第一季度回落1.6%；另一方面，中国经济快速增长使日本受益，预计日本2010年第四季度将实现1%左右的增长。

中国经济时报：*新兴经济体表现比较抢眼，这些国家2010年四季度是否会有一个完美的收局？*

汪巍：“金砖四国”之一的印度，在金融危机中实现了“V”型反转，2010年第一季度GDP增长率创下11.22%的新高，预计2010年印度GDP将达到1.5万亿美元；6月，印度CPI超过13%，严重的通货膨胀使印度央行今年三次升息，基准利率由5.25%升至5.5%，预计印度2010年将实现10%左右的快速增长。

金融危机并未对巴西经济造成明显的冲击，巴西自1999年以来保持了10年的超过10%的快速增长，2010年第一季度巴西GDP增长创下15%的历史新高；

巴西2010年5月CPI为3.5%，环比下降1%，通胀压力较小；预计2010年巴西GDP将达1.8万亿美元，增长率将超过10%。

受国际油价每桶70美元上下波动的影响，俄罗斯2010年6月CPI由5月的6%回落至5.8%，尽管森林大火对俄罗斯造成一定损失，俄罗斯经济仍将保持复苏之势，2010年第四季度将实现3%左右的经济增长。

“金砖四国”GDP总和接近10万亿美元，它们的快速增长对世界经济的贡献举世瞩目；由于发达国家经济呈缓慢复苏态势，2010年全球经济将持续缓慢复苏；欧洲债务危机和美国房地产市场的低迷不会引发世界经济的二次探底。

中国经济时报：金融危机迫使发达国家维持宽松的经济政策来提振经济，但也引发了世界各国对货币站的忧虑，您认为这种状况近期会有所改变吗？

汪巍：我认为美欧日发达国家短期将维持低利率不变，因为美国目前经济复苏的基础仍不稳固，房地产巨头“两房”因持续亏损而退市；2010年7月美国CPI处于1.2%的低水平，虽然暂时排除了对通货膨胀的担忧，但美联储短期仍会将基准利率维持在当前的较低水平不变。

欧盟成员国的主权债务危机虽然有所缓解，但希腊、西班牙、葡萄牙、意大利仍处于平衡财政收支与维持经济增长的两难之中，德国、英国对财政赤字的削减也将使经济增速放缓，在此背景下，短期欧洲央行不会贸然加息。

日本在高储蓄率的背景下长期保持低利率，2010年6月日本CPI同比下滑0.7%，物价已连续16个月下滑，通货膨胀风险暂时得以排除，所以日本没有打算在美国加息之前加息。

中国经济时报：美元疲软已经推高了原油价格，未来这些大宗商品价格还会继续攀高吗？

汪巍：目前国际原油供给基本稳定，世界经济的缓慢增长预示着国际原油需求仅会小幅增长，国际油价短期将在每桶60~80美元之间浮动，如果世界经济恢复3%以上增长，国际油价将会上升。总体看，未来原油需求基本稳定，国际油价呈小幅波动趋势，但国际黄金价格就不会如此风平浪静了，将处于高位震荡格局。自金融危机以来，国际金价从每盎司640美元升至1297美元，涨幅超过100%，黄金成为重要的保值避险工具。当主要国际储备货币美元、欧元利率回升，投资者对欧美通货膨胀忧虑下降时，黄金价格走势才会反转。由于短期欧美央行不可能加息，因此黄金价格仍将在高位震荡。

国际经济形势演变对中国经济的压力骤增

中国经济时报：你认为这次经济危机给中国带来哪些机遇和改变？

汪巍：对中国的影响主要有三个方面，其一，中国经济增速放缓，经济结构调整任重道远。由于发达国家经济实现缓慢复苏，中国出口形势明显好于去年，上半年经济实现了11.2%的快速增长；原油、铁矿石价格回落，有利于中国企业降低生产成本，但2010年房地产市场的降温使下半年的投资和消费受到一定影响，2010年第四季度中国经济增长速度预计为8% ~9%。中国产业结构由高耗能、高污染、低附加值、劳动密集型产业向高科技、低碳、高附加值产业转移是个漫长的过程，需要政府扶持和市场调节的有效结合。

其二，人民币升值压力增大，出口型企业面临汇率风险较高。为迎合某些利益集团的需要，欧美国家向中国施压要求人民币升值，在经济调整进程中，中国启动了人民币汇率改革，今年人民币兑美元出现小幅升值，中国以贴牌加工为主的外向型制造企业利润会受到影响，出口对经济的推动作用会受到抑制。

其三，国际热钱流出风险上升。受中国房地产新政等因素的影响，2010年五六月份热钱开始从中国流出，但中国资本项未实现完全自由兑换使热钱外流在可控范围之内，中国外汇储备仍保持增长势头就证明了这一点。如果热钱继续保持外流趋势，则新增外汇占款将会继续下降，人民银行被动货币供给将减少。

附

全球金融格局的新发展

汪　巍

【摘要】 在后金融危机时期，全球金融业整体规模收缩，全球资本流动减少，金融机构盈利模式、结构和水平正在发生变化，加强金融监管成为时代潮流，全球金融业进入全面整改和结构调整阶段；在彻底清理不良资产之后，整个金融业才会真正稳定下来。

2008年爆发全球金融危机的根源之一是在金融全球化的同时缺乏全球的金融治理机制，后危机时期，一个新的全球金融稳定增长的治理机制和治理结构正在构建，全球进入金融业的全面整改和结构调整阶段，全球金融格局呈现出以下变化趋势。

一、金融业形势尚待稳定

当前，全球资本市场出现较大幅度的反弹，美国住房市场也开始企稳，全球经济的复苏态势已经形成，但金融业的复苏仍是局部性的，从整体上看，全球金融业还在波动之中，它表现为：金融机构盈利具有不平衡性，全球银行业还有1.3万亿美元不良资产等待处理，美国银行业不良资产已处理了60%，欧洲银行业处理的不良资产不足40%。全球银行业面临的首要问题就是清除不良资产。在银行业没有彻底清理不良资产以前，整个金融业就不会真正稳定下来。

二、强化全面的金融监管

G20伦敦峰会联合公报明确提出，所有金融机构、市场和工具都必须接受适度监督和管理。这一共识在美国和欧盟的金融监管改革方案中得到了落实。奥巴马政府2009年6月正式提出金融监管改革法案，经参众两院通过后，奥巴马总统于2010年7月21日签署，法案说明美国正在建立一个更为完整严密的监管体系。依据该法案，监管触角几乎伸到金融领域各个角落，从金融机构的运作、并购、抵押贷款的发放到信用评级、衍生品的交易等，都纳入了监管行列；在法案中，美联储的监管角色有了全新定位，其监管范围被空前扩大，监管范围不再局限于银行，还覆盖到所有可能对金融稳定形成威胁的企业，如对冲基金、保险公司等非银行金融机构；为配合美联储进行监管，法案规定新设两家机构——金融稳定监管委员会和消费者金融保护局，金融稳定监管委员会负责监测处理系统风险，消费者金融保护局则对提供信用卡、房贷等消费者金融产品及服务的金融机构实施监管，以保护消费者利益。监管新法将限制大金融机构的投机性交易，尤其是加强对金融衍生品的监管；银行在市场上的跨业经营将受到严格限制。美国还要求达到特定规模的对冲基金必须在证券交易委员会注册，以加强对对冲基金的监管。

欧盟则颁布了对冲基金监管草案，不仅将对冲基金等投资基金置于其监管范围之内，还对基金的投资额进行设限，并对组合投资提出更高的信息披露要求。

加强全面监管是危机后全球金融业面临的一个重大变化，必将对整个行业的资本需求、盈利模式等产生重大影响。

三、金融业整体规模收缩

在过去十多年里，全球金融业的膨胀达到了空前的高度。到2007年底，全球股票市值为62.7万亿美元，债券余额为78.9万亿美元，1000家大银行的总资产规模达到96.4万亿美元，金融衍生品的名义价值高达674万亿美元。四者合计，全球金融资产的名义价值是实体经济的16.4倍。在金融危机的冲击下，2008年末，全球股票市值几乎较高峰时下跌了一半，金融衍生品名义价值较高峰时下跌了24.6万亿美元，债券余额和银行资产增速均下滑。2009年很多资产抵押债券发行几乎停滞，许多大银行资产规模开始缩减。

金融业规模收缩的原因，一是实体经济对金融服务的需求下降；二是金融监管全面强化，抑制了过度投机形成的金融泡沫。

四、金融市场结构调整

在全球金融业规模整体缩减的大趋势下，金融市场开始出现结构性调整，呈现出以下变化趋势。

第一，在实体经济增长远低于潜在增长水平的背景下，企业融资减少，企业银行贷款也停滞不前。

第二，国内融资大幅增加，国际融资规模缩减。金融危机导致全球资本流动处于低迷状态，许多国家对金融危机的救助优先考虑本国市场。因此，国际债券的发行、国际银行贷款以及国际官方信贷都在减少。

第三，外汇市场交易量在降低，2009年日均交易量从2008年的4万亿美元下降到3万亿美元。

五、金融机构盈利模式、结构和水平发生变化

在金融监管强化、金融业整体规模收缩、金融市场结构调整的同时，金融机构的盈利结构和水平正在发生变化，它表现为：

第一，整体盈利水平下降。主要原因包括：美欧金融机构遭受重创，资产与利润缩水，制约未来市场扩展能力。

第二，盈利来源发生变化。过去美欧金融机构过多通过金融产品创新、国际化发展等方式扩大收入来源，净利息收入占比和国内收入占比不断下降。在金融危机冲击之下，美欧金融机构的非利息收入占比将会显著下降，从国内业务获取的收入占比将会上升。

六、全球资本流动减少

在本次金融危机中，全球资本流动大幅减少，如流入新兴市场的私人资本从危机前的1.5万亿美元迅速下降到6千亿美元。国际资本流动大幅缩减的主要原因有：

第一，过去美欧国家金融机构一直是资本输出的主力，通过对新兴市场发放大量银团贷款、外汇贷款，以及直接进行金融机构股权投资，获取了较高的收益。但是，危机中这些银行发生了大量的亏损，不得不从投资国大幅撤资以自

救，从而导致国际资本大规模回流。

第二，金融危机发生以来，一些国家出现了一定程度的金融保护主义倾向，对接受援助的大型金融机构，要求其优先在国内放贷，以支持本国经济发展和金融市场的稳定，从而较大程度限制了国际资本的流动。未来两年内，国际资本流动仍会受上述因素的影响，不会出现明显的增长。

七、金融机构瘦身

金融机构瘦身是多种力量综合作用的结果。其一是金融机构自身发展的要求。过去 10 多年中，大量金融机构通过不断的兼并整合，日益膨胀为容纳大量金融产品和服务的金融集团。过多涉及多元化、跨地域、跨文化的业务，使得金融总部的控制力日渐衰微，管理出现更多的漏洞。许多金融机构存在着摆脱管理困境、专注于发展核心业务的需求。其二是在金融危机的冲击下，一些金融机构存在大量不良资产，与此同时需要偿还大量的到期负债，因此不得不变卖资产以还债，其结果是资产规模不断缩水。以花旗银行为例，金融危机发生后花旗银行将自身一分为二，分拆为花旗银行和花旗控股，从一个具有 2.4 万亿美元资产的金融集团“瘦身”成一个只有 1.4 万亿美元资产的金融机构。

这次国际金融危机的发生，很重要的原因是缺乏一个全球性的治理机制。这次危机表明全球需要实行统一的监管标准和治理框架。目前，G20 峰会、国际货币基金组织、世界银行等机构正在积极推进和协调全球的统一监管，建立趋同的监管标准，逐步建立和形成全球金融治理机制和框架。

汪　巍

1962 年生，1985 ~ 1988 年在中山大学东南亚研究所读研究生，1988 年毕业，取得硕士学位；曾在中国太平洋经济合作全国委员会秘书处及我国驻桑给巴尔总领事馆工作，2002 年至今，在中国国际问题研究所工作，重点研究发展中国家经济发展、石油经济、非洲形势等问题。

主要作品：撰有文集《新世纪中美经济科技交流展望》。刊发过《非洲石油开发与美国争夺非洲石油资源的特点》、《南共体的发展特点与趋势》、《德国正努力扩大在非洲的影响》、《非洲联合自强的特点与影响》、《非洲发展正呈现亚洲化趋势》、《印度能源外交走势》、《印度保持经济平稳发展的举措与成效》等文章。

金融危机不能怪罪全球化

——访商务部研究院跨国公司研究中心主任王志乐

张　娜/文

金融危机的确给全球格局带来了重大影响，尤其对作为全球实体经济的跨国公司，特别是制造行业的跨国公司带来不小的冲击。这期间，他们的海外市场萎缩了，生产也大受影响，很多跨国公司在2009年的销售增幅下降，利润骤减。

金融危机的冲击不仅仅反映在他们的账目表上，美国及一些国家的政府甚至认为是企业做得不够好，他们利欲熏心，不合规经营，这也是为什么在金融危机之后，美国政府加大对企业监管的原因所在。

政府加大对企业合规性审查和监管是对的，但有时也走向另一个方面。认为这些大型跨国公司这些年都跑到海外创造就业，而没有把实体经济留在国内。商务部研究院跨国公司研究中心主任王志乐在接受中国经济时报记者采访时说，政府在寻找危机根源时，并不十分精准。金融危机是全球化时代出现的一次大危机，但它不是全球化带来的，相反，恰恰是非市场化、非全球化造成的。

采访中，王志乐不止一次地强调他的这一观点。他说，金融危机之后，经济全球化不但不会倒退，还会加快。企业应该借此机会加大全球化。

发生在全球化时代　并非祸起全球化

中国经济时报： 为什么说危机不能怪罪全球化？

王志乐： 金融危机是全球化时代出现的一次大危机，但它不是全球化带来的危机。从一些跨国公司的行为上，包括他们在反思这场危机中所得到的结论和采取的战略中，可以非常清晰地看出这一点。

中国经济时报： 具体说说跨国公司在危机中的表现。

王志乐： 我所在的研究所跟踪了30家大型跨国公司，自金融危机以来，他们不但没有削弱在中国的经营，还在加大；不但没有削弱全球化，反而还在推进全球化。这30家跨国公司，大多数是实体公司，最近一年多时间，在推进全球化中，中国市场又成为他们市场战略的重中之重。汽车公司这样一个群体是最典型的，在金融危机期间，很多国家的汽车市场都萎缩了，只有中国市场是在一路高歌猛进，2009 年中国更是变成了全球最大汽车销售市场，甚至超过了美国最高时期的销售量。

另外，2010 年 6 月，我们研究所的一个调查小组去了欧洲，跑了 10 个大型的跨国公司，看他们的动向。这些时候，这些公司还都在加大马力。宝马今年也是要增加在中国的投资；大众的目标更大，好像要投 60 亿欧元，把中国的生产基地进一步扩大。这些汽车行业的全球公司，不但不认为全球化给他们带来了负面影响，反而认为全球化做得还不够。

日用消费品，比如可口可乐、百事可乐，这两家比着劲儿来，据他们对外公开的数字，在未来三年，要在中国增加 20 多亿美元的投资。这两家公司我都参加了他们高层的活动，的确如此。

在化学制药这个领域，我们到诺华总部去调查，他们准备在上海建一个 10 亿美元的研发中心。

“回国发展”跑偏了

中国经济时报：危机以后，一些国家的政府提出让本国跨国企业“回国发展”，美国甚至提出“再工业化”，是何缘由，你怎么看？

王志乐：美国甚至于提出来要“再工业化”，就是认为美国这些年实体经济都跑掉了，都跑到中国和新兴国家，所以现在它有一种忧虑，觉得这次金融危机反映出来如果实体经济特别糟糕，整个国家的抗风险能力会下降。所以美国提出“再工业化”，“买美国货”，甚至批评这些跨国公司，“你们为什么不在美国创造就业，跑到中国去创造就业”，可以看出，政府这些抱怨和批评，实际上是在怪罪全球化的。我觉得这种观念就是跑偏了，不是正常的监管。政府怎样正确评价这次金融危机造成的原因，我觉得他们没有找得特别准。确实有一些虚拟经济或者是金融经济的失误，但全球化不是金融危机的原因。

我接触的跨国公司，虽然在这次危机中受到了不同程度的冲击，但好像没有谁说这些年在全球化中的布局做错了。

而根据我们自己的研究，恰恰是因为全球化，使他们在这次金融危机中能够扛得住。

中国经济时报：能否举例说明？

王志乐：比如说通用汽车是最典型的。在这次金融危机以后，美国市场一塌糊涂，之后来了个破产保护。破产保护的过程中，美国政府给他们注入资金，但这个资金不是白给，等恢复以后是要还的，只是一种支持。通用有资金支持，在过去一年多时间重新整合的过程中，不但没有削弱在中国这一块的业务，反而加大了。2008 年底，通用就决定在上海投资几亿美元建一个研发中心，今年又决定把全球化中心转移到上海，这是负责全球经营的部门。

所以通用的这些做法，恰恰认为中国业务这一块是盈利了。在世界各个市场都困难的时候，中国这个市场他们是赚钱了。所以他们认为全球化没有什么问题，而且还要加大全球化，加大在中国的投资。

全球化要加快，不能停

中国经济时报：在你接触到的跨国公司中，他们怎么看待这场危机？

王志乐：像上述这些跨国公司，他们在重新思考这场金融危机的原因中，看法是一致的：全球化不但不能停下来，而且还要加快。正是因为全球化，虽然他们在有些地方的市场出现了萎缩，但在像中国这样的新兴市场中，他们仍在迅速扩张，并成为其新的利润增长点。

我跑了 10 家企业的全球总部，也跑了二三十家跨国公司在中国的总部。跟企业家沟通，我觉得人家还是相对冷静的。比如通用电气的老总，他 2010 年 11 月初来中国访问时宣布，通用电气不但不放弃在全球的发展，还要加大。未来三年在中国要投资 20 亿美元。5 亿美元要建立 6 个新的研发中心，还有 15 亿美元要和中国的企业合作，进入新的产业。他非常理性，这都是我跟他们在沟通中感觉到的。

我到德国的几家公司，他们也都在开足马力生产。世界零部件巨头博世，他们一条生产线，满员是七八个人，去年一条生产线只有两三个人在工作，我去的时候看到，生产线是满员的，忙不过来。说明这些实体经济企业的生产都在恢复。去年 11 月我又去了德国，打的时发现德国司机很高兴，德国人特别感谢中国，觉得中国经济复苏快，带动了德国经济，因为大汽车公司都是德国的。另外，德国企业巴斯夫、西门子在中国的发展也很快，同时也带动了他们的国内生产。我们去年 6 月去了德国、瑞士的 10 家公司，当时基本上都恢复了。在我们调查的 30 家跨国公司中，起码 2/3 在迅速复苏。

全球化治理与监管出了问题

中国经济时报：你怎么评价这场危机？

王志乐：评价金融危机，要摆脱表面现象，应该深入剖析，它不是全球化造成的危机，尽管它发生在全球化时代，而是非全球化造成的。在企业迅速全球化扩张期间，这种跨越国境的全球化治理与监管出了问题。大量的资金在超越国界运转时，难免会出现漏洞，因为一个国家的管理一般都是在国界范围内，如果超越了国界，企业可能找到很多漏洞，即使出现了一些违规操作的行为，政府管理起来也比较困难。

一言以蔽之，危机是由于经济迅速全球化，而各国政府、国际组织在跨越国境的全球化管理中没有跟上，缺乏监管的体系和力度。

另外一个原因，我认为有些国家恰恰是非市场化的。美国作为高度发达的市场经济国家，但它这些年有一些做法其实是非市场化的。比如，美国在货币管理或金融政策上，为了刺激经济，从而鼓励放贷、超前消费，这些做法实际上违背了市场经济规律。明明知道购房者没有还款能力，还鼓励他们去买房，去高额贷款，这是非市场行为。符合市场经济的行为，应该是在贷款中根据市场规则，审查个人的还款能力。政府不能为了刺激经济，把正常的市场监管都取消了。拉动经济可以理解，但手段不能完全脱离市场规则，所以美国就出事了。

市场化与全球化是当代经济的双翼，中国经济做得比较好是因为我们也重视这两者。特别是加入 WTO 的 10 年中，中国经济高度全球化，市场化程度也越来越高。而美国恰恰在这 10 年出现了问题。政府为了刺激经济，采取了非市场化的做法，还指责这些跨国公司的全球化，这本身说明他们的一些想法是非全球化的。当然这个不代表美国所有官员，我想他们有些官员还是明白这个道理的。但是从他们采取的措施来看，他们回避了造成这次金融危机的一个根本原因，非市场化的操作导致金融体系问题积累，又不按照市场化、全球化来进行治理。跨国公司反而在这两点上是清晰的：即加大全球化，继续市场化。

跨国公司理论亟须创新

中国经济时报：后危机时代，如何看待全球化、面对跨国公司？

王志乐：从跨国公司转型为全球公司是冷战结束以来企业界发生的重大变

化。但很多人并没有跟踪观察这一变化，也没有研究这一变化的深刻含义。不少人从传统思维出发必然产生抵制跨国公司的舆论。

一是跨国公司理论需要创新，应从传统思维方式向全球化思维方式转变。应借鉴跨国公司的研究成果，不是照搬这些成果，在此基础上进行创新。尤其应该对冷战结束以来跨国公司的变化进行跟踪研究，对改革开放 30 年来与跨国公司合作竞争的经验教训进行总结，通过官、产、学、媒各个方面的协作来创新跨国公司理论。二是与其他国家利用外资有所不同，中国利用外资不仅是为了促进经济发展，更是借助外资促进经济体制转型。

下一步要继续做好外资工作，扩大利用外资。转变发展方式需要跨国公司，和平崛起需要跨国公司，所以中国不但不应该减少利用外资的规模，还应该扩大。充分利用好外资，使中国在金融危机后更健康发展。

所以，后危机时代，应充分发挥跨国公司的积极作用，并且培育自己的跨国公司和全球公司，在全球范围内开展国际合作，提高中国经济全球化、市场化程度。

附

发动机　催化剂　同盟军

——跨国公司与中国和平发展和崛起

王志乐

2010 年过去了。在过去的一年，中国经济率先走出金融危机，许多跨国公司在中国的业务成为全球的亮点。这一年，中国政府出台了新的外资政策，强调进一步做好外资工作，发挥外资在科技创新、产业升级和区域协调发展中的积极作用，强调跨国公司在华企业是中国企业，享受国民待遇。

2011 年来到了。在新的一年里，跨国公司如何调整在中国的发展战略，如何抓住机遇融入中国的可持续发展，参与中国经济发展方式的转变？这将是跨国公司面临的新课题。

在中国和平发展和崛起过程中如何发挥跨国公司的积极作用？这是摆在我国政府有关部门以及相关机构面前的新课题。

一、2010：跨国公司发展新趋势

2008 年秋天爆发的国际金融危机给全球经济带来了巨大的冲击。在全球经济不断调整和整合的过程中，跨国公司作为经济全球化的重要承载体，其经营和发展不可避免地受到了重大的影响。经过多年的改革开放，中国经济已经深深融入全球经济之中，而跨国公司在华企业作为中国国民经济的重要组成分，其发展和变化必然对我国的经济发展产生重要的影响。因此，了解全球化以及跨国公司的最新发展趋势就具有十分重要的意义。

1. 众多跨国公司已经走出金融危机

起源于美国的次贷危机，在经济全球化、一体化的大势下，迅速演变成全球性的金融危机，给全球经济带来了巨大的冲击。以 2009 年为例，这一年全球经济遭遇二战以来的首次负增长，衰退幅度达到 0.8%；全球贸易量萎缩 12%；全球外国直接投资（FDI）连续 4 年的增长势头也在 2008 年出现逆转，2009 年继 2008 年下跌 16 个百分点之后，全球 FDI 流入量再次下降 37 个百分点，降至 11140 亿美元，流出量则下降了约 43 个百分点，降至 11010 亿美元①。2008 年全球 500 大企业销售收入 251755 亿美元，2009 年为 230851 亿美元，下降了 8.3%。面对全球经济发展遭受的巨大冲击，有不少人悲观地认为此次危机会导致全球化退潮甚至中止。

跨国公司作为全球化的主要载体，在此次金融危机中确实受到了非常大的冲击。进入 2010 年，全球经济呈现复苏的态势。在世界各国应对金融危机相关政策措施的推动下，消费者信心有所增强，金融市场正在逐步稳定，全球 FDI 流量也出现缓慢复苏。随着市场的回暖，跨国公司正在逐渐走出危机的阴影，其经营业绩也出现了一定程度的好转。

从金融危机以来，我研究所一直跟踪研究各个行业有代表性的 30 余家著名跨国公司经营状况。2010 年我们也到德国、瑞士和印度实地考察了其中 10 家公司的总部。根据这些研究和考察，我们对这些公司 2009 年和 2010 年经营业绩进行了对比。表 1 显示了我们对全球 500 大公司中 33 家名列前茅的非金融类跨国公司在金融危机刚发生后的 2009 年第一季度与截至截稿日最新的 2010 年第三季度的经营业绩的对比情况（见表 1）。

表 1　　2009 年与 2010 年跨国公司经营业绩对比

序号	公司	2009 年第一季度	2010 年第三季度
1	沃尔玛	2009 年第一季度营收从 949 亿美元降至 942 亿美元	2010 年第三季度利润增长 9.3%，达到 34.4 亿美元

① 来源：世界贸发会议发布的《2010 世界投资报告》。

续表

序号	公司	2009 年第一季度	2010 年第三季度
2	戴姆勒	第一季度净亏损 13 亿欧元，为 10 年来首次出现连续季度亏损	第三季度，戴姆勒收入达 250 亿欧元，比去年同期的 193.1 亿欧元上涨 30%
3	丰田	2009 年第一季度亏损了近 77 亿美元	第二财季丰田营收增长了 5.8% 至 595.8 亿美元，营业利润增长近一倍至 1114.6 亿日元
4	卡特彼勒	第一季度亏损 1.12 亿美元，营收锐减 22% 至 92 亿美元	第三季度净利润为 7.92 亿美元，比去年同期增长 96%
5	思科	第三季度净销售额为 82 亿美元，净收入为 13 亿美元	在截至 2010 年 10 月 30 日的这一财季，思科净营收为 107.5 亿美元
6	LG	第一季度净亏损为 1976 亿韩元	7 月至 9 月季度内营业亏损 1850 亿韩元，去年同期盈利 8510 亿韩元
7	通用电气	第一财季实现净利润 29 亿美元；当季收入下滑 9%，至 384.1 亿美元	第三季度净利润较去年同期攀升 14%，盈利上升至 55.4 亿美元
8	通用汽车	第一财季亏损扩大至 60 亿美元，收入下降 200 亿美元，降幅达 47%	第三季度盈利 20 亿美元，同期获得营收为 341 亿美元
9	大众汽车	第一季度亏损 2.79 亿欧元，去年同期为盈利近 5 亿欧元	第三季度净利激增至 21 亿欧元，相当于去年同期 1.61 欧元净利的 13 倍以上
10	百事可乐	总净收入相比 2008 年同期的 83.33 亿美元减少了 1%，为 82.63 亿美元	第三财季的净利润同比增长 12%，至 19.2 亿美元，营收同比攀升 40%，至 155.1 亿美元
11	可口可乐	第一季度净盈利从上年同期的 15 亿美元，降至 13.5 亿美元	第三季度营业利润由去年同期 21.5 亿美元增至 23.44 亿美元
12	波音	第一季度净利润 6.10 亿美元，同比下滑 50%	第三季度实现净利 8.37 亿美元，而在去年同期，公司曾亏损 15.6 亿美元
13	三星电子	第一季度净利润达 4.581 亿美元，同比下滑 72%	第三季度营业收入达 238.8 亿人民币，利润约 28.8 亿人民币
14	西门子	第二财季净利润同比增加约 1.5 倍，达到约 10 亿欧元	西门子第四财季的营收由 197.1 亿欧元增至 212.3 亿欧元
15	HP	第二财季利润达 17..2 亿美元，低于上年同期的利润 20.6 亿美元	第四季度净利润为 25.4 亿美元，营收为 333 亿美元，比去年同期增长 8%

续表

序号	公司	2009 年第一季度	2010 年第三季度
16	IBM	第一季度营收下滑 11%，降幅大于预期	第三季度 IBM 的净利润为 35.89 亿美元，比去年同期的 32.14 亿美元增长 11.7%
17	雀巢	第一季度销售额 252 亿瑞郎，同比减少 1.9%	预计 2010 全年的销售额增长约为 5%。此前该公司曾预测全年销售额增长会超过 3.9%
18	本田	纯利润在 2009 年 3 月底结束的 2008 财年仅为 14.27 亿美元	2010 年度本田第二财季营业利润由去年的 655 亿日元上升到 1，635 亿日元
19	安塞乐米塔尔	第一季度息税折旧摊销前利润为 8.83 亿美元，同比下滑 82%	第三季度 EBITDA 环比降 24%，同期盈利 13.5 亿美元，同比增 49.5%
20	日产	2009 第三财季净亏 832 亿日元，上年同期实现利润 1322 亿日元	2010 财年上半年销售额同比增长 27.7%，营业利润同比增长 252.9%至 3349 亿日元
21	SK	2009 年第一季度净盈利 3167 亿韩元	第三季度，净利润为 3639 亿韩元，较去年同期下滑 13%
22	菲亚特	第一季度净亏损为 4.11 亿欧元	2010 财年第三季度净利润为 1.70 亿欧元
23	东芝	截至 2009 年 3 月 31 日的 2008 财年净亏损 3436 亿日元	2010 年 11 月发布第二财季盈利达 710 亿日元，较上一年同期相比增幅高达 95%
24	美国铝业	2009 年第一季度净亏损为 4.97 亿美元	2010 财年第三季度净利润为 6100 万美元，营收为 53 亿美元，比去年同期增长 15%
25	摩托罗拉	第一季度亏损额由上年同期 1.94 亿美元扩大至 2.31 亿美元	2010 年第三季度财报，净利润为 1.09 亿美元，高于去年同期的 1200 万美元
26	索尼	公司 2008 年第四季度净利润暴跌 95% 至 104 亿日元	2010 财年第二季度销售收入同比增长 4.3%，为 17332 亿日元，盈利 687 亿日元
27	微软	截至 2009 年 3 月的第三财季净利润同比下降达 30%，降至 29.8 亿美元	2010 财年第三季度营收为 145.0 亿美元，净利润为 40.1 亿美元，比去年同期增长 35%
28	戴尔	2009 年 1 月 30 日结束的第四财季收入为 134 亿美元，下降 16%	2010 财年第三季度运营利润为 5.77 亿美元，比去年同期下滑 43%

续表

序号	公司	2009年第一季度	2010年第三季度
29	宝马	2009年公司第一财政季度净亏损1.52亿欧元，收入为115亿欧元	2010财年第三季度净利润由去年同期的760万欧元上升至8.71亿欧元
30	诺基亚	2009年第一季度净利润为1.22亿欧元，比去年同期下滑90%	第三季度销售额为102.7亿欧元，比上季度增加3%
31	ABB	第一季度净利润从2008年同期的10亿美元下降35%至6.52亿美元	2010年一季度净利润从去年同期的6.52亿美元降至4.64亿美元，营收下降至69.3亿美元
32	诺华	第一季度净利润年比下降15%至19.6亿美元	2010年第三季度净利由去年同期21.12亿美元上涨至23.19亿美元
33	麦德龙	一季度税前利润亏损1.71亿欧元，亏损额同比上升40.2%	2010年第三季度利润由去年同期的6700万欧元增长至1.49亿欧元

注：表中大部分公司都是按照自然季度统计的盈利，一部分公司按照自身财务季度统计盈利的已经特别说明。

从表中资料可以看出，这些跨国公司在2009年的销售收入几乎全部是下降的，只有不到一半的公司获得了经营利润，而且，这些盈利的企业的利润与以往同期相比也几乎全部是下降的，其中有的企业甚至是多年来首次遭遇季度亏损。但是，在2010年33家公司中的29家经营业绩已经转好，不仅摆脱了危机时的亏损状态，而且，不少公司的利润甚至出现了较大幅度的增长。

2010年9月联合国贸发会议发布的《2010年世界投资报告》也证实了这一结果。报告显示，2009年下半年全球经济的适度复苏、许多产业需求的增加以及公司削减成本的成功努力使得跨国公司的利润自2009年中开始略有增加。估计2010年美国最大的500家公司和欧洲最大的600家公司的利润应该会增加1/3，而日本上市公司的最终收益将会提高70%①。

金融危机的冲击也许使一些人认为全球化进程应当放缓。但是从这些著名跨国公司的发展趋势看，金融危机后经济全球化的趋势非但不会放缓，反而还会加快。

2. 跨国公司在全球发展的新动向

在金融危机中，一些公司受到的冲击较小，只是经历了短暂的低潮，就很快从金融危机中恢复了增长；而另外一些公司却受到较大的冲击，至今没有走出危机的阴影。为什么不同的公司会在金融危机有完全不同的表现，除去公司自身经营的问题以外，是不是还有其他的原因呢？

① 详见：《2010世界投资报告》，第23页。

（1）走出危机的跨国公司具备的特点

那些较快走出危机的跨国公司具有以下特点。

第一，全球化程度较高的公司往往能够比较好地应对金融危机。以汽车行业为例。金融危机对全球各大汽车厂商都产生了极大的冲击，其中，美国汽车行业的三大巨头——通用、福特和克莱斯勒受到的冲击最大，其在2008年11月的销量急剧下滑，同比分别下降41%、31%和47%。尽管金融危机也对其他国家的汽车商构成了打击，但相对来说，欧洲和日本的汽车厂商的处境就要好于“底特律三巨头”，这些汽车厂商之所以能够很好地度过金融危机正是得益于其全球化战略的实行。比如，奥迪公司就指出，其战略管理系统是一个有长期眼光的系统，当其他汽车企业还在美国等传统市场布局的时候，奥迪则比较早地把业务布局到全球，特别是以中国为代表的新兴市场国家。金融危机爆发以后，尽管美国的汽车销量急剧下降，但是得益于奥迪的全球化战略，奥迪在中国市场保持了良好的发展，相比于其他竞争对手取得了较好的销量，从而使得奥迪较快地度过了金融危机。

第二，节能减排领先的公司往往能够比较快地应对金融危机。一些跨国公司很早就开始关注减少碳排放，并致力于开发相关技术，进行技术储备。而金融危机以后，通过将已有技术释放的同时进一步加大对相关领域发展的资金投入，促进新能源和环保技术的创新和推广，使得这些公司能够比较快速地调整业务组合，适应绿色经济发展的需要，更有助于实现节能环保和企业的可持续发展。比如，西门子公司很早就把绿色技术作为主要的投资领域，2009年西门子与环境保护相关的业务组合产品及解决方案创造了230亿欧元收入，占公司全球收入的比例超过了1/4，估计到2011年，公司在此方面的业务组合获得的收入将增加到250亿欧元。正是得益于这一领域收入的快速增长，西门子公司很快就走出了危机的困境。

第三，强化企业责任的公司能够比较顺利地应对金融危机。金融危机促使人们对传统的经济发展模式进行反思，正是过于宽松的外部规制纵容了金融机构的逐利性动机直接导致了此次金融危机的发生。由于人们普遍认为金融危机正是金融业不合规经营造成的一个恶果，所以金融危机以后，加强合规管理的呼声日益增强，而且对合规经营的要求不仅仅局限于金融业，而是扩大到各行各业，这也使得强化合规经营成为危机后全球企业发展的一个新趋势。金融危机以后，世界各国对企业的外部监管都进一步加强，而那些较好地履行社会责任、赢得政府和社会信赖的企业应对监管的成本相对较小，所以往往能够比较快地从金融危机中恢复。在我们调研的众多公司中，包括西门子、戴姆勒等等许多跨国公司都在不断完善企业的合规管理的控制程序，并且也都取得了良好的效果。

（2）跨国公司的全球战略调整

金融危机之后，在全球经济不断调整和整合的过程中，跨国公司作为全球化的重要承载体，其经营和发展不可避免地受到了重大的影响。为了应对金融危机带来的外部环境的变化，跨国公司积极进行战略调整。金融危机以后，跨国公司的全球战略调整主要体现在以下三个方面。

第一，重组业务结构，强化低碳发展模式。金融危机给跨国公司带来了巨大的冲击，在经济发展前景不明和资金链吃紧的压力下，多数跨国公司基于实际情况的考虑，开始实行业务优化组合，以期将资源集中到效率高的业务上，抵御国际金融危机的冲击。

【西门子】为了更加适应金融危机以后全球化的发展，西门子对公司50%的业务都进行了调整，舍弃了一些传统的竞争力弱的业务，如电讯方面的业务，而围绕金融危机以后发展绿色经济的趋势来调整公司业务，如在基础设施方面、公司着重发展能源、交通方面的业务等等。为了支持客户的全球化，西门子公司还着重把公司的各个业务领域进行整合，在各部门、领域以及地区间建立一个强有力的平台，通过全球和地区性的客户服务团队和特定市场组织，使公司能够为全球的客户提供一揽子的整套的解决方案。

也有一些公司看到了危机中的机遇，通过兼并其他企业大举扩展自身实力，加快公司发展。

【诺华】不断创新的能力是诺华公司在金融危机背景下实现持续增长、满足患者和客户需求的基石，同时，诺华公司还采取了兼并收购为辅的多方位发展战略。2009 年底，诺华就收购中国疫苗公司浙江天元生物药业股份有限公司 85% 的股权达成协议。未来，诺华的战略计划是希望成为中国疫苗行业的领导者，拓展其在疫苗行业这个快速增长的市场领域内的业务，而收购天元生物的股权是这一战略计划的重要一步，如果收购成功，诺华将投资扩大和改造天元生物的生产。

同时，跨国公司也更加重视对传统能源的清洁化改造和对新型能源的开发，以及环保技术、清洁生产工艺等的发展。跨国公司通过将已有技术释放的同时进一步加大对相关领域发展的资金投入，促进新能源和环保技术的创新和推广，使得跨国公司能够比较快速地调整业务组合，向低碳模式发展，更有助于实现节能环保和企业的可持续发展。

【大众】2010 年 3 月，大众汽车集团发布电动汽车发展路线图。从 2010 年到 2013 年间，将陆续推出混合动力和纯电动汽车，将低排放和零排放环保科技真正投入量产。2010 年初的日内瓦车展上，通过途锐混合动力版，大众汽车集团展示了混合动力技术在已投产汽车中的使用。

【松下】到 2018 年该公司创业 100 周年之际，集团营业收入将较 2010 年 3 月期（含三洋电机）增收 1.3 兆日元，达到 10 兆日元以上。其中，太阳能电池、充电电池等环境、能源关联商品营业收入将超过数字家电制造业务达到 3 兆日元以上。

第二，调整区域战略，重视新兴市场国家。为了尽快走出金融危机的阴影，同时抢占后金融危机时代发展的先机，新兴市场对跨国公司的重要性不言而喻，为此，跨国公司纷纷调整区域发展战略，提高新兴市场在其全球业务中的比重。

【拜耳】2010 年 12 月 10 日，德国拜耳集团宣布，未来 5 年内计划将其全球业务的战略重点转移到中国，为此将在拜耳上海一体化基地新增投资约 10 亿欧元，投资内容包括扩大产能、升级研发中心扩充和将全球总部主要职能人员移师上海。追加投资计划还包括大幅增加在上海的研发活动，扩建金桥研发中心，并将拜耳材料科技全球总部部分功能转移到上海。

【思科】2010 年 1 月 12 日，思科宣布其亚太和日本区组织架构调整，自 2010 年 2 月起，思科将把亚太区及日本区重新划分为三个大区：大中华区、新亚太区以及日本区。作为原亚太区组成部分的中国内地、香港和台湾，将组成独立的思科大中华区；原亚太区的其他国家则组成新亚太区；思科的日本业务体系将继续作为日本区独立运营。

第三，加大研发投入，通过创新抵御危机。金融危机严重削弱了跨国公司的现金流，但是许多公司不仅没有削减研发方面的投入，反而加大了研发支出。这是因为创新是企业发展的重要基石，只有在经济萧条时期确保对创新和研发的投入力度，才有可能在经济复苏阶段抢得先机。在此背景下，许多跨国公司进一步强化创新战略，加大了对新产品研发的投入，通过创新化解危机对企业自身的影响。

【巴斯夫】2009 年，巴斯夫在亚太区各个国家和地区创新成果与解决方案纷纷涌现：泰国启动了推广可降解塑料袋使用的试点项目；马来西亚签署了开发作物生物技术的国际协议；印度的新型轻质混凝土；韩国的地铁降噪新技术和台湾地区的突破性冷藏技术。2010 年巴斯夫全球的研发预算仍将维持高水平，总投入将达到 13.8 亿欧元。

【微软】微软在金融危机的时候反而加大了研发的投入，2010 财年研发投入超过 95 亿美元。在未来云计算、智能终端、三屏融合、自然用户界面等几大技术趋势方面进一步加大研发力度。创新研发一直是微软发展的动力引擎。现在总部设在中国的微软亚太研发集团，已成为微软在美国之外规模最大、功能最完备的研发基地。

（3）跨国公司强化全球责任

金融危机以后，企业之间的竞争不仅是新技术、新产品和优秀人才的竞争，更是责任的竞争。企业履行社会责任既是确保利益相关者合法权益的基础，也是公司占领市场份额、获取利润、增强企业抗风险能力的长远战略。因此，金融危机以后，强化企业责任将成为一大趋势。

金融危机其实为企业重建社会责任体系提供了一个很好的契机，使得企业能够有机会建立一个更好的、更加战略性的 CSR 活动。金融危机以后，跨国公司表现出了更加强化责任的倾向，这主要体现以下两个方面。

一是从强化母国责任到全球责任。近年来，随着跨国公司逐渐转变成全球公司，企业社会责任的理念也在逐渐发生变化。跨国公司不光在自己的国家承担责任，而且开始注重在经营所在国也同样承担社会责任。金融危机以后，跨国公司强化全球责任的倾向更加明显。

二是从强化社会责任到合规责任。在我们于 2010 年在欧洲调查的十余家跨国公司中，每一家跨国公司都建立有完备的合规程序，从合规目标的设定、到具体的预防、监督和解决合规问题的控制程序，再到管理合规的组织架构，尽管不同的公司在细节上存在差异，但是可以看出几乎所有的跨国公司都非常重视合规经营，并且将之作为企业生产和发展的最基本的要求。

【戴姆勒】金融危机以后，戴姆勒公司采取了更加严格的手段改进它的合规程序以避免违规。比如，公司专门建立了一个全球合规组织以支持高级管理和所有雇员的合规经营，公司还设立了首席合规官管理合规事务，并且直接向管理层汇报。公司的每一个员工都对合规经营负有责任，级别越高负有的责任越大。为了保持合规控制程序的有效实施和监督，公司明确提出从14个方面评价合规程序的有效性，并且通过审计以及外部的监督者对合规程序进行定期地、独立地监测和评估。

【ABB】ABB在2010年设立了首席合规官，并且直接进入董事会。ABB把合规作为公司运作的基础，并且让每一位员工了解这一基本原则。ABB主要是通过预防、监督和解决三个程序控制不合规行为。在ABB，合规管理被认为是必须的，没有其他选择，而且公司要求员工必须按照合规管理的要求行动，否则，不合规的行为一定会受到惩罚，如果员工不能代表公司的价值标准——合规经营，公司不会提拔这样的员工。

3. 跨国公司在华发展的新趋势

跨国公司在中国投资经营策略的调整是其全球化战略中的一个重要环节，是跨国公司对变化中的全球经济环境的一种反映。金融危机以后，越来越多的跨国公司将目光投向了新兴市场国家，而中国无疑是它们最关注的投资地之一。

（1）调整在华发展战略

为了提升在中国市场的竞争力，抓住中国市场的机遇，许多跨国公司都加大了在华投资以强化在华战略布局。

第一，加大对华投资，提升中国市场的地位。金融危机爆发后，跨国公司不仅没有放缓进入中国市场的脚步，而且还在不断加速。根据联合国贸易和发展会议发布的《2010年世界投资报告》显示，2009年中国外国直接投资（FDI）流入量达到约950亿美元，仅次于美国，排名世界第二。

【三星】2009年，尽管经营环境十分困难，但是三星仍然对中国未来的发展充满信心，成功完成了10亿美元的投资计划。截至2009年末，三星在中国累计投资达80亿美元。2010年三星仍将在华投资10亿美元，实现累计投资90亿美元的目标。在国际金融危机的背景下，2009年三星依然按计划在广州新设立了手机研发中心。三星还与清华大学、中国科学院等30多个单位进行了120多个科学合作项目。

【米其林】2010年1月初，米其林宣布将在中国沈阳投资10亿美元建设乘用及载重轮胎厂，计划2012年投产；1月20日，该公司宣布向中国市场推出两款专门为中国用户定制的节能、高效卡车轮胎；1 月 29 日，该公司宣布将成为 2010 年上海世博会法国馆首席合作伙伴；2 月 2 日，该公司宣布投资 1.7 亿元并受让了上海米其林回力公司另外两家股东的股权，全面掌控上海米其林回力公司。

【戴姆勒】2010 年 12 月 11 日，在北京举行的福建戴姆勒与歌德学院（中国）交接第 8888 辆国产梅赛德斯—奔驰豪华商务车仪式上，戴姆勒东北亚投资有限公司董事长华立新（Ulrich - Walker）表示，奔驰计划在未来几年对华追加投资 30 亿欧元，这些资金的主要用途是，扩大在各个戴姆勒—奔驰在华工厂的产能，扩大轿车、卡车、商用车网络的经销商数量，建立发动机工厂，建立研发中心并加大投入等。

【百事可乐】全球最大的食品和饮料公司之一百事公司 5 月 21 日宣布，该公司计划未来三年在中国市场增加投资 25 亿美元。此前在 2008 年，百事公司曾宣布了针对中国市场的 10 亿美元投资计划，而此次宣布的新投资计划则是在这一基础上的追加投资。

【可口可乐】2009 年 3 月，可口可乐在中国宣布加大投资力度，三年内增加 20 亿美元的直接投资，超过了 1979 年可口可乐重返中国后至今 30 年的投资总和。2010 年 10 月 30 日，可口可乐公司董事长兼首席执行官穆泰康（Muhtar Kent）表示，可口可乐正在中国按 2009 ~ 2011 年计划进行 20 亿美元的投资，不过公司在华投资额很可能要超过上述计划。

第二，加大在华研发和技术创新力度。通过设立本地研发中心实现国际产业转移，是跨国公司全球资源配置的必然结果。金融危机以后，随着中国市场的重要性日益凸显，跨国公司在中国设立研发中心的趋势有增无减。跨国公司通过在中国建立研发中心，增强研发队伍建设，加大研发经费的投资，加大本土研发人才的培养，将其在中国市场的研发纳入全球研发网络，中国将成为全球重要的科学技术研发中心之一。

【卡特彼勒】卡特彼勒无锡技术研发中心一期工程于 2009 年 12 月 2 日建成投运。这个中心占地约 46 亩，分四期建造。中心将接受卡特彼勒公司各事业部的产品研发服务，涵盖柴油发动机、工程机械零部件、应用材料、电气技术、产品验证和人员培训等诸多领域，成为集团内仅次于美国本土的第二大研发机构，卡特彼勒在中国及亚太地区的研发活动将大部分集中在此。

【雅虎】2009年6月9日，全球领先的互联网巨头雅虎公司正式宣布成立雅虎北京全球研发中心。雅虎北京全球研发中心是雅虎为全球互联网用户设计和研发网络技术平台和产品的核心基地之一，它将在推进雅虎全球用户平台和产品研发中扮演重要角色，为全球5亿用户提供服务。

【通用】2010年8月，通用汽车中国前瞻科技科研中心在其上海浦东中国园区内正式破土动工。该项目总投资1.5亿美元，将致力于研究全球最前沿的车辆设计和技术解决方案，该中心将会成为通用汽车除北美外在全球最重要和最全面的技术科研中心。该中心预计将于2011年底竣工。在未来五年内，通用汽车中国前瞻技术科研中心将拥有300余名设计、研发、工程和技术人员，融合东西方研发优势，以保持通用汽车在相关领域的领先地位。

【3M】3M公司将在重庆设立技术中心，一期工程预计将在2011年初竣工。这将成为3M在中西部地区首个技术中心。落成后它将进一步加快3M尖端技术的本地输出，为中西部客户提供更贴合其需求的产品和技术解决方案，助力重庆加快培养创新土壤。作为3M在中国市场的第4家技术中心，重庆技术中心将与北京、广州、苏州的技术中心和上海研发中心共同构成完善的技术研发网络，进一步提升中国市场在3M创新体系中的贡献，将本地市场推向全球创新的最前沿。

金融危机中跨国汽车企业在华业务是突出的亮点。这些公司不仅继续加大投资增加产能，而且加大投资建立新的研发机构（见表2）。

表2　　部分跨国汽车企业在华新建研发机构

研发中心	投资额	地　点	成立时间	核心内容
戴姆勒	—（与比亚迪合资）	深圳	2010年3月签署备忘录	戴姆勒与比亚迪双方旨在电动车领域共同开发新能源汽车，并将在中国共同设立技术中心，共同开发、设计和测试电动汽车及共同创建新的品牌
大　众	—（与比亚迪合资）		2009年5月签署备忘录	双方约定在汽车电力驱动探索方面结为潜在合作伙伴，主要在混合动力和以锂电池驱动的电动汽车领域进行合作
宝　马	—（与华晨合资）	沈阳	—	宝马集团将与其合资企业的合作伙伴——华晨集团协作，为中国市场开发并生产一款新能源车型，并扩展在沈阳的研发活动
丰田汽车研发中心（中国）有限公司	5.8亿美元（独资）	江苏	2009年7月获批	—

续表

研发中心	投资额	地　点	成立时间	核心内容
通用汽车中国科学研究院	—	上海	2009年9月24日	主要研究领域将集中在先进驱动系统、先进制造工艺、大城市汽车交通安全技术及以消费者为导向的前瞻性汽车研发等四大领域的技术研发。力求把中国汽车市场的发展趋势与需求第一时间反应在全球先进技术研发中 到2012年，通用汽车中国科学研究院计划与合作伙伴开展200项科研合作项目，投入的研发资金将达到1000万美元。未来将成为通用全球第二大研发中心
奔驰（中国）设计中心	5.0亿元人民币（独资）	北京	2009年9月1日	承担戴姆勒—克莱斯勒集团的部分研发任务，主攻节能技术研发任务。注重奔驰产品在中国市场的本土化研发，使产品更符合中国市场的需求

注：资料来源于新华信汽车网。

第三，加强在华的本土化生产。金融危机的发生加速了跨国公司本土化生产的进程。这是因为，企业要想在这次金融危机中立于不败之地，不真正与中国市场融为一体是不行的，因此，跨国公司本土化生产进程的步伐加快，既是形势所需，也是自身所需。通过加强与本土企业合作、加大本土采购、本土市场土地化的运营能力，跨国公司逐渐加强了在中国的本土化生产。

【沃尔玛】目前，沃尔玛在全国50多个农超对接基地进行直接采购，已经与50多万农民有合作，希望到明年底将合作范围扩大到100万农民，使沃尔玛卖出的水果和蔬菜中有1/3来自农超对接模式。

【奥迪】预计2010年奥迪在中国的销售量应该达到20万辆，其中85%是由当地生产的。未来，奥迪的重点在于进一步加强本地化生产，这样有利于产品价格的降低和竞争力的提高，比如，刚刚投产的新奥迪总装车间将生产奥迪A4L、奥迪Q5及其衍生车型在内的奥迪全新一代车型，新奥迪总装车间的投产无疑是对奥迪品牌扎根中国、持续发展战略的最好证明。

【ABB】2010年，ABB中国继续贯彻本地化战略，在中压产品、低压产品和自动化业务等领域推出新的本地化举措，包括新建合资企业、引进全球先进技术和产品进行本地化等。2010年3月，ABB世界领先的特高压试验中心在重庆ABB变压器有限公司落成世界领先的特高压试验中心，并将ABB最先进的800kV直流变压器技术转让给本地企业。为了进一步巩固中国作为ABB

全球第一大市场的地位，ABB坚持本地研发、本地生产、本地采购，不断扩充在华研发、制造、工程、服务等全方位业务实力。

（2）优化组织管理结构

为了加强在中国市场的管理能力和运营效率，更好地适应在中国的发展，跨国公司在权力配置上更加注重对中国管理层的授权，通过在中国设立地区总部、采购中心、研发中心等功能性中心，提升了中国公司在其全球管理架构中的地位，也使得其中国区的公司升级成为金融危机以后一些跨国公司新的全球化中心。

【标致雪铁龙】标致雪铁龙集团（PSA）2010年5月发出消息，将重组集团管委会，成立集团亚洲部，亚洲部将设在上海，部长将由管委会成员担任。此次调整是基于PSA集团的目标，是PSA集团总裁瓦兰对现有集团管委会进行重组的重要部分，目标是加强集团全球的管理能力和运营效率。在PSA集团的所有管委会成员中，Grégoire Olivier将被任命为集团亚洲区总裁，所辖范围包括中国、日本、印度和东南亚国家，他将常驻上海。从今年9月1日开始，他将直接受PSA集团总裁瓦兰领导。

【采埃孚】采埃孚（ZF）是德国第三大汽车零部件供应商，生产的产品很多。除汽车外，ZF的零部件还应用在工程机械、船舶等领域。2009年前8个月ZF（采埃孚）在全球的销售与去年同期相比下降达1/3，但其在亚洲市场保持了增长。为了继续巩固其在中国的市场，采埃孚将其亚太区总部设在了上海。作为地区总部，采埃孚（中国）投资有限公司具有投融资、研发和销售服务三大中心功能，管理国内20家子公司，以及亚太地区其他近10家子公司。其中，公司在研发业务上，与采埃孚其他5大研发中心类似，将实现技术的本地化开发，并面向全世界提供服务，目前电动转向等技术均处于世界领先地位。

【飞利浦】公司的全球管理团队已经重新定义了中国在飞利浦全球战略版图上的地位，即将中国从一个核心市场发展成为飞利浦全球的另一个“本土”市场。这一决策的前瞻性在于超越了一般跨国公司把中国仅作为产品制造和销售基地的传统理念，而是将中国作为与欧洲、美国市场具有同等重要性的另一个总部基地，真正基于本地市场的特点，从产品研发、设计、生产到最终推向市场，建立完整的生态系统，与本地竞争对手抗衡，将中国打造成为飞利浦制胜亚洲乃至全球的一个重要平台。

（3）强化企业在华责任

金融危机之后，跨国公司在华履行企业责任不再可有可无，也不再浅尝辄止，而是有方向、有规则、有监督的系统工程。通过在中国强化全面责任和合规责任，跨国公司能够更多地被中国消费者认可，从而获得更多的商业机遇。而跨国公司强化社会责任的模范作用，也有利于促进我国企业强化社会责任。

第一，强化全面责任。

【巴斯夫】从2009年7月首次发布《巴斯夫大中华区2008年度简报》起，巴斯夫每年都在大中华地区发布地区年度报告。报告对大中华区的经济、环境和社会绩效进行综述，阐述其如何为其员工、股东、业务合作伙伴、邻居和全社会创造价值。通过可持续发展的产品、技术和服务。在报告中，环保与安全数据收集方法均以欧洲化学工业委员会（CEFIC）的推荐标准为基础。在排放量和能源等领域，巴斯夫对大中华区各生产基地约98%的排放情况进行了报告。各个合资公司的排放情况均根据巴斯夫的持股比例进行了相应计算。

【丰田】自2006年1月丰田率先在《投资性公司工作委员会CSR北京宣言》上签字以来，丰田（中国）作为ECFIC的理事单位，一直坚持通过多种多样的方式，以自己的实际行动认真履行北京宣言中的各项承诺。即使在金融危机席卷全球的2009年，丰田（中国）作为扎根于中国的企业公民，仍旧一如既往地积极参与各项社会公益活动，最大限度地履行着自己的一份职责。为了鼓励中国青年的环保创意和实践，培养广大青年对节能和环保等社会问题的责任感和主体意识。2009年9月，第三、四届中国青年丰田环境保护奖的相关获奖者代表赴日交流，主要对日本政府机关、NGO、丰田堤工厂、生物绿化事业部及其他相关企业等进行了考察学习。

第二，强化合规责任。

【可口可乐】2008年初，可口可乐公司宣布了企业管治方面的两大主要变化。一是修改了《员工商业行为规范》；二是发布了新的《可口可乐公司供应商商业行为规范》（以下简称《供应商规范》）。《员工商业行为规范》对员工遵纪守法、遵守道德规范等各方面进行要求。《供应商规范》于2008年2月生效，在所有的新合同和购买订单中都会包括这个《供应商规范》。《员工商业行为规范》和《供应商规范》都特别指出道德专线的询问服务，通过该服务，员工可以在保护自己隐私的情况下，向独立的第三方管理机构提问或举报。可口可乐公司的道德与合规委员会以及可口可乐中国系统的地方道德官员负责两个规范的实施，并与其他部门合作，执行相关的审计与培训。

【日立】从2008年起，日立开始实施内部控制评价报告制度。日立不仅遵守法律规章制度，而且把遵守法规作为自身重要的社会责任，还通过对企业经营和业务架构的整理、检查，以及可视化操作，重新构筑了内部控制评价体系，力求提高业务的整体透明度和可信性，强化经营合规。日立还根据适合企业规模和事业内容的共同准则进行业务修订、文档化管理，以及内部控制的有效性评价。

综上所述，一大批著名跨国公司汲取金融危机的经验和教训，坚定不移地继续推进全球化布局，加大全球化的力度。海外市场成为越来越多的跨国公司经营的重心，中国则成为跨国公司海外经营的重心。在未来10年甚至更长的时间，中国将继续成为跨国公司推进全球化的重要平台。

二、中国投资环境趋于恶化还是趋于完善

中国入世以来跨国公司进一步加大全球化步伐，特别是调整了中国战略，加大在中国的投入。2008年秋天开始的国际金融危机不仅没有改变这一发展趋势，反而使跨国公司进一步了解了中国市场的重要性，进一步加大在华投资。跨国公司越来越重视中国市场，同时也越来越关注中国投资环境。2010年由于跨国公司批评中国投资环境而引发了一场中国投资环境趋于恶化还是完善的讨论。

1. 跨国公司批评中国投资环境

在力图全面进入中国的战略背景下，跨国公司更加注重中国投资环境。他们希望中国进一步扩大开放，进一步改善投资环境。正是在这样的背景下，2009年到2010年跨国公司对中国投资环境进行了改革开放以来罕有的尖锐批评。

面对跨国公司全面进入，不少人担心跨国公司对中国当地企业带来冲击，影响中国本土产业；有人质疑中国政府利用外资的政策，认为外资获益损害了民族企业的利益；更有人指责跨国公司进入影响了国家经济安全。从2006年以来这种质疑和指责的声音相当强烈，事实上形成了新一轮否定外资和排斥外资的思潮。这些批评和质疑在一些媒体上经常出现。几乎所有被披露的外资并购境内企业的案例都遭到质疑，一些媒体一直把外资企业作为外国公司加以批评。中国的

舆论环境与过去相比似乎发生了不利于跨国公司的变化。

2009 年 12 月，中国有关部门联合下发了《关于开展 2009 年国家自主创新产品认定工作的通知》，财政部同时表示将会同有关部门在此基础上确定《政府采购自主创新产品目录》。《通知》的公布引起了包括驻华美国商会在内的美国、加拿大、欧洲和日本等 30 多个国家的商业团体的不满。他们认为，该政策“把苛刻的歧视性条件强加给想要打入中国政府采购市场的公司，将损害各国致力于建立的更积极的对华经贸关系”。

英国《金融时报》2010 年 3 月 23 日以“在华外企怨言增加”为题的一个调查称：“中国政府将外资企业排除在中国部分蓬勃发展的市场之外的做法，已经导致各跨国公司对中国的不满大大增加，有关中国实行保护主义的抱怨越来越大。”美国华尔街日报 2010 年 7 月底以“批评中国政策 外企高管更加直言不讳”为题，回顾了几个月来外商对中国投资环境的批评。他们担心中国对外开放的战略发生变化，利用外资的方针发生逆转。

据我们调查，一些媒体上发表批评和质疑跨国公司的文章确有一些是偏离事实的。个别涉及外资企业的政策，例如关于自主创新产品的认定确有排斥外资企业的倾向。随着外资企业的优惠政策逐步取消，外资企业本应逐步享受国民待遇。但是一些媒体和某些部门把外资企业当作外国企业加以限制和排斥。从这个角度看，跨国公司对中国投资环境的抱怨确有一定道理。

从另一个角度看，中国投资环境还在不断完善。2010 年国务院领导多次听取跨国公司的批评，完善自主创新产品的认定标准，强调外资企业是中国企业，使外资企业享受国民待遇。2010 年我国完善外商投资环境取得了重要进展。

2. 积极回应跨国公司的质疑和批评

中央和国务院领导高度重视国际组织和跨国公司的意见。有关部门修订了备受批评的关于自主创新产品认定的文件。2010 年 4 月 10 日，科技部公布了《关于开展 2010 年国家自主创新产品认定工作的通知（征求意见稿）》。与 2009 年科技部出台的《国家自主创新产品申报说明》中的“申报条件”相比，该征求意见稿更加明确了外商投资企业在申报“国家自主创新产品”与其他中国企业的同等地位。新的征求意见稿在认定条件中明确指出：在中国境内具有中国法人资格的产品生产单位，均可自愿申请国家自主创新产品认定。

在自主知识产权和自主品牌两项具体认定条件上，新的征求意见稿也进行了修订。认定条件包括：申请单位通过技术创新或通过受让，对所研究开发的产品依法在我国享有知识产权或知识产权许可使用权，且无争议或者纠纷。申请单位依法在我国拥有产品的注册商标专用权或使用权。与2009年版本相比，在自主知识产权认定条件中，删除了“申报单位对知识产权使用、处置、二次开发不受境外他人的限制”的内容；在自主品牌的认定中，删除了“产品销售使用的商标初始注册地应为中国境内，且不受境外相关产品品牌的制约”的内容。

值得注意的是，中央国务院领导多次直接听取和接受跨国公司的批评意见。

温家宝总理在2010年多次会见跨国公司代表，听取他们的意见，反复强调外资企业就是中国的企业。2010年9月13日，温家宝在天津举行的达沃斯夏季会议时指出：“最近议论比较多的是关于自主创新、知识产权和政府采购，这些问题不完全是外国公司的误解，同我们政策不够明确也有关系。其实这个问题最关键的是两句话，一句话是，所有在中国依法注册的外资企业都享受国民待遇。第二句话，在自主创新、政府采购和知识产权保护上，我们将一视同仁、平等对待。我们将完善政府的有关规定和法规，同时，我们将积极参与国际政府采购协定。”

中央和国务院其他领导也多次会见跨国公司代表或者访问考察跨国公司企业，在听取跨国公司意见时明确表示中国投资环境将继续改善。

2010年9月7日在厦门举行的世界投资论坛上习近平指出：“今年4月，中国通过面向国内外投资者公开征求意见，对‘自主创新’产品的认定标准进行了调整，确认外商投资企业是‘中国制造’的组成部分，同中国本土资本投资企业适用同样的原产地规则，享受一视同仁的平等国民待遇。”

改革开放31年来，我国投资环境改善过程往往与外商的批评建议相联系。

改革开放初期，外商对投资环境的批评主要集中在基础设施等硬件。笔者在90年代初期在沿海省市调研时，听到外商企业的“抱怨”主要是基础设施差，例如电力供应不足、公路运输条件差、铁路运力不足等等。在外商的批评建议中，我国各地纷纷加强基础设施建设。

到90年代末，我国东部地区基础设施建设大为改进。这个时期，外商又有了新的“抱怨”，批评的重点转移到投资软环境。投资软环境包括政策环境、法律环境、行政环境、社会环境以及舆论环境等。事实上，从入世前后我国有关部门对涉外法律法规进行了全面的清理，各级政府的工作作风也进行全面的整改。我国投资软环境也有了根本的改善。

近年来外商新的“抱怨”主要是感到在华经营受到排斥和限制，享受不到中国企业应该享受的国民待遇。在中国各方面已经取得巨大进步，国人自信心大为增加的今天，外商对我国投资环境新的批评听起来十分刺耳。面对最近外商的批评，有的媒体要求外商“少一点抱怨，多一点本土化”。然而从我们调查的情况看，我们的投资环境确实还存在一些问题，外商的“抱怨”并非无理取闹。

外商对我国投资环境中的政策环境不完善之处提出批评，我国政府则认真听取吸纳其合理因素并调整了相关政策。这一事实说明，外商的“抱怨”成为推动我国改善投资环境的重要因素。

3. 落实国务院9号文件进一步完善投资环境

经过新一轮外资政策的讨论，外资企业是中国企业将成为人们新的共识，引导外资企业与内资企业展开新一轮合作与竞争将成为外资政策的主流。

2010年4月6日国务院发布名为《关于进一步做好外资工作的若干意见》的9号文件。9号文件体现了对依法在华设立的外商投资企业和其他各种类型的企业在中国的运营、生产的产品一视同仁，实行国民待遇的思路。

文件共有20条措施，包括修订《外商投资产业指导目录》，扩大开放领域；国家产业调整和振兴规划中的政策措施同等适用于符合条件的外商投资企业；支持符合条件的外商投资企业与内资企业、研究机构合作申请国家科技开发项目、创新能力建设项目等，申请设立国家级技术中心认定；鼓励外资以并购方式参与国内企业改组改造和兼并重组等。

值得注意的是此次国务院9号文件鼓励外资在中国发展并不是简单地扩大外商投资规模增加吸引外资数量，而是更加注重提高利用外资质量和水平。文件提出，要更好地发挥利用外资在推动科技创新、产业升级、区域协调发展等方面的积极作用，严格限制“两高一资”和低水平、过剩产能扩张类项目。坚持以我为主、择优选资，促进“引资”与“引智”相结合，不断提高利用外资质量。

显然，落实国务院9号文将进一步改善我国投资环境。跨国公司将得到新的发展空间，与中国内资企业相互竞争相互合作的过程中享受国民待遇。显然使外资企业享受国民待遇是改善投资环境的关键。

改革开放以来，我国政府的主流思路一直把外资企业作为中国企业加以肯定和支持。20世纪90年代初，有人把引进外资上纲到“姓社姓资”的高度，遭到邓小平的尖锐批评。他指出：“三资”企业受到我国整个政治、经济条件的制约，是社会主义经济的有益补充，归根到底是有利于社会主义的（《邓小平文选》第三卷，第373页）。

2009年12月30日，国务院常务会议部署进一步做好外资工作时又一次明确指出“外商投资企业已成为国民经济的重要组成部分”。

显然，坚持对外开放，把外资企业融入中国经济，肯定外资企业是中国企业的一部分，发挥外资企业的积极作用，是中国政府30多年来始终一贯的主张。

改革开放31年的历史证明，形成国企、民企和外企等不同所有制经济平等竞争相互促进的格局最有利于中国经济可持续发展。我们在制定各项促进经济发展措施中，应当把跨国公司在华企业作为中国企业的一部分，使其享受国民待遇，发挥他们的积极作用。我们应当纠正那些否定外资积极作用甚至排斥外资的错误做法。

我们相信，肯定在华外资企业是中国企业，落实国务院关于进一步做好外资工作的部署，我国投资环境将进一步得到改善，一定会出现新一轮外商投资高潮，外资企业与国企和民企将进入相互竞争和相互合作的新阶段。

三、在中国和平发展与崛起中的积极作用

近年来人们对于跨国公司在中国作用的评价存在着很大分歧。

有人认为，中国已经无需继续引进外资了。他们认为，过去我国之所以积极吸引外资的原因是中国存在"双缺口"，即缺少外汇和储蓄，引进外资的目的是引进"资金、技术、管理"。2001年入世后，这个局面发生了根本变化。中国居民和企业储蓄越来越多，国家外汇储备也越来越多。经过31年改革开放中国企业"不差钱"了。而且改革开放以来实施的"市场换技术"的战略似乎也不成功，因为市场给了外资但是"技术没有换来"。总之，中国已经不需要大规模引进外资了。

也有人认为，外资并购影响了经济安全。他们认为，"在地方政府鼓励下，跨国公司乘机加紧并购国内各地方的行业排头兵企业，他们凭借'500大'的实力和非凡的公关能力，廉价收购我国骨干企业的优质资产、独有品牌、核心技术和制造能力，将其纳入合资企业，力图控制企业经营权，逐步迫使中方退出，最终达到消除潜在竞争对手、垄断我国市场、压制我国技术进步的目的。如果听任国家多年培育的骨干企业被跨国公司吞并，我国工业的核心和关键部分被外资控制，国家将失去对工业发展和技术进步的主导权，我国经济独立和政治独立的基础将被侵蚀殆尽，中央增强自主创新能力、振兴装备制造业的方针将失去前提。"

还有人认为，外资企业不是中国企业而是外国企业。他们批评说，"在我国出现了这样一种奇谈怪论：凡在中国注册的企业都是中国企业。"其实，经济全球化时代，以注册地而不是以投资者国别来判定企业国别属性已经成为通行规则。一家外商投资企业经中国政府批准成立以后，它接受中国政府的监管，向中国政府交税，为中国创造就业机会，它就应该是中国企业。那些把外资企业作为

外国企业对待的人以保护“民族企业”或“民族产业”为名排斥外资企业，实际上伤害了中国企业自己。

其实，对外资企业，特别是跨国公司在华企业的批评和质疑并不值得大惊小怪。30多年来伴随着改革开放进程，对于外资企业和跨国公司的批评和质疑始终存在，只不过每一个时期批评和质疑的问题不同，批评和质疑的声音强度不同。近年来围绕外资问题出现的一些错误做法和错误倾向只是长期以来一直存在的两种思维博弈在近年来的新表现。我们应当从历史发展的角度把握中国对外开放的大局。

1. 关于外资工作的四次争议

31年来，在利用外资问题上一直存在两种思维的博弈，迄今为止一共经历过4次比较大的争议。

（1）开放初期争议的焦点是“爱国主义还是卖国主义”

原国务院副总理李岚清同志参与了我国最初的引进外资的工作。他回忆80年代初的情况，当时北京引进外资建立合资饭店招来许多批评。有人认为“建合资饭店？与外国资本家联盟一起赚中国人民的钱？这是阶级立场问题！中国人自己就不能建饭店，非要交给外国资本家？简直就是卖国主义！”李岚清同志认为“当时所争论的还不仅仅是‘姓社姓资’的问题，而是上升到了爱国主义还是卖国主义的问题了”（见《突围》243页）。

在邓小平等老一代革命家推动下，国家采取一系列措施推进开放引资。1983年5月，国务院召开第一次全国利用外资工作会议。当时国务院领导指出：在我国的经济建设事业中利用外资是完全必要的，我们利用外资的方针是一个正确的方针，不是什么“卖国主义”。1986年10月11日，国务院制定颁发了《国务院关于鼓励外商投资的规定》。这个文件强调“保障外商投资企业的自主权”。

（2）90年代初争议的焦点是“姓社姓资”

1989年政治风波以及苏联解体等国内外事件对我国带来重大影响。一些人质疑改革开放，认为利用外资导致走资本主义道路。在这一关键时刻，1992年邓小平视察南方发表重要讲话。

邓小平明确指出：“三资企业多了，就是资本主义的东西多了，就是发展了资本主义。这些人连基本常识都没有。……‘三资’企业受到我国整个政治、经济条件的制约，是社会主义经济的有益补充，归根到底是有利于社会主义的”（《邓小平文选》第三卷，第373页）。

1992年以后，跨国公司开始大规模进入中国。中国利用规模达到一个新高度，每年引进外资400亿~500亿美元。

（3）入世前后争议的焦点是“入世还是不入世”

一些人认为入世后跨国公司将大规模进入中国，“狼来了”必将冲击我国的民族企业和产业，他们反对加入世贸组织，甚至咒骂参与谈判的中方代表为汉奸。

党中央直接领导了入世谈判。江泽民总书记认为：加入世界贸易组织，有利于我们按照国际通行规则办事，改善我国经济发展的外部环境，直接参与国际经济规则的制定，维护我国的权益；有利于我国根据国际市场竞争的要求，加快经济结构调整和科技进步，提高产业和产品的竞争力，提高国民经济整体素质和竞争力；有利于我们建立一套适应国际通行做法的外经贸法制体系，促进在经济工作中依法办事，促进社会主义市场经济发展；有利于我们在更大范围、更广领域、更高层次上参与国际经济技术合作……更有效地利用国内国外两个市场、两种资源，发挥比较优势，把我国对外开放提高到一个新水平……这些都是符合我国发展的长远利益的。

2001年12月11日入世是中国改革开放30年历史的重要里程碑。入世标志着中国全面融入世界经济，标志着中国开放引资的新阶段。此后，外商在华投资又上了一个新台阶，每年引进外资平均达到900亿美元。

（4）近年来争议的焦点是“姓中姓外”

随着我国经济全面融入世界，随着跨国公司全面进入中国和在华取得越来越大的影响力，人们再次对于跨国公司的作用产生质疑。从2005年以来，媒体上发表许多对跨国公司的质疑和批评。有人对多年来的外资工作提出批评，认为中国市场换技术战略失败，市场给了跨国公司，但是技术没有换来；也有人呼吁抵制外资并购境内企业，因为他们认为外商“恶意并购”影响了经济安全。这些批评的一个焦点在于如何定位外资企业，批评者认为外资企业不是中国企业而是心怀叵测的外国企业。前述关于自主创新产品认定的不完善的政策也是出现在这个背景下。

其实，改革开放以来我们已经改变了跨国公司是帝国主义侵略工具的传统看法。1998年4月14日中共中央、国务院联合发布“进一步扩大对外开放，提高利用外资水平的若干意见”。这个重要文件明确指出：“依法设立的外商投资企业作为中国企业的一部分，是混合所有制经济和非公有制经济的形式之一。这种所有制经济是社会主义市场经济的重要组成部分。我们高举邓小平理论的伟大旗帜，实行对外开放，就必须坚持利用外资不动摇。”

2007 年 10 月，在中国共产党 17 大报告中胡锦涛指出：“坚持平等保护物权，形成各种所有制经济平等竞争、相互促进新格局。”显然，形成各种所有制经济平等竞争相互促进新格局，就要求我们既不应该以“姓社姓资”排斥民营企业，也不应该以“姓中姓外”排斥外资企业。

2009 年 12 月 30 日国务院常务会议研究部署进一步做好外资工作。强调“利用外资是我国对外开放基本国策的重要内容，外商投资企业已成为国民经济的重要组成部分。”

2010 年 3 月以来，温家宝总理连续多次会见跨国公司代表，反复强调“中国将坚持对外开放的方针。所有按照中国法律在中国注册的企业都是中国企业，它们制造的产品都是中国制造，它们研发的产品都是中国创造，都应该一视同仁，享受国民待遇。”

中央和国务院抓住在利用外资问题上一个极为关键的问题，即在华外资企业是中国企业还是外国企业问题给以准确的定性，就澄清了混乱，为今后进一步扩大开放发挥外资企业的积极作用奠定了基础。

回顾上述四次关于外资工作争议，我们不难看出，30 多年来中国在两种思维博弈中逐步扩大开放，逐步融入世界。尽管传统思维不时抑制了中国全球化发展的速度，但是全球化思维最后总是主导中国的发展方向。我们不要为一时的和局部的问题而动摇了对中国改革开放的信心，而要坚信中国融入全球化的总趋势，从而坚持开放，继续做好外资工作，发挥外资企业在中国和平崛起和可持续发展中的积极作用。

2. 基于中国国情的外资理论

30 多年来党和政府在推进开放利用外资过程中对国外传统外资理论进行了创新。回顾党和政府对于外资理论创新过程有助于我们坚定不移的对外开放，进一步做好外资工作。

(1)“双缺口”理论与中国外资理论的发展

第二次世界大战结束以来，许多国家获得独立，发展本国经济是这些国家独立后的重要任务。但是这些国家普遍缺乏资本。1966 年美国经济学家钱纳里（H. B. Chenery）和斯特劳特（A. M. Strout）提出了的“双缺口模型”，从理论上论证发展中国家通过吸纳外资来弥补国内资本缺口的必要性。他们认为，为维持经济的一定增长速度，储蓄缺口与外汇缺口必须保持平衡，而吸收外资可以同时填补这两个缺口。这一理论为发展中国家通过利用外资弥补国内资金短缺的做法提供了理论支持。

客观地说，“双缺口”理论是我国对外开放利用外资的一个理论来源。改革开放初期中国利用外资的一个基本目标就是解决现代化建设资金和外汇不足的问题。

邓小平从改革开放之初就提倡大胆利用外资。1984 年他指出：“我们在制定对内经济搞活这个方针的同时，还提出对外经济开放。总结历史经验，中国长期处于停滞和落后状态的一各重要原因是闭关自守。经验证明，关起门来搞建设是不能成功的，中国的发展离不开世界。当然，像中国这样大的国家搞建设，不靠自己不行，主要靠自己，这叫做自力更生。但是在自力更生的基础上，还需要对外开放，吸收外国的资金和技术来帮助我们发展”（1984 年 10 月 6 日，《邓小平文选》第三卷，第 79 页）。

1995 年江泽民倡议、李岚清主编了《中国利用外资基础知识》一书。该书论及引进外资和跨国公司作用的第一个方面就是“弥补资金不足”。书中指出“资金短缺是长期制约我国经济增长的一个主要因素。因此，我国除了充分利用本国资金，提高本国资金利用效率外，在改革开放之初，就确立了利用外资，弥补我国现代化建设资金不足的长期方针。十几年来，外资的大规模投入，有效地缓解了我国建设资金紧张的矛盾，为经济的高速增长做出了贡献”（引自《中国利用外资基础知识》，第 65 页）。

随着中国利用外资规模不断扩大，到 2010 年中国实际使用外资的数量已经超过 10000 亿美元。在此期间，中国的外汇储备超过 20000 亿美元。弥补了储蓄和外汇两个缺口后中国还需要利用外资吗？2005 年前后，有的学者就是援引钱纳里的双缺口理论而质疑我国继续吸引外资的政策。他们认为，经过 20 多年的改革开放，我国外汇储备迅速增加，国内资金积累也大大提高，我们没有必要继续大规模引进外资，让外资企业来分享我国经济增长的成果，甚至影响国家经济安全。

（2）《中国利用外资基础知识》一书对于外资理论的创新

1992 年以来，由于邓小平的大力推动，我国利用外资工作已经取得了巨大成就。每年利用外资数量达到 300 亿 ~ 400 亿美元。跨国公司对于中国经济的积极作用初步显示出来。1995 年江泽民提议编写《中国利用外资基础知识》一书。时任国务院副总理的李岚清同志主持了这项工作，江泽民为该书撰写了序言。该书全面系统地阐述了我国利用外资的理论。该书在利用外资的目的以及外资企业可以发挥的作用等问题上根据我国的实际情况作了创新。

江泽民在序言中指出：“在我国现代化建设的进程中，利用外资的积极作用，可以概括为这样几个方面：一是有利于弥补国内建设资金的不足；二是有利于引进先进技术，促进产业升级；三是有利于吸收先进的企业管理经验；四是有利于创造更多的就业机会和增加国家的财税收入；五是有利于促进对外贸易和对外经济合作的发展；六是有利于社会主义市场经济体制的建立和完善。”

在江泽民总结的外资企业的 6 方面积极作用中，第一方面弥补资金不足、第四方面创造就业和增加财税以及第五方面促进外贸都属于促进经济发展范畴。其他 3 方面的作用是促进现代企业制度形成、促进产业升级以及促进社会主义市场经济体制的建立和完善。显然，在江泽民主席看来，中国利用外资不仅为了促进经济快速发展，而且有促进中国经济体制转型的目标。换言之，外资企业在中国可以发挥制度转型催化剂的作用。

李岚清主编的这本书对于江泽民关于外资在中国制度转型中的作用进行了阐述。

在“引进先进管理经验”一节，该书提出“现代管理思想与技术，是人类文明的结晶，是全人类共同的精神财富。吸收外商投资和借用国外资金，不仅带来资金和技术，也带来先进的管理经验。”“外商投资企业先进的管理方法，为国内其他企业提供了可资借鉴的范例。一些地区积极推广外商投资企业管理方法，以探索国有和集体企业改革的新途径。”

事实上，我国 1993 年制定了第一部《公司法》，并于 1994 年开始实施。从此开始了全面的国有企业改革，产生了大批的民营企业。中国企业开始建立现代企业制度。此前只有外商独资企业或合资企业是拥有现代企业制度的企业。

在“促进产业升级”一节中，该书指出，“外商直接投资带来了一批先进实用的技术，填补了我国的许多产品技术空白，使许多行业的大批产品更新换代，一大批老企业得到技术设备改造”。“技术较先进的外商投资企业通过市场竞争、商业往来和人员交流，还对国内其他企业提高技术产生示范效应和扩散效应，推动了国内工业的技术进步，缩小了国内技术与国际先进水平之间的差距”。

事实上，由于外资企业的技术转让以及直接投资催生了我国现代产业，包括家用电器、通讯设备、饮料、包装、工程机械等许多产业。

在“有助于社会主义市场经济体制的建立和完善”一节，该书从三个方面论述了外资的积极作用。首先，外资促来了我国传统所有制结构的改变，对形成以国有经济为主导，国有、集体、个体、外资等多种经济成分共同发展的格局起了积极作用。第二，外商投资带来了市场机制和竞争机制。第三，外商投资企业还推动了我国宏观管理体制的改革。

15年后我们再来阅读这本书，可以看到当年中国改革开放的领导者在利用外资发挥跨国公司积极作用方面已经形成了相当系统和清晰的思路。他们根据中国是一个转型国家的国情对国外利用外资的理论进行了创新和改造。15年前中国利用外资的目标已经从弥补资金不足，发挥跨国公司在促进经济高速发展的作用提升到促进现代企业制度建立、催生现代产业和促进社会主义市场经济体制建立的高度。

（3）1998年中央文件对外资理论的创新

1997年中央召开全国外资工作会议，总结了对外开放利用外资的经验。在中国改革开放20周年之际，1998年4月发布了“中共中央、国务院关于进一步扩大对外开放，提高利用外资水平的若干意见”。这个重要的文件对于利用外资的作用进行了新的总结。

在谈到利用外资的作用时，文件论述了利用外资在弥补资金创造就业增加财税收入等方面的积极作用。文件指出：“利用外资，弥补了国内建设资金的不足，引进了大量先进、适用技术和管理经验，创造了更多的就业机会，培养了大批人才，增加了国家税收和外汇收入，加速了对外经济贸易发展，提高了我国经济的国际竞争力。”

在论述外资对于经济发展的积极作用基础上，文件强调了外资对于制度转型的作用。文件指出：“利用外资，促进了思想解放和观念更新，推动了社会主义市场经济体制改革进程和法律体系的建设。”

值得注意的是，1998年文件还提到了外资在促进中国和平统一大业中的积极作用。文件指出：“利用外资，加强了内地与香港、澳门、台湾地区的经济联系，对香港的顺利回归、澳门政权的平稳过渡和祖国和平统一大业发挥着积极作用。”文件还指出：“历史已经并将继续证明，对外开放是实现国家现代化和民族振兴的必由之路。”这里实际上提出了在实现中国长远发展战略目标中发挥外资作用的必要性。

这个文件体现了我国利用外资理论的创新。文件明确提出外资企业是中国企业的一部分，并且从振兴经济发展、推动制度转型和促进和平统一这样三个层面论述了外资企业的积极作用。

令人遗憾的是，直到近年来还有一些人仅仅从振兴经济发展方面判断外资的作用，而看不到外资在推动中国体制和制度转型以及促进长远发展战略实施方面的积极作用。仅仅局限于从经济发展方面的作用判断外资的作用，就会得出中国经济发展了，资金和外汇充裕了，就不需要利用外资的错误结论。

（4）2010 年国务院 9 号文件进一步发展外资理论

2005 年以来，在利用外资问题上的分歧主要表现在如何评价外资并购境内企业、如何看待跨国公司在华企业与自主创新，如何判断外资企业与中国企业的关系等问题。

2009 年底国务院常务会议决定进一步做好外资工作，2010 年 4 月 6 日发布了体现这次会议主要内容的国务院 9 号文件。这个文件强调："利用外资是我国对外开放基本国策的重要内容"。文件指出："改革开放以来，我国积极吸引外商投资，促进了产业升级和技术进步，外商投资企业已成为国民经济的重要组成部分。"该文件指出：我们要"更好地发挥利用外资在推动科技创新、产业升级、区域协调发展等方面的积极作用"。

2010 年 4 月 6 日国务院 9 号文件发布前后，温家宝等中央和国务院领导密集发表讲话，阐述中央新的外资政策，强调外资企业是中国企业，发挥外资的积极作用。

上文已经引用了温家宝总理 9 月 13 日在天津达沃斯夏季论坛讲演。在这个讲演中温家宝再次强调外资企业是中国企业，应当享受国民待遇。

9 月 7 日，国家副主席习近平在世界投资论坛强调："中国过去、现在、将来都把利用好国际国内两个市场、两种资源，把引进外资和对外投资作为对内促进科学发展、和谐发展，对外坚持和平发展、合作发展的长期战略方针。发展离不开竞争，竞争必须公平。中国政府鼓励自主创新的政策是覆盖中国境内所有企业的，也是适用于依法在中国设立的一切外商投资企业的，可以说，这是广泛开展国际合作条件下的开放式创新。"

与温家宝总理讲演同一天，李克强在国际会议上指出："开放、包容、合作是当今时代各国发展的必然选择，这有利于优化资源配置和提高市场效率，共享经济全球化带来的好处。各国应相互开放市场，扩大开放领域，消除贸易、技术等壁垒，实现互利共赢。"他强调，"中国坚持改革开放的基本国策，全面提升开放型经济水平，不断完善全方位对外开放的战略格局，继续引进国外先进技术与装备、管理经验、高素质人才和必要的资金，为各种所有制企业建立一个公平竞争的环境，对各类主体的知识产权进行严格保护，对依法在华设立的外商投资企业给予同等国民待遇"（摘自 9 月 13 日李克强出席中国与世行合作 30 周年座谈会致辞）。

国务院9号文件以及温家宝、习近平和李克强等中央国务院领导的讲话实际上解答了在改革开放30年后中国为什么以及如何进一步利用外资的问题。经过30年改革开放，中国经济已经实现高速增长。中国经济面临的挑战是如何转变发展方式更加可持续的发展，以及在复杂多变的国际环境中实现和平发展与崛起的问题。因此，9号文件强调发挥跨国公司“在推动科技创新、产业升级、区域协调发展等方面的积极作用”。中央领导的讲话也强调“把引进外资和对外投资作为对内促进科学发展、和谐发展，对外坚持和平发展、合作发展的长期战略方针”。

在新的历史条件下，中央和国务院领导对中国利用外资的理论又一次进行了创新。

四、发动机、催化剂、同盟军

1992年冷战结束，时代从战争与革命转变到和平与发展。随着全球市场的出现，跨国公司实施全球战略，在全球范围配置资源，打造全球产业链。随着海外业务比重增加，越来越多的跨国公司成为全球公司（见表3）。

表3　全球最大100家跨国公司跨国指数的变化（%）

	1994	1999	2008
海外资产比例	41	42	57
海外销售比例	46	49	62
海外雇员比例	44	46	58

资料来源：联合国贸发组织历年《世界投资报告》。

当一个公司超过一半的资产在海外，超过一半的收入来自海外，超过一半的雇员在海外就业时，海外经营成为这家公司的重心。其战略、管理结构和理念文化必然发生重心转移。

全球公司不再是战争与革命时代帝国主义侵略的工具，而是和平与发展时代全球化的推动力量。他们有可能与发展中国家建立利益共同体，后者有可能借助全球公司的力量实现和平发展与崛起。

1992年中国扩大开放，全球公司通过全球战略延伸、全球管理网络覆盖和全球责任的推进，全面进入中国。进入新世纪以来，随着海外经营成为全球公司的重心，中国则成为全球公司海外经营的重中之重。全球公司对于我国宏观经济、产业经济以及微观经济各个层面都带来深远的影响。

1. 全球公司成为我国经济发展的重要发动机

通过转让技术、输出管理和直接投资，全球公司成为我国经济发展的重要推动力。改革开放31年来，我国吸纳外商直接投资10000多亿美元。以跨国公司/全球公司为主要代表的外资企业创造的工业产值、税收、进出口额分别达到全国的28%、22%、55%左右（其中高新技术产品的出口约占80%），直接吸纳就业约4500万人。通过引进跨国公司/全球公司投资，我国引进了资金、技术和管理，促进了我国经济高速增长。全球公司在促进中国经济发展中起到了重要发动机的作用。

2. 全球公司成为我国经济体制转型和发展方式转变的催化剂

评价跨国公司在中国改革开放中的作用，不应当停留在宏观统计数据上。31年来，中国处在从传统的苏联式的计划经济体制向具有中国特色的社会主义市场经济体制转型过程中。中国开放引资与其他市场经济国家不同。其他市场经济国家利用外资可以达到引进经济增长要素，促进本国经济发展的作用。中国引资不仅促进经济增长，而且推动中国经济体制改革和经济运行机制转换。前者的作用很容易被人们认识和理解，后者的作用却容易被人们忽视。

我国处于从计划经济体制向市场经济体制转型的过渡时期。引进跨国公司和全球公司投资不仅成为我国经济发展的引擎，而且成为我国经济管理体制和市场经营机制转型的催化剂。改革开放30多年来，全球公司通过引进技术催生了我国现代产业，通过在华设立企业为中国现代企业的发展树立了标杆。作为富有活力的市场主体，外商投资企业有效地促进了市场竞争和市场体系的完善。跨国公司/全球公司带来的先进理念和国际规则，有力地推动了我经济管理体制改革和市场经营机制的建立。

当前，我国处于转变经济发展方式的关键时期。全球公司在中国推进全球责任，发挥了负责任的商业行为的示范作用，有利于中国企业学习和借鉴，从而有助于中国经济增长方式转变和经济社会可持续发展，促进我国绿色崛起。

3. 全球公司成为我国和平发展与崛起的同盟军

历史上一个国家崛起的时候，本国资源往往不足以支撑其发展，这些国家无一例外都需要吸纳国际资源。无论是19世纪英国、德国的崛起，还是20世纪美国、日本的崛起都是如此。这些国家崛起之时，除了顺应经济全球化潮流之势，往往都要借助暴力或者不公平贸易掠夺别国资源以满足其发展的需要。

中国的发展不仅需要从全球获取能源、矿产等自然资源，也需要获取资金、技术等生产要素，还需要得到广大的全球市场。与历史上崛起的西方大国不同，中国既不能通过战争等暴力手段，也不能通过不公平交易等经济手段获取这些资源。中国只能通过和平的道路与公平的交易，与全球相关国家相互合作、互利共赢，即通过市场竞争的渠道吸纳和整合国际资源。

31年来，跨国公司从两个方面促进了中国和平发展。

首先，跨国公司从企业自身利益出发积极促进中国与其母国建立和维护良好的经济合作关系。随着跨国公司在中国的投资规模扩大，其企业利益与中国市场关系越来越紧密，跨国公司越来越关注其母国与中国关系的发展。全球公司推进各国与中国经济交往与合作，形成多方面的利益共同体，从而有利于营造中国和平发展的国际环境。作为全球市场开发者和最大获益者，全球公司积极推进各国之间的经济合作，最希望缓和各国间紧张关系而保持世界和平。以美国公司为例，上个世纪90年代以来，他们积极促进国会议员以及政界人士访问中国、了解中国，制定与中国和平相处互利合作的政策。金融危机以来当美国政客提出“购买美国货”议案时，卡特彼勒等美国公司联名反对，认为这是保护主义做法。美国企业界在缓和中美关系促进中美合作方面发挥了其他力量不可替代的作用。欧洲跨国公司在中欧关系改善方面以及日本跨国公司在中日关系改善方面均发挥过重要作用。应当看到，跨国公司全球经营和全球战略有助于中国赢得和平发展的环境。从这个意义上讲，在经济全球化时代，跨国公司是中国实现国家经济安全的一个积极因素。

其次，跨国公司把在中国的经营纳入其全球经营网络，使得中国有可能通过市场竞争的渠道而不是通过暴力或不公平交易吸纳和整合国际资源。中国融入全球经济的渠道主要有三种：对外贸易、吸收外资和包括对外投资在内的对外经济合作，即俗称“三外”的外贸、外资和外经。跨国公司不仅通过全球贸易网络推进中国全球贸易的发展，而且通过其在华直接投资的企业扩大中国对外贸易的数量和质量；跨国公司是在中国投资的主体，是中国吸纳高质量外资的主要来源；中国跨国公司则是走出去在海外投资，直接获取资源的主体。

改革开放31年来，我国处在一个和平的环境中，通过市场交换的方式吸纳和整合了国际资源，建立了融入全球的新经济体制。与历史上大国崛起相比，中国的发展避免了暴力攫取和不公平贸易掠夺国际资源的道路，开创了以市场竞争获取资源的和平发展道路。跨国公司在中国和平发展与崛起中发挥了不可替代的作用。显然，中国和平发展与崛起需要跨国公司。

在看到全球公司促进我国可持续发展并有助于我国和平崛起的同时，我们也应该看到全球公司带来的严峻挑战。全球公司大规模进入中国之时我国正处在从计划经济向市场经济转变过程中。我国还没有完善市场经济管理体制，我国本土企业缺乏跨国经营的能力，我国政府缺乏协调全球经济的经验。在这种情况下，全球公司的战略目标有可能与中国宏观经济发展目标发生偏离，全球公司也可能对我国企业和相关产业的发展带来冲击，因为我们绝大多数本土企业还缺乏全球整合资源的能力。

在这种情况下，我们需要研究如何防范全球公司带来的负面影响，但是我们更需要研究如何抓住机遇，引导全球公司尽可能与中国微观和宏观经济发展目标相协调，发挥全球公司在中国和平崛起和可持续发展中的积极作用。

五、引导跨国公司融入中国可持续发展

在30多年与跨国公司合作竞争的基础上，积极引导跨国公司融入中国可持续发展，使跨国公司在中国未来发展中发挥更大更积极的作用，需要我们进一步解放思想。

1. 全面发挥跨国公司的积极作用

对外开放和利用外资的战略应当服从我国经济社会发展总目标。按照国家转变经济增长方式的要求和中国和平崛起面临的新问题，我们吸收和利用外资的思路也应当转变，利用外资的目标应当调整为：从利用外资促进中国企业国内发展到促进中国企业全球发展；从利用外资促进中国企业引进技术到促进中国企业自主创新；从利用外资促进中国经济规模增长到促进中国经济可持续发展；从利用外资促进中国经济发展到促进中国和平发展与崛起。

我国正在按照科学发展观重新定位经济社会发展目标以及发展战略。可持续发展正在成为经济社会发展模式。在我国经济增长方式转变中，进入中国的跨国公司可以发挥什么作用？

据我们调查，跨国公司在促进节能环保和推动科技创新以及履行企业责任等方面能够而且已经发挥了重要作用。而节能环保与科技创新和企业责任恰恰是可持续发展的三个极为重要的方面。

跨国公司在中国经济社会可持续发展中能够并且已经发挥了积极作用。我们还应当研究通过什么途径和机制发挥他们的积极作用。

改革开放以来，我国政府部门特别是招商引资部门在招商引资促进当地经济高速发展方面积累了卓有成效的经验，但是对于如何吸纳跨国公司促进我国经济社会可持续发展方面还缺乏经验。今后如何吸引高质量的全球公司投资，促进我国经济社会可持续发展，推动中国和平发展和崛起，这是我们面临的真正挑战。

2. 沟通、示范、带动、激励

促进跨国公司在市场竞争中发挥更大的作用，可以在以下几个方面采取相应

政策措施。

(1) 扩大开放，发挥跨国公司的桥梁—沟通作用

开放的系统能够不断从系统外部吸收能量，从而有效地维持系统动态的平衡，进而促使系统从无序到有序发展。一个国家也是一个系统，只有不断从外部吸收各种资源，把这些资源同自身资源整合才能使自身经济更加有序化，结构不断优化。唯有如此，国家经济实力才会不断增强，经济才能实现腾飞。通过融入经济全球化潮流，中国实现了以和平的公平的市场交换的方式获取全球资源。在世界大国崛起的历史上增添了崭新的一章。

我们应当充分肯定30多年来融入经济全球化潮流的正面经验，进一步扩大开放，进一步促进对外贸易和推进对外投资，更加积极合理富有成效地利用外资。

(2) 招商选资，发挥跨国公司的标杆—示范作用

利用外资工作要遵循商务部领导提出的，从过去的“招商引资”转向“招商选资”，要全面贯彻落实科学发展观，进一步推动利用外资从“量”到“质”的根本转变，使利用外资的重点从弥补资金、外汇不足切实转到引进先进技术、管理经验和高素质人才上，更加注重生态建设、环境保护、资源能源节约与综合利用，切实把利用外资同提升国内产业结构、技术水平结合起来。

鼓励可持续发展的优秀项目。例如，在对高新技术项目优惠的同时考虑对可持续发展性强的项目也给予优惠，或者给予可持续性强的项目以奖励。在优惠政策资源越来越少的情况下，我们应当加大有权威性的奖励和表彰。对那些优秀项目、优秀产品、优秀企业给以必要的表彰。

加大对已经开工企业的监管。改变重引资轻管理的倾向。对于那些环保、节能、节水不达标准的外资企业限期整改。在中国发展的新的历史时期，应当给予跨国公司这样的信息：中国不是限制外商投资，而是限制损害可持续发展的外资。那些既有利于外商自身可持续发展又有利于中国可持续发展的外资越多越好。

(3) 建立关联，发挥跨国公司的关联—带动作用

如前所述，通过合资合作、并购、外包、战略联盟等多种渠道与跨国公司建立关联，跨国公司可以发挥带动作用。今后我们应当促进企业以多种方式建立与跨国公司的关联。这种关联既有横向跨产业联系，也有纵向产业链联系；既有合资、合作，也有制造以及服务外包；既有并购，也有战略联盟。

我们的政策应当有利于跨国公司在全球配置资源时把价值链的重要环节转移

到中国，有利于跨国公司在中国进行制造外包和服务外包，有利于跨国公司在中国展开并购或建立战略联盟，从而带动我国当地企业进入跨国公司全球产业链和产业系统，促进我国企业在融入全球经济中吸纳和整合全球资源。

（4）完善市场，发挥跨国公司的竞争—激励作用

发挥外资的标杆—示范、关联—带动和竞争—激励作用的真正发挥，仅凭政府的优惠政策是不够的。30 多年来的历史证明，外资企业、国有企业和民营企业三类企业之间的合作与竞争最有利于优势互补，最有利于中国企业整体发展，也最有利于中国产业结构调整和提升。总之，最有利于中国经济可持续发展。

因此，我们的政策应当有利于包括外资企业、国有企业和民营企业在内的中国企业在中国市场展开积极的竞争与合作，在竞争合作中相互学习相互促进，共同提升中国企业的全球竞争力。关键在于保障竞争的公平和充分，既要防止限制竞争（垄断），又要防止不正当竞争。与此同时，要健全我们的社会保障机制，保障企业破产和兼并过程中员工的权益，保障社会的稳定。

过去我们习惯或者说熟悉运用政策手段引导跨国公司投资，但是对于如何通过市场竞争机制发挥跨国公司的积极作用还不习惯或者说还不够熟悉。充分而且公平的市场竞争含有激励和约束两个方面的机制。事实上，在市场经济体制中，市场的激励和约束作用比行政的激励和约束作用影响更基本更有效。随着我国社会主义市场经济越来越完善，市场竞争带来的激励和约束机制对于跨国公司的行为影响越来越大。因此在新的经济发展阶段，我们应当学会更多地通过市场竞争引导跨国公司的投资。

3. 引导跨国公司承担全面的全球的责任

经济全球化大发展以来，随着跨国公司在全球面临的挑战越来越严峻，随着国际组织的大力推动，越来越多的跨国公司已经不满足追求“股东价值最大化”的单一目标。为了改善自身形象追求更大发展，他们也承担包括经济社会和环境等企业的全面责任；他们不仅在其母国承担这些责任，也承诺在投资所在国承担相同的责任。

但是，承担全面和全球的责任还只是跨国公司/全球公司发展的一个理想目标，实现这个目标，还有一个相当长期的过程。目前，不少跨国公司还没有真正承担全面的和全球的责任。一些企业为了追逐企业自身利益而损害投资所在国经济和社会利益的事时有发生。

我们总结了跨国公司在进入中国过程中发挥的积极作用，与此同时，我们也要看到某些跨国公司进入中国有可能带来的负面影响。

（1）一些跨国公司在华发展战略与我国经济发展战略有偏离。

我国经济地区发展战略是从沿海到内地。入世以来，国家积极推动“中部崛起”、“振兴东北老工业基地”和“西部大开发”等战略。但与东部相比西部开发和中部崛起对于一些跨国公司利益并不大。国家西部开发战略提出十多年，但有的跨国公司响应并不积极。

（2）一些跨国公司在承担全面和全球责任方面存在问题。

由于发达国家环保标准越来越严格，一些跨国公司把在发达国家因环保问题禁止或限制的项目投资转移到中国。一些跨国公司在华投资项目的环保管理标准不高或者疏于管理。据媒体报道，有数十个跨国公司在华项目被中国环保部门查处。一些跨国公司在华投资的工厂劳动保护标准不高或者缺乏管理，存在工人劳动条件、社会保障等方面的问题。

特别值得注意的是，一些跨国公司在中国通过直接或间接地行贿以取得订单。这种商业腐败案不时出现，一些著名的跨国公司也卷入其中。

总之，为了企业短期经济利益，一些公司的做法既违反了中国法律法规，也违反了企业自己的行为准则和职业道德规范。在中国坚持合规经营是跨国公司应坚持的原则。

在与现代跨国公司打交道过程中，如何把跨国公司走向全球公司承担全球责任的积极因素为本国经济发展所用，同时约束和限制跨国公司带来的负面影响，是我们工作中需要研究和解决的问题。

六、成为受中国人民欢迎的企业

我们主张认真听取外商的批评，不断改善我国的投资环境。与此同时我们也希望外商准确理解中国投资环境不断改善的大趋势，准确把握中国坚持改革开放与和平发展的主流，从而与中国的发展互利共赢，成为受中国人民欢迎的企业。

1. 把握中国改革开放大势

30多年来，中国在两种思维博弈中逐步扩大开放，逐步融入世界。尽管传统思维不时抑制中国全球化发展的速度，但是全球化思维最后总是主导中国的发展方向。

在崛起过程中中国面临经济、政治、外交和军事等方方面面的挑战，尽管如此，中国坚持和平发展和坚持改革开放主流不会动摇。正如中共中央“十二五”规划建议所指出的：“当今世界，和平、发展、合作仍是时代潮流，世界多极化、经济全球化深入发展，世界经济政治格局出现新变化，科技创新孕育新突破，国际环境总体上有利于我国和平发展。同时，国际金融危机影响深远，……我国发展的外部环境更趋复杂。我们必须坚持以更广阔的视野，冷静观察，沉着应对，统筹国内国际两个大局，把握好在全球经济分工中的新定位，积极创造参与国际经济合作和竞争新优势。”

我们希望外商不要为一时的和局部的问题而动摇了对中国改革开放的信心，而要坚信中国融入全球化的总趋势，从而坚持在中国的发展，与中国企业互利共赢。

2. 把握中国发展带来的机遇

2010 年 4 月 6 日国务院发布名为《关于进一步做好外资工作的若干意见》的 9 号文件。这是一个极为重要的关于外资企业的文件。9 号文件提出要“发挥利用外资在推动科技创新、产业升级、区域协调发展等方面的积极作用”。文件共有 20 条，以下几个方面值得人们关注。

首先，进一步扩大开放领域。国家将结合国家产业调整和振兴规划要求，修订《外商投资产业指导目录》，扩大开放领域，鼓励外资投向高端制造业、高新技术产业、现代服务业、新能源和节能环保产业。

其次，给外资企业国民待遇。国家产业调整和振兴规划中的政策措施同等适用于符合条件的外商投资企业；支持符合条件的外商投资企业与内资企业、研究机构合作申请国家科技开发项目，申请设立国家级技术中心认定。

其三，鼓励多种形式利用外资。鼓励外资以参股、并购等方式参与国内企业改组改造和兼并重组；支持 A 股上市公司引入境内外战略投资者；加快推进利用外资设立中小企业担保公司试点工作；鼓励外商投资设立创业投资企业，积极利用私募股权投资基金。

其四，深化外资管理体制改革。总投资（包括增资）3 亿美元以下的鼓励类、允许类项目，除需要国务院核准项目外，由地方政府有关部门核准

值得注意的是此次国务院 9 号文件在鼓励外资在中国发展并不是简单地增加吸引外资数量，而是更加注重提高利用外资质量和水平。9 号文件严格限制“两高一资”和低水平、过剩产能扩张类项目。坚持以我为主、择优选资，促进“引资”与“引智”相结合，不断提高利用外资质量。

国务院 9 号文件表明，中国利用外资将实现从促进经济高速增长转变到促进经济发展方式的转变，促进经济社会可持续发展。国务院 9 号文是近年来集中反映我国外资政策走向的文件，可以说具有里程碑意义。

国务院9号文件体现了对依法在华设立的外商投资企业和其他各种类型的企业在中国的运营、生产的产品一视同仁，实行国民待遇的思路。贯彻落实9号文件将进一步改善我国投资环境，跨国公司在与中国内资企业相互竞争相互合作的过程中享受国民待遇。

外资企业是中国企业将成为人们新的共识，引导外资企业与内资企业展开新一轮合作与竞争将成为外资政策的主流。我们相信，经过这一次关于外资企业是中国企业还是外国企业的争议，一定会出现新一轮外商投资高潮，进入外企、国企和民企竞争与合作新阶段。

3. 积极调整在华发展战略

“十二五规划”是中国未来五年发展的目标，也是未来5年中国发展的大战略。

中央认为，“当今世界，和平、发展、合作仍是时代潮流，世界多极化、经济全球化深入发展，世界经济政治格局出现新变化，科技创新孕育新突破，国际环境总体上有利于我国和平发展。”世界仍然是和平发展与合作的时代，因此“十二五”期间中国仍将坚持和平发展与崛起。

在宏观经济发展层面，“十二五”期间中国将以“科学发展为主题，以加快转变经济发展方式为主线，深化改革开放，保障和改善民生”，为全面建成小康社会打下具有决定性意义的基础。

在产业和地区经济发展层面，“十二五”规划对战略性新兴产业的发展、城镇化的发展都做了具体规划。

“十二五”规划十分强调坚持开放，以开放促发展促改革。规划提出：“适应我国对外开放由出口和吸收外资为主转向进口和出口、吸收外资和对外投资并重的新形势，必须实行更加积极主动的开放战略，不断拓展新的开放领域和空间，扩大和深化同各方利益的汇合点，完善更加适应发展开放型经济要求的体制机制，有效防范风险，以开放促发展、促改革、促创新。”

规划还进一步阐明了如何发挥外资的作用。规划提出：“提高利用外资水平。利用外资要优化结构、丰富方式、拓宽渠道、提高质量，注重完善投资软环境，切实保护投资者合法权益。加大智力、人才和技术引进工作力度，鼓励外资企业在华设立研发中心，借鉴国际先进管理理念、制度、经验，促进体制创新和科技创新。扩大金融、物流等服务业对外开放，发展服务外包，稳步开放教育、医疗、体育等领域，引进优质资源，提高服务业国际化水平。”

面对新的政策趋势，在华外资企业应当通过调整中国战略抓住中国机遇，同时强化在华企业责任。我们建议在华外资企业从以下几个方面着手。

（1）强化本土经营

调整在华经营战略关键在于强化本土化，全价值链在中国布局，实现组装制造本土化、研发设计本土化、营销服务本土化和管理人才本土化。特别是把研究开发设计环节引入中国，既从事针对中国市场的适应性开发和设计，也从事面向全球市场和未来市场的较为基础性的研发设计。

（2）强化低碳经营

中国正在加速转变经济增长方式，发展绿色经济、循环经济、低碳经济。跨国公司在华推广节能减排的低碳产品，改造原有工厂为低碳工厂，推动在华供应商形成低碳产业链，就能够从根本上帮助中国企业和中国产业低碳化，同时能够获得在华发展的新机遇。

（3）强化合作经营

越来越多的跨国公司与中国企业的合作出现新趋势：从制造环节的合作发展到研发设计等高端环节的合作；从主要是硬件方面的合作发展到软件方面的合作；从国内市场的合作发展到全球市场的合作。例如通用汽车与上海汽车共同在印度投资，美国铝业与中国铝业共同收购力拓的股份等。这些案例展示了跨国公司与中国企业合作的新前景。

（4）强化合规经营

近10年来，一大批跨国公司对企业责任的理解和实践有了显著的进步。企业的责任已经从过去主要追求股东价值最大化转变到包括经济、社会和环境在内的全面的责任。作为跨国公司还要承担全球的责任，即不仅承担公司总部所在的母国责任，还要承担投资和经营所在国家的责任。而全面责任和全球责任的底线则是合规的责任，特别是反对商业贿赂。因此，我们应当促进外资企业在华强化合规经营，承担全面的全球的责任。

金融危机之后恰好迎来中国第十二个五年规划时期。未来五年到十年，中国将开始从经济大国成长为经济强国的新征程。跨国公司全球发展离不开中国市场，中国的和平发展也离不开与跨国公司的合作。过去，跨国公司在中国经济从小变大的过程中发挥了积极作用，今后，在中国经济由大变强的过程中一定能够发挥更大的作用。

我们期待着在未来五年十年乃至更长的时间，中国将更加开放，更加积极地与跨国/全球公司合作，全球公司将在中国进一步发挥发动机、催化剂和同盟军的作用。

王志乐

商务部国际贸易经济合作研究院工作，任研究员（教授），北京新世纪跨国公司研究所所长。兼任国家产业政策咨询委员会委员，中国投资协会外资投资委员会副会长，中国社会科学院对外经贸国际金融研究中心特约研究员，中国经济体制改革研究会特约研究员。获国务院颁发国家有突出贡献专家证书和享受政府特殊津贴。

自1993年以来，先后完成了德国、日本、韩国、美国和新加坡企业在华投资研究。跨国公司为研究重点，迄今共访问调查70余家跨国公司国外总部、100余家著名跨国公司在华代表机构以及它们500余家在华投资企业。在此基础上，撰写和发表了一系列关于全球化、跨国公司向全球公司转型，跨国公司在中国的竞争、跨国公司的战略管理、跨国公司责任理念与可持续发展等问题的论文与著作。著有：《成功的合作，广阔的前景——德国企业在华直接投资》，主编：2001~2010年《跨国公司在中国报告》，及《合规——企业的首要责任》等。

亚洲经济一体化渐行渐近

——访商务部国际贸易经济合作研究院研究员徐长文

赵海娟/文

金融海啸肆虐而过，世界经济元气大伤，全球经济格局面临新一轮洗牌。从目前各国经济复苏的状况来看，亚洲正逐步取代欧美成为世界经济增长的新引擎。中国商务部国际贸易经济合作研究院研究员、学术委员徐长文在接受记者专访时认为，后危机时代的亚洲将迎来区域合作发展的最佳时机，亚洲经济一体化进程渐行渐近。

金融危机助推亚洲经济一体化

中国经济时报：你认为全球金融危机对亚洲经济有何影响？

徐长文：全球金融危机实际上助推了亚洲经济一体化进程。

这次危机导致欧美市场大幅萎缩，虽然现在欧美等国经济正在复苏，但二次探底的风险也在加剧。欧美国家的经济彻底恢复还有相当长的一段时间。而在这种情况下，将欧美作为重要贸易伙伴的亚洲国家，如中国、日本、韩国、印度等，其出口必将受到很大影响，经济增长也因此受到拖累。而加强亚洲各国的经济合作，推动亚洲经济一体化进程，建立一个统一的亚洲大市场，将极大地解决欧美市场疲软问题。

当前，亚洲已成为经济增长速度最快的地区，特别是中国和印度。此外，亚洲市场还拥有大约8.8亿中等收入家庭，这个市场很大。未来这里将成为全球最大的消费市场。如果区域内各国加强合作，将亚洲市场发展起来，将有利于代替欧美市场，大家都会受益。从这个层面来看，金融危机对亚洲区域经济合作会有极大的促进作用。

中国经济时报：金融危机后，亚洲经贸会呈现哪些特点？

徐长文：金融危机后，由于亚洲经济企稳复苏的势头最好，很多亚洲国家已经将注意力转回亚洲，本区域内的经贸合作将呈上升态势。

资料统计，中国对外贸易的50%以上，已经转移到亚洲地区，引进外资的70%也来源亚洲，主要是日韩和香港、澳门、台湾地区。今年中国和亚洲国家之间的贸易将进一步增长。目前，东盟已成为中国的第四大经贸伙伴，而中国为东盟的第三大经贸伙伴。双方贸易由2001年的416亿美元发展到2009年的2130亿美元，增长4.1倍，年均增长21.5%，高于同一期间中国对外贸易19.6%的年均增长水平，也高于中国与欧盟20.6%以及美国17.4%的年均增长水平。

而为开拓亚洲市场特别是东盟市场，日本企业将改变只注重发达国家所需的高精尖产品的开发和销售战略，而实施既顾及高收入阶层需要的战略，又将重点放在中等收入阶层消费者所需商品的开发和销售上。

据2009年博鳌亚洲论坛发布的《亚洲经济一体化进程》报告显示，虽然受到金融危机的严重影响，但亚洲经济一体化进程没有停滞，亚洲经济体相互关联的程度已经超过以往任何时候。大多数亚洲经济体区域内贸易增长率高于它们贸易总额的增长率。这说明亚洲经济体对区域内经济的依赖度不断上升，而对区域外经济的依赖度在逐渐下降。

此外，随着亚洲经济的引擎作用越来越明显，经济一体化进程加快，亚洲大市场的形成，欧美国家的一些企业和政府也将被吸引过来，积极发展与亚洲国家的经贸合作，例如韩美、韩欧盟达成自由贸易协定。而随着各国经济合作的加深，不仅有利于世界经济的稳定和繁荣，也将缓解国家间在政治问题以及安全问题上的矛盾，加快推动全球化进程。

亚洲经济一体化：先从建立自由贸易区着手

中国经济时报：*你认为当前实现亚洲经济一体化的最主要途径是什么？*

徐长文：亚洲经济一体化首先要从建立自由贸易区着手。现在自由贸易区的概念越来越广泛，过去主要是指商品贸易，现在服务贸易、投资等也逐渐加入进来。

金融危机后，亚洲地区的自由贸易区和自由贸易协定如雨后春笋般涌现，为亚洲经济一体化奠定了基石。资料显示，2010年1月1日，中国和东盟自由贸易区正式建立。整个自贸区的国内生产总值达6万亿美元，贸易总额达4.5万亿美元，覆盖人口19亿，是由发展中国家组成的世界最大自由贸易区，经济规模仅次于欧盟和北美自由贸易区。同一天，印度与东盟的自由贸易协定、印度与韩国的经济合作协定生效。此外，从同日起，东盟十国中的印度尼西亚、泰国、菲律宾、新加坡、马来西亚和文莱相互取消关税。而且，基于2007年生效的自由贸易协定，韩国与东盟主要六国也将相互取消约80%贸易品关税。截止到2009年，亚洲共有自由贸易协定221个，其中112个是已达成协定的，49个是提议中的，16个为框架性的，44个正处在谈判中。

亚洲诸国以若干自由贸易区和自由贸易协定为基点，逐渐连成一张紧密的自由贸易之网，亚洲经济一体化指日可待。

中国经济时报：过多的自由贸易区和自由贸易协定是否会产生相互竞争问题，反而影响经济一体化进程？

徐长文：自贸区和自贸协定本身存在贸易扩大效应和贸易转移效应。从转移效应的角度来说，很可能会产生一些竞争。但最关键的效应还是扩大效应，即扩大贸易往来，这将对经济发展产生巨大的推动作用。因此，建立自贸区以及达成自贸协定对于经济增长和经济一体化是利大于弊。

此外，在建立自贸区以及达成自贸协定的国家越来越多的情况下，没有采取行动的国家，其外贸发展必将受到影响。

我在9月初参加中韩自贸区官产学联合研究会时，听到一种议论：近十年来，中国和韩国的贸易以年均20%的速度增长，这样快的增长还有必要建立自由贸易区吗？我的回答是，中韩自贸区必须建立，否则将对中韩贸易产生巨大影响。

中国东盟自贸区建成后发展迅速，经过一两年或是稍短的时间，中国与东盟的贸易肯定要超过中日贸易，东盟将成为中国的第三大贸易伙伴。而日本已经看到这个趋势，为了弥补中日尚未建立自贸区的问题，日本在东盟地区加大投资力度，促进当地的日本企业与中国开展经贸合作，从而间接占领中国市场。而东盟很多国家，如泰国、印尼、马来西亚、新加坡的贸易结构，以及在东盟的日本企业，都与韩国的贸易结构差不多，主要是工业产品、零部件等。如果中韩之间不建立自由贸易区，韩国产品出口到中国就会遭遇东盟以及日本产品的激烈竞争。

中国经济时报：亚洲国家在建立自由贸易区的过程中，需要注意哪些问题？

徐长文：亚洲国家建立自由贸易区必须处理好三个问题：一是，在分析建立自由贸易区对本国利弊关系的同时，必须考虑对方国家的利益，应做到双赢；二是，建立自由贸易区的目的是发展两国之间的经贸关系，并不针对第三方，更不针对美国；三是，建立自由贸易区，双方国家中的中小企业是弱势群体，也是薄弱环节，因此必须要注意中小企业的利益。

亚洲经济一体化：步子宜稳不宜大

中国经济时报：当前，亚洲经济一体化进程如何？

徐长文：金融危机后，亚洲经济一体化已经加快了前进的步伐，但离目标还有一定距离。从当前情况来看，亚洲经济一体化将以东亚为起点，以东北亚为主，“东盟+中日韩”将是亚洲区域经济合作的主要推动力。因为中日韩是亚洲地区非常重要的经济体，如果这三个国家不能搞好合作，那么亚洲经济一体化将无从谈起。

应该认识到亚洲经济一体化是一个漫长的过程，需要逐步推进，步子宜稳不宜大。一开始纳入的国家不能太多，要从少到多，不能一口吃个胖子。

区域合作往往先从两国之间建立，然后才是一国和多国建立。东亚的10+3模式作为亚洲经济一体化的起点就很好，但日本却要搞10+6模式，把澳大利亚、新西兰和印度也拉进来。成员越多，分歧会越大，矛盾会越多，建立起来也就越困难。所以首先应小范围建立起来，然后再扩大。当前，10+1模式基本建立，但中日韩这三国之间还有很多问题需要解决，10+3尚未成功，更大范围的区域合作还需时间。

中国经济时报：亚洲经济一体化进程中会遇到哪些阻力因素？

徐长文：美国因素不应忽视。亚洲最主要的发达经济体日本和韩国都是美国的同盟国，而美国又是世界第一经济大国。亚洲经济一体化或多或少会受到美国因素的影响。

此外，亚洲内部经济发展不平衡、信仰和文化的差异以及个别国家政治的不稳定，对一体化进程都会有所影响。但在亚洲经济一体化的趋势下，以及各国发展经济合作的需求下，这些阻力因素都不是太大问题，将会逐步解决。

附

后金融危机时代的中国与亚洲国家的经贸合作

徐长文

2008年发生的全球性金融危机，极大地冲击了世界经济，经济增长由2007年的5.2%下降到2008年的3.2%，2009又降至0.6%。金融危机时诞生的G20峰会，为协调一致应对金融危机做出了贡献。2010 年世界经济增长达 4.6% 水平[①]，2011 年增长也将在 4.3% 以上，世界贸易 2009 年第一季度已跌至谷底后缓慢回升。金融危机时，中国和亚洲多数国家的经济发展、经贸合作也受到不同程度影响，东亚地区经济由上年的 6.9% 下降到 2009 年的 5.4%。但是，亚洲经济恢复较快，其中东亚经济增长将达 8.3%[②]。中国与亚洲国家的经贸合作 2010 年 10 月已经恢复到金融危机前水平。预计，后金融危机时代，中国与亚洲国家的经贸合作将日益密切，因为这种合作符合亚洲国家和人民的需要，适应亚洲国家的经济发展。

中国对外贸易的 60% 以上、引进外资的 70% 是在亚洲地区实现的，所以亚洲的繁荣与稳定对中国至关重要。而中国又是很多亚洲国家和地区的重要经贸合作伙伴，他们也非常珍视与中国的经贸合作。2009 年中国的 10 大贸易伙伴中，有 6 个在亚洲地区，如日本、东盟、韩国、印度、俄罗斯[③]和沙特阿拉伯。

特别是在中国的进口中，亚洲地区所占的比重更高，近 10 年来，中国从亚洲地区的进口一直占中国进口总额的 60% 以上（如表 1）。所以，中国对外贸易的逆差基本都在亚洲地区。

为了与亚洲国家共同应对金融危机，中国在 2009 年对外贸易大幅下滑中，从亚洲地区的进口大幅度高于出口，所以对日本、东盟、韩国、俄罗斯和沙特阿拉伯的贸易逆差累计高达 1007 亿美元，2010 年 1～10 月对日韩、东盟和沙特的贸易逆差已达 1336 亿美元，中国为这些国家和地区的经济恢复和发展作出了很大贡献。

表 1　　2001 年以来中国与亚洲主要国家和地区贸易　　单位：亿美元，%

年　份	中日贸易			中韩贸易			中国与东盟贸易			亚洲占总额比		
	总额	增长	比重	总额	增长	比重	总额	增长	比重	总额	出口	进口
2001	877.5	5.5	17.2	359.1	4.1	7.0	416.1	5.3	8.2	56.5	52.9	60.4
2003	1335.7	30.1	15.7	632.3	43.5	7.4	782.5	42.8	9.2	58.2	50.8	66.1
2005	1844.4	9.9	13.0	1119.3	24.3	7.9	1303.7	23.1	9.2	56.8	48.1	66.9
2007	2360.2	13.9	10.9	1599.0	19.1	7.4	2025.5	25.9	9.3	54.6	46.6	64.9
2009	2288.5	-14.2	10.4	1562.3	-16.0	7.1	2130.1	-9.9	9.7	53.1	47.3	60.0
(1～10)	2392.8	31.3	10.0	1689.1	35.5	7.2	2354.4	42.0	9.8	52.6	45.9	60.2

资料来源：中国《海关统计》。

① IMF2010 年 7 月预测。

② IMF2010 年 4 月的预测。

③ 俄罗斯称其国土的相当部分在亚洲，是亚洲国家。新世纪在中国辽吉黑三省举办的“东北亚博览会”、“东北亚论坛”等国际会议上，俄罗斯均作为东北亚六国之一，派代表参加会议。

而新世纪以来，亚洲国家和地区与美国经贸合作则在不断下降，与10年前相比，在多数亚洲国家的对外贸易中，对美国贸易所占的比重均在持续下滑。如日本1996年对美国出口占其出口总额的27.2%，2009年减至13.5%，下降了13.7个百分点，从美进口下降的比重更大由1996年的22.7%减至10.7%，减少12个百分点；韩国对美国贸易下降更多，出口由1996年15.9%减至2008年的11%，进口由1996年的22.2%减至2008年的8.8%，下降了13.4个百分点。印度、泰国和印尼对美国的出口也有不同程度的下降。

一、中国已成为日本第一大贸易伙伴

新世纪以来，随着亚洲地区经济的快速增长和经贸合作的扩大，日本与亚洲的经贸合作也越来越密切，2009年日本与亚洲贸易达5475.4亿美元，比1996年的517.2亿美元增长了9.6倍，已经占日本贸易总额的58.4%，比日本与欧美国家贸易占其对外贸易比重的25.1%高33.3个百分点，所以日本媒体大声疾呼为摆脱“失去的20年”，“必需努力开拓世界经济增长中心——亚洲市场”①。

2007年中国已取代美国连续三年为日本的第一大贸易伙伴，而日本则降为EU、美国之后的中国第三大贸易伙伴。新世纪以来的9年多，中国对外贸易以年均19.6%的速度增长，而中日贸易年均只增12.6%，因而中日贸易占中国对外贸易的比重由2001年的17.2%，降至2009年的10.4%，今年1~10月又降至不足10%。根据日本方面的统计，2001~2009年的9年时间，日本对中国贸易年均增长12.4%，远高于同一期间日本对外贸易年均增长4.1%、更高于对美贸易年均增长-3.0%水平。所以新世纪以来，日本与中国的贸易占其对外贸易的比重由2001年的11.8%升至2009年的20.5%，上升了8.7个百分点，而日本与美国的贸易所占比重则由2001年的24.5%，下降到2009年的13.5%，下降了11个百分点。金融危机以来，中日两国贸易也持续在较高水平上波动，特别是中国从日本的进口一直高于出口，2010年1~10月进口增长高达37.2%，高于对日出口增长的13.4个百分点。因此，近来日本媒体说，“日本经济的恢复和增长一定程度上依仗对中国出口的增加”②。

新世纪以来，中国经济以年均10%的速度增长、巨大的国内消费市场、低廉高素质的劳动力成本和稳定安全的投资环境，吸引了包括日本在内的世界各国企业到中国投资设立企业。截至2010年8月底，引进的日资项目4万多个，投

① 日刊《经济学人》2010年3月。

② 日刊《经济学人》2010年2月。

资额达719.9亿美元，其中50%是新世纪以来的投资，日本是迄今为止对中国直接投资最多的国家。

根据2010年4月份IMF的预测，今明两年亚洲主要国家和地区经济将进入新的增长时期（表2）。

表2　亚洲主要国家和地区GDP增长预测（%）

国家	2009 ＊	2010	2011
中国	9.1	10.0	9.9
日本	-5.0	1.9	2.0
韩国	0.2	4.5	5.0
东盟	1.3	5.4	5.6
印度	7.4	8.8	8.4
俄罗斯	-7.9	4.0	3.3

＊为2009年实际增长。

资料来源：IMF，2010年4月20日。

中日两国的经济的恢复和增长不仅为双方的出口提供了物质基础，也为相互扩大进口开拓了广阔空间。同时也为两国企业的相互投资提供了商机，据日本贸易振兴机构2010年3月发表的日本企业的海外投资调查显示①，今后3年日本企业对外新投资、扩大原投资规模以及增加销售、生产、研发机能等方面，中国所占比重最高，表明日本企业将积极与中国开展合作。原因是中国实施的4万亿元刺激经济对策，用于中国内陆地区的高速铁路等基础设施建设、对购买汽车和家电实施减税并提供补助等扩大消费的措施，保持经济的快速增长，日本企业认为这是最好的商机。今后日本在增加对中国沿海地区投资的同时，更要深化对中国内陆省市区的合作力度。

日本的跨国公司和大企业集团已开始行动：

日本各大汽车公司加大对中国的投资力度，他们的研究认为，2009年中国汽车产量达1360万辆，已经成为世界汽车生产和消费大国，预计2010年的销量将增加10%～20%，主要是低价节能型车。根据这一特点，日产汽车公司也计划2010年在中国生产和销售这类新型车，除在当地销售外，并准备向160个国家出口。本田汽车公司已推迟了建在日本埼玉县新汽车厂的开工时间，而要增加2003年设立在武汉的东风本田第一汽车厂的产量，同时2010年1月又在武汉新建东风本田第二汽车厂，计划2012年将在中国的汽车生产能力提高到71万辆，已接

① 日本贸易振兴机构《关于2009年度日本企业开展海外事业的问卷调查》，2010年3月18日。

近2009年本田公司在日本国内年产汽车84万辆的水平。

日本机电企业和家电公司也积极开拓中国市场，目前在调研市场同时，也在总结开拓市场的经验，日本一家电公司2005年在北京设立一个研究机构“中国生活研究中心”，采用当地的研究人员对中国的生活方式、白色家电的需求状况进行调查，并成功开发出适合小厨房用的电冰箱、光除菌洗衣机等深受消费者喜欢的商品，据说这类家电产品也有希望向东南亚和其他发展中国家、地区出口。

日本各大钢铁公司准备进一步加大在中国内陆地区投资建厂步伐。他们调查认为，2010年中国粗钢产量将是日本的5倍，达6亿吨。目前上海、广州等沿海城市人均年钢铁消费已超过500公斤，而内陆地区尚不足其1/2，差距大表明发展潜力广阔。随着中国汽车生产和销售的增加，特别是日资的本田、日产已决定在内陆的中心城市——武汉市投资扩大汽车产量，而中国目前生产汽车所需的钢材品种明显不足，所以新日铁公司2010年1月收购了江苏省无锡市的汽车用钢管厂，决定提高其生产能力。神户制钢也将对四川的攀成伊红石油钢管厂出资。因为考虑到中国内陆地区的物流成本问题，日本不可能向那里提供钢材，而需在内陆地区建立生产企业，还可向中国其他地区供应。所以日本提出，对中国投资战略不能停留在过去的沿海地区，也要向内陆地区扩展。

日本的日用品生产企业也将增加在中国的投资。一家大的婴幼儿用品公司2002年4月在上海建立了当地法人企业，其战略是，分两步走，先开拓沿海地区市场，再进入内陆地区。到2010年1月末，在全中国经营该公司产品的店铺已增加到7300个。公司的广告负责人说，随着中国人的收入水平提高，“在日本售价1000日元的高级幼儿用品，在中国内陆地区也很畅销”①。公司在中国的儿童用品商店或百货店等设立专营柜台500多个，并派出专业销货员，直接面对顾客推销，效果非常好。

日本银行业同其他行业比较，在开拓中国市场方面的步伐明显滞后，更落后于欧美国家银行业。日本一家证券公司的研究人员认为，虽然中国经济在快速增长，但是金融市场的发展尚很不成熟，欧美国家的金融机构发现这一差距，于是在向中国主要银行出资、协作方面走在了前面。日本主要金融行业虽然在战略上也曾将中国作为开拓重点，但是近两年，对当地法人企业等的融资每年只增长5%，而且贷出的又多是日资企业和欧美在当地的法人企业②。日本金融部门已经

① 日刊《经济学人》2010年3月。

② 日刊《经济学人》2010年2月。

表示，今后要加大开拓步伐。提出[①]：要努力建立信赖关系——检讨在1997年亚洲金融危机时，日本在迅速削减亚洲的经营规模时给当地造成的信用不高的印象，日本只有把经营战略放在亚洲，才能获得稳定的经营资源。提高信用和信息能力——要通过与当地金融机构合作，提高信息收集和审查能力，这不仅有利于建立与当地企业的信用关系，更可为日本企业提高信息能力。为中国金融市场高度化做贡献——中国及亚洲金融交易和金融市场的发展尚不成熟，日本要用积累的金融知识和经验，为当地的金融高度化做贡献。

随着中国的经济发展和企业对日本情况的了解，今后中国企业对日本投资也有增加。特别是近来收购日本企业的动向引人注目，如上海电气公司收购日本秋田印刷公司、中国三九集团收购富山县的东亚制药公司、2006年6月中国苏宁电器公司收购日本一家大型家电公司25%的股份等。

为进一步发展两国经贸合作，双方的民间研究机构也曾就建立FTA问题进行过研究和探讨，但是日本对建立中日韩FTA更感兴趣，三国研究机构正就建立中日韩FTA进行研究和探讨。

日本对加入TPP态度积极，日本菅直人政府已向美国政府明确表示参加TPP的意向，在10月1日菅直人第二次组阁的施政演说中也表示了加入TPP问题。在2010年11月中旬在横滨举行的第18次APEC期间，菅直人首相在与美国奥巴马总统会谈中再次表示参加TPP的愿望。对此日本工商业界非常支持，认为TPP是新的贸易方式，不参加不利于日本企业参与竞争，而参加则可以提高企业的竞争条件，出口增加、拉动经济增长。日本政府急于宣布参加TPP的另外两个重要原因，一是尽早成为TPP成员可以参与制定有利于本国的条例、标准和规则，否则将来加入将遇到意想不到的困难。二是迄今为止，日本建立的FTA或EPA基本都在东亚地区，2009年覆盖率只有16.5%。因担心农产品等受冲击，与主要贸易伙伴中国、美国、韩国以及欧盟等均未建立FTA等关系，如果加入TPP就等于与美国等建立了EPA关系。但是日本政府加入TPP的愿望却遭到在野党和部分民主党以及农业团体的激烈反对，特别是日本的农业团体认为，加入TPP取消关税意味着日本农业将彻底破产，日本经济体系和人们的生活方式也将发生根本改变，所以不仅发表声明表示抵制，甚至走上街头游行示威坚决反对。农业团体又与民主党部分国会议员组织成立了由100多人参加的“慎重考虑TPP会”，并发表声明，反对早期参加TPP。迫于日本国内的强大压力，菅直人政府不得不

① 日刊《经济学人》2010年4月。

采取三步走的策略，一是与TPP现有的9个成员就TPP的有关问题交换意见、了解信息；二是调整本国的农业政策，减少贸易自由化对农业的冲击；三是成立各党派和学者等参加的TPP研究机构，搜集相关信息并研究应采取的对策，明年6月再决定是否加入TPP问题。

据日本内阁府测算，日本参加TPP每年获得的经济效果约3万亿日元，而随着其成员的增加及亚太自贸区的进展①，效果也将不断释放。另据亚洲开发银行和日本贸易振兴机构2010年8月的研究，在东亚区域内日本对外建立的FTA或EPA（经济合作协定）是比较少的国家，日本参加TPP有利于贸易和经济的持续发展。目前日本已生效的FTA和EPA占其进出口总额的不足17%，原因是日本与其主要贸易伙伴欧盟、中国以及美国至今尚未建立FTA或EPA关系。而日本加入TPP后覆盖面将增加一倍，达35%，今后TPP的成员将扩大到APEC全体，届时覆盖面将一举达75%以上，这不仅有利于日本缓解对外贸易摩擦和应对保护主义，更有利于贸易持续增长、经济稳定发展和在国际上发挥主导作用。

在目前的TPP的9个成员中，尚未与日本就FTA或EPA进行谈判的只有新西兰和美国两个国家，据分析日本为加入TPP将做好这两个国家工作。

日本的策略是，首先与2007年已进入谈判阶段的澳大利亚尽早缔结EPA，如果澳大利亚能通过两国EPA对日本的农产品市场提供优惠，那么将来在与美国就建立EPA或TPP的谈判中，美国也不得不采取向前看的方式作出让步。同样对与新西兰的EPA和TPP的谈判也将产生有利影响。

二、中韩两国互为重要经贸伙伴

韩国经济成功地实现了V型回升。金融危机时的2008年第四季度韩国GDP增长与前季度比下降5.1%，但是2009年一季度经济出现正增长，其后一直保持增长势头，2009年经济增长0.2%。韩国是经合组织成员中，除以出口能源带动经济增长的澳大利亚之外，最早摆脱金融危机的国家。而且据预测，2010年韩国经济也将增长5%左右。

拉动韩国经济V型回升的主要动力来自于半导体、液晶电视、手机和汽车等的出口大幅度增加。2009年韩国出口虽然下降13.9%，金额达3635.3亿美元，而进口下降幅度更大，达25.8%，金额为3230.9亿美元，所以贸易顺差达创纪录的404.5亿美元。韩国主要财阀企业，三星电子、LG电子、现代汽车等的经

① 《日本经济新闻》2010年11月8日。

营均创佳绩，特别是三星电子，2009 年的销售额达创纪录的 1168 亿美元，已经超过德国西门子和美国摩托罗拉，成为世界 IT、家电领域的最大企业。

韩国的第一大贸易伙伴是中国，而韩国则是中国国别贸易统计中仅次于美国、日本之后的第三大贸易伙伴。中韩加强经贸合作不仅有利于两国和两国人民，对东北亚地区的繁荣、稳定也具有积极意义。

新世纪以来，中韩两国的经贸合作具有以下几个特点。

（1）贸易高速发展。新世纪以来，中韩贸易的大幅度增加，是两国经贸合作的重要特点。贸易额由 2001 年的 359 亿美元增加到 2008 年的 1861 亿美元，增长了 4.2 倍，在金融危机严峻的 2009 年贸易额也达 1562 亿美元。2010 年 1 ~ 10 月中韩贸易增长 35.5%，分别高于中国三大贸易伙伴欧盟、美国和日本的 32.9%、29.8% 和 31.3% 的增长速度。预计，2010 年在两国建交 18 周年时，贸易将达创纪录的 2000 亿美元水平。1992 年中韩建立外交关系时贸易额只有 50 亿美元，今年是中韩建交 18 周年，双方贸易额增加了 30 倍。而中国与第一大贸易伙伴美国的贸易额由 1981 年的 50 多亿美元扩大到 2005 年的 2000 多亿美元时却用了 24 年时间。同第二大贸易伙伴日本的贸易 1978 年达近 50 亿美元，至 2006 年达到 2000 多亿美元，经过了 28 年的时间。

表 3　新世纪以来的中韩贸易发展　单位：亿美元，%

	总额	出口	进口	差额
2001	359.1	125.2	233.9	-108.7
2003	632.2	210.1	431.3	-230.3
2005	1119.3	351.1	768.2	-417.1
2007	1598.9	561.4	1037.6	-476.2
2009	1562.3	536.8	1025.5	-488.7
2010（1 ~ 10 月）	1689.0	557.1	1131.9	-573.8

资料来源：中国《海关统计》各年。

两国贸易迅速发展的原因是，双方经济上互补性强，互有需要。特别是随着韩国企业对中国投资的增加，促进了双方贸易的增长。2001 ~ 2009 年以年均 19.6% 的速度增长，不仅高于同一期间韩国对外贸易年均增长 14.1%、也高于中国第二大贸易伙伴美国的年均 17.4% 的增长、更高于中日年均 12.6% 的增长水平。

（2）韩元持续贬值推动了韩国出口的增长。韩国货币——韩元 2007 年曾一度升值到 900 韩元兑 1 美元，此后因韩经常收支恶化和短期债务的急剧增加，韩元开始贬值，特别是次贷危机后加速贬值，2009 年 3 月曾贬值到 1600 韩元兑 1

美元。其后，随着经常收支的改善，韩元汇率趋于稳定。韩元的持续贬值提高了出口竞争能力，推动了韩国出口大幅增加，也是韩国对中国出口增加的重要因素。

（3）六大类商品占两国贸易中的比重高。中对韩出口的主要六大类商品是机电音像设备及部件、纺织原料及制品、矿产品、贱金属及制品、化工及制品、动植物及制品，占对韩国出口总额的80%，其中贱金属及制品由原来的第四位升第二位，纺织原料及制品由第二位降至第三位。2009年六大类商品对韩出口比2001年增长3.4倍，成为对韩出口增长的重要因素。中国从韩国进口的六大类商品是机电音像设备及部件、塑料橡胶及制品、纺织原料及制品、矿产品、贱金属及制品、化工及制品，但是自2003年起纺织原料及制品已被光学及医疗仪器所取代，成为从韩国进口的第二大类商品，化工及制品也由2001年的第六位提高到第三位。2009年从韩国进口的六大类商品比2001年增长4倍多，占从韩进口的92.9%，比2001年增加13.5个百分点，也是从韩国进口增长主要原因。

两国进出口商品发展变化表明，商品结构进一步从原料型向制成品方面转化，由低附加价值向高附加价值方向提升，两国经贸关系已经进入水平分工的新阶段。

（4）韩国是中国贸易逆差最多的国家。据韩国方面的统计，自2003年起，中国已经超过美国成为其最大的贸易顺差国，2009年韩国对中国的贸易顺差达324.6亿美元。而据中国《海关统计》，新世纪以来，中国对韩国贸易逆差持续增加，2009年达到488.7亿美元，2010年1～10月逆差已经突破573亿美元，全年将达迄今为止最高纪录600亿美元水平。韩国是中国对外贸易逆差最多的国家。由于对中国等出口增加，所以日本媒体称“韩国是经合组织中最早走出了金融危机的国家”①。

（5）中韩相互投资增加。新世纪以来的中韩贸易的迅速增长与两国相互投资的持续扩大密不可分，根据韩国进出口银行统计，自2002～2007年中国已成为韩国企业最大的海外直接投资市场，其后也一直在高水平上波动。另据中方统计，到2010年8月末，韩国企业对中国投资4万多项，金额达361.7亿美元，韩国也是对中国投资最多的国家之一，其中新世纪以来的投资占近70%。韩国企业对中国投资增加原因是，随着中国经济的快速增长，中国国内消费市场持续扩大，韩国企业在扩大出口加工型投资外，加大了针对中国国内市场销售的投

① 日刊《经济学人》2010年4月。

资，所以近来韩国对中国出口的生产资料和消费资料明显增加。

新世纪以来，中国企业对韩国投资也有增加，但是由于韩国市场开放度不高，加之中国企业了解不够，对韩投资尚处起步阶段。

（6）韩国财阀企业和大企业集团开拓亚洲及中国市场获得成功。韩国的对外经贸基本由财阀和大企业集团所垄断，这些企业经营由老板一人决定，所以决策迅速、行动快捷，及时进入市场获得商机。日本人惊叹“日本企业每到新市场开拓，便发现韩国企业已经进入那里”①。其次韩国企业根据当地的市场特点进行投资，生产适销对路、价廉物美商品，如在中国主要生产小型车，现代汽车公司2002年与北京市合作，生产“北京现代”牌轿车，基本垄断了北京出租车市场。同时韩国企业为开拓国外市场，努力培育具有国际水平的研究开发人才。如三星电子公司，90年代制定了培养“地区专家制度”，每年选拔在公司工作3年以上、副科长级的200～300人，派他们到国外一年，熟悉当地的文化和习惯，使他们成为与该国进行经贸合作的行家里手。韩国政府则通过建立FTA等为企业的国际化经营提供良好外部环境。对于出口依存度高达近50%的韩国来说，只有首先与其他国家建立FTA关系，才能使企业在经贸合作中确保优势地位，使它们在国际化经营中增长合作的技能。

几年来，两国领导人频繁互访，民间往来与日俱增，2008年中韩缔结了“战略合作伙伴关系”，两国关系发展进入新阶段。而两国缔结自贸区（FTA）是两国“战略合作伙伴关系”在经济领域的重要体现，为了进一步发展两国的政治和经济关系，应加快缔结FTA进程。

目前，世界上区域经济一体化迅速发展，与欧洲的EU美洲的NAFTA相比，东亚的一体化步伐明显滞后。中国和韩国是该地区的两个负责的大国，有义务有责任推进地区和平稳定、经济繁荣、促进经济一体化进程，而要做到这一点，两国应首先缔结FTA关系。

特别是在WTO多哈谈判进展缓慢时，缔结FTA关系是发展对外经贸合作的最佳途径。FTA的贸易创造效应和贸易转移效应，不仅会促进双方贸易的迅速增长，也会深化双方各领域合作。所以新世纪以来，世界缔结FTA关系的国家和地区迅速增加，根据WTO的统计，截至2010年6月，全球已经生效的FTA有187个，其中2000年以来缔结的达121个，占64.7%。可见，中韩要进一步发展两国关系和促进经贸合作，也需要缔结FTA。

---

① 日刊《经济学人》2010年2月。

——中韩缔结 FTA 有利于两国互利共赢。

在东亚地区，韩国对外缔结 FTA 的时间晚于中国，但是发展速度很快。目前中韩两国是东亚国家中缔结 FTA 较多的国家。

韩国国内市场狭小，发展经济必须开拓海外市场，所以韩国对贸易的依存度较高，2009 年达 45%。2004 年以来，韩国政府为企业开拓海外市场铺平道路，加速与有关国家和地区缔结 FTA 的步伐。

韩国缔结 FTA 的标准是，对方应是巨大的经济圈或主要贸易国；可参与的（地区）经济市场；具有丰富资源的国家。从这三个标准看，中国应该成为其首选。

中国对外贸易依存度虽然低于韩国，但是 2009 年也达 24.5%，在扩大国内消费市场的同时，也需努力开拓国际市场，所以也积极推进 FTA 建设。中国缔结 FTA 的选择主要是近邻、关系友好、文化相近、经济上互补强等的国家和地区。目前已生效和正在谈判的 FTA 占中国对外贸易的 1/3 以上。

2009 年中国对韩国出口虽然只占总出口的 4.5%，但是韩国也是重要的出口市场，特别是中国从韩进口占总进口比重高达 10.2%，对韩贸易逆差 2005 年以后一直在 400 亿美元以上，2010 年将达 600 亿美元左右，是中国对外贸易逆差最多的国家，缔结中韩 FTA 有利于两国贸易的均衡发展。

表 4　　中国和韩国对外建立 FTA 的进展

	中国	韩国
已生效	东盟、中国香港、中国澳门、智利、巴基斯坦、新西兰、新加坡、秘鲁	智利、新加坡、EFTA、东盟、印度
签署	中国台湾、哥斯达黎加	美国、欧盟
谈判中	澳大利亚、GCC、南部非洲同盟、冰岛、挪威、亚太贸易协定	日本、加拿大、墨西哥、GCC、秘鲁、澳大利亚、新西兰、哥伦比亚、土耳其
研究中	韩国（结束研究）、印度、中日韩、瑞士	中国（结束研究）、中日韩、俄罗斯、越南、南美洲共同市场、SACU、以色列

资料来源：笔者根据日本《贸易与关税》2010 年第 6 期等资料整理。

中韩缔结 FTA，有利于两国企业在低碳绿色经济领域深化合作。随着低碳绿色经济的兴起，中韩两国均将发展低碳绿色经济作为今后的战略目标，积极推进。中韩在这一领域的合作潜力巨大，两国各有千秋，可谓优势互补。特别是在新能源开发领域，韩国核电制造业世界领先，中国太阳能光伏发电产业技术优势明显，双方还可整合力量，共同开拓全球绿色产业市场。

——中韩 FTA 进展缓慢的原因。

2004 年 11 月，中韩两国领导人就启动双方 FTA 可行性民间联合研究达成共识，2005 年 3 月两国研究机构开始进行共同研究，2007 年又进入官产学共同研究阶段，到今年已经研究讨论了 5 年多，双方共召开了 6 次会议，经过研究双方都认为，中韩建立 FTA 将是互利共赢的。

中国方面的研究认为，中韩 FTA 将促使中国 GDP 增长 0.50%，经济福利增长 46 亿美元；促使韩国 GDP 增长 6%，经济福利增加 285 亿美元。中国在农产品、渔业、服装等领域具有优势，韩国在石油化工、钢铁、汽车、机械设备和精密仪器等领域优势明显。

韩国方面的研究认为，韩中建立 FTA，对韩国 GDP 贡献率达 3%，虽然低于韩国与美国 FTA 对韩国 GDP 贡献率 6% 的水平，但是将高于韩国与欧盟、韩国与日本 FTA 对韩国 GDP 贡献率。

2009 年 5 月，中韩双方提出结束官产学研究，准备进入谈判阶段，但中韩 FTA 谈判仍面临以下三个障碍。

第一是中国企业认为，韩国的重化工业与中国比较优势明显，担心两国缔结 FTA 后，韩国的石化、钢铁、汽车、机械设备以及精密仪器等产品可能冲击中国市场。其实，这种担心是不必要的，两国缔结 FTA 后，双方都会密切关注市场的发展变化，均不希望冲击对方市场，因为市场混乱对双方都不利。而且中韩 FTA 建立后，有利于中国引进韩国的先进产品、设备、技术和管理经验，提高中国的工业技术水平，加快结构调整。中国的很多物美价廉的工业产品也是韩国市场所需要的。

第二是韩国方面有两个担心，一是担心中国的农产品可能冲击韩国市场。中国虽然是农业大国，但是人多地少，生产率低，而国内市场巨大，生产的农产品主要供应国内市场消费，中国农产品在国际市场上并不具有竞争性。而随着中国经济的发展和人民生活水平的提高，也可能增加从韩国等地进口农产品，如日本和泰国的大米已经进入中国市场。2009 年中国对韩出口农产品只占对韩出口总额的 5% 左右，其中相当部分产品还是在日本、韩国等外国企业提供种子和栽培技术等合作下实现的。中国农产品出口非常注重市场风险问题，几年前，对韩国出口大蒜所蒙受的巨大损失，至今中国的农民和出口企业还记忆犹新，对韩国出口都非常谨慎，更不会冲击这个市场。

事实上，双方还可探讨在两国选择合适的地区投资设立种植、养殖生产基地，也可以合作进行农产品深加工后，再出口到双方或第三国市场等的多种合作方式。这种合作既可为农民增加收入，又可缓解两国农产品贸易纠纷，更会受到两国消费者的欢迎，可谓一举三得。

二是美国因素。据韩方人士说，美国不同意中韩缔结 FTA，认为两国缔结 FTA 后，中国将藉此主导东亚地区一体化进程。其实中韩缔结 FTA，主要应考虑三个关系：一是两国互利关系。中韩缔结 FTA，在认真分析 FTA 对本国利益的同时，也要充分照顾到对方国家的利益，否则 FTA 是建立不起来的。二是与美国关系。中韩缔结 FTA，是为发展两国关系，增加两国人民的福祉，不是为了对付第三方，更不是针对美国，所以第三方包括美国没有必要说三道四，双方缔结 FTA 也不应当受此影响。三是处理好与中小企业和农民的关系。中韩缔结 FTA，双方的中小企业和农民将成为合作中的弱势群体、敏感领域，应照顾它们的利益和诉求，要发展好、维护好双方中小企业和农民利益，才能真正达到互利共赢的目标。

第三是金融危机的影响，2008 年由美国的次贷危机引发的全球性金融危机，国际经济受到巨大冲击，中韩两国为应对危机，均注重稳定国内经济，致使2008 年 6 月以后的产官学研究长期中段，直至 2010 年 4 月。

——中国推进 FTA 建设将促进中韩 FTA 进程。

中国—东盟 FTA 是中国贯彻以邻为善、以邻为伴政策的具体体现，东盟是中国对外缔结的第一个 FTA，促进了双方关系的深入发展。双方贸易由 2002 年签署 FTA 时的 547 亿美元，增加到 2009 年的 2130 亿美元，7 年时间增长了 2.9 倍。2002 年中国与东盟贸易同当时中国的第一大贸易伙伴日本的贸易额 1019 亿美元相比，差距高达 472 亿美元，而随着中国东盟 FTA 的进展，2008 年双方差距减至 357 美元，2009 年又减至 159 亿美元，今年双方 FTA 全面建成，1 ~ 10 月份差距已下降到 38 亿美元，不久东盟将超过日本而成为中国第三大贸易伙伴（按 2009 年的中国《海关统计》，中国对外贸易的五大合作伙伴依次是欧盟、美国、日本、东盟和韩国）。

日本早在上世纪 60、70 年代就开始对泰国、马来西亚、菲律宾等东盟国家投资设厂，在那里生产和出口，现在东盟许多国家对中国的出口商品结构与韩国对中国出口极为相似，中韩不缔结 FTA，今后在中国市场上，韩国商品将无法与东盟国家商品展开竞争。

2010 年 6 月中国大陆与台湾签署了 ECFA（海峡两岸经济合作框架协定），将促进大陆与台湾经贸合作的快速发展。而台湾的经济发展阶段、产业结构、技术水平以及出口主要产品等也与韩国接近，所以中韩不缔结 FTA 对韩国也极为不利。

日本企业呼吁要加速推进中日 FTA 建设。日本媒体曾预计中国目前拥有中等收入人群达 4.4 亿（家庭可支配收入 5000 至 35000 美元），今后随着收入的增加，富裕人口还会进一步增多，中国的消费市场将进一步扩大，日本必须大力开拓中国市场，缔结中日 FTA 便是其主要举措之一。这些舆论将促使已经完成产官学共同研究的中韩 FTA，加快谈判进程。

另外，韩国与美、欧缔结 FTA 也促使中国加快与韩国缔结 FTA 的进程。2006 年韩国与美国签署了 FTA，2010 年又与 EU 缔结 FTA，EU 和美国分别是中国的第一和第二大贸易伙伴。韩与美、EU FTA 的建立，韩国企业对欧美出口与中国企业比较，将处于有利地位。所以中国的企业也担心今后对欧盟、美国贸易将受到韩国企业的激烈竞争，有必要尽早缔结中韩 FTA。

——中韩缔结 FTA 有利于韩国抵御风险。

目前韩国已生效的 FTA 只占其出口总额的 38%，加上谈判中的 FTA 在内也只占 53%。而且处于谈判中的 FTA 还包括日本、加拿大、墨西哥的重要原因是，未与最大的贸易伙伴中国缔结 FTA，因为对中国的出口占韩国总出口额的 24%，这也是今年 4 月 21 日韩国总统要求推进韩中 FTA 建设的重要原因，如中韩、中日韩 FTA 建立后，占韩国对于外贸易比重将一举提高到近 80%，非常有利于韩国经济的稳定发展。

2010 年 9 月韩国爆发的“大白菜危机”，凸现了中韩缔结 FTA 的紧迫性。9 月份以后韩国市场上大白菜价格飞涨，每棵白菜售价高达 1 万多韩元（合人民币近百元），被称为“大白菜危机”。政府紧急决定从中国进口大白菜，并从 10 月中旬开始，暂时取消大白菜进口的高关税，增加市场供应量。所以当时很多韩国蔬菜商人蜂拥到中国的山东、河北、天津、辽宁和吉林等省市，抢购大白菜，甚至引起中国消费者担心大白菜价格也会因此而大幅度上涨。韩国媒体说，2010 年 9 月份以来韩国连遭台风、强降雨等异常气候变化使白菜产地遭灾、产量大幅度下降而导致“大白菜危机”。其实，与之相比，韩国在农产品方面实施的贸易保护主义或许是更重要的因素。

多年来，韩国在农产品贸易中实施高关税以及非关税壁垒等限制国外的农产品进口，大白菜和白萝卜的进口关税也分别高达 27% 和 30%，致使近邻国家和地区的大白菜等农产品难以进入韩国市场，这是爆发“大白菜危机”的重要因素。如果费时 5 年多的中韩 FTA 早些缔结，双方通过削减关税、消除非关税壁垒、实施更多的贸易便利化措施等，特别是在预计市场供应可能出现问题前，增加进口，满足市场需求，即便自然灾害影响再大，也不会爆发“大白菜危机”。

——中韩缔结 FTA 有利于韩国企业开拓中国市场。

2008 年的全球金融危机极大地冲击了欧美国家市场，恢复元气尚需时日。而亚洲国家和地区，特别是中韩两国虽然在危机中也受到冲击，但是由于采取了积极的刺激措施，经济得以快速恢复和发展，并为世界的经济恢复作出了重要贡献。目前，美欧日企业都在努力开拓亚洲市场。中韩两国都是外向型国家，今后在扩大内需市场的同时，也需稳定外需市场。因此，要积极推进东亚一体化乃至亚洲一体化建设。而要做到这一点，中韩或者中日韩要加强合作，首先缔结 FTA 关系，才能推进一体化进程。

近来韩国媒体和很多企业提出，为应对金融危机必须努力开拓中国市场，这与近来日本提出的要大力拓展中国市场的呼声是一致的。而韩国企业要开发中国市场，中韩缔结 FTA 是必要的。

三、中国与东盟 FTA 推动了经贸合作的快速增长

中国与东盟同为重要经贸伙伴，双方贸易由 2001 年的 416 亿美元发展到 2009 年的 2130 亿美元，增长 4.1 倍，年均增长 21.5%，高于同一期间中国对外贸易增长 19.6% 水平，也高于中国与三大贸易伙伴（欧盟 20.6%、美国 17.4 和日本 12.6%）的年均增长水平。东盟已经成为中国仅次于欧盟、美国和日本之后的第四大经贸伙伴，而中国是东盟的第三大经贸伙伴。

2010 年中国与东盟 FTA 已经建成，双方经贸合作将进入新的增长时期，2010 年 1～10 月贸易额达 2354.4 亿美元，增长 42%。预计，一两年后中国与东盟贸易将超过中日贸易，而跃升为中国的第三大贸易伙伴。

中国与东盟的相互投资和中国企业对东盟的工程承包、劳务合作等也广泛展开，并取得了令人瞩目的成果。2009 年末，东盟企业对中国直接投资项目 3 万多个，金额达 570 多亿美元，是中国引进外资较多的地区之一。2008 年末中国企业对东盟投资达 80 多亿美元，也是中国企业“走出去”最多的地区。

中国与东盟经贸合作快速发展的主要原因是，2002 年 11 月，中国与东盟签署了自由贸易协定（FTA），这是中国对外签订的第一个 FTA，提高了双方的经贸合作的自由化、便利化水平，有力地促进了经贸合作的快速发展，即使在国际金融危机严重冲击的 2009 年，中国对外贸易下滑 13.9% 的形势下，与东盟贸易也只下降 7.9%，更远远低于对主要贸易伙伴欧盟（－14.5%）、美国（－10.6）和日本（－14.2）的下降幅度。

2003 年中国与东盟刚建立 FTA 时，双方贸易额 783 亿美元，与当时中国第

一大贸易伙伴——日本的贸易（1336亿美元）差距在553亿美元，而到2008年差距减至357亿美元，2009年又减到159亿美元，今年第一差距减少到7亿美元，差距呈现大幅下降趋势。预计，随着中国、东盟经济的回升，FTA逐步完善以及设立的100亿美元投资合作基金的实施，双方的经贸合作将进入新阶段，一两年后东盟将超过日本，成为中国第三大贸易伙伴。

八年来，中国与东盟FTA发展顺利：首先，双方为尽早获得建立FTA的利益，制定了“早期收获”计划，决定自2004年1月1日起对600种农产品降税，2006年中国与老东盟6国将这些产品关税降到零。越南、老挝、缅甸和柬埔寨4国2010年1月1日前，也将先后取消早期收获产品关税。2004年11月双方签署《货物贸易协议》，对7000个税目产品实施降税。2007年7月又签署《服务贸易协议》，双方在60多个服务领域相互开放市场，促进了服务贸易发展。2009年8月签署了《投资协议》，使双方投资更加自由和便利。2010年1月1日，中国东盟FTA正式建成，中国平均关税由9.8%降为0.1%，老东盟6国平均关税由12.8%降为0.6%，93%的产品实施零关税。在中国与东盟FTA建成前后，有些东盟成员国担心，其他国家的产品会冲击其市场等，这种担心是不必要的，早在双方探讨建立FTA时，我们就表示，建立FTA首先分析对本国利弊关系是可以理解的，但同时也要考虑对方国家的利益，否则是无法建立FTA关系的。FTA建成后更要保护和爱护它，既要保护本国市场也要维护对方国家市场的稳定繁荣，否则一损俱损，双方皆无好处。2015年越老柬缅4个东盟新成员对90%的中国产品也实现零关税目标。

中国东盟FTA拥有人口19亿，土地面积达1400万平方公里，国内生产总值6万亿美元，贸易额达4.5万亿美元，是目前世界上人口最多、土地面积最大的FTA，也是最具发展潜力的FTA。

四、中国同印度经贸合作将进入新时期

2008年下半年发生的世界性金融危机，也冲击了印度经济，2009年经济增长5.7%，比2008年7.3%的增长下降了1.6个百分点。在世界主要国家中，仅次于中国的增长水平，而且预测2010年印度经济增长8.8%，2011年也在8.4%的水平①。中印两国同为“金砖四国”成员。随着经济的快速发展，两国对外贸易也在迅速扩大，2009年与2001年比，中国对外贸易增长3.3倍多，印度对外

① IMF2010年4月预测。

贸易也增长了3.8倍。

随着两国经济的持续增长和对外经贸的迅速扩大，两国经济上的互补性进一步增强，双方贸易已从2001年的36亿美元增加到2009年的433.8亿美元，增长了11倍多。2010年1~10月双方贸易达498.6亿美元，增长45.2%，已超过上年全年水平的14.9%，表明两国经贸发展潜力巨大。

几年来两国经贸合作具有以下特点：

一是两国互为重要贸易伙伴。2008年印度已成为中国第九大贸易伙伴。2009年在世界金融危机影响下，中国同印度的贸易也下降16.3%，但是印度已上升为中国的第八大贸易伙伴。而对于印度来说，2007年以后中国已超过美国，成为印度第一大贸易伙伴。

二是两国相互投资增加。双方经济合作全面展开，投资、工程承包、劳务合作等均有不同程度增长。2008年末中国企业对印度投资达20亿美元，印度企业对中国投资有130个项目，投资额约9亿美元。主要是制药、软件、汽车零部件、生物技术、IT等技术密集型企业和耐火材料、钻石加工等劳动密集型企业，印度著名企业塔塔集团将中国作为全球重点投资市场。

三是贸易优势互补，中国对印度出口的机电、化工、纺织等6大种类产品占出口总额的比重由2001年85%增加到2009年的88.6%。机电产品所占比重最高，2001年占21.6%，2009年已占出口总额的55%。中国从印度进口的矿产品、钢铁、化工、棉花等6种产品占进口总额的比重由2001年的82.9%增加到2009年的88%。其中铁矿石和棉花为主要进口商品、占进口总额的比重由2001年的51.8%，增加到2009年的66.6%，当然，这类商品价格大幅上升也是重要原因。

随着两国经贸合作的快速发展，也产生一些问题，主要是：印度实施的进口限制措施在世界上仅次于美国，其中针对中国的反倾销措施最多，不利于两国贸易的发展，根据WTO事务局的统计，印度在金融危机后的2008年下半年对中国的钢铁、化工等产品发动的反倾销案件比上半年增加12件，全年达21件，占当时全部调查案件（42件）的一半；印度企业反映，对中国投资障碍多，有些商品也很难进入中国市场等；中国企业反映，印度以国家安全为由，限制中国公司进入印度港口、电信、机场和发电等基础设施领域投资合作；此外，印度基础设施不完善、恐怖事件频发等也影响投资合作。

虽然目前两国的经贸合作中还存在一些问题，但是这是发展中的问题，相信随着今后双方交流的增加、加强相互理解，双方经贸合作将获得新发展。

两国政府已经为进一步发展经贸合作创造了良好的环境，如中印与东盟建立FTA的同时，双方也决定建立FTA；印度是上海合作组织的观察员，中国是南亚区域合作联盟的观察员，两国都参与“孟中印缅地区经济合作论坛”等，两国政府和经贸企业的人员经常会面、交换意见。

新世纪以来，两国高层领导频繁互访、人员往来增加，两国已经建立了面向和平繁荣的战略合作伙伴关系，中印在很多领域进行了成功的合作。2009年10月21日，两国又签订了应对气候变化的合作协定，建立了应对气候变化的合作伙伴关系，2010年3月8日和9日两国先后正式表示同意签署《哥本哈根协议》。今后两国将在气候变化国际会议上，以及应对气候变化的国内政策等方面加强沟通和合作。

2010年是两国建交60周年，是值得纪念的一年，印度驻中国大使馆将举办一系列经贸推广活动，其中包括在中国48个城市举办大型经贸交流。目前两国经济将继续回升，根据国际货币基金组织（IMF）今年1月份的预测，2010年中国经济增长10.0%，印度经济增长7.7%，两国经济保持高水平增长，有利于双方的经贸合作发展，预计2010年两国贸易额将达到600亿美元水平。中印双方已经同意就建立FTA进行共同研究，两国建立FTA后，双方的经贸合作也将进入新时期。

五、中国与俄罗斯经贸合作潜力巨大

新世纪以来，中俄经贸合作迅速发展，2008年俄罗斯已成为中国的第七大贸易伙伴，中国则是俄罗斯的第二大贸易伙伴。2001～2009年双方贸易额由106.7亿美元增长到388亿美元，增长了2.6倍。

但是，在2008年下半年发生金融危机中，俄罗斯经济受到始料未及的沉重打击，经济增长由上年的8.1%下降到5.6%，2009年又降到－7.9%。2009年俄罗斯出口下降36.4%，进口下降39.3%。所以，2009年中俄贸易也下降了31.8%，其中中国对俄出口下降幅度最大达47%，是双方贸易减少的主要原因。

2010年俄罗斯经济实现恢复性增长，预计增长4%，2011增长3.3%①。中俄贸易增长加快，2010年1～10月双方贸易451亿美元，比上年同期增长43.7%，远高于中国与主要贸易伙伴美国、日本的增长水平。近来中俄两国经贸合作非常活跃，但达到两国政府提出的2010年双边贸易600亿～800亿美元目

① IMF2010年4月预测。

标，难度很大。

新世纪以来，中俄贸易的发展表明，两国经济各有特色，互补性强。俄罗斯经济的典型特点是原料和能源行业优势明显，而加工工业相对较弱。中国随着经济的快速发展和外国企业对中国投资的增加，加工业迅速崛起，已经形成了多种各具特色的制造业和高新技术产业集群，有力地促进了制成品出口增长，而随之而来的是国内原材料和能源短缺。中俄两国经济结构的特点决定了两国在国际分工中的不同地位，也决定了现阶段双方贸易结构的形成具有一定合理性。今后两国需进一步合作，双方企业要探讨货物贸易之外的扩大相互投资问题，即俄罗斯有必要吸引更多的中国企业到俄投资办厂，生产中国市场所需要产品对中国再出口，使两国贸易在扩大中获得均衡发展。

几年来，两国企业的相互投资也有增长。据统计，截至 2006 年底，中国企业对俄罗斯投资项目超过 736 个，累计投资额达 9.4 亿美元，俄罗斯企业对中国投资额超过 6 亿美元。双方的投资领域涉及资源开发、贸易、纺织、木材加工、家电、通信、建材等诸多领域。

两国已同意在能源领域合作全面升级，包括石油产业链上下游、天然气、电力、核能以及节能技术等。两国还签署了《俄罗斯远东和东西伯利亚地区与中国东北地区 2009—2018 年合作计划》，表明中俄合作进入新阶段。而且双方就中国协助俄罗斯发展高速铁路达成谅解备忘录，表明两国将启动在高科技等领域的大型的合作。

中俄两国都是有潜力的对外投资国家，为了进一步扩大双方的投资规模，双方均应为对方企业提供良好的投资环境和有关法律、制度、税收以及关税等方面便利，使双方互利共赢。

徐长文

商务部国际贸易经济合作研究院研究员、研究院学术委员。生于吉林省长春，毕业于吉林大学，上个世纪 80 年代曾在日本野村综合研究所研修，在中国驻日本大使馆从事经贸研究，在中外合资咨询公司任董事总经理等。1995 年后任现职，享受政府津贴。

研究领域：对外经济贸易、区域合作等。

主要社会兼职：中国外交学院和北京城市大学兼职教授、国际问题研究基金会理事、国际交流协会理事、中国东北亚博览会顾问、日本爱知大学和中央大学客座教授等。

主要作品：《中日韩经济合作促进东亚繁荣》、《中国领跑东亚区域经济合作》等。

后金融危机时代应加快产权市场发展

——访国务院发展研究中心金融研究所副所长张承惠

刘 慧/文

全球经济正处于后金融危机时代的复苏时期，美、欧等国家经济复苏乏力将给中国带来深远影响，这意味着中国经济连续30年的高速增长时期接近尾声，今后将转向次高速增长期。

国务院发展研究中心金融研究所副所长张承惠在接受中国经济时报记者采访时表示，国内外环境的大变动必然孕育着发展的机会。在资源环境压力和劳动力成本优势明显减弱的情况下，加快创新新型国家建设，发展产权市场是促进经济发展方式转变、应对国际国内经济环境变动、提升中国国际竞争力的需要。

主要国家经济复苏乏力和经济行为的改变，将给中国带来深远影响

中国经济时报： *在后金融危机时代，全球经济环境有何重大变动？*

张承惠： 各国虽然相继从国际金融危机的泥沼中走出，但美国、欧洲等西方大国的复苏之路并不平坦。欧洲主权债务危机尚未平息，除了希腊、葡萄牙等已爆发债务危机的国家外，今后德国、英国等欧洲核心国家会在多大程度上受到债务危机的影响，前景尚不明确。尽管不久前欧盟建立有史以来最大规模的危机救助机制，市场恐慌心理得到初步稳定，但冰冻三尺非一日之寒，欧洲债务风险不是一两年内形成的，要彻底解决，恐怕还需相当的时日。

作为世界经济引擎的美国，经济开始走缓，二季度GDP增长2.4%，远低于一季度3.2%的增长水平。美联储公布的数据显示，美国企业目前的负债水平比大萧条以来任何时期都高。出于对金融市场和经济复苏能否持久的担忧，很多美国企业不愿把现金花在招聘人员或扩大业务上，而选择把现金握在手里，以防欧洲债务危机导致新一轮市场冻结。银行仍继续收紧放贷，3月美国银行、信用合作社等金融机构的净放贷额同比下滑5.4%。

随着美国等发达国家金融改革方案的实施和金融监管的强化，金融机构未来的经营活动将受到更多因素制约。在经历了大萧条以来最严重的国际金融危机之后，企业行为发生长期的改变。企业和银行将不会像上世纪 90 年代和本世纪初期那样富有进取精神，在经营活动方面可能会更加保守。高失业率、严重的产能过剩、进取精神不足等将造成全球实体经济复苏动力不足。

中国经济时报：全球实体经济复苏动力不足对中国有何影响？

张承惠：主要国家经济复苏乏力和经济行为的改变，将给中国带来深远的影响。在未来较长时期内，因外需增长缓慢，作为中国经济增长三驾马车之一的出口将面临较大压力。

首先，由于美国失业率高企和经济增长的不确定性，危机之后的数年内，美国民众都不可能恢复到危机前的消费模式，来自美国的需求可能大幅减缓。

其次，受欧债危机影响，2010 年以来，欧洲主要国家货币出现对美元大幅贬值，与美元挂钩的人民币汇率也开始升值。1～4 月，人民币对欧元升值 12.09%；对英镑升值 5.35%；对澳元、加元和卢布则分别升值 11.41%、3.54% 和 8.49%。人民币汇率的大幅升值，对刚刚恢复的出口形势无疑不利。

再其次，欧盟各国采取的财政增收节支措施，可能削弱经济复苏动力。不久前西班牙政府将 2012 年和 2013 年的经济增长预期从此前的 2.9% 和 3.1% 分别下调至 2.5% 和 2.7%，部分欧洲国家也相应下调了经济增长预期。

欧洲是中国重要的出口市场。2009 年，中国对欧盟 27 国的出口市场份额为 19.8%，对欧盟 15 国的出口市场份额为 17.5%。如果欧洲经济复苏因债务危机而延续，将在较大程度上影响中国的出口市场。在欧洲国家出口难度加大的情况下，出于保就业的压力，这些国家很可能会再度举起贸易保护的大旗，从而进一步增加我国的出口难度。

国内外经济形势的变化，使我国经济社会的内在矛盾日益凸显

中国经济时报：中国面临的外部环境很严峻，那内部环境如何呢？

张承惠：国内外经济形势的变化，使我国经济社会的内在矛盾日益凸显。比如，消费与储蓄关系失调、资源环境压力持续增大、国际竞争优势弱化等。

中国储蓄率历来偏高，导致消费率相对较低。2000～2008 年，储蓄率由 37.7% 上升为 51.4%，大大高于日本和韩国，也高于改革开放以来我国 35%～40% 的平均水平。最终消费占比由 62.3% 下降到 48.6%，不仅远低于美国

（70%左右），也低于印度（55%左右）。在消费与储蓄关系明显失调的情况下，经济增长严重依赖投资，产能过剩、资源浪费等问题益发严重。

资源环境压力也不断增大。目前全国600多个城市中，有2/3的城市缺水，其中110个城市严重缺水；人均矿产资源储量不及世界平均水平的一半，仅居世界第53位；重工业占工业总产值的比重由1990年的50.6%上升到2008年的71.3%，重工业的单位产值能耗约为轻工业的4倍。

作为“世界工厂”，中国生产和出口大量耗能产品和设备，由于粗放发展方式迟迟没有改变，导致主要污染物排放量超过环境承载能力，经济结构和能源结构具有明显高碳排放的特征，减排压力和难度异常之大。

改革开放以来，中国借助庞大的劳动力队伍和低成本优势迅速崛起，成为全球化的受益者。但此次金融危机以后，这种国际竞争优势明显减弱。

我国农村剩余劳动力由过去几乎无限供给向有限剩余和出现结构性劳动力短缺转变，劳动力成本迅速上升，“民工荒”越演越烈。5月起，由本田、富士康公司引发的加薪潮、罢工潮开始在东中部地区蔓延，很多原先的劳务输出大省也出现招工难。加上多数省市相继提高最低工资标准，中国从此将走出廉价劳工产品时代，与越南、印度、泰国等国相比，我国的廉价劳动成本优势将不复存在。

中国经济时报：这些因素可能影响到中国经济增长，会否带来机遇？

张承惠：我国政府刺激经济政策带来的一季度经济强劲增长，很可能是本轮经济增长的峰值，其后将步入平稳回落期。由于投资、出口、劳动力低成本等拉动经济增长的传统动力难以为继，中国经济连续30年的高速增长时期接近尾声，今后将转向次高速增长期。

国际国内环境的重大变化给中国带来一些机遇。金融危机后，中国的国际地位明显提高。在主要经济体经济复苏缓慢的情况下，中国仍保持10%以上的经济增速，与发达国家经济规模差距迅速缩小。中国在国际经济、金融体系中的话语权明显增加，在国际采购、跨国并购定价谈判中的地位也有所提升。

贸易顺差和巨额外汇储备，使我国参与国际经济活动的自由度进一步增加。中国企业“走出去”进行海外投资和兼并收购活动的空间加大，通过买卖美国等发达国家的债券，也可以更大程度上对国际金融市场产生影响。

过去十多年里一直难以推动的经济结构调整，在外需大幅收缩、出口导向战略难以为继、需要依靠内需拉动经济的情况下，有可能得到实质性推进。国内外环境的变动对中国经济和产权市场带来机遇和挑战，中国经济和产权市场孕育着大量发展机会。

中国经济时报：中国经济和产权市场孕育着哪些发展机会？

张承惠：宏观环境的大变革、大变动必然孕育着更大的发展机会。随着国企和金融体制改革的提速，我国进入大规模企业并购重组开端阶段，并购重组仅依托A股市场肯定不够，很大程度上需要产权交易市场。

为实现由制造业大国向制造业强国的转变，中国会加快创新型国家建设的步伐。创新型经济需要权益资本的支持，知识产权（股权）交易、科技企业股权交易、风险投资和私募股权交易等相关市场需求将大量增长。

根据国资委的目标，将现有127家央企数量减少为100家以内，地方国企的经济布局和结构的调整远没有结束，一些省市正推动包括国企、民企在内的企业兼并收购活动。这种兼并收购和产业重组将带来大量拍卖、收购、兼并、租赁、投资参股、债权转股权等多种形式的产权交易和流转的服务需求。

绿色经济兴起，排放权、污染物等各种新型交易品种将形成影响力、交易量及交易金额都非常大的市场。可进行排放权交易的标的包括二氧化硫、破坏臭氧层的物质等、重金属（汞、铅等）、化学需氧量（COD）、温室气体等。

中国政府对国际社会承诺：到2020年碳排放强度要比2005年减少40%～45%。为实现这一目标，需要在进行产业结构调整、提高能效的同时，创建灵活、有效的排放权交易市场机制，扩大交易市场的规模。

我国矿产、土地、水等资源人均储量低，资源价格长期被低估，各种资源被粗放使用。改革的重点是明晰要素产权，完善价格形成机制，使资源价格能够反映其稀缺性。资源要素价格体系的改革将推进矿权、土地经营权、林权等新兴产品市场的发展。

发展中小企业是推动服务业和经济结构调整的必然要求。发展农村经济则是确保中国粮食安全、缩小城乡差距、促进消费的客观需要。中小企业和农村经济的发展需要多样化的金融配套服务，也会产生新的产权交易需求。

上述几个领域的改革和发展，将直接或间接影响到产权交易市场，并大大扩展其发展空间。发展产权市场是促进经济发展方式转变、应对国际国内经济环境变动、提升中国国际竞争力的需要。

中国经济时报：你认为如何推动中国产权市场的发展？

张承惠：首先，以建设规范、专业、统一、高效的产权交易市场平台为目标，推进产权市场的整合。目前机构设置分散、规模不经济的问题仍没有完全消除，需要有关政府部门重视和解决。

目前我国形成以上海为中心的长江流域产权交易共同市场，以广州为中心的南方市场，以天津为中心的北方产权交易共同市场，以西安为中心的西部产权交易共同市场。下一步整合重点应在“资本合作”方面突破，形成跨区域的经营实体，推动跨地区产权交易项目的市场化运作。

除了基础业务（国有产权登记、公共资源交易、股权转让见证以及股权登记托管等）以外，各地产权交易机构应根据本地区的实际需要和本机构的服务能力，开展企业改制顾问、私募基金交易、拍卖以及小额贷款、融资租赁服务、不良资产处置、政府采购代理、外资兼并收购等增值业务。

继续深化林权交易、技术交易、私募股权交易、农业和农村产权交易、文化产权交易、碳排放交易等新型交易平台的建设，努力扩大交易量。

2008 年 12 月，银监会发布《商业银行并购贷款风险指引》，打开了并购贷款的“闸门”。各地产权交易所作为企业并购的专业服务机构，有条件吸引商业银行与之建立战略合作。目前这种合作已有了良好的开端，需要交易双方推进这种前景广阔的合作。

此外，建设专业化程度高的成熟市场需要进一步完善交易平台、清算托管等基础设施的建设，并在完善制度、培养高素质人才队伍方面下工夫。

附

重新审视金融市场和金融监管

——美国金融危机引起的思考

张承惠

美国作为一个金融市场最发达、金融监管制度最完备、金融创新最活跃的国度，在很长一段时期内都是发展中国家的效仿对象。特别是在世界银行、国际货币基金等国际经济组织和本国精英的大力推崇下，美国的制度和方式，成为发展中国家建设本国金融市场和金融监管体制的典范。但是本世纪最大的一场金融危机，却恰恰在美国引爆，此情此景，不能不引起人们的深思。

一、对过去共识之否定

在西方经济理论特别是新自由主义和华盛顿共识的引领下，人们普遍达成了以下一些共识。

第一，金融市场具有自稳定机制。只要金融市场具有足够的深度和广度（也就是说，市场要覆盖尽可能大的范围，金融产品要尽可能多样化），就能够有效分散和化解风险——格林斯潘曾反复称赞信用违约掉期（CDS）是一项重大的金融创新，在全球范围分散了美国的信用风险，并增加了整个金融系统的抗风险韧性，他认为银行比政府更有动力和能力来自我监管信用违约掉期的风险，从而坚决反对政府对金融衍生品市场的监管。

第二，由于每个市场参与者都是理性之人，市场的自动调节是最优越和最完善的机制。市场机制能够惩罚一切背离规则的市场主体，使之回到规范的行为轨道上来。

第三，现代企业制度可以建立起完善的内部治理，从而规范高管的经济行为，有效地减少内部人控制和道德风险。

第四，为实现上述目标，需要建立自由放任的市场经济以实现充分竞争。自由选择是经济和政治活动最基本的原则，由国家来计划经济、调节分配，破坏了经济自由，扼杀了“经济人”的积极性，只有让市场自行其是才会产生最好的结果。

但是此次美国金融危机动摇了上述所谓的共识。

首先，金融市场即便具有自稳定机制，也是有限的。我们看到的美国金融市场，反而具有不断扩张规模、放大风险的内在机制。2007 年，美国的实体经济规模只有不足 14 万亿美元，但其金融资产规模超过 600 万亿美元，其中与生产和消费相关的贷款不足 20 万亿美元，股票市值 20 万亿美元，而金融衍生产品的规模高达 596 万亿美元，是实体经济的 40 多倍。由于金融市场泡沫越吹越大，终于难以维持而导致金融危机。

其次，当市场形成寡头垄断的竞争格局之后，合谋或者某种程度的共同行为就很容易产生。稍远些的事例是 2001 年，曾经世界排名第一的安达信会计师事务所因参与安然造假而倒闭。无独有偶，毕马威参与了施乐的造假，德勤公司也因审计不力而被推上被告席。2003 年美国“上市公司会计监督理事会”对四大会计师事务所的检查结果表明，这些事务所均存在大量的审计错误。在投资银行业我们也看到同样的情景：2001 年一位遭受巨大损失的投资者将为他提供投资咨询服务的美林证券告上了法庭。纽约司法局随后对各大投资银行展开了全面的调查，结果发现，越来越多的证券分析师介入股票的推销——这就是证券分析师总是抬高企业评级的原因。最近的事例则是，在次贷危机中，标准普尔、穆迪、惠誉这三大评级机构在危机发生前，均未及时向投资者提示结构性金融产品的风险，甚至在审计人员发现问题时，主管仍然要求其给予最高评级。正是利欲熏心的评级机构与华尔街合谋，才使得各种垃圾债券被贴上安全的标签出售给投资人。而在金融风暴席卷华尔街后，三大评级机构又不约而同地采取降级行动而成为“执照杀手”，从而加剧了金融风暴的危害程度和恐慌心理。近几年各类中介服务机构的所作所为，使得所谓“独立、客观、公正”正在成为一张“画皮”。

第三，各类金融机构的内部治理远没有人们想像或者希望的那么完美。其证据就是从商业银行、投资银行、保险公司到各种金融市场中介机构，高管违规甚至违法的行为屡见不鲜。几年前，美国一家信用评级公司曾在调查了7000家公司之后指出，多达1/3以上的美国上市公司可能存在财务作假问题。上世纪80年代之后，西方国家在新自由主义的指导下，纷纷推行了以放松政府管制为特征的经济改革。进入90年代之后一些市场准入的限制被进一步放宽，由此一方面导致“资本运作”盛行，企业成为可以随意甩卖的商品；另一方面导致职业经理人的权力急剧膨胀，突出表现为CEO（首席执行官）的收入（特别是美国）远远高于普通员工。不久前有报道说，在美国政府推出7000亿美元救市方案后，被喻为金融海啸始作俑者的金融机构高层，却仍然享有高薪报酬，甚至有人挥霍公款奢华度假。这些丑闻揭示出，在内部治理貌似完善的美国公司，职业经理人的权力并没有受到有效约束，“内部人控制”问题依然严重。为了个人的私欲，职业经理人可以置股东尤其是中小股东的利益于不顾，当然企业的社会责任更是无从谈起。

第四，美国金融危机证明，完全自由放任的市场经济并不能够顺利发展，过度依赖市场主体的自我监管等于没有监管。可以说，美国金融危机是市场主体集体“犯错”共同酿造的苦果：贷款机构为自身的经济利益而放宽了申贷标准，导致大量低信用等级的借款人获得了贷款；投行等机构将次级产品进行层层分解和打包，从中获得高额的手续费；评级公司为这些构造异常复杂的金融产品打上“优质品”的标签；对冲基金、保险公司将这些金融衍生商品纳入自己的投资组合。另一方面，危机发生之后，当初设计的保护机制（存款保险公司、证券投资者保护基金等）并没有发挥预期的作用。如果不是美国和欧洲各国政府的紧急救助，我们今天看到的恐怕将是遍地瓦砾。为使金融体系免于崩溃，欧美多国政府纷纷通过注资、入股的方式将银行国有化，这大概是自由市场体系设计者们始料未及的。

二、世界需要新共识和新秩序

尽管我们看到了市场经济的缺陷，但是这并不意味着市场完全失败和需要回到计划经济体制。倒退是没有出路的，因为实践已经证明政府的过度管制同样会损害金融市场，也更容易导致经济的畸形发展。那么美国危机之后，我们对金融市场和金融监管应当有些什么样的新共识，国际金融市场秩序应作何调整呢?

第一，市场主体的趋利性是难以自制的，无论是商业银行、证券公司、保险公司、基金管理公司，还是会计师事务所、评级公司，都难以摆脱对利润的疯狂追求，现有市场规则并不一定能够对这些行为加以制约，因而必须加强监管，建立强有力的市场监管体制，随时修订过时的规则。为此，多重的监管框架和分业监管框架应当整合为统一的监管框架。

第二，金融衍生品的发行和交易应当受到监控。因为与全球帮助美国分散风险不同，并没有一个宇宙来帮助地球分散风险。衍生品的问题在于：一是由于衍生品的高杠杆作用在市场繁荣时可带来高收益，容易把交易极度放大，使得虚拟经济完全背离实体经济，导致经济结构的失衡；二是衍生品在市场萧条时必然导致高风险，而杠杆效应又会连带金融市场快速坍塌，进而给实体经济带来沉重打击；三是金融衍生商品都是柜台交易，没有中央清算系统，没有对交易风险的监控追踪，交易的信息高度不对称；四是金融衍生品交易的目的早已不仅仅是对冲风险而是转变为获利，金融衍生品已经异化成为赢利工具甚至是赌博工具。交易双方可以毫不关心衍生品所依托的金融资产质量，只是对赌某种事件是否出现。因此，对金融衍生品的发行和交易活动实施某种程度的监管势在必行。这种监管的核心在于增加产品风险的透明度，使幕后交易更多地走上台面。对于新兴国家来说，适度控制金融衍生商品的发展，为金融创新设立一定的边界恐怕也是必须的选择。

第三，加强公司外部治理和内部治理的结合，更加注意解决内部人控制问题。美国大企业经理的收入大部分来自其拥有的股票和股票期权，在这种激励机制下，公司高管天然具有做假账粉饰业绩以抬高股票价格、增加自身财富的冲动。对此，监管部门一方面要敦促金融机构进一步强化风险管理、高管薪酬、流动性管理，加强自我监管；另一方面要提高金融机构的透明度，改进运作规则和金融产品的营销方式，充分发挥社会舆论和市场相关人的力量对企业高管实施外部监督。

第四，重要的市场中介机构需要监控，防止其在职能上产生内在冲突，通过制定制度、改进流程、监管部门定期不定期的检查和聘请外部公司定期对中介机构进行独立性评估等措施，确保这类机构与证券发行人、承销商、投资者之间不存在利益关系，并加强信息披露，提高评级、审计等工作的透明度。

第五，建立风险预警和危机处理机制。在此次美国金融危机的初始阶段，政府并未看到房价下跌所引发的一系列问题。2008 年 3、4 月份，美国高官甚至表示金融危机最坏的时候已经过去，完全没有预料到“两房”和雷曼公司事件及其对金融和经济产生的影响。在情况严重恶化以后，美国政府的救助措施一再遭到议会的反对，欧盟国家也是在一片混乱和反复争吵之后才勉强达成一致。相比 1933 年的罗斯福新政时期，政府应对危机的能力受到了很大的限制。今后如何建立更有效的风险预警和处理机制，协调好决策质量和决策效率的关系，是各个国家都必须面对的问题。

第六，加强国际监管部门的协调和对跨境交易的监控。当今金融市场上最有实力的，是各种类型的金融控股公司。由于这类公司多为跨国经营，而各国监管体制、监管方式又存在很大的差异，金融控股公司很容易在不同国家之间进行“监管套利”活动。美国花旗、AIG、德意志银行在此次金融危机中纷纷因涉足过多的高风险交易而出现巨额亏损，说明控股公司受到的监管是十分有限的。对此，世界各国应进一步强化监管部门之间的协调，在主要国家的监管部门之间甚至应该建立固定的监管沟通机制，以便快速传递信息，对可能出现的系统风险作出准确判断，及时发现和处理金融市场中发生的问题。

三、困难与障碍

建立国际经济金融新秩序，面临以下两个最大问题：

第一，新秩序由谁来建？过去的国际经济金融秩序，本质上是由美国主导的。现在英国首相布朗提出要建立由欧美主导、更公正的新布雷顿森林体系，法国总统萨科齐要“改变游戏规则”，新兴国家则也在这场争夺世界金融领导权的较量中跃跃欲试。另一方面，美国绝对不会轻易放弃自己手中的金融霸权和维护自由市场经济的核心价值观，同时美国的实力尽管在这次金融危机中受到削弱，却还远未达到无力与挑战者抗争的程度。欧盟领导人在 2008 年 11 月 7 日达成的推动国际金融结构改革的四点原则，尽管可能会得到广泛认可，但在具体方案和规则的设计上，却仍然存在极大的障碍。新兴国家虽然渴望在国际舞台上获得更多的话语权，但各个国家却都有自己的“小算盘”，短期内很难在各方利益协调上达成一致。

第二，谁来担任新秩序的执行者和监督者？过去几十年中，美国是依靠其控制的 IMF、世界银行等国际经济组织来推行其理念和维护世界金融秩序的。如果未来仍然维持这个格局，甚至为了强化市场秩序而赋予国际经济组织更大的权力，最终结果很可能会南辕北辙；如果建立一个新的国际金融监管执行机构，恐怕难度会更大。

2008 年 11 月 15 日召开的华盛顿 G20 会议，除了对一些基本原则达成共识以外，并无具体进展。

综上所述，要实现国际经济金融秩序的根本改革，不仅需要时日，而且需要中国等新兴国家的进一步崛起。

张承惠

现任国务院发展研究中心金融研究所副所长、研究员，中国房地产学会副会长、中国金融学会副秘书长，享受国务院特殊贡献专家津贴。

1982 年毕业于上海工业大学，获工学士学位。1988 年毕业于中国人民大学工业经济系研究生班，1989 年获管理学硕士学位。1994 年毕业于中国社科院研究生院投资系，获经济学博士学位。此后进入国务院发展研究中心工作，1998 年破格晋升为研究员并任技术经济研究部研究室主任。2002 年起任技术经济研究部副部长，2003 年 2 月起任国务院发展研究中心金融研究所副所长。

曾主持或参加数十项课题，如《中国货币市场的监督、控制与管理研究》、《中日公共投资比较研究》、《金融体制改革总体设想》、《中国投资体制改革研究》、《跨世纪战略发展过程中的中国经济结构研究》、《经济全球化进程中金融危机的防范》、《国际保险市场开放进程与战略》等。7 次获得中国发展研究奖，发表论文 200 余篇，独立、合作出版专著 10 余本。

金融危机加速了世界第三次版图瓜分

——访中共中央党校教授张玉杰

李慧莲/文

在2010年冬一个研讨会的讨论环节，一个声音从偌大会议室的最后传过来，发言者对前面演讲者做评论时提到了本轮金融危机与世界版图的第三次瓜分理论和中国机遇论，此观点让本已疲倦的记者为之一振。据会议主持人介绍，这是中共中央党校经济学部教授张玉杰，笑星赵本山的老乡。他那天的发言是短评，只有三五分钟，没能深入展开，于是中国经济时报记者约请他专访，从而有机会细听一个长期研究微观经济学的专家另类解读国际问题。

金融危机加速了世界第三次版图瓜分

中国经济时报：你认为本次金融危机与你说的世界版图第三次瓜分有何关系？

张玉杰：先说三次瓜分理论吧。世界版图的瓜分是人类活动的特殊现象，第一次版图瓜分了几千年，瓜分方式简单，就是打。通过战争、暴力手段抢地盘，占领疆域，几千年来这样延续。到了第二次世界大战后，这次瓜分基本结束，这是瓜分自然版图。之后，各个国家的疆域基本没有改变。

第二次版图瓜分，分的是政治版图，主要采取的是意识形态方式，以北约与华约两个军事集团的成立、社会主义和资本主义两种管理模式的形成、计划经济和市场经济联盟手段的界定为标志，分了六七十年，最后因为苏联解体、华约解散而结束。

世界出现多极化，出现了和平、发展、合作这个主旋律。而多极化的结果，是世界经济全球化造成的，人类文明走到这一步，第三次版图瓜分开始了，它起步于20世纪80年代末，瓜分的是经济版图。这次版图瓜分采用的是大家普遍接受的和平手段，即全球市场、全球资源、全球人才、全球资本这四种要素越过了自然边界，不再是版图的概念。市场、资源、人才、资本四大要素在全球自由流动，使国家之间的界定模糊了。

以全球市场为例。当年，当可口可乐公司宣布世界上最后一个没有可口可乐产品的国家消失了后，就可以理解什么是全球市场。暴力手段大家不认可，意识形态冲击也不认可，但是把产品卖到全世界，大家是认可的，是一种和平手段。它越过了自然版图，实现了全球的覆盖。

我认为，这次金融危机加剧了这次经济版图瓜分的速度和程度。

中国经济时报：你认为中国在第三次世界经济版图瓜分中处于何种位置？

张玉杰：应该说，这次全球金融危机为中国确立位置提供了一个很好的契机。经过30多年的改革开放，中国正在和平崛起，并且这也符合世界第三次版图瓜分的游戏规则。我们和世界上所有国家在这次世界版图瓜分的起点是一样的。我们要通过发展来参与，我们不参与，别人就来瓜分我们。对外投资谁也阻挡不了，意识形态等都阻挡不了。

在这次版图瓜分中，谁也躲不了，只能参与，寻找自己的位置。因此，中国在第三次版图瓜分中，必须积极参与，而且中国在这次版图瓜分中，有机会成为全世界最具影响力的国家之一。

全球交流物理平台的变化给中国提供了新机遇

中国经济时报：除了金融危机的机遇，你认为其他方面有无成就中国机遇的条件？

张玉杰：当然有啊，这就是我要说的第二个话题，世界技术的发展，特别是现代通讯网络、交通网络的建成，为中国崛起提供了重要机遇。

世界科技创新从来没有像现在这么活跃过，不仅仅提出了新理念、新技术，而且创造出大量的新兴产业，特别是现代通讯、交通等网络的形成，使全球在空间上、时间上集合在一起。四张通讯网：广播、电视、电话、互联网消灭了空间的概念。高速公路、高速铁路、民航、远洋运输这四张遍布全球的交通网络，大大缩短了人们空间距离。这两大基本物理平台形成后，人流、物流、信息流、资金流可以通畅地在全世界流动。全球产业链分工也自然产生，企业虚拟化自然出现，企业的生产、经营、公司总部，不再在一个地方了。例如耐克公司，没有生产工厂，却成为跨国公司。如中国的美特斯邦威，只有品牌，和耐克公司一样，成为我国最大的运动休闲类品牌。这都是由于有现代交通、通讯物理平台的支撑才出现的。

在这样的背景下，全球的产业链分工就形成了。国家要占领制高点，努力向产业链前端寻找自己的位置；企业也要选择自己的制高点，努力寻找适合自己发展的产品技术、营销模式。产品创新、管理创新、技术创新是在微观层面发生的，中观层面会发生产业升级，宏观层面会产生经济发展方式转变。这为我们提供了实施战略性转移的契机、条件，也为我们提供了发展方式转变、产业升级、实施区域经济协调发展的战略契机。

我们过去讲东、中、西部发展是三个台阶，是由于过去交通通讯不便造成的，现在以城市为点、交通干线为面的网络格局中，将使中、西部发展出现大出大进的发展态势，跨越式发展不是梦。中西部地区不再是简单地承接东部地区的产业转移，而是在全国进行的产业链分工、将来是全世界的产业链分工中确立自己的位置，这就是跨越式发展。

中国经济时报：你认为这种契机和条件将给中国带来怎样的变化？

张玉杰：这将使中国整个社会经济结构发生重大变化，给我们以重要的战略发展机遇。

消费结构的变化使人们的消费总量会上升，消费水平提高。物质消费商品比重将下降，精神消费商品比重将上升；低档商品消费比重将下降，中高档商品消费比重将上升；饮食类商品消费比重将下降，其他类别的消费比重将上升；国内商品消费比重将下降，全球商品消费比重将上升。城市与农村、南方与北方、东部与西部、沿海与内地的消费结构、消费水平都将发生深刻变化。这就为我们实施扩大内需战略提供了条件，同时供给结构也将发生变化。由于消费结构的变化必然反馈给企业，使它们提供的产品档次、规格、水平、质量都将上升，对企业的产品升级、管理升级、技术升级、产品创新甚至设备的更新提出了一系列的客观要求，这就必然要逼着企业上水平、上档次。这就给我们提供了产业升级的战略机遇，也为面向全球产业分工发展战略新兴产业提供了机遇。

中国人均 GDP 上升到 4000 美元以上，很可能 2010 年达到，在未来“十二五”期间突破 4000 美元上升到 5000 美元也有可能。在这个阶段是结构变化的剧烈时期，不论是国家的经济结构、社会结构，还是经济发展的基础——微观主体的结构，甚至企业内部的结构都要发生比较深刻的变化。

一个国家的能量释放让全世界买单令人质疑

中国经济时报：你是怎样看待这次金融危机爆发原因的？这两年多来，成因之说太多了。

张玉杰：关于金融危机的起源以及发展到目前的各种情况，大家都很关注，但是对这种时局的判断，很难有一个准确的把握。

人类文明在第二次世界大战后已经经历了6次危机，为什么还有第7次？美国人是给全世界写教科书的人，那么多诺贝尔奖获得者、经济学家、管理学家，为什么还要搞金融危机？去年5月份我跟中央党校代表团到美国访问，访问了纽约、华盛顿，与美国有关人士作了深入交流，其中包括美国财政部等政府部门，也包括一些大学和高盛集团等市场研究机构，接触了美国的政界、学界、商界，还去了世界银行。双边举行了17场对话会，最后我们发现，美国人讲不明白金融危机是怎么回事。自己编出来的故事自己讲不明白，这叫什么事？美国人要是讲不明白，全世界谁能讲明白？

通过交流我们发现，这不是一次简单的金融危机，这是整个社会经济的系统性失灵，任何一个部门稍加认真都能避免这个现象的发生。我们知道，美国有很严谨的管理体制，无论在金融、商业还是在社会管理方面都如此。那么为什么任何一个部门都没有稍加注意、没有一个人去踩刹车呢？这说明它不是简单的金融危机而是系统性失灵，它给美国人带来了机遇，借此机会来释放他们在全球第六次经济危机以后积累的经济矛盾，释放的结果是让全世界给它买单。把一个部门的能量释放，让一个国家买单；把一个国家的能量释放，让全世界买单，这就是这次所谓的金融危机从它爆发那天开始一直延续到现在形成的一个社会现象。作为一个理论工作者来讲，应该清醒地看到，不要就金融危机而论金融危机。它给我们留下了深刻的反思。

中国经济时报：你认为这些反思包括哪些方面？

张玉杰：第一个，我们对传统的、经典的经济学理论提出质疑。传统的经济学理论是真正的理论还是一种数学游戏？大学里都在教，很多人都在学，可美国人的实际运作是不是按照这套理论来进行的？我们画了个巨大的问号。

第二个，对通过金融危机这种方式来获得全球财富提出质疑。目前财富已经虚拟化，它是以资本的符号来表达，一个国家的货币无论贬值、升值，财富都会发生巨大变化，通过这样一种虚拟化的手段来获得全球财富令人质疑。难道美国人不知道金融危机痛苦吗？为什么还要做这个事？这是为了获得全球财富。

第三个，对全球金融活动的安全性提出质疑。目前，整个世界经济捆绑在以美元为代表的国际货币体系里，一旦这个国家的经济崩溃，美元体系失灵，对整个世界经济体系的打击将是灾难性的。世界上已有不少人呼吁，能否还有其他的国际货币体系来维系整个世界经济和金融活动的安全。

危机后的四大新现象值得研究

中国经济时报：透过这次危机，你觉得有哪些方面值得总结？

张玉杰：由美国的次贷危机演化并扩张到全球的金融危机影响到了其他国家经济的发展，必然引起世界政治经济格局的重新调整与变化。在我看来，有几大现象值得特别注意。

第一个现象：产品经济与事件经济并存，事件经济的影响增大。金融危机也是个事件，包括奥运会、世博会都属于事件。事件的发生、发展、结束会产生巨大的影响。事件分为有计划的、主观的、良性的事件和客观的、被动的、恶性的事件。事件经济已经成为国家乃至地方经济工作的一大抓手，通过制造一个个事件而引发经济发展。但我们以前更多关注产品经济，对事件经济的研究不够。

第二个现象：实体经济与虚拟经济并存，虚拟经济的影响增大。所谓虚拟经济自人类有了信誉就已经开始了，信誉本身是虚拟经济最初的形态，信誉本身是有价值的。虚拟经济影响增大，最典型的就是股票、债券等金融领域。这次经济危机就是在虚拟经济的领域出现，是由于信誉发生了问题，信誉链突然断了，而不是价值链或产品链断了才酿成的灾难。所以对虚拟经济我们研究得不够，关注也不够，理论也不多，说穿了就是对虚拟经济的规律性了解不够。过去六次危机基本都是实体经济造成的，但是这次是因为虚拟经济。所以，这次总结经验教训的时候要从虚拟经济的角度来反思。

第三个现象：稳定态经济和激发态经济并存，而激发态经济的影响增大。稳定态就是很平稳地走，有规律，按时间轴来看它不会大起大落。激发态就是突然间出现的事，按时间轴来看，突然间冒出个事突然间又平息下去。比如海南岛宣布要建设国际旅游岛，第二天房价突涨，这就是突发性事件，这就是激发态。用学术语言讲，它的曲线是脉冲式的，我们把它称为激发态经济。过去的经济学理论也好，管理学理论也好，更多的是描述稳定态经济的规律，而对激发态经济的理论不足。

第四个现象：规模经济与势力经济并存，势力经济的影响增大。如今，不论是国家也好，企业也好，大家追求的不是规模，而是势力。从微观经济体上，大家强调的不是工厂而是公司。从经营量和生产量来说，更关注的是经营量而不是生产量。这么一来就把公司管理与工厂管理、规模管理与势力管理、生产领域和经营领域明显分开。几个人的公司可以成为跨国公司，几十万人的企业只是个工厂，这个现象就出来了。那么最后谁说了算呢？当然是少数人说了算，所以是公司决定工厂；市场上的权力决定生产的规模。二者之间当然是市场上的权力重要，而非生产规模重要。这么一来，规模经济失灵了，势力经济表现出来了，这就出现了规模经济理论和势力经济理论。可是我们对势力经济理论研究得不够，关注得不多。

我个人认为，这次金融危机给人类留下了非常深刻的反思，也给我们提出了很多需要探索的命题。我前面讲的这四个现象，都亟需进行深入地研究、深刻地理解，去准确地把握它，将来要用这些规律为我们以后的发展导航。

附

在美国如何看待这场金融危机

张玉杰

一、金融危机诱发原因没有一致观点

在美国并没有一个统一的声音，没有一个权威理由能解释这次金融危机为什么发生，这是很奇怪的事情。按道理说，解释这次美国金融危机发生原因美国应该是最有权威的，应该是最清楚的，实际上无论政府还是理论界并没有一个高度一致的声音，并没有一个十分详实而令人信服的理由来说明危机产生的原因，众说纷纭，归纳起来大致有以下几种看法。

一种观点认为：房地产“次贷”出现危机而诱发金融危机，扩散为全球金融危机，甚至演变为经济危机。在美国，64%的人具有自己的房产，房利美公司、房地美公司是为住房贷款担保的机构，美国有一个严谨的住房贷款担保系统，担保机构要提供借款额2倍以上的担保额。金融机构贷款利率低，根据美国抵押贷款银行协会提供的数据，2003年30年期的住房抵押贷款利率最低为5.23%，15年期的为4.63%，“次贷”利率为3%左右，人们对房地产价格升值具有普遍性预期，而获得贷款又容易，出现大量不良房贷。发放不良贷款的部门是房贷经销商，不是正规的部门，他们放贷后再通过证券化形式转让出去，市场上各类贷款达到 11 万亿美元，大部分都是那些资质不好的部门所控制，房地产贷款市场造成“次贷危机”，而不合格的“房贷”没有人干预，政府认为人是理性的，可以自我控制，相信市场机制有功能自我调节，而实际上市场的调控能力丧失了。过去“房贷”似乎是白给的（利率低），2004 年是 400 亿元，到 2005 年猛增到 5000 亿元，发展太快了，突如其来，措手不及，造成金融危机。

另一种观点认为：金融行业创新过度，金融行业创新衍生产品过于复杂，相互嵌套，很难理清其中的相互关系，一个环节出问题就使得整个金融体系发生震荡，甚至无法正常运行，金融杠杆发挥作用，全球金融体系存在系统性缺陷，不能抑制不良行为，导致金融危机发生。

第三种观点认为：政府管理失败，金融系统监管不力造成金融危机。政府过度相信市场是万能的，人们是理性的，其自身具有自律功能，而事实上并非如此，国家在经济生活中的作用减弱，金融行业系统缺陷是极端自由市场理论的产物，导致金融危机发生。

第四种观点认为：以美元为中心的国际货币体系脆弱造成金融危机。二战后随着美元国际硬通货地位的确立，金本位制货币体系弱化，强势美元金融体系影响和渗透，使得全球以美元捆绑的经济行为十分明显，美国出现任何经济行为闪失都会影响全球经济，美国一国“次贷危机”演变为全球金融危机。

国际上持第一种观点的声音较大，这主要是受美国本土发出声音的影响，表面上看房地产“次贷”是导火索，房地美、房利美两个公司出事，诱发美国金融行业“多米诺骨牌效应”，波及到整个美国金融界，并传染到全世界。实际上在美国许多权威人士都感叹“为什么会这样？变化太快了”！美国人自己都没有完全搞清楚。金融危机还在发展之中，追究其真正原因还为时尚早，美国人认为眼前人们迫切需要做的是“救火”！是如何应对！是怎样解决！是抑制经济下滑！而不是去找原因、追究责任。美国人更关心的是“救火”，而不是查找“着火”的原因，这样就形成了美国与国际社会针对金融危机看法最直接的观点冲突：国际社会关心危机产生的原因，美国人关心怎样解决目前的困境；国际社会普遍认为美国是这次危机的根源，要追究其原因，追究其责任，美国则全力面对困境，寻找解决途径。解释原因是多方面的，甚至认为经济全球化是危机的原因，国际大家庭已经成为命运共同体，相互影响，无法分开，是经济全球化和自由贸易模式导致金融危机发生，产生危机原因国际社会有责任。可见在危机原因方面美国与国际社会观点不一致，在美国国内社会各个方面观点也不一致。

二、金融危机重创美国经济影响全球经济

这次危机开始于2007年初，当年美国经济开始衰退，金融危机最高峰表现在2007年12月份，2008年开始出口衰退，2008年9月开始进入经济危机状态，2008年经济增长率比2007年降低一半。美国商务部公布美国经济2009年第一季度实际降低5.7%，略好于此前公布的6.1%的降幅，个人消费开支增长1.5%，个人用于耐用消费品开支增长9.6%，私人住宅投资下降38.7%，企业的设备和软件投资下降33.5%，外贸出口下降28.7%，外贸进口下降34.1%，消费开支相关的核心价格指数上升1.4%。目前尚未出现通货紧缩，失业率8.9%，估计2009年底上升到10%或更多，美国经济2000~2006年是最好时期，这次危机最为严重。

在美国，金融危机影响是普遍性的，无论在行业还是在区域都是严重影响。仅仅就纽约为例：金融危机对纽约州的影响，经过多次修正，预测经济增长指标2009年为3个百分点，主流经济学家称2.8%~2.9%，但是2008年9月开始一路下滑，至今还处在低迷之中，其周期时间还难以定义，美国国家经济周期比地方区域经济周期要短（例如纽约州经济），经济危机对地方政府影响很大。

首先重创金融行业，直接表现为流动性困难，银行倒闭，从而扩散到实体行业，通过传导机制影响实体经济，致使企业贷款困难，资金短缺，需求萎缩，开工不足，甚至停产、倒闭。其次严重影响就业，由于企业生产经营不景气，压缩就业岗位，失业率大幅度上升，不安定隐患增多，社会稳定形势严峻。再次严重影响消费市场，消费品市场购买力萎缩，市场低迷，房价下跌，交易低迷，拍卖房数量增多，新开工项目下降。第四，教育行业也受到影响，主要表现是公立大学入学率上升，私立大学入学率下降。美国私立大学主要资金来源是基金、学费、资助和筹款，2009年经费下降20%，出现资金紧张局面。例如：坐落在华盛顿的乔治城大学为私立大学，其主要经费来自于学生的学费和社会赠款，本科生年学费为5.4万美元，金融危机以来社会赠款减少，私立大学学生入学率普遍下降。而公立大学主要经费来源于政府财政拨款，学费相对较低，因此出现金融危机以来，公立大学入学率上升了。第五，严重影响国际贸易，进出口贸易下降，订单减少，出口加工工业遭到重创。

随后，美国金融危机影响传染到北美、欧洲、亚太，扩散到了全世界，冰岛、英国、德国、韩国、日本、印度尼西亚、巴基斯坦，等等。根据世界银行、美国花旗银行、高盛集团、穆迪公司等研究机构在2009年5月份预测，2009年全球GDP增长估计为2.0%左右，是60年来全球经济发展最糟糕的一年。

三、忙于救火积极应对危机

美国人认为“救火”是当前全球共同面对的现实情况，而不是抱怨，应当是面对问题想办法解决。政府仍然是处理危机的主导者，一方面政府要注入资金，缓解流动性紧张；另一方面加强监管，增大监管力度，发挥监督机构作用，改善管理方式，主张运用市场机制解决问题，而不是打破原来的体制重新再建立一个新系统。这次危机使美国民众对对美国政府的能力和效率产生怀疑，过去奉行政府不干预政策，现在政府介入经济可能是长期的，但是体制不会变，监管将增强，政府将与企业联手发挥作用。这次危机使美国人认识到自由市场经济不完美，需要监管，现在难以预测政府要干什么，政府认识到需要控制通货膨胀，还要关心资本市场情况，在经济活动中不能用一种工具同时解决两种问题，过去政府只是运用利率工具，现在认识到仅用这一手段不够，需要宏观经济稳定政策。

金融危机出现以来美国政府和理论界十分重视事态变化，主动发布情报，引导世界舆论，通过各种媒体，运用各种手段各种形式，包括会议、书刊、杂志、广播电视、网络、领导人出访，主动发布信息，主动说明情况，建立庞大舆论攻势，积极营造于自己有利的世界舆论氛围，主动引领世界舆论，这样就使得全世界的经济理论研究不得不跟着美国的理论脉搏，不得不重视美国发出的声音，不得不关注美国情况的变化。

金融危机出现以后，美国政府做出经济刺激计划，投入7870亿美元拯救经济，主要做法是，作为两个大型基金，一方面购买坏资本，给金融业注入活力，另一方面给商业领域提供新贷款，推动企业开工。经济刺激计划的效果开始显现，2009年4月以来风险贴息的风险下降了，出现好兆头。美国地方政府解决经济危机的做法（例如纽约）：一是增税（改变税率，对高收入人群增税）；二是联邦政府支持（主要是医疗保险，一半是国家承担，一半是州政府承担）；三是节支（节约60亿）。在美国经济刺激行动的影响下，国际社会纷纷采取措施稳定本地区或本国经济，到2009年上半年为止，各国政府应对全球金融危机的干预措施达到612项，救市手段的效果各有不同，各个国家经济刺激行动的后滞效应现在还不得而知，此后的负面影响还不清楚，美国已经开始关注美元国际地位问题、债台高筑问题，等等。

四、金融危机过后美国仍然是北美经济增长发动机

在美国，对当前全球金融危机总体情况判断基调是：全球经济下滑走势趋缓，但不同国家和地区情况不均衡；2009 年 5 月美国经济衰退开始出现触底迹象，对经济复苏持乐观态度，预计 2009 年年底前结束衰退，整个下跌时间 20 个月左右，经济复苏已经出现积极信号，美联储购买流动性，货币情况改善；银行业好转，财政情况改善；房贷和房价上升，房地产行业上升；家庭支出能力上升，市场开始活跃。但是经济复苏将是缓慢的，初始时期消费者将增加储蓄，财政资金赤字增长，就业率缓增，通货紧缩，政府负债率将增加，短期国债利率低，美国总体宏观经济杠杆会下降，政府不会购买资本品，政府对金融监管将增强。美国实施 7870 亿美元刺激计划，预计生效要到 2010 年第二、第三季度，虽然不能彻底解决困难，但是可以缓解 3%（刺激经济增长），目前消费者信心在增长，第四季度经济可能会上升。2009 年，中国将成为世界经济增长的火车头，带动亚洲地区成长，美国带动北美洲地区成长，欧洲经济表现将最差。中国对东亚地区出口将增长，美国对北美地区出口将增加。股票市场触底，金融对实体经济反应时差是 6 个月左右，全球经济增长率估计为负 3%，发展中国家为 1.6%，中国为 7.6%，新兴经济体“金砖四国”当中只有中国成长最好，巴西、俄罗斯、印度三个国家都有各自困难。2010 年全球经济预计增长 1.5% ~2.0%，而中国将增长 8.3% ~9%（见下表）。

表　　世界主要经济指标预测

指标	GDP 增长率（%）			CIP 通胀率（%）			流动性平衡（%/GDP）		
年度	2008	2009	2010	2008	2009	2010	2008	2009	2010
世界总体	2.8	2.0	2.0	4.8	1.6	2.4			
美国	1.1	2.7	1.8	3.8	1.0	0.3	4.7	2.9	3.5
欧洲	0.7	4.2	0.2	3.3	0.3	0.8	0.8	1.0	0.8
亚洲	6.3	4.1	6.4	6.6	1.3	2.7	5.8	5.2	4.7
中国	9.0	7.6	8.3	5.9	0.4	2.0	9.9	7.4	6.4
拉丁美洲	4.1	1.0	2.5	8.7	8.0	8.7	1.6	1.2	0.6
非洲/中东	6.3	2.4	4.5	12.1	7.6	6.5	14.3	2.0	1.1

注：2009 年度和 2010 年度为预测指标。

资料来源：美国花旗银行“全球展望与战略”，2009/4/22。

美国人认为，金融危机过后全球经济展望持乐观态度。美国仍然是北美地区下一轮经济起飞的发动机，美国金融危机过后经济复苏并能继续保持发展，其理由是：美国是移民国家，有创新活力；美国有开放的市场，生产要素自由流动，能够向有效率的环节配置；美国有先进的科学技术，科技作用与生产力发展结合；美国政府具有刺激经济的领导能力。

虽然金融领域已经出现利好现象，但是实体经济领域尚不明朗（GDP、失业率等等），还需要时间来消化消极因素。财政刺激只能短期上升，未来经济增长点在哪里，大家还在思考，还在追寻，没有定论。2010 年，预计美国失业率将达到 10%，政府成为最大的消费者和投资者，美国最先出现复苏迹象的产业，一是基础设施建设，例如，要修路，建桥梁；二是能源领域，是新能源，例如风能、太阳能；三是健康保险行业。

美国仍然奉行强势美元政策，美国不会阻止美元汇率变化，即使是对日元、欧元变化也是一样。认为持有美国国债长期是安全的，现在美国国内信贷市场已经稳定，恢复正常，私人金融机构开始对外放贷了，国债相对 GDP 比率会上升，赤字可控。美国长期担心是养老保险金问题，美国希望有强势美元出现，美联储是独立机构，不会违背市场规律运作，美国的导向正好与中国的情况相反。

五、重视中美两国关系

在这场金融危机当中，美国主流声音认为：中国已经展示负责任大国形象，将成为亚洲地区下一轮经济起飞的引擎，中国运用调整银行存贷款准备金率调整金融市场的方式有效，中国政府的作用令人欣慰，应对金融危机的行动是最得力的、最有效的。2009 年中国将成为世界经济增长的火车头，GDP 增长估计为 6% ~8%（中国实际增长率为 8.7%，达到 335353 亿元人民币，中国实际为世界经济增长率贡献达到 50%），中国对东亚地区出口将增长，带动亚洲成长。美国带动北美洲地区成长，美国对北美地区出口将增加。而欧洲令人失望。

当前金融危机情况下中美两国关系重要，中美两国应加强互信与合作，对金融危机认识的主线是相同的，产生争议的部分是国家利益之争。中美两国应该建立对国际事务负责任的两国关系，中国崛起是一件好事，中国应该发挥世界角色作用，例如在气候、地区、核问题、公共卫生、海外发展等领域。在世界事务中，展示大国能力是为了国际大家庭的利益，在国际危机中，不能仅为一己之利，应多方协调，中国和美国之外还有哪个国家能承担这样的任务呢？这次金融危机背后是贸易不平衡，这次金融危机各个国家都有责任，中美两国都有责任。

中国崛起引起美国重视，美国学者在谈论全球问题时，均把中国的情况作为话题，感受到中国崛起对国际事务的作用和影响。美国是一个发出多种声音的国家，对国会大佬们说的话可以“一耳进一耳出”，而有利于中美关系的话是从白宫出来的，发展中美关系是重要的，也认为媒体上讲的“中美国”问题（G2）概念不好，“互信问题”在美国不太用这个词。中美两国合作当前议题：在经济领域，贸易问题（摩擦问题）、金融问题（中国的海外并购问题）、知识产权问题；在环境领域，能源、水资源、全球变暖、可持续发展问题；在安全领域，核问题、公共安全、传染病问题等等。2009 年 11 月份哥本哈根会议上美国在气候温室气体排放问题上有了新姿态，到 2020 年前排放比 2005 年减低 17%。

六、几点启示

这次金融危机的教训极为深刻，在美国观察这场危机，以及美国人对待这场金融危机的态度和做法至少有五点启示。

一是，防止经济运行系统性失灵。虽然人类在第二次世界大战后已经发展到现代文明，但是经济危机仍然重复发生，反映出“现代文明愚昧症”，聪明人重复同样的错误。也反映出世界经济分工不合理，战后世界上出现了三种类型经济体，资源国（提供资源经济体）、生产国（提供劳动力经济体）、消费国（提供资本和服务经济体），以美国为代表的消费国凭借美元（国际货币）地位，运用金融工具，使用金融杠杆，撬动全球财富流动，世界上出现“干活的不赚钱”，“赚钱的不干活”现象，人们对财富虚拟化弊端认识不足，运行规律掌控不到位，发生金融危机是“玩儿”资本的经济体，出事的是一个国家，而受害的是全世界。产生这次金融危机的根本原因是贪婪推动系统性失灵的结果，这次金融危机是社会各种逐利力量助推的结果，大家都去追求利益，都不愿意承担责任，美国的宏观经济管理体系是完善的，还有众多的世界级评级机构，监管部门也很多，至少有七个以上专业监管部门，至少可以说是“七龙治水”，人们可以相信“水”应该会被治理的很好，但是其结果不但没有“治好水”，反而发了“洪水”，演变为全球“洪灾”，甚至有些监管部门、评级结构这些资质认定机构也参与逐利、套利行动，这是“治水”还是“放水”？大家都在挖空心思去逐利，千方百计转让责任、转让风险，相信社会经济运行链条上总会有人承接责任、承接风险，而不是自己，结果造成经济运行系统崩溃。如果这个系统中任何一个环节真正能够承担责任的话，就不会出现这次危机发生，如果说“房地产次贷危机”是“导火索”，那么社会上这些利益集团就是“助推器”，整个系统没有对“导火索”和“助推器”实施有效监管的机制，最终导致危机发生。防止经济运行系统性失灵成为新的经济学命题。

二是，主动向世界发出声音。美国是一个多种声音混杂的国家，解释金融危机发生的原因至今没有一个权威观点，没有一个统一的声音，众说纷纭。对待中国的看法也是如此，“中国崩溃论”，“中国威胁论”，“中国责任论”，“中国领导责任论”，等等，不断创造新概念，出点子，造题材，编故事，我们应当逐步适应美国这种观点混杂情况，把握主流、把握主线、把握大局，加强信息沟通与交流，减少信息不对称，对促进中美两国关系发展十分重要。一方面我们要了解美国，另一方面也要让美国了解中国，特别是通过学术管道，积极而主动向世界发出声音，将“主流声音”盖过“杂音”和“噪音”，学者的信息影响智库，智库的信息影响政府决策，主动引领世界舆论，而不是被动招架，被迫出招儿，应当主动出手，主动营造与己有利氛围。被动永远不如主动积极，动性比惰性要好，积极比消极要好，接触比不接触要好，沟通比不沟通要好。

三是，建立经济科学研究体系。美国在这次金融危机中在经济学理论研究方面成为导航者，研究方法上不断创造新概念，缔造新说法，编写新学说，引领世界经济理论研究。不断创造分析方法，更多使用定量分析，运用数学模型、趋势图、结构图、指数运算、数理统计等等，理论研究定量化。掌握充分信息，全球信息采集，及时性信息采集，具有及时跟踪世界经济变化的情报系统。团队研究，客观判断，具有智库，具有一流专家，集中研究，持续研究，跟踪研究。从美国发出的声音往往是一手资料，使得全球对金融危机的研究不得不跟着美国跑，不得不接受美国的影响，这种做法十分值得研究和借鉴。现代经济学几乎成了美欧经济学，现代经济理论也几乎成了美欧经济理论，每年诺贝尔经济学奖获得者几乎都是美国人和欧洲人，是他（她）们的理论引领国家经济和世界经济，也是他（她）们的理论在面对金融危机和经济危机中相形见绌。历史开了一个天大的玩笑，美国金融危机的事实对美国的著名经济学家们开了个天大的玩笑，历史是否还将继续开这样的玩笑不得而知，但是却为我们提出了严肃的课题，那就是要开创新兴经济学，开创建立在信息高速公路上的新兴经济学，开创建立在全球化平台上的新兴经济学，开创建立在新国际货币体系上的新兴经济学，中国的经济学人们定将积极贡献自己的智慧和力量，历史给了我们机会。

四是，增长型经济体引领世界经济未来。1998 年以来世界发生的金融危机造就了一个不安定的世界，人们面对金融危机的恐惧与喧嚣似乎在慢慢淡出，但其深远影响仍然在持续，至今心有余悸，市场萎靡、银行倒闭、国家破产、街头革命、政权更迭、中东动荡等等，留下好多惨痛教训，留下好多不解之谜，也留下了世界变迁的浴火与力量。新兴经济体发展力量强劲，为世界经济的贡献增大，“增长型经济体”具有四大特征：生产率上升，人口素质提高，经济增长速度超过世界平均水平，GDP 总量比重占全球 1% 以上。“金砖四国”BRICs（巴西、俄罗斯、印度、中国），“新钻 11 国”N－11（韩国、墨西哥、越南、伊朗、埃及、土耳其、印度尼西亚、菲律宾、巴基斯坦、孟加拉、尼日利亚），这 15 个国家是推进世界经济的最大动力。中国已经成为世界第二大经济体（2010 年 GDP 总量达到 397983 亿元人民币，约 5.4 万亿美元），经济总量大致相当于其他三个金砖国家的总和，这 15 个国家的 GDP 合计约为 11 万亿美元，大约相当于美国的 80%。“金砖四国”国内市场消费价值已经超过 4 万亿美元，目前正以每年 15% 的速度增长，预计到 2015 年左右，“金砖四国”的消费者每年将再为全球经济贡献 1 万亿美元，到 2020 年左右，“金砖四国”的国内市场规模将超过美国。“新钻 11 国”N－11 也将会有良好的表现，其中韩国、印度尼西亚、墨西哥、土耳其、沙特阿拉伯、伊朗、尼日利亚、菲律宾等国家可能在未来 20 年进入“增长型经济体”行列。

五是，积极参与处理全球事务。在金融危机中中国迅速成长为世界第二大经济体，这也是国人多年努力奋斗的结果，国际事务的范围更广了，渗透的程度更深了，处理国际事务的要求也更强了。事实上我们还没有准备好，无论是心理、思想、经验、理论等等都没有准备好，而这场大潮却把我们席卷进去，世界要求我们扮演更强有力的角色，因此，全球视野，战略思维必不可少，提高处理全球事物的能力势在必行。一方面要提高全民关心国家大事、关心国际大事的兴趣和素质，使国家参与国际事务具有公民热情和基础，美国公民关注国际事务的兴趣和自我意识很高，值得借鉴。另一方面提高领导干部处理国际事务的知识和能力，高级干部都要深入研究国际问题，站在全球的视角来看中国的情况，美国的国家机构行政工作内容几乎都是处理全球事务，而国内事务由地方政府负责，这种分工值得借鉴。还要积极鼓励和支持企业家参与全球业务，鼓励企业努力实现全球市场、全球资源、全球人才和全球资本的跨国公司建设，深度参与全球产业链分工，参与第三次世界版图的瓜分，即瓜分世界经济版图的战争。

【参考文献】

[1] Jeff Shafer Vice Chairman:《The most serious global financial and economic disruption in more than 60 years: Where Are We Now and What Next?》. Global Banking. CITY. May, 2009

[2] Reena Aggarwal Prof. :《The Global Financial Crisis Analysis and Solutions》. Georgetown University. May, 2009

[3] Tang Wei Phd. Prof. :《Prospects for Accounting Reform in the Context of the Financial Crisis》. U. S. Georgetown University. October, 2009

[4] James V. Feinerman:《Beyond the Crisis - New Avenues of Cooperation》. U. S. Georgetown University. October 2009

[5] Jan Hatzius Chief US Economist:《US Economic and Financial Outlook》. Goldman Sachs. May 2009

[6] John Grathwol. New York City Budget:《Overview. City of New York》. May 2009

[7] Steven Dunaway:《Global Imbalances and the Financial Crisis》. Council Special Report No. 44 March 2009. U. S. Council on Foreign Relations. 2009. Rating the US Government. Moody's Investors Service. May 2009

[8] 张玉杰:《美国应对金融危机调研报告》, 美国华盛顿乔治城大学, 2009 年 6 月

张玉杰

经济学博士，中央党校经济学部教授。主要研究领域为经济学和管理学，出版著作 6 部，发表论文 60 多篇。金融危机爆发后于 2009 年 5 月 17 日至 23 日问了美国华盛顿、纽约等地、14 个国际组织和美国国家机构，针对全球金融危机议题，出席了 17 场（次）学术交流活动，出席了在美国华盛顿乔治城大学举办的“应对全球金融危机：合作与互信”高层论坛。本文是作者在美国实地调研获得一手资料基础上所著。

后危机时代如何引领中美经贸健康发展

赵龙跃（南开大学周恩来政府管理学院教授）

2008年发端于美国的金融危机，不仅迅速波及全球，引发了世界经济危机，而且催生了新一轮世界经济格局的调整，把中美经贸关系推进了一个新阶段。总的来说，中美经贸关系已经发展成为两国关系的重要支柱，进一步改善和加强中美两国的经贸合作，不仅对于中美两国，而且对于世界经济的复苏与增长都具有重要意义。

中美贸易纷争演进

在中美经贸关系的发展过程中，各种不和谐的杂音始终存在。特别是金融危机以来，这些杂音显得更加刺耳，更加令人担忧。奥巴马政府一方面高调谈论中美经贸关系的重要性，另一方面却做出种种不利于中美经贸关系健康发展的行动。

首先是频繁使用美国贸易救济法律，不仅对我出口产品实施了大量的反倾销和反补贴的双重贸易保护措施，而且还首次采取特殊保障措施，对我出口美国的轮胎征收特殊保障关税。另外，美国在频繁使用国内贸易补救法律的同时，也在更多地利用世界贸易组织（WTO）争端解决机制来争取本国利益。到目前为止，美国已经就我国汽车零部件进口的有关管理措施、知识产权保护、图书和音像制品的市场开放、金融信息服务管理、著名商标管理和稀有金属的出口管理等问题分别诉诸WTO的争端解决机制。这些案例有的已经解决，有的仍处于磋商或专家组审议阶段。甚至在2010年9月15日一天之内，美国同时提出两个案例，诉求于WTO争端解决机制，目前正在磋商阶段。

其次是将中美经贸关系中存在的一些双边问题国际化，试图将中国推向国际社会的对立面。奥巴马在匹茨堡第三次G20首脑会议上，特别推出了一个所谓的“可持续和平衡发展的框架”，声称“世界经济再不能继续依赖于美国的大量借贷和消费”，中国经济的增长也不能再依赖于大量的出口。在韩国首尔第五次

G20 首脑会议上，又呼吁限制经常项目失衡的比例，再一次指向我国人民币的汇率政策。美国国内的一些研究机构和学者直截了当地建议美国政府不仅要联合欧盟和日本等国际盟友强迫人民币升值，而且鼓动印度、巴西和其他发展中国家站出来反对中国的人民币汇率政策。

第三，服务于总体经济发展战略的调整，美国开始将中美经贸摩擦从一些单纯的商品贸易问题扩展到我国有关的产业政策、投资管理、发展战略，甚至经济体制等更广阔的领域。初露端倪的问题有：我国稀缺资源的出口管制、主权财富基金的使用与管理、投资美国产业的收购兼并、汇率的政策和形成机制、依靠出口还是国内消费的经济增长模式以及在技术创新方面的竞争问题等。最近美国政府对我环保产业政策实施单边的 301 条款调查，进一步体现了美国对华政策取向。

美国内对华关系新动向

金融危机以来，中美经贸关系复杂化的原因是多方面的，既有美方的原因，也有中方的原因。从美方来说，金融危机不仅重创了美国的经济，而且也影响了美国的自信心，美国社会对中美经贸合作的偏见更加严重，对中国持有美国大量的政府债券更加担心。从中方来说，我们在对待和处理中美经贸关系方面也需要做一些调整，过去我们处理中美经贸关系时往往处于比较被动的局面，我国对美国总体战略和布局的研究还不够深入，特别是还没有一个全面的、长远的、总体的、统领全局的行动方案。所以，在中美经贸关系发展的新阶段，我们要准确地把握这些新情况，从被动应对转向积极引导，引领中美经贸关系的健康发展。

第一，金融危机不仅重创了美国的经济，在一定程度上也打击了美国的自信心。这次世界经济危机不仅是发端于美国的金融危机，而且美国经济也经历了第二次世界大战以来最严重的衰退，目前虽然开始恢复，但是社会失业率仍然居高不下。相比之下，中国经济用了不到一年的时间就成功地走出了衰退，2009 年经济增长速度成功保八，2010 年有可能突破 10%。所以，美国朝野上下都对美国的未来充满了忧虑，都在担心美国在 21 世纪的霸主地位，把中国作为最有可能挑战美国世界领导地位的国家之一。根据美国芝加哥全球事务委员会最新的民意调查，认为美国作为世界强国，今天在国际上发挥着比 10 年前更加重要作用的比例从 2002 年的 55% 降到了 2010 年的 24%。

第二，美国社会对于中美经贸合作的偏见越来越严重，他们对中美经贸合作带给美国的好处视而不见，反而认为美国市场是中国经济高速增长的主要动力。而且由于美国总是在讲存在哪些问题而我们有时候喜欢讲成绩的反差，对美国社会和美国普通老百姓的影响就很大，再加上一些美国政客别有用心的煽动，美国整个社会对中国的崛起、可能对美国的影响、美国面临的挑战越来越担心。在美国芝加哥全球事务委员会最新的民意调查中，63%的美国人认为与中国的贸易是不公平的。

第三，美国社会对于我国政府持有大量的美国国债，还是非常担心的。美国清楚地记着，20世纪初他们是如何成为英国的债权国，进而逐渐取代了英国对世界的主导地位。

引领中美经贸健康发展

鉴于以上美国国内的变化，我们在研究解决中美经贸关系中出现的一些问题时，必须要关注这些新情况，从而研究制定相关行动方案，从根本上改变被动应对的做法，致力于积极引领中美经贸关系的健康发展。

首先是客观全面地总结中美经贸合作对两国经济及世界经济发展的影响，用事实向美国和世界展示中美经贸合作给美国、发展中国家和世界带来的好处。一方面要研究介绍中美经贸合作给美国带来的巨大好处：进口中国产品，为美国消费者提供了更多优质廉价的商品，使美国维持低通胀高增长的经济方式成为可能；出口中国不仅扩大了美国货物和服务贸易市场，而且为美国社会创造了更多的高收入就业机会；投资中国不仅提高了美国企业在全球的竞争力，而且为美国企业带来了丰厚利润。另一方面要研究介绍中国出口对发展中国家生产和贸易的带动作用，从中国出口的货物并不等于完全是中国制造的产品，许多是在中国组装的产品，所以在一定程度上中国的出口带动了发展中国家的生产和出口；而且在我国出口总额中，外商投资企业所占比重一直很高。

其次在处理中美经贸关系问题时，防止两种倾向或两个极端，既不要过分夸大金融危机对美国经济的影响，低估美国实力，也要适当调整我国策略，坚持平等对话、互惠互利的原则，在中美经贸合作方面争取更大主动。发端于美国的金融危机虽然对美国经济影响很大，但美国政府采取的经济复兴计划，并不是仅仅停留在救助当前的经济危机上，而是着眼于未来，进一步加大了调整经济结构的力度，产业技术更新进入了一个更高阶段，目标是永远处于世界领先地位。通用汽车公司的破产和以全新面貌的重新上市就是一个耐人寻味的例证。

第三，进一步加快培养和充分发挥我国有关专业人才的作用，研究制定一个长期的、整体的、系统的和一致的对美行动方案和指导原则，并贯穿于国家有关部门的日常国际事务中。长期以来，我国对中美经贸关系重要性的认识是一致的，但是在实际工作中，仍然缺乏一个统领全局的行动方案。在新的历史时期，我国需要进一步加快培养并充分发挥专业人才的作用，研究制定发展中美经贸关系的长远战略与策略，更加科学地处理有关贸易摩擦问题，不断提高我国参与全球经济治理的能力和水平。

第四，中美经贸关系不仅关系到中美两国的根本利益，而且关系到世界和平与发展。所以在实际工作中，我国要进一步综合利用双边和多边两个渠道，积极引领中美经贸关系的健康发展。从双边的角度看，进一步扩大中美两国之间对话和交流的范围，加强对美国政策法律和管理程序的研究，强化对美国社会的影响。将中美两国之间的对话扩大到企业之间的经营对话和专家之间的学术对话。而且，中美两国之间的经贸合作前景广阔，不但在货物和服务贸易方面互补性很强，而且在扩大双边投资合作方面也具有巨大潜力。

从多边的角度看，通过积极参与国际规则的制定，改革完善现行的国际经济体系，消除不适应我国经济体制的内容，积极引导中美经贸关系的健康发展。经济全球化的严重失衡和国际经贸管理体制的缺陷，为我国参与国际规则的制定和经济全球化的管理提供了极好机会。目前可以从 WTO 多哈回合谈判入手，把减少贸易扭曲，促成更公平的国际贸易管理机制作为我国谈判目标，研究提出一些真正有利于发展中国家，特别是广大最不发达国家经济发展的具体方案。

赵龙跃

经济学博士，南开大学周恩来政府管理学院教授、国际发展管理研究中心主任。长期在我国政府部门从事经济政策研究和国际合作工作，我国世界贸易组织和中美经贸问题专家。曾任世界银行国际贸易政策咨询专家、乔治敦大学访问教授。近期发表的主要研究报告有“在 WTO 框架下的非市场经济问题”、“WTO 争端解决机制与多边贸易谈判”、“如何引领中美经贸关系的健康发展”、“美国对华实施反倾销反补贴双重贸易保护措施的影响”，以及“中国加入 WTO 后的发展模式研究”等。

中国发展有助于世界经济复苏

——访娃哈哈集团公司董事长兼总经理宗庆后

李慧莲/文

当学者们在书斋里寻找金融危机的原因和对策的时候，身处经济发展最前沿的企业家尤其是中国的企业家是如何看待这次金融危机的？他们对全球走出危机的前景有着怎样的判断？对中国在本次危机及危机后的发展有何期待或建议？带着这些问题，2010 年 12 月底，中国经济时报记者采访了娃哈哈集团公司董事长兼总经理宗庆后。

世界金融危机是“忘记了经济发展的最基本的原则而造成的”

中国经济时报：作为一名中国企业家，你是怎样看待这次金融危机的？

宗庆后：我认为世界经济危机的出现是必然的，是长期一直没有很好地解决创造财富与分配财富的问题所造成的，是大家忘了经济发展的最基本的原则而造成的。

从原始社会开始，人类的生存与经济发展遵循的就是社会分工，相互交换、再生产、再分配这个原则，而大家在这些年来却恰恰忘掉了这个原则。欧洲国家的高福利高税收的政策，使人们干与不干一个样，缺乏创造财富的动力。美国大力发展虚拟经济，也没有真正地创造财富，政府负债经营，老百姓负债超前消费，已到了坐吃山空的地步。而以中国为代表的发展中国家，由于西方发达国家的资本家在本国发展已无利可图，因而大举投资中国这些发展中国家和地区，利用这些地方的廉价劳动力剥削当地的劳动成果，但这同时也促进了当地的高速发展。从中国来说，由于我们没有很好地解决分配问题，老百姓收入不高，内需拉动不起来，带来一系列发展中的问题。

中国经济时报：你如何看待目前的全球经济复苏？

宗庆后：最近我刚从美国、加拿大考察回来，我认为，世界经济的复苏，特别是西方发达国家的复苏并非是一件容易的事情，亦并非短时间能解决的问题，估计尚会二次探底，情况会更糟糕。

在美国，我与斯坦福大学的金融系教授、诺贝尔经济学奖得主迈伦·斯科尔斯先生交流过，据他讲，美国的失业率高达17%，因此他们认为中国的人民币汇率低造成很多廉价产品进入美国，使美国老百姓丧失了就业机会。但同时他认为，如果人民币仍升值，美元贬值主要可以减轻债务，但亦会造成美国物价上涨，老百姓生活水平下降。美国在限制中国产品出口美国的同时，实际上大量的生活必需品转向从其他发展中国家进口。

在我与美国政府官员接触的过程中，亦感到美国政府没有钱，非常希望中国的企业到美国投资。而另一方面，美国的金融炒家们又有很多钱，又在发展中国家炒作，再次掠夺发展中国家的财富。因此我认为，美国政府至今尚未像罗斯福时代采取以工代赈的方法解决就业问题，解决创造财富的问题，进而来解决本国经济的发展。

而欧洲由于长期以来老百姓享受惯了，要想改变他们的想法，确实很难，除非到了活不下去的时候才会变革。当前又有许多欧洲国家发生更大的金融危机就是一个例证。

因此我认为，我们不可能依赖西方国家的经济复苏来拉动自己的经济发展，我们只能自己解决自己的发展问题，而且我们完全有能力解决自己的经济发展问题。因为我们是一个拥有13亿人口的大国，我们的问题是没有解决好分配问题，如果分配问题一解决，内需一拉动，我们的经济很快又会高速发展。

如果我们把分配问题解决了，势必会造成人民币对内贬值，因为成本提高了，产品价格亦提高了。不过这样一来，既符合了不断提高收入、刺激经济发展的规律，同时分配与内需解决了，也就解决了我们自己的就业问题，这时候人民币对外升值也就没有问题了。尽管出口困难了，但我们已不需要以出口来解决经济发展问题。尽管美元贬值了，但我们买东西时会便宜了，实质上减少了我们外汇储备的损失。同时我们也从廉价为人打工转为人家廉价为我们打工，我们可以大量进口我们所需要的而国内没有的东西，也会促进世界经济的复苏，将会大大提高我们在世界上的地位。但这里，我们要解决的是如何处理好自由贸易的问题。

中国经济快速发展对全球经济的恢复非常有利

中国经济时报：中国在金融危机爆发前后，经济一直保持较高的发展速度，你认为是何原因？

宗庆后：我认为，中国在近几年甚至可以追溯到改革开放以来，经济能得到高速发展的主要原因有以下几方面。

第一，打破了平均主义大锅饭，激发了创造财富的积极性。在党的效率优先、兼顾公平的政策指引下，以及小平同志让一部分人先富起来、先富帮后富走向共同富裕的号召下，在农村实行了土地承包责任制、在企业实行了经济承包责制等政策后，打破了平均主义的大锅饭，调动了劳动力的积极性，将粮食不够吃、物资紧张的局面改变为农产品及各类生活资料极大丰富，满足了人民生活的需要。

第二，让利放权，发展市场经济，调动了地方发展经济的积极性。在不争论姓社姓资、摸着石头过河、“不管白猫黑猫抓得住老鼠的就是好猫”、走中国特色的社会主义道路的方针指引下，采取放权让利的政策，调动了地方政府及社会各阶层发展经济的积极性，搞活了经济，创造了财富。

第三，对外开放引进外资，解决了发展资金问题，并使我们融入了世界经济。在实施了对外开放、引进外资的政策后，解决了发展初期的资金问题，同时也将中国的企业与产品带向了世界市场，提高了中国企业的装备与产品水平，并将中国融入了世界经济，以出口拉动了经济的发展。尽管是廉价打工，毕竟为我们的经济发展积累了原始资本。

第四，让老百姓拥有财产，鼓励发展民营经济，解决了就业问题。宪法规定了老百姓拥有财产的权利及党的鼓励发展民营经济的政策，调动了社会精英创造财富的积极性，发展了一大批中小企业与个体经营户，解决了就业问题及大量的农村劳动力转移的问题，使经济步入高速发展。

中国经济时报：经过危机的冲击与调整，今年中国迎来“十二五”开局之年，对于“十二五”时期中国的发展你有何建议？

宗庆后：无论党的五中全会还是去年底的中央经济工作会议，党中央已经给我们指引了下一步经济发展的方向。我认为，党中央确实很英明，决策也很正确，当前最重要的是如何正确领会认真执行的问题。对于如何执行的问题，我提出以下几点看法与建议。

第一，提高各级政府对中央方针政策的执行力。中央的政策确实很英明很正确，但却存在执行不下去的情况。例如，中央已发布了两个鼓励民营经济发展的三十六条，但这项政策的贯彻落实情况很不令人满意，阻碍了民营经济的发展，也调动不了民间资本的投入。

第二，扩大分配要落到实处。要扩大分配，政府必须减税让利给老百姓，而当前的税制改革减税的政策迟迟出不了台，增税、增加税种扩大征税范围的政策却频频出台。中央与地方财政收入分配的不合理，又导致地方政府实施土地财政，增加税费的名目，更加增加老百姓与企业的负担。改革开放以来，我们财政收入的增长已远远高于 GDP 的增长，本身就不合理，再增加老百姓的税负，就更拉不动内需。而我们还将钱借给美国人，美国人又拿借给他们的钱来获得投资盈利。由于老百姓收入不高，拉动不了内需，使我们的经济必须靠出口来拉动，又受制于人。中央已很清楚地看到这个问题，已经很明确地提出要扩大分配，实现包容性增长，相关部门要认真贯彻中央的精神，认真落实减税费、让利老百姓的问题，才能真正地解决贫富差距问题，提高老百姓生活水平，拉动内需，进一步促进经济发展。

第三，转变政府职能，缩减政府开支与投资，为减税减少财政开支打好基础。目前政府机构庞大，开支巨大，在经营城市的口号下，一些地方政府的职能已经变味，政府已变成与民争利的企业，大量的无效益的投资和政府开支，也是不断增税的要源所在。因此，政府要精兵简政，减少审批权，减少投资甚至不投资，缩减请客吃饭、出国旅游的开支，树立为纳税人服务的观念，这样就可以减少腐败现象，减少财政开支，让利于民，搞活经济。

第四，取消土地招拍挂政策，合理使用土地，促进经济发展。目前的土地招拍挂政策的好处，一是调动了地方政府实施土地财政的积极性，为地方政府盲目投资实施没有实效的样板工程提供了资本与财力，但反而造成了地方政府负债严重的局面。二是给城市郊区农民高额的补偿，养了一批懒汉。三是让地方政府与企业忽视与放弃了实体经济的发展。它的坏处一是炒高了房价，让普通老百姓买不起房，而造就了一批利用贷款开发房产、投机房产者，而且大量住房闲置，处理得不好将会引发金融危机；二是阻碍了实体经济的发展，一则因为土地价太高，投资成本过高投不起；二则政府亦不愿供地发展实体经济。解决的办法，一是要解决政府开支问题，二是取消招拍挂，对土地合理地定价及合理地进行土地征用补偿，鼓励实体经济的发展，让其能长期提供税收，增加财政收入；让房价达到合理水平，让老百姓能买得起房，将目前最大的消费启动起来；让已进入支柱产业的房地产行业健康发展，带动诸多行业的发展。

第五，调整三农政策，改变农村面貌，促进农业发展。近年来国家实施富农政策，解决三农问题，解决农村的发展，起到了明显的效果，但是到现阶段，我认为要进行调整，要从救穷转换为鼓励农民勤劳致富，主要建议有以下几条：

——要提高农产品价格，要让农民辛勤劳动致富，同时也让更多的农民愿意务农，特别是有一定文化的年青一代农民，让他们感到务农比务工更好，安心于农业。在提高农产品价格的同时，要控制农业物资的价格，减少农民的成本开支，给予农业物资生产企业优惠的税收政策，控制他们的利差水平。同时，要控制流通领域的价差，要让农产品价格的提高能真正让农民提高收入，将对农民的各项补贴用到其他能促进农业农村发展的方面去。

——要鼓励农民发展农产品深加工企业，组织农业合作社，自己解决农产品的销售问题。发展农村小城镇，发展为农民服务的第三产业，鼓励一部分企业到地县发展，让农村剩余劳动力就近转化。

——采取国家补贴、农民自己兴修水利，改造农田，改善居住条件，将住宅转移到无法种植的荒地上去，这样，既扩大了耕地面积，改变了居住条件与农村面貌，还带动了经济的发展。

——要发展农村的医疗教育事业，鼓励农村大学生返乡就业，提高农村医疗文化水平。

第六，关于转型升级，首先要鼓励企业对传统产业的改造。中央提出来要调整结构转型升级，抢占战略性新兴产业制高点，这个政策很正确，但在具体执行上我认为又出现了偏差。从整个世界范围来看，自互联网 IT 行业之后，整个科技尚没有很大的突破，目前比较流行的太阳能、节能环保方面的技术实际上尚未成熟。我认为，在这方面，国家应该投资于科研部门、大专院校去开发研究，待技术成熟后再进行生产上的投资。目前在这方面鼓励大规模的投资实际上风险很大，会造成很大的损失。

当前，我认为首先要鼓励企业对传统产业的改造，提高应用技术的水平，提高我们产品的质量，降低我们的成本，提高我们的竞争力，这才是主攻方向。而现在都在讲转型升级，到底转什么型升什么级，概念都很模糊，因此国家有必要对转型升级有一个清晰的思路，指导地方政府与企业去实行，不要盲目搞，否则不但不能促进经济发展，反而会造成损失。同时我们也要明确拉动内需到底拉什么，今后发展什么。我认为对发达地区，最大内需为房产、汽车、医疗保健、文化产业，而欠发达及贫困地区的需求是基本的生活资料。因此，国家对产业结构的调整应该以需求为导向，指导各地区的发展方向与目标，不要出现一窝蜂地上一些时髦的产业，结果出现一上就过剩的局面。

缩小贫富差距弱化仇富现象

中国经济时报：虽然目前社会上对富人的接纳程度已有很大提高，但对民营企业家的多种歧视甚至仇富现象仍然存在，原因当然有很多，你觉得该如何对待？

宗庆后：这正是我要谈的最后一项建议：进一步解放思想，解决姓资姓社的问题。我认为目前这个问题仍旧在阻碍经济的发展，就像你说的不断出现的仇富舆论、歧视民营经济的现象，阻碍了民营经济的发展。过去我们实行的是全民所有制，但实际上并没有一个老百姓认为国家的资产他是有份的，因此也就没有积极性与责任心去维护国有资产，创造国家财富。而改革开放后，国家允许老百姓拥有财产，鼓励发展民营经济，老百姓感到这个财富是自己的，因此责任心与积极性就调动起来了，才导致经济的高速发展。但我认为，这无非是把一个名义上的所有权给了老百姓，实际上这些财富还是社会的，只要不流出国外，仍是国家的。一个人能吃多少用多少，多下来的财富还不是仍在投资，仍在扩大就业，缴纳税收？因此我认为，要进一步解放思想，把这个问题搞清楚，才能调动老百姓创造财富的积极性，也使已经富起来的一批人能安心将财富留在国内继续发展。目前有一些有钱人带着资产移民国外，我认为这才是真正的国有资产的流失，应该引起政府的关注。

改革开放之前全国的老百姓都是无产者，改革开放后通过农村土地承包，农民成了有产者，鼓励民营经济发展，造就了一部分先富起来的人，这些人大部分是农民中的精英，而真正在城市里富起来的尚是少数。目前，城市里的贫民生活实际上比农民更辛苦，建议国家是否考虑让国有企业的员工能按贡献、技能持股，用企业担保银行贷款的方式让他们投资持股，调动国有企业的员工创造财富的积极性与责任心，让国有企业发展得更好，让城市居民亦能尽快地富起来，改变目前国有企业转制仅有上市与给外商并购的方法。上市后，尽管股民拥有这个资产却又没有股权，因而也调动不了直接经营者的积极性。而被并购转制，目前民营经济尚没有能力去并购庞大的国有资产，因此仅能被国外资本所并购，影响国家的经济安全。因此，让国有企业的全员持股，我认为是国有企业转制的最好方法，既能提高国有企业的效率，又能提高城市居民的资产性收入，是解决贫富差距的最好方式。

实际上，贫富差距在西方国家比我们更大，为什么人家不存在这种仇富现象或者说在这方面不那么严重，关键是普通老百姓都有车有房，都能吃饱吃好，与富人的生活水平差距不大，有差距的是银行的存款数字，及拥有资产的数字，这些数字仅能体现有钱人的人生价值而已，日常生活跟普通老百姓相差不大。因此，我们要解决贫富差距应该是尽快提高老百姓的收入与生活水平。而要提高普通老百姓的收入与生活水平，就需要有钱人不断地投资，不断地扩大就业才能实现。

宗庆后

1945 年 10 月出生，杭州娃哈哈集团公司创始人，现任娃哈哈集团董事长兼总经理。23 年来将一个只有 3 个人的小学校办企业发展成为中国最大、全球第四的饮料企业，在中国民营企业 500 强中，娃哈哈营业收入位列第八、利润位列第一、纳税列第二，成为最赚钱的民营企业。其创建的“娃哈哈”品牌享誉国内外，被业界称为市场网络的“编织大师”。第十届、十一届全国人大代表。

社会职务：浙江省工商联常委、浙江省商会副会长；中国饮料工业协会副理事长；中国食品工业协会常务理事；中国工业经济联合会理事；中国乳制品协会理事；浙江省饮料工业协会会长；浙江省食品学会副理事长；浙江大学 MBA 特聘导师等。

主要荣誉：先后荣获“全国劳动模范”、“五一劳动奖章”、“全国优秀企业家”、“中国经营大师”、“2002CCTV 中国经济年度人物”、“袁宝华企业管理金奖”、“首届中国企业家创业奖”等 100 余项荣誉称号。

世界篇

后危机时代油价看涨波动频繁

——访浙江工商大学经济学院副教授陈宇峰

张　娜/文

进入21世纪以来，国际原油价格在需求拉动、资本投机、美元贬值等多种因素的共同影响下出现报复性反弹，揭开人类历史上“第三次全球性石油危机”的序幕。

有趣的是，国内与之相关的成品油价格并没有因为世界石油危机和金融危机的影响而出现大幅下跌。相反，在全球金融危机爆发后的半年时间内，国内成品油价格逆势上扬。并且国内成品油价格的涨幅速度远远领先于国际油价的涨幅程度。

后危机时代，国际油价波动趋势如何？我国国内成品油价格还会延续逆势上涨态势吗？政府如何应对？2010年11月28日，中国经济时报记者带着上述问题采访了浙江工商大学经济学院副教授陈宇峰。

国际油价持续走高，国内油价波动频繁

中国经济时报：金融海啸慢慢离去，但余威仍在。在这种情况下，你认为国际油价及我国的成品油价格走势又会怎样？

陈宇峰：国际油价的持续看涨已是不争的事实。一方面，美联储2010年11月4日宣布，维持利率在0% ~0.25%不变，同时宣布一项总额为6000亿美元的货币宽松计划。这是美国经济在遭遇持续低迷、国内失业率居高不下的困境下所采取的又一项经济刺激计划。也就是说，美元在近期内将不可避免地出现贬值。国际原油的交易一般都是以美元计价。在这一交易体制下，美元贬值的预期可能进一步刺激国际油价持续走高。

而另一方面，以中国、印度为代表的新兴经济体在危机过后出现了快速复苏，以中国为例，仅2010年上半年国内生产总值就同比增长11.1%，远远高出世界平均水平。毋庸置疑，经济复苏必然重新激发世界各国对能源的巨大需求。

根据国际能源机构预测，中国在2010年的石油消费总量将达到3.6亿吨左右，进口1.8亿吨，对外依存度约为50%；到2020年，中国的最低石油需求估计为4.5亿吨，需进口2.7亿吨。到那时，中国石油消费的对外依存度将达到历史最高的60%左右。

在与国际油价接轨的大背景下，国际油价的持续上涨必将带动国内成品油价格上升，而目前实行的国内成品油定价机制必将造成国内油价频繁波动。

定价机制争议多

中国经济时报： 自1998年实施与国际油价接轨的政策以来，无论是学术界还是实业界，关于成品油定价机制的争论从未平息过，特别是对于目前正在实施的“4% +22天”的定价机制争议颇多，你怎么看？

陈宇峰： 该定价机制实施以来，国内成品油价格频繁出现涨多跌少的“油价倒挂”现象。早在2005年3月，我国的成品油价格的上涨幅度就远远高出同期的国际油价，而且这种趋势一直延续至今，并且越来越明显。2005年3月至今，国内成品油价格总共调整了21次，其中15次上调。最近，国家发改委宣布自2010年10月26日零时起将汽、柴油价格每吨分别提高230元和220元，达到7610元/吨和6870元/吨的历史最高水平。

应该看到，“4% +22天”的定价机制存在着诸多弊端。首先，该定价机制在实际运作过程中存在诸多的“模糊”地带，尤其是国内成品油价格是政府衡量各方利益之后所做出的指导价，而不是透明的市场定价。其次，虽然当国际市场原油连续22个工作日移动平均价格变化超过4%时，即可相应调整国内成品油价格，但现实情况是，调整条件已经符合而国家发改委却按兵不动，致使多次错过价格调整的最佳时机。

更为重要的是，该定价机制容易引发囤油套利行为，一旦价格调整的条件满足，不论国家发改委是否真正采取调价措施，涨价预期已然形成，这将促使投机分子低买高卖成品油资源，从而造成国内成品油市场频繁波动，对国内宏观经济环境造成负面冲击。

并且国际油价的持续上涨还会给我国带来输入性通货膨胀，因为石油价格的上涨直接推高了国内的通胀预期，导致企业、农民的生产成本上升。

然而，在油老大、政府和消费者的三方博弈中，油老大占据主导地位，消费者处于弱势地位。即使国内成品油价格出现下调，中石油和中石化仍然能够凭借其独有的垄断地位和强大的院外游说能力，将亏损的风险转嫁至政府或者消费者一方。而当油价出现上涨时，消费者只能毫无选择地承担这部分成本。

消弭油价上涨对经济的冲击

中国经济时报：如何避免国际油价上涨对我国宏观经济所造成的负面影响？政府应在哪些方面采取措施？

陈宇峰：调整能源结构、优化产业结构、发展低碳经济是后危机时代我国经济发展的必由之路。政府应在五个方面积极应对。一是应当结合国内成品油税费改革，积极推动节能减排，转变能源消费观念，抑制国内能源消费的快速增长，从而有效降低能源需求。

二是应当进一步推进国内成品油的定价机制改革，严厉打击各种囤油套利行为，加大市场化运作力度，疏通国际油价对国内油价的传导途径，早日实现国内油价与国际油价的真正接轨。

三是健全市场监督机制，选择性地开放一部分炼油领域，允许信誉良好、能力突出的民营企业进入该领域，通过市场竞争来优化资源配置，降低成品油的炼油成本，从而提高能源产业的效率和市场化程度。

四是加快经济发展方式转变，抛弃传统的资源型发展方式，逐步降低对高耗能、高污染产业的依赖，大力扶持低耗能产业，尤其是服务业的发展，从而尽可能地降低石油、煤炭等化石资源在经济发展中的比重。

五是抓住金融危机的时机，鼓励国内石油企业走出国门，加强同国际能源机构的合作，加快跨国油气管道建设和石油储备的基础建设。重视并加大国家石油战略储备，建立一整套完善的石油储备体系，抵御因恐怖袭击、自然灾害等突发因素造成的国际原油冲击。同时，国家政府部门要妥善处理与世界主要产油国的双边乃至多边关系，为国内石油企业的海外扩张之路营造良好的贸易环境。

此外，我国政府不仅需要清醒地认识到石油资源作为国家战略资源的重要性，还需要时刻警惕国际油价上涨对国家安全造成的冲击。

附

后危机时代的国际油价波动趋势与中国的影响

陈宇峰　俞剑[①]

一、黑色“巨兽”的重新启动

2010年初，许多经济学家纷纷预言，世界经济将陷入严重的“二次探底”危机，全球经济的复苏前景不容乐观，然而事实却证明，世界经济并没有陷入此前所预测的“二次探底”陷阱。全球经济的快速复苏似乎与各国采取的大规模经济救助计划密切相关，或者可以说，正是由于各国政府的积极干预，才使得经济形势逐渐好转，从而避免了再次陷入衰退的万丈深渊。

与此同时，伴随着世界经济的快速复苏，这些年来稍稍平息的国际原油市场重新焕发活力，展示出了进一步强势的反弹势头。在过去的一年中，国际原油价格平稳地维持在每桶75美元至90美元的窄幅区间内上下浮动，但到了年末，国际原油指数便一路飘红，现货价格更是凭借着一股势不可挡的气势直接冲破了90美元的大关，此后就再没有回头，这与此次危机以来的最低原油价格相比足足增长了一倍多。事实上，早在2009年4月，国际原油价格就率先开始震荡上扬。虽然当时的经济复苏形势尚不明确，但受到美元的加速贬值和石油资源的双重属性影响，尤其是石油的“金融产品特征”的作用，国际油价的上升势头已初露端倪。

2010年圣诞节前夕，美国商务部公布的一份研究报告表明，美国经济复苏迹象继续加强，全球市场对原油需求的预期也随之进一步提高。在这些利好消息的刺激下，纽约商品交易所（NYMEX）在12月的最后11个交易日里，有8天上涨，其中5个交易日涨幅超过0.5美元，原油指数最高涨至92.94美元，创下2008年10月以来的新高。同时，伦敦市场北海布伦特原油期货价格也出现了大幅上扬，最高值达到每桶94.25美元。

然而，当中国政府两次出台加息政策以后，国际油价均出现了短期快速下跌。其中，央行于10月19日宣布加息的消息一出，立即带动纽约国际原油期货价格大跌4.3%，创下自今年2月份以来的最大单日跌幅。不久，央行又在12月

---

① 陈宇峰，中国社会科学院财贸所，浙江工商大学现代商贸研究中心；俞剑，安徽大学经济学院。本文受上海金融与法律研究院年度课题、中国博士后科学基金等项目资助。

25 日宣布加息 25 个基点，此举再次引发了国际油价的短期震荡，NYMEX 的原油价格最低降至 90.51 美元，跌幅为 0.56%。从表面上看，第二次的下跌幅度远远小于第一次，但事实上，当央行实施二次加息时，美国东部地区正好出现了较为恶劣的暴风雪天气，而且从历史经验来看，异常气候往往会引起当地居民的短时石油消费需求大幅增加，从而推动国际油价的短期上涨。因此，寒冷气候的出现在一定程度上缓解了中国加息给国际油价造成的下跌压力，这就是为什么中国在二次加息之后，国际原油期货价格的下跌幅度不足 1%。

那么，为什么中国国内的加息政策会引发国际原油市场的短期震荡呢？不难发现，根本的原因在于中国的加息政策引发的不确定性给国际油价带来了巨大的负面效应。首先，加息意味着国内的存贷款利率双双升高，这在一定程度上缓解了国内市场"流动性过剩"的问题，有效遏制了国内投机者对于国际原油期货市场的投机行为，从而削弱了"国内因素"对于推高国际油价走势的影响。

其次，中国的两次加息政策直接引发了国内外投资者对于中国政府收紧货币政策的担忧，从而削减了一部分原油的需求量。近年来，中国经济的快速发展往往离不开石油、煤炭等化石能源的大量消费，石油的对外依存度更是连年超过国际警戒线（公认的标准是 50%，中国 2010 年的依存度已经达到了 55% 以上）。更为重要的是，国际油价的高位运行始终离不开巨大的中国能源需求，如果中国的消费需求出现下降趋势，那么对于国际油价而言将是一个沉重的打击。

当然，两次加息的目的是为了遏制国内日益严重的通货膨胀，并非将矛头直接对准持续攀升的国际油价，而且在"抗通胀"成为 2011 年中国经济主题之时，央行已经公开表示将继续执行稳健的货币政策，把好流动性总闸门，引导货币信贷总量合理增长。但是，我们有理由相信，一旦国内的通胀得到有效遏制，那么央行仍然会再次放松银根。不仅如此，受经济复苏、美元贬值、国际投行唱多、对冲基金加仓多头合约等因素的影响，2011 年的国际油价整体上涨态势已不可逆转，这只黑色"巨兽"的重新启动将成为势不可挡的一种趋势，或者将以更加隐蔽的方式反复出现。

二、前几次全球石油危机的经验与此次危机的新特征

长期以来，石油等化石能源在世界经济的快速发展过程中起着不可替代的作用。它作为现代一种非常特殊的不可再生资源，是迄今人类历史上所赖以生存的最重要化石燃料之一。同时，它也被视为现代工业的"黑色血液"，直接关乎一个国家或者地区经济的兴衰存亡，时刻影响着任何一个国家的生产活动、经济发

展和社会稳定，因此，受到了世界各国政要和普通老百姓的极大关注（管清友、何帆，2007）。

20 世纪 70 年代爆发的两次全球性石油危机引发石油价格大幅上涨，此后，国际油价在经历了长达 20 年的平稳过渡之后，便结束了“廉价油价时代”，同时迎来了一个超乎经济学家和工业实践者想象的“高油价时代”。进入 21 世纪以来，国际原油价格在资本投机、美元贬值、需求拉动等多种因素的共同影响下出现报复性反弹，揭开人类历史上“第三次全球性石油危机”的序幕。不久，一路飙升的国际石油现货和期货价格分别在 2008 年 7 月创造了 132.72 美元/桶和 147 美元/桶的历史天价，比 10 年前的国际平均油价上涨了 4 ~5 倍左右。毋庸置疑，此番席卷而来的全球性石油危机，无论是震荡幅度还是上涨速度都已超过前两次石油危机，让那些一味沉迷在经济蜜月期盛宴中的各国政府和实践者措手不及，甚至无所适从。

然而，一场特大金融海啸以迅雷不及掩耳之势彻底摧毁了“第三次石油危机”的根基，导致国际油价瞬间崩溃，并出现戏剧性下跌。近两年来，受到美元的持续贬值、国际游资的大规模投机以及经济复苏带动的旺盛需求的共同影响，新一轮的油价上涨趋势日渐明显，似乎预示着“第四次全球性石油危机”正在悄然逼近。从总体来看，此次石油危机的波动特征与前三次石油危机大为不同，最为明显的一点就是 2008 年底至今，石油价格呈现出了“W”型的波动特征。进一步研究发现，“W”型的油价波动趋势由一个大“V”型趋势和一个小“V”型趋势构成，而且后者的波峰和波谷都远远高于前者的波峰和波谷（Chen Yufeng and Yujian, 2010）。我们认为未来国际油价的平均价格极有可能会刷新甚至创造新一轮的最高记录。从图 1 中可以看出，第一个“V”型波动出现在 2008 年 7 月至 2010 年 4 月间，由于金融危机的影响逐步加深，各国经济纷纷出现衰退。于是，国际和国内市场对石油的需求都出现大幅下降，以至国际油价在 2009 年初延续着 2008 年末的下跌态势，而且处于谷底的石油价格水平大约在 40 美元/桶左右，这与“第三次全球性石油危机”之初的价格水平大体一致。到了 2009 年二季度，受到美元贬值的影响，国际油价大幅攀升，6 月底价格便突破了 70 美元。然而，在 2009 年第三季度，美国失业率居高不下，以至市场对全球经济复苏的预期有所下降，造成国际油价上涨的步伐有所放缓，但从全年来看，2009 年的国际原油均价大约为 61.06 美元/桶，与 2008 年相比下降幅度超过了 35%。到了 2010 年第一季度，全球经济开始出现复苏迹象，各国对于石油的需求也逐步增加，特别是来自新兴经济体国家的石油需求增速更是明显。与此同时，全球通胀预期的升高也吸引着大量的金融资本进入石油期货市场，从而引起油价的频繁波动，进而推动国际油价继续走高。至此，国际油价完成了第三次石油危机之后的第一次“V”型反转。

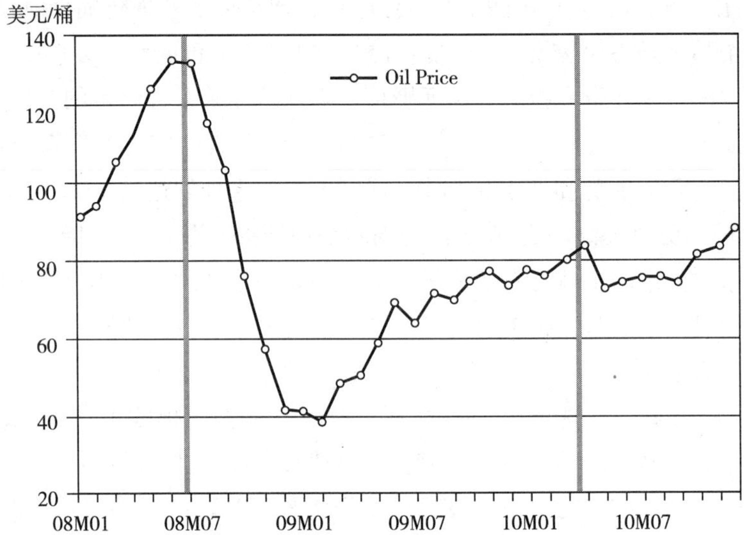

图 1　国际油价的“W”型波动趋势

数据来源：http：//www. economagic. com/em – cgi/data. exe/var/west – texas – crude – long

第二次“V”型反转出现在 2010 年 4 月到 2010 年 12 月间，2010 年 4 月欧洲市场爆发了希腊债务危机，市场投资者担心希腊债务危机可能会加剧欧盟成员国的二次衰退，因而影响国际油价出现大幅下跌。以 WTI 现货原油价格为例，4 月份均价为每桶 84. 48 美元，到了 5 月份下降为每桶 73. 84 美元，下跌幅度达到 12. 6%。事实上，希腊债务危机并没有影响全球经济复苏的基本面，而且此次债务危机对于国际油价的影响也只是短暂的、有限的。自从 2010 年下半年以来，全球经济复苏的迹象更为明显，而且全球新增的石油供给不足以弥补新增的石油需求量，更为重要的是，美联储 11 月 4 日宣布维持利率在 0 ~ 0. 25% 不变，同时还宣布一项总额为 6000 亿美元的货币宽松计划，很显然，美元在近期将不可避免地出现贬值。一般而言，国际原油的市场交易都是以美元计算的，在这种交易体制下，美元的加速贬值必将进一步推动国际油价走高。从总体趋势来看，2010 年国际油价始终维持在每桶 80 美元的水平上下浮动，直到年底才突破 90 美元/桶的关口，而且全年的平均价格为 77. 35 美元/桶，与 2009 年 61. 06 美元/桶的均价相比，上涨了 26. 68%。不难看出，国际油价在未来几年内仍将保持稳中有升的态势。

而另一方面，波动剧烈、涨幅迅速的国际油价对世界各国经济造成了沉重性的打击，给后金融危机时代的经济复苏之路蒙上了一层阴霾不散的迷雾。根据世界银行（World Bank）的一项研究报告表明，在1973～1974年间，世界经济的实际GDP增长率从6.06%下降到1.47%；1979～1980年间，实际GDP增长率又从4.03%下跌至1.81%。从2002～2009年间，世界经济、经合组织（OECD）、美国以及以中国为代表的新兴经济体都出现了一定程度的下滑态势。其中，全球经济的实际GDP增长率从2.03%下降至－2.65%，OECD更是从1.70%下跌至0.6%的历史最低水平，美国的实际GDP增长率也从最初的1.6%下滑至－2.5%的低谷。同期中国却一直保持着9%以上的高增长率，但受国际金融危机的影响，实际GDP增长率同样也下滑到了过去几年来的最低水平——7.2%[①]。

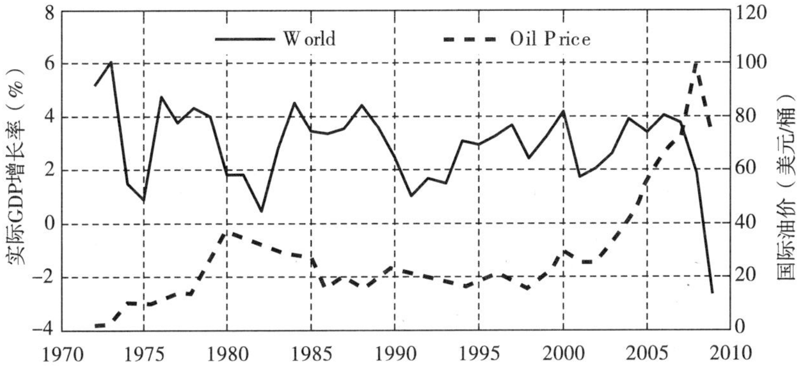

图2　世界经济增长与国际油价波动

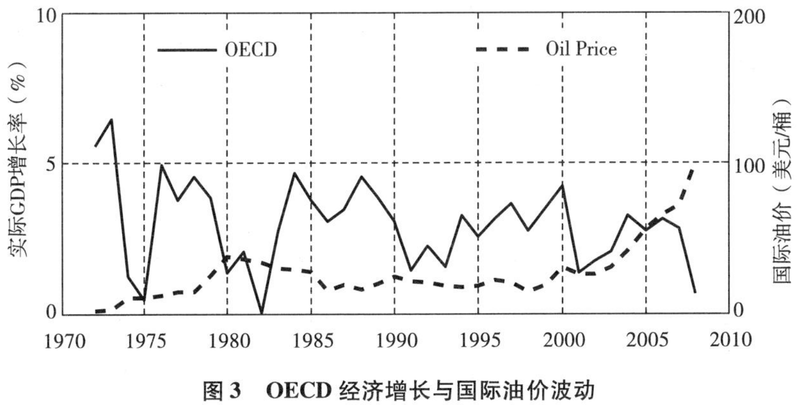

图3　OECD经济增长与国际油价波动

① 除OECD以外，世界经济、美国、中国的实际GDP增长率皆以2005年为基准。

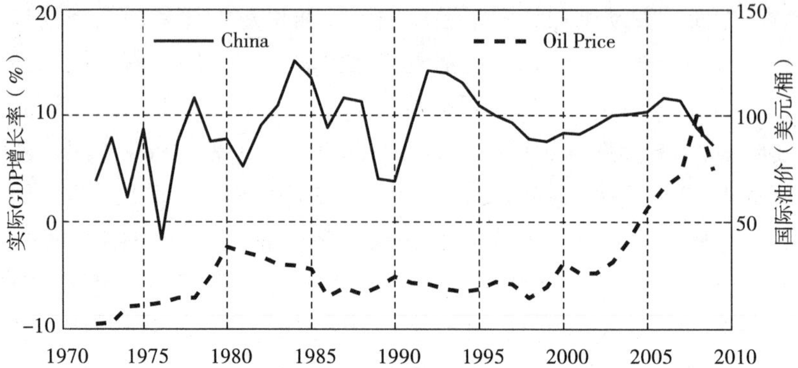

图 4　中国经济增长与国际油价波动

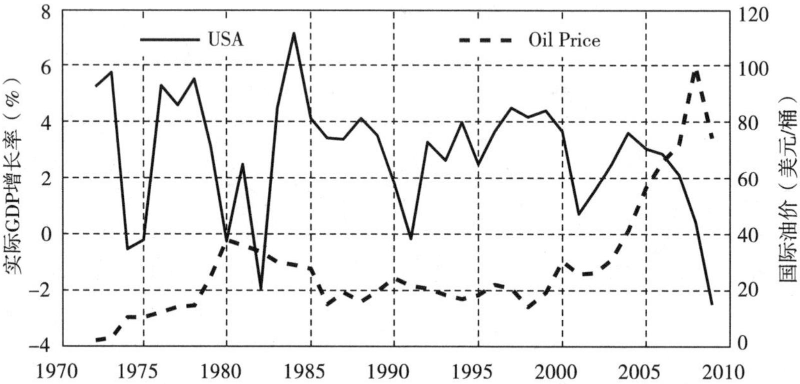

图 5　美国经济增长与国际油价波动

资料来源：根据 Word Bank，“World Development Indicators Data”、“Platts：Oil Spot Crude Prices” 和 OECD，“GDP Growth Data” 等相关年份数据整理。其中，OECD 的数据样本是从 1972 年到 2008 年，其余数据均从 1972 年至 2009 年。

上述现象似乎也暗示着正处在低位徘徊的世界经济和持续走高的国际油价之间存在着某种因果关系，同时也给后金融危机时代全球经济的整体复苏带来了严重的阻碍力量。2008 年，全球爆发了一场百年不遇的金融危机，直接触发了世界经济的严重衰退，这与之前长期维持高油价的“第三次全球石油危机”不无关联。持续走高的国际油价不仅抑制了世界经济发展的工业动力，同时也增加了全球经济进入深度探底的运行风险，尤其是陷入经济衰退以后，如果高油价的态势仍然得不到有效遏制，那么真正的经济复苏将无从谈起，更不用说中小企业了，他们的生存空间和创新动力也都将被高油价这一“黑色巨兽”彻底地扼杀在摇篮之中。

三、国际油价的两个特征事实及走势的预测

1. 从短期来看，国际油价波动具有一定的偶然性

传统观点认为，国际石油价格的短期波动特征都已经反映在石油价格的收益率序列之中（Panas and Ninni，2000；Alvarez and Rodriguez，2008；Lee and Hu，2010）。从图6中可以看出，国际原油价格的收益率序列并不稳定，而是出现了许许多多的断裂点（Break Point），这些断裂点的存在意味着国际石油价格在过去的时段内发生过频繁的波动，进一步研究发现，这些断裂点总是与战争、自然灾害、恐怖袭击以及OPEC的产量政策等紧密地联系在一起。

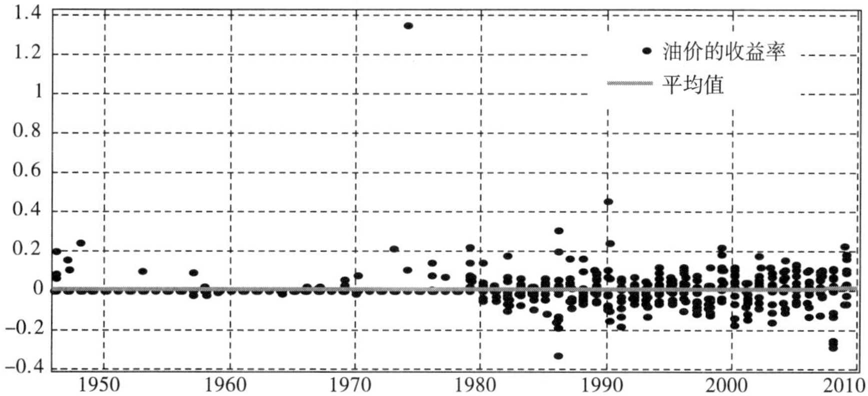

图6　国际油价的动态收益率数列

数据来源：笔者根据1946年至2010年间的WTI现货石油价格计算得到。

纵观历史上已发生的数次大规模战争［中东战争（1973～1974）、两伊战争（1979～1980）、海湾战争（1990～1991）、阿富汗战争（2001）和伊拉克战争（2003）］，但凡世界主要产油区爆发战争，国际油价都将自然而然地出现短期大幅上扬。能源领域的集大成者Hamilton指出，战争的爆发严重地影响了产油区的正常石油生产，为了恢复平衡，石油价格的巨大波动是必要的；另一方面，各国政府、机构等为了应对战争的威胁，都将不约而同地增加石油储备的预期。因此，石油的消费需求和预防性需求都被大大提高了，在这种情况下，国际油价的疯狂上涨也就不足为奇了。

当然，来自外部的非市场因素（飓风、恐怖袭击以及异常气候等）也会引发国际油价的短期剧烈波动。伊万飓风（2004）和卡特里娜飓风（2005）的相继发生，对美国南部地区以及墨西哥湾地区的石油设施造成极大地破坏，引起了石油出口量的短期中断，受此影响，国际油价从52.51美元升至69.91美元/桶。

2001 年，美国遭遇“9·11”恐怖袭击，由于人们普遍担心美国经济，甚至全球经济将出现新一轮的严重衰退，国际原油价格出现了大幅回落。2005 年，北美地区出现了百年不遇的寒冷气候，市场对取暖用油的需求大幅增加，由于担心短期内国际原油市场供不应求，最终触发了国际油价的急速上升，从 42.16 美元/桶涨至 52.2 美元/桶。

目前，许多学者认为世界石油输出国组织（Organization of the Petroleum Exporting Countries，OPEC）的卡特尔定价是国际油价在短期内频繁变动的主要原因（赵农、危结根，2001；Barsky、Kilian，2004）。其实，在 20 世纪 60 年代，国际油价的定价权还只是掌握在少数西方发达资本主义国家的手中。然而，在 1970 年至 1980 年间，OPEC 通过实施石油禁运措施，大规模削减石油产量，重新夺回了国际油价的话语权，此时，OPEC 已经拥有了世界已探明石油储量的 76%，石油出口量也占据着世界总产量的 40%。在这种背景下，OPEC 实际上已经拥有了操纵世界油价涨落的能力。事实证明，每当 OPEC 宣布减产计划的时候，它所产生的供给趋紧信号就会在国际石油市场上引发价格波动，随之石油价格出现适应性上涨，更为重要的是 OPEC 的大规模减产计划迫使石油供给曲线向后弯曲，给世界石油市场制造了持续的供给趋紧信号，进而推升了国际石油价格的连续上涨。

正如前所述，OPEC 的减产计划可能导致石油供给曲线向后弯曲，进而引起国际原油价格陷入“均衡高价”的陷阱。事实上，早在 2000 年，美国经济学家克鲁格曼就曾指出，当油价处于高位运行时，石油输出国会将尚未开发的石油储量作为一种“投资”，通过减少石油储量的开采来维持高油价，并试图在将来获得更大的收益。换而言之，降低石油产量的动机会导致石油供给曲线向后弯曲，进而形成“高油价均衡”的困境，最终使得需求曲线同向后弯曲的供给曲线相交于不同的位置，从而形成两个稳定的均衡点：一个均衡点代表低油价和高产出，而另一个均衡点则表示高油价和低产出。同时，他还指出低油价均衡在 1986 年就已经结束了。

我们运用克鲁格曼提出的多重均衡模型，对国际油价的短期走势进行了相应预测。首先，考虑到 2011 年世界经济复苏的良好前景，以及世界石油供给量在短期内不可能大幅攀升，我们假设 2011 年世界石油的产量增速维持在危机前的水平，但全球的石油需求量却有大幅增加。从图 7 中可以看出，向后弯曲的石油供给曲线与初始的需求曲线相交于点 C（Q_L^0，Q_L^0）和 C（Q_H^0，Q_H^0），与移动后的需求曲线相交于点 C（Q_H^1，Q_H^1）和 C（Q_L^1，Q_L^1）。其中，点 A 和 E 代表的是低油价均衡，而点 B 和 C 表示的是高油价均衡。值得注意的是，在金融危机爆发之前，国际油价的平衡点维持在 B 点，在接下来的几年中，由于需求曲线的向右移动，使得石油价格的平衡点逐渐向点 C 靠拢，也就是说，国际油价的平均价格将不可避免地继续向上攀升。其次，我们运用价格弹性的定义，对国际油价的短期变化做了简单的定量测算。具体的测算方法如下：

$$\varepsilon = \frac{\Delta Q/Q}{\Delta P/P} \tag{1}$$

其中，$\Delta Q/Q$ 为石油产量的年增长率，P 为年度平均价格，ε 为石油的短期价格弹性。

根据 BP 公司的统计，世界石油产量在 2002 年为 7443 万桶/日，到了 2008 年达到 8182 万桶/日，也就是说，国际原油产量的年均增长率大约为 1.6%①。于是，不妨令 $\Delta Q/Q = 16\%$。同时，我们还得到 2010 年的国际原油均价为每桶 77.35 美元。在石油短期价格弹性的处理上，参照 Hamilton（2009）的研究方法，得到国际石油的短期价格弹性为 0.26。最后，将，P = 77.35，分别代入到式（1）中，可计算得到，即 2011 年和 2012 年的国际石油平均价格分别为 82.11 美元/桶和 87.16 美元/桶。

不可否认，国际油价在短期内极易受到来自外部因素的干扰，而且我们所做的定量测算是在既定假设前提下进行的，因此，不能排除由于重大事件的发生而导致国际油价暴涨或暴跌的情况出现。但是，从总体来看，国际石油价格在 2011 年至 2012 年间的合理波动范围将在 80 美元至 120 美元之间。

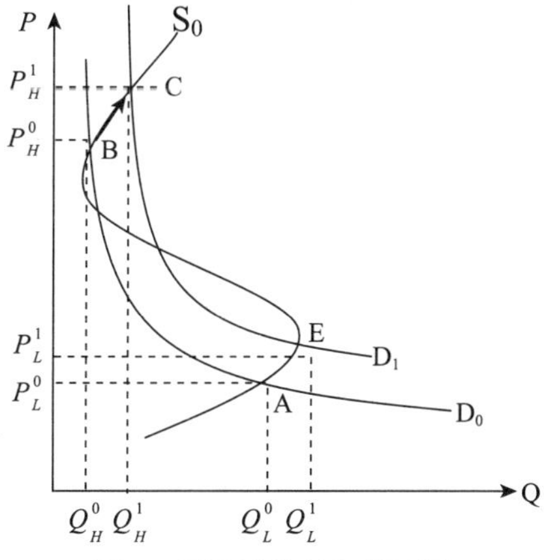

图 7　国际油价的短期预测

2. 从长期来看，国际油价有着不断看涨的趋势

回顾二战以后国际石油市场的价格波动规律可以发现：从 1948 年到 1972 年

---

① 计算方法如下：石油产量的年均增长率 = $\sqrt[6]{2008\text{ 年的产量}/2002\text{ 年的产量}} - 1$。

间，国际石油的名义价格稳定地维持在每桶 3 美元，随后国际油价出现第一次大幅上涨，并在 1974 年攀升至每桶 12.21 美元。不久，国际油价再次迎来重大转折，石油价格在 1981 年几乎达到了每桶 35 美元，此后二十年内，油价总体上趋于平稳，并没有再次出现快速上涨，而是围绕 20 美元/桶的水平上下浮动。2000 年至 2008 年间，石油价格的上涨动力得到了急速释放，世界也随之迎来了一个全新的高油价时期。虽然经济危机的爆发使得国际油价出现了急剧下跌，但是，国际油价在 2009 年 4 月再次迎来了新一波的上涨浪潮。

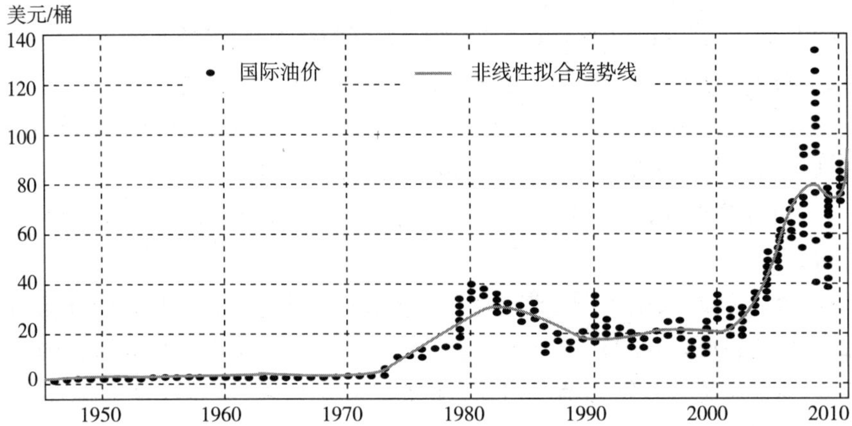

图 8　国际原油价格的长期波动趋势

资料来源：同图 1。

一般而言，传统意义上的“投机”（Speculation）就是指仅仅在短期内持有商品，巧妙地利用金融杠杆，并愿意持有短期头寸和长期头寸，对任何有价值的金融资产进行购买、持有和出售，借以从价格差额中牟取利益的行为（管清友和张弛，2008）。进入 21 世纪以来，金融资本市场对国际能源市场的大规模投机直接推动着世界油价的持续走高，而且石油市场发生暴涨暴跌的次数也远远高于 2000 年以前所有的暴涨暴跌次数，特别是在刚刚过去的“第三次石油危机”中，投机对国际油价的影响更为显著（Smith，2009）。根据美国商品期货交易委员会（CFTC）的评估报告显示，在 2005 年至 2010 年的 5 年时间里，国际能源机构投资对原油需求达到了 85800 万桶，同期中国的原油需求量大约为 92000 万桶，而且在 12 月 21 日，包括对冲基金在内的货币投资机构持有的轻质原油合约净多头达到 194304 手，打破了今年的最高记录。不仅如此，期货投机者往往并不打算将手中的实物商品转移至现货市场进行交易，而是通过纯粹的抬高石油期货价格来从中获取差额利益，所以，投机对油价的推动效果有可能是需求推动的数倍以上。

此外，自从布雷顿森林体系瓦解以来，美元与石油之间就逐渐呈现出一种此消彼长、互相替代的逆向变化关系。从历史数据中可以发现，只要美元走弱或者贬值，国际油价就会在金融资本的大规模投机影响下不断走高，而且在2000年以后，国际资本市场流动性过剩已是不争的事实，网络IT的破灭加上中国等新兴经济体吸收外资能力的下降，导致大量的国际资本流向了国际能源市场，进而对国际油价市场造成了巨大冲击。再加上美元持续贬值所带来的国际经济不确定性，使我们更有理由相信：在未来相当长的时间内，国际油价仍将延续着上升的趋势，直至达到新一轮的能源经济均衡态势（华民等，2010）。

四、外部冲击下的国内成品油价格困境

早在20世纪50年代，原油作为我国重要的核心资源之一，其价格制定和调整一直由政府自行决定，在这种封闭的计划体制下，国内原油价格往往低于同一时段内的国际油价，以至石油资源的实际价值被严重扭曲。改革开放以来，在诸多价格改革的资源性产品中，成品油价格改革起步最早，被视为资源性产品价格改革的探路石，我国成品油价格改革大致经历了以下三个阶段：单一的国家计划控制、双轨制和与国际油价接轨。1998年6月，确立了与国际市场价格接轨机制，正式拉开了国内成品油价格改革的大幕。2006年，继续实施以完善石油价格形成机制、调节利益分配为中心的综合配套改革。2007年1月，国家发改委颁布了以“原油加成本”为主要内容的定价机制，并在此后一年内相继实施燃油税和交通收费等3项配套改革（张亚雄、李继峰，2007）。

自从1998年宣布正式改革以来，成品油价格改革屡遭诟病，一直以来都是媒体争相报道的宠儿。从最早的“油价倒挂”、“涨多跌少”，再到今年的“内外有别”、“油你涨”等事件，无不真实反映出了当前油价改革中存在的乱象和困境。不可否认的是，当国际油价处于上涨阶段时，与国际接轨的定价机制必将引起国内成品油价格的持续上涨，而且也会导致国内油价的频繁调整。图9显示，在过去的6年时间里，国内成品油价格总共调整22次，其中15次上调。国内的汽、柴油价格在2005年3月处于低谷，分别为4550元/吨和3820元/吨，但是到了2010年12月，国内的汽、柴油价格便上升到了7730元/吨和6980元/吨的历史最高水平，与2005年的价格水平相比，增幅分别达到了70%和82.7%。

然而，2008年爆发的金融危机虽然也导致了国内成品油价格的明显下跌，但是跌幅却远远小于同期的国际油价，甚至在危机过后的半年时间内，国内成品油价格早于国际油价率先回暖，其实，早在2005年3月，我国的成品油价格就

远远高出同期的国际油价，而且这种趋势一直延续至今，并且变得越来越明显（如图10所示）。根据1吨=7.33桶和12月22日当天1美元兑换6.6548元人民币的汇率计算，国内汽、柴油价格已达到158美元/桶和143美元/桶的历史高位，而12月22日的Brent和WTI的石油现货价格却分别只有93.20美元/桶和89.82美元/桶，很显然，国内的成品油价格水平已经远远超出同期的世界油价水平，这对于我国的经济发展无疑是沉重的打击。

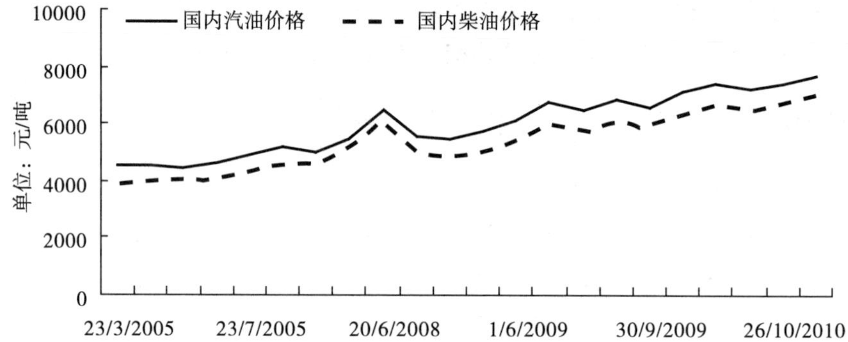

图9　国内成品油价格走势

数据来源：国家发改委网站，http：//www. sdpc. gov. cn/。

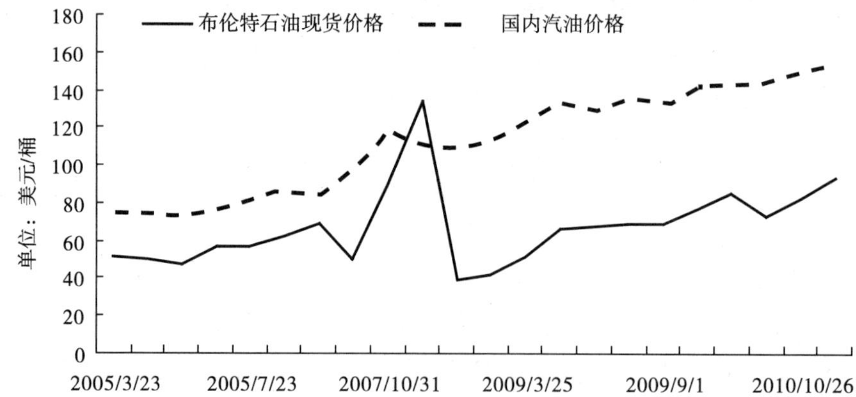

图10　国内汽油价格和国际油价的对比

数据来源：根据对应时期的国内汽油价格、国际油价以及人民币对美元汇率计算得到。

实际上，除了国际油价不断上涨的外因以外，国内油价市场的乱象背后有着更为深层次的内因。首先，目前正在实施的成品油定价机制存在着许多有待完善的地方。第一，该定价机制在实际运作过程中存在诸多的“模糊”地带，尤其是国内成品油价格是政府衡量各方利益之后所做出的指导价，而不是采取透明的市场化操作来定价。第二，缺乏有效地配套监督机制，虽然政府规定当国际市场原油连续22个工作日移动平均价格变化超过4%时，即可相应调整国内成品油价格的规定，但现实情况却是，调整条件已经符合而发改委却仍然按兵不动，因此多次错过价格调整的最佳时机。第三，该定价机制容易引发囤油套利的行为，一旦价格调整的条件满足，不论发改委是否真正采取调价的措施，涨价预期已然形成，这将促使投机分子低买高卖成品油资源，从而造成国内成品油市场的频繁波动，对国内的宏观经济环境造成负面冲击。

其次，国内油价的居高不下与中石油、中石化以及中海油的垄断经营格局有着密切关联。很显然，高油价是三大石油巨头盈利的主要来源，他们有着强烈的动机来维持目前的高油价水平，同时他们也会通过自身在行业中的垄断地位不断挤压民营油企的生存空间，达到降低竞争的目的，从而进一步巩固其垄断地位。即使出现国际油价下跌的局面，石油巨头仍然能够凭借其无可撼动的市场垄断地位和巨大的政策影响力来转移亏损的风险，迫使政府给予巨大的财政补贴。

事实上，国内油价改革的最大难点还是在于政府本身。一方面，政府尝试着逐步放开国内成品油市场的价格管制，充分发挥市场的基础性配置作用，最大限度地实现资源有效配置；而另一方面，政府却又担心一旦成品油市场完全放开，国内经济将会受到国际原油价格频繁变动的不利冲击，从而影响国内经济的稳定发展。目前，政府拥有成品油市场价格的最终决定权，成品油的市场价格不是依靠市场的供需变化来决定的，而是根据政府规定的计划价格来确定市场的需求量，大量分散的企业、私人消费者，甚至包括政府本身都是既定价格的接受者。很显然，政府的过多干预只会引发市场的混乱和效率以及社会福利的损失，无益于问题的根本解决。因此，上述三个问题如果得不到有效处理，那么国内油价市场的乱象将得不到根本性地解决。

五、中国的政策困境

对正处于工业化和城市化快速发展时期的中国而言，能源消费必将在相当长的一段时间继续保持快速增长，国内能源消费“增速快，基数大”的现状也将不会出现根本性逆转。目前，太阳能、风能及其他清洁能源在我国一次能源中所占的比例较低（林伯强等，2010），而且正处于前期投入阶段，离大规模生产仍有一段时间。即使做出最乐观的设想，煤炭、石油等化石能源在我国经济发展中的地位在未来的十年甚至二十年内都将不会发生根本性转变，这些事实都决定了我国未来的经济发展仍然需要巨大的化石能源来支撑。

主流经济学家认为油价上涨会对宏观经济产生直接和间接双重影响，其中，油价上涨的直接影响表现在汽车消费减少，企业的生产要素成本增加，一般物价水平上升，经济增速减慢等等（Bernanke，1983；Kilian，2004；Hamilton，2008）。从微观层面来说，随着国际油价的上涨，国内成品油价格必将随之上升，进而引起以石油为燃料或原料的企业的成本增加，进一步挤压企业的利润空间和生存空间，并最终带动与石油相关产品的价格整体上涨。而且，油价上涨将会进一步增加消费者的负担，特别是对于城市和农村的低保户而言，他们的福利将受到极大损害。现任美联储主席 Bernanke 曾研究指出，石油价格冲击会延迟企业的投资，因为公司无法确定石油冲击是暂时性的还是永久性的，企业的这种延迟投资，会降低整个社会的现期投资规模，进而影响一国的经济增长水平。

从宏观层面来说，目前我国正面临着严重的通胀问题，而国际油价的持续上涨又会进一步加剧国内的通胀压力，甚至会使得当前采取的降低通胀的各种措施变得徒劳无功。一方面，国际油价上涨将直接影响国内的交通运输、渔业、化工、农业等相关产业，特别是农业领域，如果粮食价格出现大幅上升，那么将必然带动 CPI 的明显上升。另一方面，正如前所述，国际高油价对世界经济的复苏前景产生了一定的负面影响，因此，如果国际油价在接下来的几年内仍然居高不下，那么极有可能意味着世界经济复苏的时间将继续推迟，这种来自外部环境的恶化，将极大地影响我国的对外出口贸易，从而影响国内的整体经济形势。

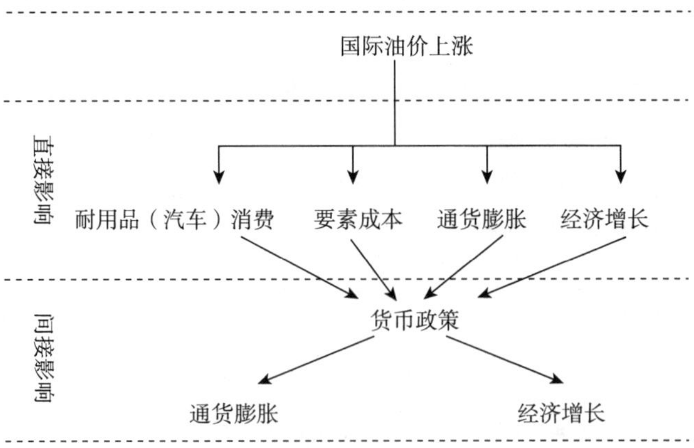

图 11　国际油价上涨对国内经济的传导影响

另一方面，油价上涨又会间接影响一国的货币政策，而且我们认为货币政策的不当选择对于各国的宏观经济而言，其不利的影响程度远远大于国际油价上涨带来的不利冲击。以美国为例，当 1973 年至 1974 年间爆发了第一次全球性石油危机，美国货币当局担心高油价会造成国内的通货膨胀，因此采取了紧缩的货币政策，然而这种紧缩的货币政策进一步导致了国内的经济衰退，虽然货币当局其后迅速将货币政策由紧缩变成宽松，但由于货币政策“能拉不能推”的特性，无法使得经济走出衰退泥沼。不仅如此，后来的宽松货币政策又造成了持续的通货膨胀，因此产生了“滞胀”预期的悖论。

“稳物价”、“防通胀”已成为2011年中国经济的主题，对国际油价上涨可能造成的困境，政府似乎已经如临大敌，做好了对抗的准备。然而，如何既能合理有效地降低国际油价上涨对国内经济带来的不利冲击，又能同时避免通货膨胀和经济下滑双双出现的“滞胀”格局，才是货币政策所面临的“两难选择”。

六、我们还能做什么

如前所述，国际油价在未来几年内将继续上涨已是不争的事实，而且在金融危机之后，国际油价也呈现出了新的波动特征，即“W”型的波动趋势，这预示着国际油价在短期内将充满震荡调整，而从长期来看，却又表现出一种上涨的趋势。在这种情况下，我们有理由相信，“第四轮全球性石油危机”正在悄然来临。

对于中国来说，现在正处于快速工业化时期，日益增加的石油需求以及不断升级的对外依赖性正极大地威胁着国家的能源安全。目前，作为世界第二大经济体的中国，与美国的经济实力差距仍然较大，然而却在能源消费、二氧化碳排放上接近甚至即将超越美国。这些信号都暗示着我国正面临着能源利用“低效率”的困境。因此，中国政府不仅要进一步提高我国的能源利用效率，同时也需要清醒地认识到石油资源作为国家战略资源的重要性，更是需要时刻警惕外生冲击因素引发的国际油价波动对国家安全的巨大风险。为此，结合当前的全球宏观经济环境以及未来的国际油价短期和长期走势，向国家政府部门提出一些具体建议。

从短期来看：（1）应当结合国内成品油税费改革，积极推动节能减排，转变能源消费观念，抑制国内能源消费的快速增长，从而有效地降低能源需求。（2）应当加快经济发展方式转变，抛弃传统的资源型发展方式，关闭国内的高耗能、高污染产业，进一步提高石油等化石能源的利用率，从而尽可能地降低石油、煤炭等化石资源在经济发展中的比重。（3）更为重要的是，早日实现“新36条”的允诺，真正实现一部分有能力的民营企业进入国内石油的炼油领域，通过市场竞争来优化资源配置，从而提高国民的福利水平，而且要加快国内成品油定价机制的改革步伐，真正实现与国际油价接轨。

从长远来说：（1）中国作为世界第二大二氧化碳排放国，有责任承担节能减排的义务，积极地实施节能减排政策，加大清洁能源的研发投入力度，大力发展水、核、风、太阳能等清洁能源，尽可能地降低碳排放。当然，也要全方位参与国际能源合作，建立一个强大的节能技术交流平台，进一步提升能源利用率。（2）抓住金融危机的时机，鼓励国内石油企业走出国门，加强同国际能源机构的合作，加快跨国油气管道建设和石油储备的基础建设。同时，国家政府部门要妥善处理与世界主要产油国的双边乃至多边关系，为国内石油企业的海外扩张之路营造良好的贸易环境。（3）重视并加大国家石油战略储备，建立一整套完善的石油储备体系，抵御因恐怖袭击、自然灾害等突发因素造成的国际原油冲击。

毋庸置疑，传统的高耗能发展模式不再适合当今时代的发展需要，调整能源结构、优化产业结构、发展低碳经济才是后危机时代我国经济发展的必由之路。只有那样，才能真正实现2020年的节能减排目标，否则，“高能耗、高污染”的经济发展模式必将最终无路可走。

【参考文献】

[1] 陈宇峰．后危机时代的国际油价波动与未来走势：一个多重均衡的视角．国际贸易问题，2010（12）

[2] 陈宇峰，俞剑．靠什么摆脱对化石能源的巨大依赖．上海证券报，2010年9月3日

[3] 管清友，何帆．中国的能源安全与国际能源合作．世界经济与政治，2007（1）

[4] 管清友，张弛．投机、操纵与国际油价．国际石油经济，2008（9）

[5] 华民，刘佳，吴华丽．国际石油价格暴涨急跌的逻辑和中国的应对．世界经济与政治论坛，2010（1）

[6] 林伯强，姚昕，刘希颖．节能和碳排放约束下的中国能源结构战略调整．中国社会科学，2010（1）

[7] 赵中伟．欧佩克国家经济多元化战略对国际油价的长期影响．经济评论，2009（2）

[8] 朱民，马欣．新世纪的全球资源商品市场——价格飙升、波动、周期和趋势．国际经济评论，2006（11）

[9] 张珣，余乐安，黎建强，汪寿阳．重大突发事件对原油价格的影响．系统工程理论与实践，2009（3）

[10] 赵农，危结根．石油价格波动的分析．世界经济，2001（12）

[11] 张亚雄，李继峰．成品油价格上涨、行业补贴与我国经济发展的关联度．改革，2010（8）

陈宇峰

浙江金华人，经济学博士，毕业于中国人民大学经济学院，曾赴日本早稻田大学政治经济学部、21COE－GLOPE研究中心担任国际研究员，现任浙江工商大学经济学院副教授，上海金融与法律研究院特约研究员。目前，主攻能源经济学、制度理论等领域的研究。

世界经济格局还将维持现状 20 年

——访中国人民大学教授顾海兵

赵海娟/文

席卷全球的金融海啸渐行渐远，世界经济开始进入复苏阶段。由于经济状况差异以及危机受损程度不同，各国经济复苏步伐并不一致。欧美等发达国家在这次金融危机中受损严重，处于低速复苏阶段；而以中国为代表的新兴市场国家，经济高速增长，复苏步伐迅猛。由此，很多人认为，在后危机时代，世界经济格局将发生重大变化。

但接受中国经济时报记者专访的中国人民大学教授顾海兵则持不同意见。他表示，当前世界经济格局还将维持 20 年。

危机被夸大，世界经济格局难变化

中国经济时报：请你谈一谈，后危机时代，世界经济格局将发生哪些变化？

顾海兵：首先，经济危机的说法并不确切，“危机”这个字眼有待进一步研究，需要指标去认定。假如我们把经济增长速度看成是衡量危机的指标的话，经济危机还没有达到。我认为，5～10 个百分点的经济负增长才能称得上是危机，并且仅是轻度危机。

有人拿这次的经济危机与上个世纪 30 年代的大危机相提并论，是耸人听闻，有夸大危机的成分。上世纪 30 年代大危机的标志是经济增速下降一半，而现在欧美经济只下降几个百分点，没那么严重。实际上，美国政府直接用在此次危机上的钱是很少的，大概只有几千亿美元，但一开始的估计是几万亿美元。我认为，欧美等国的经济只是出现了比较严重的问题，还没有达到危机的程度。

此外，从经济增长速度来看，1～2 个百分点的负增长，并不一定就是坏事。经济发展本身具有周期性，是波动的，不可能一直维持同样的增长速度。

我认为，当前的世界经济格局在未来 20 年都不会发生变化。

这次所谓的“经济危机”主要是由美国的金融问题引起。因此，欧美加大了对金融市场的监管力度，但基本还是一种改良的做法，至多是局部的改革，对全球的金融市场格局影响不大。此外，虽然金融业在经济发展中的作用很大，但也仅是为经济发展服务。在决定世界经济格局的因素中，金融只是一方面，最重要的还是要考虑生产力的配置，特别是产业结构和高新技术的分布。

我之所以说当前的世界经济格局在未来 20 年都不会发生变化，是因为世界范围的产业结构并未因此次“经济危机”的影响而变化。高技术产业依旧分布在欧美等发达国家，低端产业仍分布在发展中国家。最可能的变化也就是低端产业是放在中国还是放在印度、越南等不同发展中国家的问题。

据我了解，欧美真正涉及到核心竞争能力的技术，几乎是不放在发展中国家的。一些放在发展中国家的研发总部，也仅仅是研究一些外围技术。发达国家仅是利用发展中国家的土地、廉价劳动力来生产低端产品，包括核心技术在内的高端部分仍在本国生产。在短时期内，这种产业布局不会发生根本性变化。

新兴经济体与发达经济体的差距仍在扩大

中国经济时报： 你认为，此次“经济危机”过后，以中国为代表的新兴市场国家的国际经济地位是否有所提高?

顾海兵： 从经济增长的角度讲，中国等新兴市场国家的国际地位肯定是上升的，因为发达国家的经济是零增长或负增长，而我们是正增长。但这种上升并不能说明全部问题。

一国的国际经济地位是由该国的经济实力所决定，但经济实力并不等同于经济规模。以中国为例，虽然经济规模很大，但经济内涵并没有完全跟上。虽然中国的经济总量超过日本成为世界第二，但我们的经济实力与日本等发达国家相差甚远。

虽然日本经济停滞十年，但其高技术和创意产业并未受到影响，仍保持增长。负增长的产业仅是纺织、钢铁等传统产业。此外，有资料显示，欧美等国的创意产业每年也都保持 5 ~ 10 个百分点的增长。

当前，中国是粗放经济，内涵式增长不多，主要是在外延、规模上的增长。我们与发达国家的相对差距可能会减少，但绝对差距却在扩大。打个比方，假设 20 年前，美国导弹可以打 1000 公里，中国导弹可以打 200 公里，二者是 5 倍的关系，绝对距离差 800 公里，那么今天美国导弹可以打 1 万公里，中国导弹则打 3000 公里，二者是 3 倍的关系，但绝对距离差了 7000 公里。表面看二者的相对差距缩小了，但绝对差距却在扩大。也就是说欧美等国虽然 GDP 增长缓慢，但其经济实力增长仍不比中国慢，甚至还要快。

中国经济转型还未完成

中国经济时报：你认为，在新的国际经济形势下，未来中国经济发展处于何种状态？

顾海兵：一句话：中国经济的转型转轨还远未完成，最主要的表现是国有资产份额太大。我认为，国有资产的快速增长并不是一件好事。国有企业并不是真正的企业，普通企业无法与其公平竞争。现在的国企既不是国家机关，也不是事业单位，也不是标准的企业。国企的增长，并不意味着社会转型的成功，反而使转型的任务更加艰巨。

其次，我国的市场化程度有待继续提升。作为国内测定市场化程度最早的参与者，上世纪末，我测定中国的市场化程度指数是 50%，而到现在，中国的市场化程度并未显著提升，甚至有些地方还有所后退。

衡量市场化程度最主要的三个要素是土地、资金和劳动力。但目前，我国土地市场的问题很多，由于城市土地归国家所有，农村土地归集体所有，土地市场并没有完全放开；而在资金要素上，四大国有银行垄断了 2/3 的市场，而且办银行执照的门槛很高，条件很多，金融市场也并未完全放开；而劳动力要素也存在官吏不分、城乡隔离等问题。

中国经济时报：请你谈一谈中国未来的发展战略。

顾海兵：中国未来 30 年需要制定一个以强国和富民并重，同时兼顾环境的发展战略。强国与富民既统一又对立。对发达大国而言，强国与富民之间是统一性大于对立性，强国战略可以相对顺利得到贯彻，而对于发展中大国而言，因为财力有限，强国与富民之间的对立性往往大于统一性，强国战略的实施难度就大一些。

在 1952～1980 年计划经济时期，可以认为我国实行的是放慢富民速度的强国战略，实际上是先生产后生活、重工业优于轻工业的发展战略。百姓的生活一直处于贫穷与温饱之中。现在回过头来看，实行这样的强国战略在当时的国际环境下是必要的，老百姓也是基本认可的。没有“两弹一星”作为强国战略的基础，我们在国际上是没有发言权的。

1978 年改革开放之后，特别是 1984 年农村普遍实行联产承包责任制、城市进行经济体制改革之后，我国实行了重视富民的发展战略。可以肯定的是，近30年来我国富民的速度是比较快的，我国百姓已经提前解决了温饱，初步进入了小康。这一点从我国居民耐用消费品普及率具有较高水平可见一斑。

而当前，我国的经济高速增长，国家财力大增，在未来30年，我国有条件实行以强国和富民并重的发展战略。但还要注意不能因经济的增长而牺牲环境，所以应在强国与富民并重的情况下，兼顾环境。等这30年过去了，强国、富民、环境这三者方可并列。

附

世界经济格局仍然主要由美国主导

顾海兵

什么是世界经济格局？也许没有统一的回答。笔者的观点是：主要看主导世界经济的国家，可能一个，也可能多个。这里的主导，首先要看经济领导与经济领先的力量，包括制度、技术等，其次是经济的规模，再次是国土与人口的规模。以这样的标准分析，当今世界经济的格局仍是美国主导，并且这样的格局会维持很长时间，至少10~30年。

一、本次经济危机：被夸大

世界经济格局当然离不开谈世界经济危机，因为世界经济危机自然可能要改变世界经济格局。肇始于2008年由美国次贷危机所引发的几乎公认的世界经济危机究竟如何呢？

我以为，首先要好好推敲一下“危机”二字。什么是危机？正如衡量人的健康需要指标一样，关键是衡量危机的指标是什么？用什么样的指标来测定危机？显然，测定危机的指标本身就是一个没有标准答案的问题。判断危机首先要有指标，其次还要有数据。对数据要做详细的划分：危机区间和不危机区间。有人说这次的危机相当于上个世纪30年代的大危机，我以为是耸人听闻。为什么这么大的危机没有太大的震动呢？有人又解释说，社会保障体系建立起来了，用不着大家都上街“反饥饿”、“反贫困”。我不这样看。我一开始就认为有夸大危机的成分。实际上，现在算账，美国政府真正花在救危机上的钱是不多的，大概是几千亿美元，而一开始的估计是几万亿美元。我不认为美国和欧洲发生了危机，我更愿意说他们的经济出现了比较严重的问题，还没有达到我认定的危机的程度。

为什么？看看上个世纪 30 年代大危机，其标志是经济下降 30% ~50%，而现在经济只下降几个点，根本没那么严重。看看美国近些年的经济增长速度，基本上是大于零的增长，近 20 年平均都有 2 ~3 个点的增长，不存在一下子就下降 10 个点，即使 2009 年也就是下降两个多点，2010 年已经回复到 2008 年的水平，欧洲也类似只是稍微低些。看欧洲主要看英法德，这三个国家没有严重问题，整个欧洲则不会有大问题。德法英的经济当然有问题，但问题并不大。不过，媒体常常喜欢夸大，一些学者做学问不太认真也有意无意地夸大。

假如我们把衡量危机的指标看成是衡量经济增长速度的话，仅就这个指标来判断，危机并没有形成。我认为，5 ~10 个点的负增长才能称得上是危机，并且仅是轻度危机。哪怕是达到 20 个点的负增长，也不会达到崩盘的后果。崩盘是指社会制度产生剧烈变革，政权被推翻。而美国并没有因这次经济问题而影响政权，一切都正常进行，离严重的危机还远着呢。

从经济增长速度来看，1 ~2 个百分点的负增长，根本就不是坏事。经济发展本身就应该而且必须有高潮低潮，是有波动的，不可能年年保持同样的增长速度。

对是不是存在经济危机应该科学地、严格地分析，我并不赞成危机的提法。只能说欧美的经济遇到了严重的问题，还构不成危机。前面说的是整体的经济危机，至于金融有没有危机则需要另一套指标衡量。金融危机一般就要用坏账的指标来衡量。我认为，不管坏账如何算，美国也只是几千亿美元，德国 2000 亿 ~3000 亿美元，大体上不良资产率在 3% 以下，相对于发达国家七八十万亿美元银行资产，总体上世界金融也只是有初步的危机，但并不严重。前几年人们太疯狂，比如炒房地产或过于宽松的放贷。人类有个特点，每隔几年或十几年就要疯狂一下，比如上世纪 80 年代的日本房地产，90 年代的美国高科技，本世纪 2007 年中国的股票。看看世界历史的发展，人类的这种本性不是靠技术能够消除的。对世界经济发展要有一种波动的眼光，不应叫“后危机时代”，等下一次危机来了你叫什么呢？第一，要冷静地观察；第二，要从发展的、动态的、波动的角度去观察。不要简单的拿来主义。“危机”这个字眼有待进一步研究，需要指标去认定。比如说通货膨胀，CPI 在 1% ~2% 是自然上升，2% ~3% 是价格有上升，也仍是物价的正常波动，超过 4% 这个数字，学界一般才认为是通货膨胀了。

二、世界经济格局仍然主要由美国主导

既然本次所谓的发达国家经济危机并不严重，其他国家，特别是其他有影响力的国家也未见重大变化，因此，世界经济格局当然也不会有大的变化。世界经济格局仍然主要由美国主导。

所谓由美国主导，首先看经济制度，美国的市场经济制度，除了朝鲜等极个别国家，连古巴这样的国家都在向市场化方向改革，其标志就是国有经济比重大幅下降。当然，市场经济制度是否有美国标签并不重要，但它们之间确是等价关系。

其次是看技术，所谓的第一生产力。只要看看美国的文化，比如好莱坞，比如奥斯卡，比如功夫熊猫，比如阿凡达等；只要看看美国的硬件，比如英特尔，比如 IBM；只要看看美国的软件，比如微软，比如苹果等；只要看看美国的航空航天，比如 40 多年前就登月，比如 30 年前就发射航天飞机；只要看看美国的发明专利，比如国际发明专利 30% 以上都是美国的等，则我们说美国对世界文化与高技术的控制或影响力在一半以上应该不是个错误。

再次是看经济规模。美国在世界 60 万亿 GDP 中的比重虽有下降，但下降速度很慢，仍然占有 20% ~25% （按照市场汇价计算），世界第二，比如中国，比如日本，则在 10% 以下。如果考虑美国的经济影响与盟友，如英国、英语系国家等，则全球经济的直接与间接的一半为美国印记。关于中国，由于印度的高经济增长，中国的经济规模影响估计不能像以前那样突出。

最后看美国的国土与人口，美国的国土为千万平方公里级，与中国相近，少于俄国与加拿大，但人口却有 3 亿，仅次于中国与印度，且增长速度很快。美国的军事基地遍布世界，美国航空母舰游弋在太平洋与大西洋，世界警察的角色几乎无法撼动。

当然，美国的制度上虽没有太大变化，但在管理体制以及具体的法规上一定会有所变化。比如美国通过了金融监管法案，提高了监管的力度，这是一种改良的做法，是局部的改革。有较大改革的医保法案不久前又被众议院否决了，估计前景不妙。笔者一直认为，即使奥巴马的医改方案被通过其最终也会失败，当然这需要几十年的等待判断。

世界经济格局不会随着金融格局而马上变化，经济决定金融，金融资源在经济中的作用很大，但金融本身仍是为经济服务的。金融出现大的问题后，并不一定代表经济就一定会怎么样。经济格局有自己的规律。金融属于虚拟经济。我们

讲世界经济格局，金融是一方面，但更多的是考虑生产力的配置。比如产业结构。产业结构不会受太大的影响。高端的只能在欧美，我们只能是低端的，而且只能是打工的。这个格局没有太大的改变。最多是不同的发展中国家之间有转换，是放在中国还是越南、印度的问题。欧美凡是涉及到高端技术的，不会轻易放在发展中国家。这涉及到国家经济安全。很多人做过研究，实际上欧美真正涉及到核心竞争能力的技术，几乎是不放在发展中国家的。放在发展中国家的研发总部，也仅仅是一些外围技术。中国只是提供厂房和廉价劳动力，被用的只是空间，而不会获得核心技术。

经济格局基本没有变化，可以看产业结构和高新技术的分布，这是不会有什么大的变化的。

面对欧美出现的金融与经济问题，有人曾说我们中国因为有目前这样的体制而没有遭遇危机，甚至还提出要维护现行体制。我不这样看。中国和欧美是完全不同性质的问题。也许是不恰当的比喻，中国是小农经济，把自己封闭起来，可能不会碰到大风大浪。欧美是有风险的经济，可能会碰到风浪。但有风浪就是坏事吗？这其实是对自己的锻炼和挑战。这就相当于你是一个婴幼儿，自己封闭起来了，没生病。而美国是 18 岁以上，可以迎战大风浪，可以转危为机。虽然没有生病，但中国还是婴幼儿阶段。再说，体制有没有优越性关键是落实在生产力是不是先进上，而不是简单地说没有金融危机体制就优越了。当然，新兴经济体的国际经济地位从经济增长的角度上讲肯定是提高的。因为欧美是低增长、零增长或是负增长。我们是正增长，我们的份额当然就升高了。但这种升高不能说明什么。只能说你的体重增加了，但健康与否还不知道。经济规模大了，并不代表你的经济内涵上去了，因为高新技术还是不多，环境质量仍是下降的。

我们只能说新兴经济体的经济规模提升了，而很难说是经济实力有很大或同步增加了。这是两个不同的概念，交叉不大。因此，整个世界经济格局不会有太大的影响。

顺便说一下日本这个曾经叫板美国的经济体。日本经济负增长或零增长了十年或二十年，但依我观察，其高技术并未受多大影响，每年的发明并未减少。GDP 没增长，但高技术并没下降。它有些产业负增长，但是有些产业始终保持高增长，那就是高技术和创意产业。曾经看到一个材料，欧美日的创意产业每年都保持 5 ~ 10 个点往上增。虽然传统产业，比如纺织、钢铁、原料、能源产业等下来了。这些产品都到发展中国家去进口了。

三、中国经济转型远未完成

本人的一个观察是，中国的经济有一个特点就是可维持。可维持经济是粗放经济，不会有多少内涵式的增长，但还会在外延、规模上增长。我们和美国的相对差距可能会减少，但绝对差距也许在扩大。欧美 GDP 虽增长缓慢，但经济实力的绝对差距也许没有减小。

中国经济如果能从可维持转为可持续，并且能持续比较长的时间，则世界经济格局就一定会有所改变。依据中国的近几百年历史与目前的现状，这一天肯定能到来，但至少在 10～30 年之后。

中国经济的可维续发展，就是要有内涵式的发展，而且这些发展必须基于老百姓的利益，必须和环境比较友善。实现这一点最重要的还是在于改革，主要是政治改革。实际上任何经济改革本身都是政治改革，因为任何改革都是权利的归位或权力的再配置，比如 30 年前改革开放包产到户，家庭联产承包责任制本身就是政治改革的一部分。中国的经济改革或政治改革还在攻关阶段，或者说中国的转型远没有完成。

衡量中国经济转型核心是看市场化程度。欧美到现在还没承认我们是市场经济国家，不管他们的承认是否正确或是否重要，我们确实要反思一下，我们有没有达到市场经济的公认标准，比如国际上有组织专门研究各个国家的市场化程度。市场化程度的另外一个名字叫自由化程度，叫自由指数。笔者是国内测定市场化程度最早的学者之一。我的测评历来是最低的。在上世纪末的时候，我测定中国的市场化程度是 50%。现在我认为仍是 50%，甚至有些地方还有所后退。最主要是要看要素，比如土地、劳动力和资金三大要素的市场化程度。从要素看，我们离市场化还很远，城市土地归国家所有，农村土地归集体所有，土地市场是最乱的，就因为我们改革不彻底。房子有所有权，但土地没有所有权，这是一个悖论。土地市场化本身就没有进行。作为财富之母的土地都没有市场化，怎么能称得上是市场经济？在资金要素上，四大传统国有银行垄断了 1/2～2/3，办银行执照的门槛特高，有很多不公平的条件卡着。金融市场基本没有放开，至今没有真正的民有银行。劳动力市场也没有完全放开，存在种种限制，比如户口控制等。

中国转型转轨的任务远未完成，其表现就是国有资产份额太大，国企在很多行业有绝对控制，比如电力、电信、石油、煤炭、石化、军工、航空航天等。国有资产以巨大的速度增长并不是一件好事。房地产土地拍卖，基本是国企在拿土地。从政治学定位，国有企业是按照公务员管理的，国企不可能是真正的企业，以国家来做后台，谁能跟他竞争？国企的增长，并不意味是社会转型的成功，反而使转型的任务更加艰巨了。国企的定位应该是市场上一般企业难以提供的很少一些产品由其提供。即使过去我们通常讲的公用事业、水电气等也并非要国企运营。

四、未来世界经济发展的重要增长点：有闲产业

世界经济发展一个重要增长点就是有闲产业，也有人把它叫做休闲产业，也有人把它叫娱乐产业。早在 100 多年前，西方的学者就已经敏锐观察到有闲产业的发展，有一些学者专门写的这样的有闲阶级论等专著。有闲产业是第三产业的一部分，第三产业在发达国家 60 年之前就已经达到了 50% 以上，今天是70% ~ 80% 。第三产业的 70% ~80% 里面，其中一半以上是有闲产业，也就是说产业结构里面 40% 甚至更多是有闲产业，而目前的中国，整个第三产业才 40% 。

我们先来观察一下世界经济的法定劳动时间，大体上在 200、300 年之前，全世界劳动者的劳动时间是每天工作 15 个小时，几乎没有什么休息日，后来慢慢发展，逐步过渡到每天工作 12 个小时、10 个小时，一直到马克思快要去世的时候，终于在美国实现了每周 6 天、每天 8 小时工作制。到了 20 世纪 30 年代，美国在世界上率先实现每周工作 5 天、每天工作 8 小时。而中国终于在 20 世纪 90 年代中期实现了每周工作 5 天。所以我们会发现，世界经济的发展，人们自由的时间越来越长，而法定的必要强制劳动时间越来越短。伴随着这样的变化，人们的消费结构发生了巨大变化，人们解决了基本温饱之后干什么呢？总得要把休闲时间利用出来。所以有一个说法是，美国人把三分之一的国土、三分之二的收入、三分之一的时间消耗在休闲产业上。发达国家的今天大概是我们的明天。

所以当劳动时间缩短之后，剩下的时间干什么？当然是有闲产业，所以有闲产业一定会发展。那么，有闲产业里面究竟包括哪些产业呢？

第一，创意产业。发明专利的重要不必赘言，而发明专利等知识产权都离不开创意，是创新的基础。也有人统计过，全球的产业里面创意产业占多少比重，有人说创意产业已经占到 5 ~10 个百分点，具体几个百分点不重要，最重要的是创意产业一定占了极大的份额，创意一定是走在最前面。任何国家的经济要往前走，如果没有创意产业，肯定是走不远。而创意的基础是一定要有闲，强制或无闲，创意是不可能出来的。

第二，文化产业。传统的，比如戏曲、小品、影视等，现代的，比如街舞、短信等，都属于文化。文化产业是在解决温饱之后一定会大力发展的产业。世界

上很多竞争不在于物质的层面，其实都在文化层面上。文化空间无限，一个没有文化的企业不可能走得远。

第三，体育产业。我们知道，一个乔丹，就价值 100 亿美元。一位姚明，价值也高达亿元。南非的世界杯足球也是几十亿美元的规模，老百姓的健身产业也不容小觑。体育产业是一个巨大的产业。

第四，宠物产业。据说，全世界养的宠物狗大概超过 5 亿条，北京注册登记的是 60 万条，没注册的还有 80 万。在美国，这个产业一年达到 500 亿美元。宠物产业是一个巨大的产业，会带来很多产业的发展，比如宠物的衣服，宠物的医院，宠物的商店，宠物的美容店，宠物的宾馆，宠物的婚姻介绍所等。

第五，彩票产业。有所谓的股民和彩民的说法，中国体彩和福彩发行量很大，都超过了千亿人民币，有一半是作为奖金的回报，有 30% 作为成本，彩票产业解决了多少人的就业？可以加快发展彩票产业。

第六，旅游产业。世界上所有的产业都是可以替换的，唯有旅游业是不可替换的，因为世界上只有一个北京，只有一个上海，只有一个广州。比如，去北京应该去看北大和清华，这叫高校旅游。北京有大银行，完全可以搞金融旅游，等等。

第七，"秀"的产业。现在社会都在追求美，每个人都有美，每一个人都有美的地方，美人所美、美美与共、世界和谐。所以每一个人都具有美的地方，既然有优美的地方，为什么不拿出来秀一把？所以世界上什么都可以秀。

第八，美容产业。什么都可以美化，大家都在追求美，不管多少岁，活到老美到老。每天都求美，心情一定是不一样的。现在很多女士不到美容店，请个人到家里来美容，美容业发展了，很多农产品的生产也需要增长，专门生产美容的黄瓜。农业这个产业和美容业挂钩，其发展一定很不错。此外，美甲、文身等等，这些就是美体产业。

其他的，如收藏产业，玩具产业，体验产业等有闲产业，这里就不细说了。

由此，也可以说，一方面世界经济格局是由不同国家的板块决定的，另一方面，也可以说世界经济格局是由不同产业的条条所决定的。块块中有条条，条条中有块块。如果说世界经济格局是由美国主导的，则自然也可以说世界经济格局是由美国的有闲经济主导的。经济的强大主要不是硬经济，而是软经济。中国，还需努力，还需艰苦努力。

【参考文献】

[1] 亚当·斯密．国民经济财富的性质和原因的研究．北京：商务印书馆，2008

[2] 蒋选，杨万东，杨天宇．产业经济管理．北京：中国人民大学出版社，2006
[3] 张光远，唐瑱．从“三驾马车”看当前中国经济增长．价格理论与实践，2003（2）
[4] 高拴平．产业组织分散化：我国经济发展过程中的一个必经阶段．当代经济科学，2001（3）
[5] 谢尔盖·舍林．后危机时代的世界经济格局．参考消息，2011.1.25
[6] 林左鸣．广义虚拟经济．北京：人民出版社，2010

顾海兵

中国人民大学校务委员、经济学院教授。

曾任中国数量经济学会常务理事、中国投入产出学会秘书长，现兼任中国数量经济学会学术委员、中国劳动学会学术委员、中国信息协会预测专业委员会常务理事。

已出版独著、合著、译著 30 余部，发表论文 300 余篇。2002 年主持完成北京哲学社会科学“十五”规划重点项目（奥运经济）的专题研究。独著有《简明实用经济数学》、《宏观经济预警》、《经济预测方法》、《经济系统分析》、《非主流经济学研究》、《新范式宏观经济学》等。

危机过后世界经济一体化会继续深化

——访商务部研究院研究员金柏松

徐　伟/文

对于这次金融危机，不同学者有不同的看法。商务部研究院研究员金柏松在接受中国经济时报记者采访时阐述的观点，跟那些对全球经济关系持悲观论点的人不太一样，他认为，现在世界经济相互依存达到了任何时期都没有出现过的紧密程度，真正形成了全球化分工、全球生产布局、全球消费这样一个高度全球化时代。在后危机时代，经济一体化会继续深化。

中国经济时报：你如何看待这次金融危机？

金柏松：这次金融危机发生后，我发现许多人对认识危机的本质缺少经验。在上世纪90年代我们研究日本经济的时候，大家一开始都认为日本经济可能是陷入了周期性衰退，但是后来发现日本这种衰退就老也起不来了，一下子失去了十年。回国以后我曾经写过文章总结日美贸易摩擦失败的教训。在这篇文章里曾经提到中国如果和美国发生贸易摩擦会是什么样的结果，会向哪个方向发展。当时写这篇文章主要是想警示国内，同时也是想总结日本这失去的十年究竟是怎么失去的。

我认为，日本失去的十年并不是一个简单的周期性循环。战后日本经济大概经历了十几次的复苏、衰退，大约有十几个周期。为什么这一次这么长，一下子有十年，甚至现在还有人说是二十年？总结起来发现日本经济危机不是简单的周期性危机，还有结构性的，即所谓发展模式的问题。

那么现在我再进一步推断，发生这次金融危机实际上也类似日本的情况。美国经济也不仅仅是周期性的问题，也有结构性的问题。如果日本、美国是这样的话，那么中国是不是也有这样的问题呢？中国虽然说没有危机但也有很大的失衡问题，也有内外需不平衡、发展模式需要调整等问题，所以我总结这次危机是一个复合性的危机。

复合性危机包含的第一个因素是周期性的调整，世界经济和各国经济都有一个周期性的调整；第二个因素是结构性的失衡。

美国就是制造业比重大大低于服务业，处于制造业空洞化状态。美国金融产业特别发达，要求各国金融市场都要处于全部开放状态，以便其金融产业能够凌驾于世界金融产业之上。这样可以使美国的不平衡变成了平衡，但同时也造成了其金融产业夸张性扩张、制造业夸张性缩小这样一个巨大的不平衡，当然他这个结构性不平衡本来是没有什么问题的，但次贷危机成了引爆金融危机的导火索，进而波及全球，产生了这次与以往不太一样的复合性危机。

中国经济时报：经过这次金融危机的冲击，全球经济格局发生了哪些变化？

金柏松：自2008年下半年以来，受到金融危机进一步蔓延的影响，全球主要经济体的宏观经济指标剧烈下降，实体经济经历二战后的最严重冲击。经过各国政府的经济刺激，2009年以来，无论是新兴市场还是发达国家的经济指标逐步企稳，全球已经渡过金融危机的恐慌而进入“后危机时代”。

2008年全球贸易增长不到3%，2009年是危机全面在所有国家和地区显现的一年，全球经济衰退0.5%~1%。这说明实际上全球经济并没有受到灾难性的破坏。至于世界经济是不是已经完全走出衰退，国际学术界有不同的看法，我认为目前全球经济已经走出了衰退。这场从美国发源、以欧美发达国家为中心的西方危机，并不像我们想像的那样严重，所以我对经济恢复有信心。

中国经济时报：那你认为，在“后危机时代”，世界经济格局会发生哪些变化？

金柏松：这次危机不同于以往的特点是，危机期间各国政府联手拯救世界经济，而不是像上世纪30年代的大萧条一样，贸易保护主义泛滥，结果通过战争来解决问题。

这次危机主要是美国金融体系内部和欧美发达国家金融体系的危机，进而严重波及到与金融体系关系最密切的一些跨国公司或者制造型企业。但是现在主要的经济体都在恢复，当前，初级商品价格开始反弹，能源价格回升更快，石油价格稳定在70~85美元/桶，食品价格指数、工业原料价格指数也在持续反弹，这些都是世界经济全面复苏的重要信号。

危机过后经济一体化会继续深化，因为经济一体化趋势不可逆转，“后危机时代”也是如此，现在世界经济相互依存达到了任何时期都没有出现过的紧密程度，真正形成了全球化分工、全球生产布局、全球消费这样一个高度全球化时代。大家都是利益的共同分享者，当然也是灾难的共同承担者。新兴经济体受到冲击较少，在复苏世界经济的过程中表现抢眼，今后还会是全球市场中的一支重要力量；发达经济体特别是美国通过这场危机，解决了很多金融体系问题，所以资本主义经济也将会迈上快车道。

中国经济时报：危机之后，中国在全球市场中的角色有什么变化？对全球经济发展有什么潜在影响？

金柏松：金融危机导致以往中国的主要出口国家欧美市场需求低迷，加上贸易保护主义抬头，中国的出口主导经济模式受到冲击，调结构、转方式成为当务之急，中国以往的全球工厂角色将逐渐淡化。如果说中国的角色转变对世界经济会有什么影响，我觉得未来各国会寻求新的平衡，经济、贸易、金融等各个方面都在寻求新的平衡。

中国经济时报：你认为，这次危机给我们带来哪些启示？

金柏松：这次金融危机并没有使欧美经济整体受到根本性动摇，所以保持经济平稳增长仍是未来各国政府宏观调控的首要目标，既要防止在经济回升过程中因继续“保增长”的政策力度过大过急，导致投资过快增长，引发通货膨胀；又要防止因刺激经济增长的政策力度和政策效应减弱，经济出现第二轮下滑。

这次金融危机带给发达国家尤其是欧美发达国家一个巨大的教训就是不能忽视实体经济，必须要保留一定规模的制造业。我们注意到奥巴马提出重振美国制造业，并提出出口倍增计划，这说明危机使欧美国家政府明白了一个道理，要想实现经济安全，必须要实现产业安全，要实现产业安全，必须要有一定规模的制造业，所以欧美发达国家今后会有计划地加强制造业的力量。

金柏松

研究员。1956年2月25日出生，1979年2月~1983年3月于中国人民大学二分校工业经济管理系本科毕业。1987年1月~1992年4月于外经贸部国际贸易经济合作研究院亚非部研究日本经贸；1992年5月~1995年3月派驻日本中国大使馆经商处任二秘。后回商务部。2004年2月至今，在商务部研究院，研究对外贸易、日本经济。

世界经济将呈多极化新态势

——访中国社会科学院经济研究所所长裴长洪

朱菲娜/文

在国际金融危机冲击下，全球贸易与直接投资下降，但经济全球化的基本趋势没有改变，然而这并不意味着国际金融危机对经济全球化的发展进程毫无影响。在后危机时代，经济全球化和世界经济多极化都出现了若干新特点。中国社科院财政与贸易经济研究所所长、博士生导师裴长洪研究员接受中国经济时报记者专访时认为，金融危机加快了世界经济重心由大西洋向亚洲地区转移的速度，“金砖四国”将成为新兴经济大国，是世界经济中一支不可忽视的力量。

对于中国来说，后危机时代全面参与经济全球化的机遇大于挑战。

全球化趋势出现新特点

中国经济时报：虽然美国与西方主要发达国家的经济出现好转迹象，但经济完全复苏之路尚遥，你怎么看后危机时代的世界经济？今后经济全球化是否会出现一些新特点？

裴长洪：我认为，经济全球化的基本趋势没有改变，但这并不意味着国际金融危机对它的发展进程毫无影响，在后危机时代，这种影响不仅存在，而且还呈现出若干新特点。

第一，国家资本直接与私人垄断资本相融合成为危机救援的重要手段，国家资本从救援到其他干预将成为经济全球化深入发展的新现象。

第二，国家资本跨国化成为刺激经济的新需要。危机中，各国不仅采取措施刺激本国经济，而且还采取联合措施刺激经济。可见资本要素的流动已经从私人垄断资本的跨国流动发展到国家资本的跨国流动。

第三，全球经济治理改革成为经济全球化的新诉求。首先是改革金融货币体系。在改革国际货币基金组织的呼声下，增加了中国、巴西、俄罗斯、印度为代表的新兴市场国家和发展中国家的发言权和投票权，这成为与美国一股独大进行博弈的新力量。尽管新借款安排增资方式成为折中选择，但国际货币基金组织的改革已势在必行。其次是改革磋商与政策协调平台。由于世界经济相互依赖的程度不断加深，美国等西方发达国家与各国经济的对话、磋商与政策协调的必要性继续增强，G20 成为各国对话的机制性重要平台，大有取代富国 G7 俱乐部和后来 G8 的趋势。

第四，新的科技革命及其产业化正在酝酿之中。各国正在抢占科技制高点，全球将进入空前的创新密集和产业振兴时代。在新能源、生物科技、信息网络等领域中，突破关键技术并使之产业化将成为后危机时代发达国家产业振兴的新举措，这将促进新一轮的产业转移，并且带动新的国际分工。

第五，跨国垄断资本正在寻找新的全球市场。出于对美国国家利益的长远考虑，一部分垄断资本极力主张并支持美国政府发展新能源和低碳经济，并企图获得技术优势，再利用资本优势建立新的国际分工体系以及全球市场。这种努力将成为经济全球化深入发展的新动向。同时，为了讨好并取得金融垄断资本的支持，美国新能源经济的设计者还谋划了金融垄断资本在新能源经济中的生财之道——碳交易和碳金融。实现这个构想将成为美国金融垄断资本建立新的国际分工体系、实现全球扩张的新计划。

国际分工与世界经济多极化

中国经济时报：基于全球化将会出现以上新特点，世界经济格局将会发生怎样的变化？

裴长洪：我认为国际分工与世界经济将呈现多极化新态势。

跨国公司主导的全球资源配置和国际分工，把不同国家的经济纳入全球经济循环体系，成为经济全球化深入发展的突出表现。跨国资本的产业体系与国际分工体系紧密联系，形成有机的价值链，具有相对的稳定性。新产业体系及其国际分工体系的建立，面临技术、企业重组、市场、与既有垄断资本利益矛盾等方面的严峻挑战，因此将是一个竞争、合作、融合的较长过程。其成长过程表现在国际分工格局上，将不是后者颠覆前者，而是后者融入前者的渐进变化过程。

第一，美国新能源经济成长前景与国际分工基本格局。

奥巴马上台之前，其智囊班子就为其制定了振兴美国经济的基本思路：发展清洁能源和低碳经济。希望由此建立起新的战略性产业，不仅可以增强美国的制造能力和扩大出口，而且让中国和其他发展中国家成为这些产品的消费者，从而改变美国经常项目收支失衡的格局。在贸易规则上通过征收碳关税，限制中国和发展中国家的出口和产业，致使中国在高油价、碳关税、高汇率三重压力下永远处在国际分工的不利地位。

但是，美国的这个如意算盘很难在几年内完全实现。这不仅在于美国参议院未必能通过《2009 年美国清洁能源和安全法案》，更重要的是美国真正要推进战略性新产业将遭到重重阻力。

但这也并不意味着在奥巴马任期或 5 ~ 10 年内，美国以清洁能源和低碳经济为主的战略性产业毫无进展，在一部分美国垄断资本的支持下，会创建出一些新企业，并形成一定的产业体系，特别是在欧盟新能源资本的配合下，也会在全球分工体系中出现新的产业分工以及部分的分工重组和企业并购，但这些都需要在竞争中与原有的产业基础相适应、相融合，不可能是简单的替代关系，因此不可能很快改变原有的制造业国际分工格局和国际收支流向。

第二，我认为国际分工会逐步深化，世界生产与消费分离的结构性不平衡特征继续演化。

由于危机导致需求萎缩，世界制造业将发生新一轮的分化与调整。在这些调整中，跨国公司纷纷看好中国，把生产业务转入中国，中国吸收外商直接投资降幅很小。在后危机时代，以生产与消费相分离为特征的这种全球性经济结构不平衡，事实上是全球财富占有不平衡、国际货币体系不平衡、资源占有与消耗不平衡在全球经济结构不平衡中的必然表现，只要后者的状况不能得到实质性改变，世界生产与消费的分离以及储蓄与投资的不平衡也就不可能得到有效改变。

在这种生产与消费分离的全球经济结构状态下，中国和一些新兴经济体的“世界工厂”地位将继续上升，将承担更多的商品生产分工，从而要求更大的世界市场。中国作为贸易投资大国，随着地位的上升必将与贸易伙伴发生更广泛、更深入的经济贸易关系和合作。统筹两种资源、两个市场和两个生产经营体系的关系，不仅将赋予中国经济发展更深刻的含义，而且还将深刻地影响经济全球化和世界经济多极化的态势。

第三，世界经济将呈现多极化新态势。

不同跨国垄断资本之间的矛盾、世界各国经济政治发展不平衡以及美国霸权与各国的矛盾、多哈回合全球多边关系谈判的停滞，决定了经济全球化的继续发展必然表现为国家利益集团化和区域经济一体化，世界经济多极化随着经济全球化的深入发展而更加丰富多彩。

①金融危机加快了世界经济重心由大西洋向亚洲地区转移的速度。②“金砖四国”成为新兴的经济大国。在新兴经济体中，中国、印度、巴西和俄罗斯凭借其国土面积、人口、经济规模和增长状况显示出明显的重要性，被誉为“金砖四国”。四国在世界经济和发展问题上有许多利益共同点，相互之间的联系和对话日益增加，成为世界经济中一支不可忽视的力量。③美国主要债权国的出现。后危机时代将是世界经济多极化趋势进一步深化的时期，各个国家的利益诉求关系不断在发生分化和改组，简单地用发达国家和发展中国家的两分法概念已不能全面、充分反映世界经济和国际经贸关系的新格局；世界经济已不能简单地用两分法或三分法就可以反映全球利益格局，而成为因事、因时而异的多种划分的利益诉求关系。④世界各国在应对气候变化问题上形成不同利益的国家集团。在气候变化问题上利益多元化格局的出现，进一步加深了世界多极化趋势的发展，必将对经济全球化和国际经贸关系产生重大影响。

全面参与全球化面临诸多新挑战

中国经济时报：经过这次金融危机之后，你认为中国将身处怎样的国际经济环境？将会面临怎样的挑战？

裴长洪：在后危机时代，我国全面参与经济全球化、发展开放型经济，确实面临许多新的挑战。

首先是我国外贸发展方式还不适应后危机时代世界市场的新变化。在后危机时代的若干年内，由于美国和西方主要发达国家的新兴战略性产业尚不可能迅速成长，新的经济增长点还不足以带动大的市场需求；而美国和西方发达国家的消费增长还处于恢复状态，世界经济将呈现低速增长，世界市场需求不可能出现较大的新增容量。因此我国对外贸易发展，特别是出口贸易发展面对的是外部需求拉动力低于金融危机之前的市场环境。在新的世界市场环境下，我国外贸发展方式转变的迫切性进一步增强了。

其次是我国将面临贸易保护主义的长期困扰，应对贸易保护主义也将成为长期任务。由于我国工业化的加速发展，不仅面临努力减少碳排放的压力，而且也面临扩大世界市场的迫切需要。但西方一些国家可能利用其在碳排放上的有利地位，增加节能环保产品和技术的出口，并限制高碳产品的进口和消费，甚至力图修改贸易规则以获取自身的利益。美国也可能在国际经贸关系上采取实用主义的态度，一方面在国际社会面前不承诺其作为碳排放大国所应该兑现的国际责任，另一方面又可以利用美国环保署（EPA）制定的“清洁空气法”等国内立法，来实行“绿色贸易保护主义”的某些措施。

再次是我国国际性资产安全运营的矛盾凸显。随着我国企业走出去和海外资产的增加，以美元和西方货币计算价值的海外资产（实体资产和金融资产）都面临汇率和经营风险的安全考验；规避风险、安全高效已成为我国资产海外运营的现实问题。此外，我国企业海外投资还处于初级阶段，不仅发挥统筹两种资源、两个市场的能力建设刚刚起步，甚至也不能为扩大我国的商品和劳务市场发挥有效作用，因此，在后危机时代的国际经济竞争中，我国还十分缺乏竞争取胜的新优势。不仅如此，在未来各国抢占经济科技制高点的国际竞争中，我国还面临差距被拉大的危险。

在经济竞争中建立统一战线

中国经济时报：对中国来说，后危机时代会产生哪些新的机遇？我国应该如何抓住这新一轮有利时机？

裴长洪：大概是六个方面：

第一，我国经济相对比重上升。在全球金融危机推动新一轮世界制造业资本向中国转移进程中，中国制造业产品谱系将大大拓宽。西方跨国公司新一轮产业转移和对华投资将带来较高技术水平的现代劳动密集型产业和较为成熟的技术、知识密集型产业，如信息技术、微电子、通讯等。跨国公司的业务转移可能不限于生产制造环节，而且可能包括研究与开发、设计、采购、销售及售后服务等相关环节，中国“世界工厂”的地位将更加巩固。

第二，为我国企业海外投资和跨国经营创造了新机遇。国际金融危机造成了一些外国企业陷入资金和生产经营的严重困境，这是我国企业加快实施“走出去”战略的有利时机。通过绿地投资、重组联合、股权投资和跨国并购等多种方式，实现专业化、集约化和规模化的国际化经营，充分利用国际资源和市场，增强我国企业国际竞争力，同时积极培育具有国际知名度的企业及产品的品牌。

第三，为人民币拓展国际业务营造了新空间。由于美元、欧元、英镑和日元在这场国际金融危机中受到不同程度的打击，国际地位受到动摇，美元地位会有所下降，为中国人民币拓展国际业务提供了难得机遇。鼓励我国商业银行积极开拓人民币国际业务，利用人民币开展国际经济活动，如进行人民币信贷融资、发行债券、国际结算、对外投资、支付国际工资、支付工程及劳务款项，从而推动人民币在国际经济活动中扩大流通，促进人民币资产进入国外特别是美国等西方发达国家的央行、主权机构和商业银行的资产负债表或成为某些经济体的储备货币。鼓励企业在跨境交易中采用人民币支付和结算，减少出口贸易以美元计价的风险。2009 年上半年，在我国服务贸易中长期都是逆差状况的金融服务出现了小额顺差，表明我国人民币国际业务有了新发展，展现了人民币国际业务发展的潜力。

第四，世界经济重心转移为亚洲经济合作提供了新契机。在应对国际金融危机冲击中，中国—东盟自由贸易区已经显示出活力，中国的海外市场多元化取得了实质成效。这为中国积极参与亚太经合组织、10 +3 合作、上海合作组织、大湄公河次区域合作活动，提供了新鲜经验。鉴于目前多哈回合多边贸易谈判处于搁浅状态，世界各国均在加紧商谈自由贸易区建设，中国需要从战略角度重视与有关贸易伙伴加快开展自由贸易区的谈判。中国完全有可能把亚洲或亚太区域经济合作自由贸易区建成互利共赢、富有潜力和活力的市场。

第五，世界多极化的各种矛盾为我国开拓各类国际市场提供了回旋余地。后危机时代，在围绕温室气体排放的原则立场和具体行动上，中国与发展中国家77 国集团、基础四国和金砖四国都有明显的共同立场和利益，反映到未来的国际经济合作和经贸关系上，我国与这些国家的贸易投资会有新的利益共同点，即便发生贸易摩擦和经贸纠纷，也易于避开碳排放和绿色贸易壁垒等方面的敏感问题，易于在反对绿色贸易保护主义方面找到共同语言。这对我国在实现 2020 年减排目标的过渡时期提供了很大的回旋空间。

第六，世界多种利益诉求的分化为我国在国际经济竞争中建立统一战线提供了新思路。国际金融危机把中国推到了世界经济和国际社会矛盾的前台，西方国家中存在着利用“捧杀”和诋毁两种形式遏制中国的暗流，但世界经济多极化和多种利益诉求的分化又为中国提供了反遏制的联合力量，这为我国应对气候变化和贸易保护主义创造了有利的外部条件。在应对气候变化的国际关注中，贸易规则可能成为世界贸易组织的新议题。尽管贸易自由化的趋势不会改变，但贸易自由化会被逐渐加入新的因素，逐渐与传统自由贸易概念有新的区别，这也会成为一种趋势，我国应当积极参与规则制定并认真应对。经济全球化和贸易自由化是跨国垄断资本的根本利益所在，跨国公司主导国际贸易的基本格局决定了贸易保护主义兴风作浪的有限程度。所以，我国应确立不怕打贸易战的思想，要学会有理、有利、有节、持久地打各种贸易战和汇率战，“斗而不破”是我们处理与美国经济利益矛盾的指导思想；建立国际经贸统一战线联盟和分化区别不同贸易伙伴和利益集团应是我们的基本策略。

裴长洪

1954 年 5 月 15 日生，经济学博士，研究员、博士生导师，现任中国社会科学院经济研究所所长、党委书记。长期从事国际贸易与投资、金融与服务经济领域的研究，其博士论文《利用外资与产业竞争力》于2000年获得国务院学位委员会和教育部颁发的全国百篇优秀博士论文奖。2003 年以来在《中国社会科学》、《求是》、《人民日报》、《经济研究》、《中国工业经济》、《财贸经济》、《国际贸易》等重要报刊杂志发表论文数十篇；同时在国内外英文期刊发表英文论文十几篇，其中有两项研究成果获得原外经贸部颁发的研究奖项、一项研究成果于2008年获得安子介国际贸易研究著作奖。1996 年获得国务院特殊津贴奖励，2005 年入选中宣部“四个一批”人才工程。

后危机时代更需开放公平的贸易环境

——访卡特彼勒集团总裁瑞拉文

范思立/文

当金融危机肆虐全球时，很多国家为了自保，纷纷挥舞贸易保护主义大棒。贸易保护主义大行其道，令世界经济再生变数。英国前任首相布莱尔曾分析，贸易保护之所以抬头，是因为西方世界的经济衰退进一步恶化，西方国家把矛头指向中国或其他国家，而不是从自身寻找问题。其中中美的贸易摩擦似乎更突出，而身处美国的跨国公司是如何看待自由贸易、如何认识中国市场的？中国经济时报记者采访了卡特彼勒集团总裁瑞拉文。

中国经济时报：金融危机以来，全球贸易保护主义抬头，你是如何认识自由贸易的？

瑞拉文：在此次危机中，美国国会在通过经济刺激法案时提出一项“购买本国货”条款。卡特彼勒在前任董事长欧文斯的带领下主持了一系列活动，从政治的角度、公司的角度和员工的角度坚决反对这个条款。因为从全球整个链条上说，不管是卡特彼勒还是其他跨国公司，也包括中国企业，他的生产、销售以及人才战略不再仅局限于某一个国家。

卡特彼勒一直是全球开放自由贸易的积极倡导者。自由贸易的好处是显而易见的。自由贸易能够拓宽客户群体；自由贸易能够创造就业。美国五分之一的就业源于贸易；自由贸易同时也有利于消费者。日益增长的全球贸易让全球的消费者能够以最具竞争力的价格买到最优质的产品。自由贸易和开放市场无论对一个国家的经济增长还是个人的切身利益都有深远影响。这也是为什么我们需要积极推动市场开放的原因。越开放，得到的利益就会越多。

中国经济时报：你认为应该从哪些方面促进自由贸易？

瑞拉文：首先要做的是出台鼓励对外出口商品和服务的政策。同时，应该考虑通过海外运营在国外市场销售产品和服务的能力，也应具备进口商品和服务的能力，从而使企业成为有竞争力的制造商，最终向客户和消费者提供最具性价比的产品和服务。这一切可以通过全面的自由贸易协定取得。

卡特彼勒一直呼吁美国政府批准同韩国、巴拿马以及哥伦比亚的自由贸易协定，并尽快完成泛太平洋自由贸易协定。此外，美国应该把完成世贸组织多哈发展议程设定为重点优先解决的问题。签署全面的世贸协定面临着推动市场开放以及促进全球经济增长千载难逢的机会。

所有相关方都能够而且应该为推动全球自由贸易做出更多承诺，而且这种承诺应该尽快做出，以便让消费者、生产工人以及企业能够最终从持续近 10 年的世贸谈判中获益。

企业的成功和高就业率是经济发展的关键。过去的一个多世纪，国际贸易成为创造美国就业机会和经济增长的一个关键因素。二战以来，美国一直引领自由贸易的发展，但美国有时也变得保守。其实，推进贸易政策就像骑自行车，如果不继续向前，就会摔倒。

我很高兴地看到，贸易问题又重新成为美国国会的一个重要议题，我也希望国会继续优先关注贸易问题。

中国经济时报：你是如何看待中国的市场前景？

瑞拉文：中美两国的贸易已惠及数以亿计的两国人民，以及全球经济。尽管我们在政策上还有分歧，但是彼此尊重，共同努力，我们一定能创造实质性的双赢机会。中国是我们的一个重要市场，我们为在此所做的一切努力感到自豪。我们也知道，参与中国的经济建设，也能够帮助我们在全球其他地方的业务，包括美国。

中国政府 2008 年在全球金融危机背景下大规模投资基础设施建设，带动了基建及相关行业的产品销售与就业，同时也使海外同行和企业受益。未来若干年，卡特彼勒在华营收增速注定要比北美市场更可观。

一面是快速成长的竞争对手，一面是良机频现的本土市场，竞争与机遇的双重促动，使得卡特彼勒开始大幅度调整自身的中国市场战略。我们将通过投资增加在华生产的内循环。

事实上，在卡特彼勒发布的“2020 愿景”中，其对中国市场的重视异常显著。若想在全球业内保持领先，就必须在中国市场占据领先地位并与中国市场实现共赢。

瑞拉文

是总部位于美国伊利诺伊州皮奥里亚的卡特彼勒公司集团总裁和公司首席管理团队成员，担任美中贸易全国委员会、北京大学光华管理学院国际顾问委员会委员和布拉德利大学董事会成员。毕业于西伊利诺伊州大学，其后获得克瑞顿大学及乔治敦大学法学学位。1984年加入卡特彼勒公司，作为律师任职于法律服务部门，先后在亚洲和拉美地区的分公司担任过许多职务，在成为集团总裁之前，曾任亚太区生产运营副总裁，同时担任新卡特彼勒三菱有限公司董事长（现为卡特彼勒日本公司）和卡特彼勒中国投资公司董事长，负责这些地区的制造业务，包括中国、印度和印度尼西亚，并部署公司在新兴市场的战略。

全球经济复苏将非常有限

——访摩根士丹利非执行董事、美国耶鲁大学教授史蒂芬·罗奇

李慧莲/文

预测是件很有风险的事，经济形势的预测就更难，因为不确定因素太多，这就使能准确预报的预言家成为公众焦点。摩根士丹利非执行董事、美国耶鲁大学教授史蒂芬·罗奇就是这样一个人物。作为少数能准确预测到这次金融危机的经济学家，按他的老朋友、中国发展研究基金会秘书长卢迈的说法："这为他在美国赢得了声誉和尊敬。"而和罗奇一块聊聊金融危机这个话题也就成为一件很有意思的事情。2010 年 12 月 7 日，在中国发展研究基金会主办的全球经济形势展望研讨会上，罗奇谈了他对仍未走出金融危机阴影的今明两年全球经济走势的观点，与本报记者分享了他对危机的看法。

世界经济：金融危机挥之不去，复苏前景非常有限

罗奇对全球经济整体看法好像不甚乐观，认为金融危机造成的这一次全球经济紧缩非常巨大。

"这种经济的下行在全球大家都有感知，应该说是从上世纪 30 年代以来最大的经济紧缩。从全球贸易、工业和失业增长数据来看，发生在 1975 年、1982 年和 1991 年的三次经济萧条都没有这一次这么大。经济下行强度非常大，也会带来快速的反弹。这就是我们预测经济发展的一个办法，好比一根橡皮筋，如果被拉得越快，它的反弹会越快。"罗奇说，正常的应该是一个 V 型的反弹，但人们没有看到这样的反弹，今天的经济走势非常疲软，因此这种危机非常可怕。对于美国经济仍然还有负面的影响，对日本的经济也一样。发达国家、发展中经济体仍然面临非常疲软的经济复苏。所以金融危机的确是挥之不去，在全球经济反弹的过程中反弹的幅度非常有限，这样的危机还会继续，覆盖的范围也会更广。在这样的因素下，对于全球来说是巨大的困难。

"全球的经济复苏，我认为将是非常有限的。"罗奇说，在次贷危机之前的 5

年，全球经济增长差不多是5%的速度，在未来几年只有3.5%的经济增长，也就是说比次贷危机前慢1/3左右。

他认为，在需求方面，没有一个国家的消费者比美国的消费者更加重要，2009年全球45%的消费者来自美国，他们有10万亿美元的贡献，而中国和印度相加只贡献了2.5万亿美元。欧洲的主权债务危机也使未来几年很难指望其经济有很大的起色。虽然中国经济非常乐观，但中国和印度的消费规模非常小，不能够弥补欧洲和美国消费的不足。欧洲和美国加起来约有18万亿美元的消费，是中国和印度消费总额的7.5倍。这种现实对于世界经济复苏是极大的挑战，对于中国来说也是挑战。

罗奇介绍，美国的个人消费支出占美国GDP的百分比在20世纪1/4的时间里差不多到了66%，2000年后突然开始上升，其原因，从收入和财富效应来看，来源于非常疲软或者疲弱的支持。美国的消费增长是由信贷和房地产两个泡沫来驱动的，现在这两个大的泡沫都已经破裂了。美国的消费占GDP比例从70%回到60%的水平，这就回到了美国人进入这几个泡沫之前的水平。美联储主席试图改变这样的情况，但问题是美国的消费者要比美联储聪明，消费者有太多的债务，他们希望偿还他们的债务，但是美联储要求消费者不要这样做，因为他们已经给了第二轮的量化宽松政策。但是，“我想给大家保证，这不会改变美国的消费趋势。”罗奇说。

从供应方面看全球经济，罗奇认为亚洲的结构是非常脆弱的，出口和消费方面都是如此。1997年、1998年亚洲金融危机时，出口占亚洲GDP的35%。在之后的10年时间里，这个份额达到了45%，在次贷危机的边缘。发展中的亚洲变得更加依赖外部需求，这个程度比金融危机时更严重。因此，一旦出现了危机，亚洲所有的经济体都受到了打击，都面临衰退或者是放缓，中国是衰退。

中国的挑战：从出口和投资依赖模式转变为消费驱动模式

在金融危机冲击下的世界经济格局中，中国经济会有怎样的发展？

“在过去的15年当中，世界上没有一个经济体像中国这样从经济全球化中获利。”罗奇说，如果让中国的经济走好的话必须让全球的经济走好。中国对全球经济的影响、全球经济对中国的影响，两者之间的关系至关重要。全球经济在未来一两年当中将会面临巨大的挑战，而这些挑战也将对中国的经济发展有非常重大的影响，尤其是对于中国的短期和中期增长战略产生非常大的影响。

目前，中国的领先增长板块是出口和投资，在过去30年中都有奇迹性的增长。在1979年改革开始时，这两个领域占GDP的35%，2007年达到了80%，已经翻了一番，出口更甚。但是，虽然中国表面非常强劲，但表面之下是“不稳定、不平衡、不协调和不可持续”。金融危机之后，以4万亿投资为代表的积极财政政策、货币政策以及保持人民币币值稳定等措施，使中国经济很快复苏了。中国经济是复苏了，但却使不平衡加剧了。

“中国消费者的消费占GDP的比重太低了。”罗奇认为，未来中国的核心是改变增长模式，以改变中国宏观经济的不协调，这是非常重要的。

中国经济不可持续的另一个理由是，中国是亚洲最强的经济增长国，但是就业率的增长非常低。因为中国大多数产业是劳动密集型的，每年GDP增长产生的就业机会非常少。此外，中国的资源消费效率十分低。中国政府一直在讲科学发展观，现在必须要真正行动起来，提高资源消费的效率，从煤炭、石油到金属，还有很多其他的资源。

在中国经济未来发展中也有亮点，罗奇认为，这个亮点就是中国服务行业存在巨大潜力，这是中国潜在的一个机会。去年，中国的服务业数据有所上升，但也只占GDP的42%，印度是58%，西方发达国家应该是65%~75%，美国是75%。服务业不像制造业，它并不是劳动密集型的，它对于GDP来说贡献率更大一些。对于中国来说，每单位的GDP服务业应该比制造业多贡献35%的就业机会。

罗奇从“十二五”规划中看到中国鼓励消费的措施。在“十二五”规划中，社保安全网的建设、支持农村家庭增加收入、规划大规模服务性行业蓝图三大机制可以带来三大目标的实现：减少预防性储蓄、建设和谐社会和吸收劳动力。从长期来看，这会改变一种模式，从出口和投资依赖的模式转变为消费驱动的模式。它会改变人们对整个中国经济的看法。

此外，农村的土地改革、税收政策以及促进农村人口到城市的迁移，这些都会吸收劳动力到服务业中。

危机教训：不要让所谓的资产和信贷泡沫扭曲经济

中国经济时报：你曾经准确预见到一次危机，那么可否总结一下，人们应该从这一次金融危机当中吸取哪些教训以避免再次陷入困境呢？

罗奇：说到教训，我想有一个教训的确是非常重要的，那就是不要让所谓的资产和信贷泡沫扭曲我们的经济。这个教训在日本已经有了，在美国我们又看到一个泡沫接一个泡沫出现，这些问题的爆发是我们目睹的，明年我在耶鲁大学要上一门关于日本经济教训的课，我想强调的是，很多教训我们并没有去吸取。我认为，危机之后政策的制定更多地关注监管体制的调整和改革，这是不对的，在美国也正这样做。我认为，我们要做的是在货币政策方面是不是让宽松的货币政策保持更长的时间，这个是我们应该关注的。

中国经济时报：假如从中国的角度看这次金融危机，你有何结论？中国应对危机的表现，包括出台以 4 万亿投资为代表的一系列刺激政策，你有何评价？

罗奇：从中国的角度看危机，从当时看，中国经济是一个所谓的不平衡、不稳定、不协调、不可持续的经济，但是在金融危机以后看，中国没有受到太致命的打击。中国的教训是不应该过分依赖外需，而应该不断调整自己的发展模式，更多依赖国内的发展需求。中国不能让 2008 年的情况重演了，要平衡经济。

为了应对危机，中国出台了以 4 万亿投资为代表的一系列刺激政策，这些政策是正确的，当时中国也只有这么做。但是这种措施不能保持过长的时间，可能应该更早或尽早地撤出这些应对金融危机的措施。

史蒂芬·罗奇

现任摩根士丹利非执行董事、美国耶鲁大学教授，曾任该公司亚洲主席，是公司在本地区各国政府、监管机关以及客户面前的高层代表。在出任亚洲主席之前，为摩根士丹利的首席经济师。

在过去 25 年就职摩根士丹利经济师的期间，被公认为是华尔街上最具影响力的经济学家之一。近几年，研究领域主要集中在全球化、中国和印度的崛起以及全球经济失衡对资本市场造成的影响等方面。他的研究著作广为金融报刊和其他媒体所引用，而且还在国际权威报刊上发表过多篇特约专稿，并在 2009 年 9 月出版了《未来的亚洲》一书。

持有威斯康星大学经济学学士和纽约大学经济学博士学位。

后危机时期：G20 如何发挥积极作用

王东（中国社会科学院世界经济与政治研究所）

2010 年 11 月 11 日在韩国首尔举行的 G20 首脑峰会上，各国就防止货币战和汇率的剧烈波动达成共识，首尔 G20 峰会的最终成果也仅仅是一个《首尔宣言》，并未就如何防止货币战和汇率的剧烈波动提出具体措施。前不久，美联储宣布购买 6000 亿美元的美国长期国债，引起各国纷纷谴责，正值美国重启新一轮量化宽松政策以及各国政策出现严重分化之时，各界希望首尔 G20 峰会能够就有关各国重新加强政策协调与合作取得实质性成果，至少对美新一轮量化宽松政策能够有一个说法。但是，首尔 G20 峰会的实际结果却与各界的期望值有着很大的差距，有媒体评论说，此时 G20 的作用在逐渐减弱，对 G20 今后的国际合作与协调作用提出了质疑。难道“后危机时期”，G20 国际合作与协调机制的作用大不如金融危机爆发的初期了吗？

当初，G20 峰会经济与金融协调和合作机制形成的初衷，是在全球金融危机和经济衰退下，世界各国清醒地认识到，只有立足全球经济和金融稳定的大局，切实加强宏观经济政策和货币政策的多边国际合作与协调，共同承担风险，才有可能渡过难关，实现全球经济的复苏和恢复国际金融秩序的稳定。因此，G20 峰会国际合作与协调机制架构的形成，是本着世界各国共同利益的根本所在，成为全球经济与金融政策协调的重要机制。G20 峰会定期举行，协调各国应对国际金融危机的看法和立场，虽然它带有一定程度的应急性，对有关国家不具有强制性作用，也不能有效地解决未来全球性问题，但成员之间的默契在现阶段对全球经济、金融的运行有着重要的影响力。由此，2009 年 9 月在美国匹兹堡召开的第三次金融峰会上，G20 被正式确立为“国际经济合作主要平台”。

G20 合作与协调机制在形式上是以各不同经济体国家的独特方式协调经济、金融政策的多边架构，目前已举行了五次。在当前国际金融危机仍未缓解和全球经济形势变数增多的情况下，如何处理好国际协调与国家利益独立的关系，把握宏观经济政策和货币政策的导向和推动国际金融体系改革依然是世界各国面临的问题，能够担当此重任的恐怕非 G20 合作与协调机制莫属。

G20峰会机制形成前的G8峰会，不仅是主导西方发达国家立场和政策协调的重要机制，也被视为全球经济不可或缺的政策协调机制，曾经在西方发达国家乃至全球经济政策协调中发挥过重要的作用。国际金融危机爆发后，尽管G8机制仍是西方发达国家协调立场和政策的重要性峰会，但其重要程度与G20机制相比逊色了许多，它的存在似乎更多的只是流于形式，或是G20机制的陪衬。不可否认，G8合作与协调机制在处理全球问题和协调各国政策方面确实曾经发挥了一定的作用，但是随着全球经济、金融的发展变化，G8机制主导全球经济、金融的代表性和权威性等方面在不断受到质疑。舆论普遍认为，全球金融危机爆发以来，G8成员国在宏观经济政策和货币政策协调上始终存在着分歧，应有的国际合作与协调与人们的期望值相差甚远，国际协调与国家利益独立的矛盾也进一步显现出来。

由于G8机制的代表性仅局限于西方发达国家，而G20机制的代表性更为广泛。因此，“后危机时期”G8机制要解决这一系列问题已力不从心，其权威性也显然不够，而人们把更多的希望寄托在了G20机制上。G20机制的多边国际合作与协调机制更具有广泛性和多样性，在全球范围更具权威性。

由此，金融危机爆发后在如何就宏观经济政策和货币政策加强国际合作与协调方面，G8机制所能发挥的作用和影响大大降低了，而G20机制的作用和影响愈加显得重要。在G8和G20机制并存的情况下，国际社会各界和媒体对G8国际合作与政策协调机制局限性和权威性议论纷纷的同时，G20机制必然要取代G8机制的大部分功能，成为主导全球经济合作与政策协调无可替代的重要机制。

面对金融危机的巨大冲击，G20成员在多边合作与协调的机制下，通过协调一致的刺激经济政策共同渡过了艰难的金融危机和经济衰退时期，这是国际经济有史以来不可多见的全球性宏观政策的合作与协调。但是，正逢全球经济复苏在即和金融危机渐渐消退之时，波及欧洲多国的主权债务危机浮出，受其影响，许多国家开始审视因经济刺激计划带来的财政赤字和债务问题，世界一些经济体的宏观经济政策和货币政策也出现了严重分化，有关争议自然浮出“水面”。

在全球经济进入复苏阶段且复苏又不平衡时期，部分复苏较快的国家为防范通胀风险，适时减弱经济刺激政策力度或进行必要的调整也是恰逢其时，而美、欧、日则选择了新一轮量化宽松政策，为经济复苏增大流动性。

显然，一方面，由于各经济体经济复苏的速度不同，所以实施统一的加息或宽松货币政策并不现实，各经济体需要根据各自的经济情况来决定其货币政策；但另一方面，前期各国政府一度联手刺激经济的货币政策已经出现根本性分化，由于各国刺激经济的货币政策不能同进同退，各国货币政策的协调面临着新的挑战。进入 2010 年下半年，在愈演愈烈的“货币战”已然成为威胁全球经济复苏的主要风险之一的情形下，以美国为首的发达经济体进一步强化量化宽松政策，将进一步激化发达经济体与新兴经济体在货币政策上的矛盾和冲突。

在这一情形下，G20 合作与协调机制的未来也给人们留下更多的思考。G20 峰会最终将以什么样的国际协调与合作形式存在下去，“后危机时期”G20 峰会的多边国际合作与协调又如何展开，对这一话题的思考似乎更具现实和长远意义。

政府角色错位：被忽视的金融危机起因

——访中国社会科学院美国研究所经济室主任王孜弘

张　娜/文

华尔街的贪婪，对金融产品的滥用，特别是对衍生产品与证券化的滥用，以及监管的乏力等，一直被视为导致美国金融危机爆发的重要原因。但中国社会科学院美国研究所经济室主任王孜弘在接受中国经济时报记者专访时认为，从现在看，一个更为重要的原因被忽视了，那就是政府角色的错位。

政府角色错位导致了危机的产生

中国经济时报：此次金融危机直接起因是美国的次贷危机，你认为还有一个重要原因被忽视？

王孜弘：是的。在美国次贷业中，政府干预的影响主要通过房利美与房地美体现。根据1968年《联邦全国抵押贷款协会特许法》及1970年《联邦房屋贷款抵押公司法》等法律，"两房"在房地产领域的主要业务是从银行及其他放贷机构购买住房抵押贷款，而后通过证券化等方式处理或上市，以支持美国住宅金融市场的稳定性与流动性，提高国民购房的可支付能力等政府公共政策目标。由于支持政府公共政策目标这一功能的存在，"两房"从政府方面得到了许多特权与优惠。这些优惠与特权使"两房"几乎可以无限量地发行证券。但与此同时，"两房"又是可由私人资本经营的机构。私人资本对利润的追求与政府特权相结合，导致"两房"业务无视市场风险信号，以大量购买的次贷证券等方式肆意扩张。而更为严重的是，政府为"两房"设定了指标。

1996年，美国房屋建设与城市开发署对房利美与房地美设定指标，要求在"两房"购买的抵押贷款中，至少有42%的贷款向所在地家庭收入处于中等以下水平的借款人发放。这一比例于2000年提高至50%，于2005年又提至52%。这一要求与私人资本的营利追求结合，直接导致如下恶果：为了更多地购买优质抵押贷款以获得利润，必须购买更多的向家庭收入中等以下借款人发放的抵押贷款，因此在购买优质抵押借款时相对谨慎，而购买向家庭收入中等以下借款人发放的抵押贷款时则标准宽松。因为只有购买的向家庭收入中等以下借款人发放的抵押贷款达标后，才能购买更多的优质抵押贷款以获得利润。

可以认为，这种指标要求是次贷问题积累，并导致危机的最为重要的原因。但这一原因在前一阶段被忽视了。

中国经济时报：这是否算是政府干预不当？

王孜弘：政府干预不当虽不是导致次贷问题演变成金融危机的唯一原因，却是导致危机产生的关键。

作为公共产品的提供者，政府在住房问题上的公共政策目标应主要限于保障居民有房住，而不是保证居民有住房。但实际情况则是“两房”追求利润最大化的目标使政府的侧重点从保障居民有房住变成了保障居民有住房。这意味着政府除在使个人或家庭获得基本生存与社会发展的基本保障与福利方面承担责任外，还在私人获得不动产及进行投资方面承担责任。而在市场经济的理念中，政府的作用仅在于维护财产所有者的权益及必要的秩序，而不在于使经济体获得不动产。

由于“两房”开展的是从银行及其他放贷机购买住房抵押贷款，而后通过证券化等方式处理或上市的业务，因此，“两房”的肆意扩张助长了放贷机构在理性判断下的肆意扩张，使其他房贷机构对市场信号与风险预示置之不理。这一结果又助长了相关衍生产品的扩张与杠杆操作的扩大，同时加剧了对证券化与金融创新的滥用，而市场本应有的风险发现与分散及风险调控的功能却受到破坏。在此情况下，单个经济体的理性行为演变成了社会的盲目扩张。

如果没有“两房”借助政府的背景肆意扩张，其他放贷机构的次贷业扩张必会受拖欠率等市场风险指标的制约，由此导致的衍生品扩张、证券化、杠杆操作等也会受到抑制。

引发危机与衰退的次贷扩张有着充分的理性依据

中国经济时报：次贷盲目扩张，除了政府干预不当外，美国在这方面的法律法规是否也存在纰漏？

王孜弘：在秩序与法规方面，美国通过的对次贷有直接或间接影响的法规主要有《存款机构放松规则与货币控制法》、《可选择抵押交易平价法》、《税收改革法》、《金融服务现代化法》、《商品期货现代化法》、《贷款真实性法》、

《平等信贷机会法》、《住房所有权及权益保护法》等。这些法规涉及利率与费率、放贷方式、贷款利率所得税扣减、金融衍生产品的监管、信贷合同重要条款的标准化披露、高成本抵押贷款定义等。相关法规还规定了放贷机构在放贷时有义务向借款人告知有关利息、本金及费用的支付安排，借款人有权在房贷合同已经生效的规定期限内取消合同等。从一系列法规所涉及的内容上看，次贷业进行理性扩张的法制与规则基础是较为完善的，尽管仍有不足，但在所难免。

从经济背景看，次贷扩张也不乏理性。次贷在1980年代仅出现有限的发展。20世纪90年代开始，美国经济步入持续增长期。至次贷危机爆发前，仅在2001年有短暂的衰退。

持续增长使美国能够保持较低的失业率。从20世纪90年代中期至2002年，美国失业率基本处于低位。2002年及2003年虽有上升，但此后又下降至2006年及2007年的低位。持续的经济增长与低失业率状况，容易导致对预期收入的高估倾向。

利率政策也影响着借贷双方的理性判断。美国联邦基金利率自2001年始不断下降，至2003下半年及2004年上半年，利率仅为1%。此后虽有上涨，但至2005年5月也仅为3%。总体而言，2005年前5年间，美国利率基本处于下降通道中或低水平状态。低利率在降低成本的同时，容易导致对预期支出的低估倾向。

持续增长及低失业率状态背景下的预期收入高估倾向，与低利率状态下的预期支出低估倾向相结合，极易造成理性判断上的失误。这种失误被解释为导致次贷危机的重要原因之一。但实际上在美国市场，这种失误变成现实并不容易。因为有发达完善的评估业存在。

严谨评估下的理性交易

中国经济时报：也有人认为，次贷危机是由违规与隐瞒或信息不对称引起，你怎么看？

王孜弘：在美国，借款人能够借得何种贷款在很大程度上取决于放贷机构对借款人进行评估后所判定的信用级别。一般而言，620分以下者难以获得普通抵押贷款，只能获得次贷。除上所述外，一些放贷机构还针对借款人的储蓄记录，就业与失业记录，公共行为等进行查寻与搜集，并列入信用评判标准或积分。

上述评估方式难免仍有不足，但从其涉及的内容与设立的标准看，应该说相当理性。具体操作过程中涉及了借款人的就业、收入、负债、房贷、信用等多个方面，基本包括了影响偿债预期的所有主要因素，不仅使放贷机构能够对借款人的还款能力有较正确的判断，且对借贷人而言也进行了较为全面的提醒。因此，这一审核过程实际上也是借贷双方进行理性分析并做出理性判断的过程，更是风险判断与项目评估过程。从资金的市场运作看，如果没有政府政策与宏观背景的变化，上述评估是相当全面与完善的。从实际情况看，或许存在违规与隐瞒及信息不对称的影响，但总体而言，次贷危机并非由违规与隐瞒或信息不对称引起。

至于衍生品扩张，证券化，杠杆操作等，固然有风险积累与扩张的作用，但同时也有风险分散，加快资金流动，防止因资金链的断裂而产生危机的作用。

市场本身也曾发出信号

中国经济时报：此前市场有无征兆？

王孜弘：在法制保障与持续增长背景的影响下，辅之以严谨的评估，美国的次贷业于20世纪90年代中期开始扩张不失为理性选择的表现。从1994年至2003年，抵押次贷业务年均增长率高达25%，超过了优质抵押贷款业务。从2002年至2006年，美国次贷市场比此前增长了近3倍。

次贷的风险的重要表现是债务拖欠指标与数据。2006年第一季度时，与2005年同季度比，次贷按季调整后拖欠率上升了88个基点。到2006年第四季度，按季节调整的次贷债务拖欠率升至13.46%。2007年四季度，按季调整后次贷拖债务欠率又升至17.31%。拖欠率作为市场指标，与其他因素结合，对美国房地产与金融市场风险有较强的预示作用。房贷机构在贷出房贷获得债权后，出于减少风险或进行风险转移，以及加速资金周转，提高资金运用效率等方面的考虑，往往对债权进行证券化处理后出售。风险较高的产品自然难以出售。放贷机构的放贷业务也会因此而受到限制。次贷扩张也会受到制约。

因此，尽管金融市场本身并非尽善尽美，但确有风险预示与调节的作用。从战后的情况看，价格波动，业务增减，业绩盈亏，机构与企业的新增或倒闭，甚至经济衰退等，会使房地产与金融市场进行有效的自我调节。相对发达与完善的体制使美国金融市场在价格发现、风险预示及风险的调节与化解方面确有他国难以相媲之处。战后美国经济虽然衰退频现，金融危机却不多。这从一个侧面说明了美国市场机制的有效性。但政府干预却为市场增加了变数。

王孜弘

经济学博士，中国社会科学院美国研究所美国经济研究室主任，研究员，博士生导师。中国美国经济学会副秘书长。多年来一直从事有关世界经济、美国经济、中美经贸关系等方面的研究工作。主要成果有：《资本趋利与市场开放——美国对发展中国家的经济关系》、《美国投资银行与中国境外直接筹资》、《美国利益集团与中美经济关系》、《专制政权对发展中国家经济的影响》、《美国资本运作特征对中美经济关系的影响》、《发展中国家的商品货币关系与政治民主化进程》、《美国资本与中国市场》、《美国银行在发展中国家债权状况分析》、《美国金融资本与发展中国家资本市场》等。

全球绿色新政开启下一轮经济周期

——访联合国环境规划署可持续资源利用委员会联合主席魏伯乐

徐 伟/文

以哥本哈根会议为标志，人们对日益严峻的资源与环境问题始终争论不休，亦争论无果。自2010年11月29日开始，全球气候谈判代表将再聚墨西哥坎昆继续开会。如坎昆会议不能最终达成一个具有法律约束力的协议，联合国相关组织难免陷入信用危机。

联合国环境规划署可持续资源利用委员会联合主席魏伯乐教授在坎昆会议召开前夕来到中国，就后危机时代的全球经济政策取向接受了中国经济时报记者专访。魏伯乐认为金融危机的爆发给全球经济带来了重创，同时也带来了一次转变发展方式的机遇，“全球绿色新政”理论应运而生，为今后的经济社会发展带来了新的希望。他指出，提高资源生产率是实现世界经济全面转型的有效途径，但若要解决好资源环境与经济社会发展之间的问题，不能只靠人们的自觉意识和有识之士的振臂高呼，还要综合运用科技、政策及市场的力量。

中国经济时报：你如何看待金融危机给全球经济带来的影响？

魏伯乐：2008年下半年爆发了70年来最大的金融危机，这场让人刻骨铭心的危机，影响也许还会持续很多年，它不仅使数百万人失去了工作，并且仍在危及更多的工作岗位。金融危机令世界经济几乎倒退10年，数以百万的家庭突然之间陷入困境，他们或许曾为自己安定富足的生活感到满足和自豪，但是现在却失去了房子和其他财产，有些人甚至还重新体验到食不果腹的滋味。当然，面对这种局面，各国政府也都迅速采取了行动，尽快挽救经济，帮助民众摆脱困境。我们必须承认，目前这些措施已经取得显著成效，与20世纪30年代的经济危机相比，此次各国政府的应对举措针对性更强，也更有力。

中国经济时报：你认为造成此次金融危机的原因是什么？

魏伯乐：造成2008年巨大且突然的经济衰退，根本原因是金融行业的狂妄自大和调控失效。此外，从20世纪80年代中期开始，美国市场开始下调油价，所形成对廉价石油的依赖也是主因之一。2007年至2008年油价飞涨，造成在市郊修建的借贷房屋贬值，从而冻结了大量的次级抵押贷款，这才引发了本轮猛烈的金融危机。

中国经济时报：你认为金融危机给全球带来什么启示？

魏伯乐：为了阻止经济继续衰退，许多国家和地区推出了大量的经济刺激计划。这些经济刺激计划的推出，给生态调整带来了机遇。金融危机虽然带来了全球经济的重创，但也带来实施绿色经济的起点。一个事实是，金融危机当头时各国政府必须分秒必争，他们所承受的时间压力可想而知，因此无暇顾及那个绿色经济新起点，从而导致这一难得的机遇从我们手中溜走了，我们失去了能够启动绿色经济的时机。

今天看来，各国政府的大规模刺激经济政策虽然已经奏效，世界经济正在缓慢复苏，但这个能够把握资源需求的下降趋势的机遇已经一去不返。毕竟相比较生态战略，政府更在意经济增长，人们显然也更在乎如何保住工作岗位，“知足常乐”的优良传统完全被抛之脑后，许多人把在危机中被迫减少的商品和服务当作一种惩罚，当危机的强度减弱之后，他们迫不及待地想回到之前的舒适富足生活中去。全球人口仍在增长，消费需求一再创新，人类的物质享受已经成了地球不能承受之重。地球能够负担人类的生存，但负担不了人类的贪欲。

中国经济时报：究竟是什么因素妨碍我们跟奢侈的物质生活说“再见”？

魏伯乐：首先，人的欲望永无止境，从温饱到小康再到富足……，消费的陀螺不停旋转，物质的欲望也进一步膨胀；其次，商业界不断用形形色色的创新和广告诱惑人们去购物消费；最后，政界也希望看到消费繁荣，因为由此带来的经济增长可以解决就业岗位和增加政府财政收入。然而这个增长恰恰就是造成气候变化、土地矿产等资源遭到掠夺的罪魁祸首。这样的增长显然不可能长久，可以说即使资源的生产效率提高五倍，这种增长仍然不可持续。

中国经济时报：在你的新书《五倍级》里，对未来经济社会发展提出了一个大胆的目标。按照你的设想，下一步必须实现世界经济全面转型，通过五倍级数提高资源生产率，将资源消耗减少 80%，可以把全球所有国家都带入可持续发展的方阵中。如何能够做到这些呢？

魏伯乐：现在世界各国政府仍在千方百计让经济恢复强势。但要想让经济恢复强势，就必须有一轮全新的、鼓舞人心的科技创新。历史经验显示，科技创新的巨大动力在其开始后的 20 ~ 30 年后就会减弱。经济周期性的发展过程中，人们往往在经济衰退时满怀希望憧憬下一轮经济繁荣。然而由于生态环境极限的限制，这一轮新周期要么就不发生，要发生就必须是“绿色的”，换句话说就是下一个周期将是“全球绿色新政”的时代。《五倍级》提出了转型绿色经济的具体路径，概言之就是贫穷国家可以通过提高教育水平、人均寿命、人均富裕程度以及保持生态足迹实现社会财富翻五番；发达国家可以在不损害人类发展指数的前提下，通过缩小生态足迹来实现这一目标。

中国经济时报：你刚才提到全球绿色新政，请详细谈谈。

魏伯乐：不论是否有当下的金融危机，全球终究需朝着生态型经济的方向发展。因此，我们完全支持联合国环境规划署执行主任施泰纳（aChIM STEINER）提出的“全球绿色新政”。这样的名称让人不禁联想到美国总统罗斯福在20世纪30年代的“新政”，帮助美国度过了华尔街股市崩盘所带来的经济危机。“绿色新政”的基本想法是，应该对全世界所有地区生态创新进行调整，运用公共支出创造工作岗位，实现经济社会可持续发展。

中国经济时报：请问你写《五倍级》的初衷是什么？

魏伯乐：这次的金融危机似乎已经安然度过，留下的是政府为刺激经济额外支出的沉重债务和中断的税务系统。然而，经济发展似乎还缺少清晰明确的方向。前几个世纪里，增加财富几乎成了全球的主导思想，毫不顾及环境。科技突破似乎总在适当的时机出现，从而激发新一轮的经济增长。但是每一次这样的演进，一段时间后都会经历削弱、饱和和疲软的周期，对资源的掠夺和对环境的破坏一次比一次严重。随着资源极限迫近，人类的发展面临不可持续的局面。历史经验告诉我们，新一轮的经济增长，只有依赖新的技术突破才能实现。《五倍级》的主旨就是要让人们产生信心，转型绿色经济能够缩减资源消耗，在后危机时代可以经过这样的绿色科技革命，引发新一轮经济增长。

中国经济时报：为什么实行全球“绿色新政”迫在眉睫？

魏伯乐：上面我说了由于生态环境的限制，不可能重复以消耗大量能源、水和矿产为代价的经济增长模式。根据全球足迹网公布的数据，20世纪80年代后期，人类的生态足迹就已经超过了地球的生物承载力。人类在2005年已经超用了地球再生能力的30%。所以说这一轮新周期要发生就必须是“绿色”的，这意味着一场以能源和原料使用效率为目标的崭新的工业革命即将来临。现在，在科技和经济领域已经开始了所谓的生态化改造，绿色科技新周期的征兆已经出现。我们可以断言，生态化改造会带来强有力的发展方向，是应对生态挑战的最佳答案。但这需要全人类同心协力的投入，从而共同走出经济衰退的阴影。

中国经济时报：你对中国有什么建议？

魏伯乐：实现绿色经济转型不能没有中国的参与。我的提醒是，在低碳发展的技术路径选择中，中国一方面要重视新能源替代，一方面要重视能源效率的提高。在绿色发展中不但要关注生产性的技术改进管理，还要关注消费性的社会需求管理，重视经济链的下游消费对于上游生产潜在的倍增节约效应。

魏伯乐

现任联合国环境规划署可持续资源利用委员会联合主席，全球知名生态经济学家；2006～2008 年任美国加州大学圣塔芭芭拉分校布雷恩环境科学与管理学院的院长；1998～2005 年任德国国会议员、环境委员会主席；1991～2000 年任德国乌波塔气候环境和能源研究院创始院长；1984～1991 年任欧洲环境政策研究院主任；1981～1984 年任联合国发展科学和技术中心主任；1975～1980 年任德国卡瑟大学创始校长；1972～1975 年担任德国埃森大学生物教授。魏伯乐是罗马俱乐部会员、武田奖获得者；他的著作译成中文的有《四倍跃进》、《私有化的局限》、《五倍级》等。

后危机时代世界经济格局演变的趋势

吴正龙（中国太平洋经济合作全国委员会秘书长）

2008年发生在美国的金融危机，“百年一遇”，迅速蔓延扩散，演变为一场波及全世界的严重经济危机，对现有的世界经济格局产生巨大的冲击。世界各国都不同程度地出现了流动性短缺、股市大跌、汇率震荡、出口下降、失业率上升等现象。美国经济陷入严重衰退。欧元区经济、日本经济等发达经济体和部分新兴市场经济体也都受到沉重打击。后危机时代世界经济格局发生了重大变化，就其广度深度而言，它较之上个世纪90年代美苏冷战结束所带来的变化有过之而无不及。当前，世界经济格局出现了以下几个重大趋势。

世界经济发展重心正向亚洲转移，逐步形成欧美亚三足鼎立的局面

世界经济发展重心正向亚洲转移。亚洲地域面积约占世界陆地面积的1/3，人口约占世界总人口的3/5，堪称世界第一大洲，在世界经济发展史上有过自己的辉煌。1820年，全球经济总量为6950亿美元，法国、英国、美国分别占5.4%、5.2%、1.8%，而中国和印度则分别占28.7%和16%，雄居“世界第一”的位置。但是，伴随着工业革命，西方列强对亚洲进行了大规模的殖民扩张与侵略，亚洲国家普遍陷入贫穷落后的境地，在世界经济中的比重大幅度下挫，被西方国家远远抛在后面。

然而，上世纪继日本和亚洲四小龙腾飞之后，中国在70年代末、越南在80年代中、印度在90年代初开始的经济变革，促进了各自经济的起飞，为东亚乃至亚洲的持续高速增长发挥了“拉动效应”。在1997~2007年的10年里，亚洲国家和地区克服了金融危机的负面影响，跃居为全球经济发展最快和最具活力的地区。据日本《富士产经商报》2008年4月4日的报道，2007年，中日韩、台湾、香港、东盟10国等亚洲主要国家和地区的国内生产总值达到11.7万亿美元，是1980年的6倍。中国和印度等新兴国家业已成为亚洲经济发展的引擎。

世界金融危机之后，全球的经济体正在经历一个不同速度的恢复过程，亚洲新兴国家一枝独秀。2009 年，美国的国内生产总值衰退 2.4%，欧洲衰退 4.6%，但印度增长 7.3%，中国增长 8.7%。2010 年，中国、印度以及其他亚洲新兴国家的表现也都大大好于美欧发达国家。亚洲目前在全球贸易总额中占 1/3。世界经济重心主向亚洲转移的趋势十分明显。

根据 IMF 公布的数据，2010 年亚洲 GDP 约为 16.48 万亿美元，欧盟是 16.1 万亿美元，美国为 14.6 万亿美元。亚洲在经济上的崛起，已促使世界经济格局重新分化，逐步形成欧美亚三足鼎立的局面。

美欧等先进工业国无不竞相调整其对外经济政策，将重心移向亚洲。目前，美国大力实施“重返亚洲”战略。美国最大的贸易伙伴已不是欧洲，而是亚洲，它与亚洲的贸易总额已占美全球贸易总额的 40%，在亚洲的直接投资更是高达近千亿美元，远远超过西欧。“跨太平洋伙伴协定”（TPP）是美国在经济上“重返亚洲”的重要一环。美国对只有亚洲国家参与的亚洲一体化进程一直抱有警惕，唯恐被逐出亚洲。美国试图以“跨太平洋伙伴协定”为抓手，建立由美国主导的亚太合作体系。现在，美国已成功说服日本与 TPP 有关国家开始协商谈判加入这一协定，并正在做韩国工作促其加入。尽管该协定涉及诸多有关农业、纺织品、环保、劳工、服务、敏感技术等具体利益问题，谈判是长期和艰难的，但美国仍将不遗余力地吸引更多的亚洲国家的参加，显示美国在这一地区一体化进程中的“领导”地位。

欧洲国家面对经济实力和国际影响力下降的境地，开始更多地将目光投向亚洲。欧洲理事会常任主席范龙佩去年 10 月在亚欧首脑会议上提出欧盟应当“向东看”，加强与亚洲国家的合作，促进经贸关系深入发展，希望通过发展与亚洲国家关系，提振经济，尽快走出金融危机的阴影。

约翰·奈斯比特在《亚洲大趋势》一书中指出，150 年来，西方享受了进步与繁荣，而亚洲却遭受贫困与饥饿。现在，亚洲正走上经济复兴的道路，这将使他们重新得到他们以前文明所拥有的辉煌和荣耀。李光耀在题为“世界经济的中心是亚洲”一文中曾预测今后 20 年，中国和印度的年均经济增长率会超过 9%，其他东亚国家约为 7.5%，到 2030 年，亚洲将占世界国内生产总值的 50%，回归“世界第一”的位置。

亚洲崛起与以往欧洲崛起、美国崛起的历史背景不同，它是多元文化共同发展、共同融合、共同繁荣的产物；是在全球化条件下的崛起，与欧洲、美洲等其他大陆是一个相互交叉、共同促进的过程，它的崛起并不意味着其他大陆的灾难。因而，亚洲的崛起是和平的、合作的、包容的，世界将从中获益。

新兴和发展中国家与发达国家力量对比正朝着有利于均衡化的方向发展

发展中国家与发达国家力量悬殊是二战以后世界形势中长期存在的现象。以美国、欧盟、日本发达国家为代表的发达国家经济占据主导的支配的地位，而数量众多的发展中国家则处于次要的附属的地位，这使得前者在国际事务中拥有近乎垄断的话语权，而后者则处于受压制的不平等地位。在经济全球化的影响下，一批发展中国家（现被称之为“新兴国家”或“新兴市场经济体”）顺应国际产业分工转移的趋势，在发展市场经济中实现经济比较迅速的发展，南北力量对比开始发生变化。2008 年金融危机则进一步催化和加速了这种演变的进程，新兴和发展中国家与发达国家力量对比正朝着有利于均衡化的方向发展。具体表现在以下几方面：

一是在世界经济逆境中，新兴和发展中国家以高于发达国家经济增速向前发展的趋势还将继续。根据国际货币基金组织预测，2010 年新兴和发展中国家的经济增长率将为 5.1%，其中新兴经济体的经济增长率约为 6%，而发达国家仅约为 1.3%。这主要得益于新兴和发展中国家的庞大的消费和市场需求，雄厚的外汇储备和国内储蓄，显著增长的研发投入和高新技术产业的兴起，日趋增长的跨国公司在世界 500 强中所占数目和市值。

二是新兴和发展中国家经济在世界经济中所占据份额逐步增大。进入新世纪以来，新兴市场国家和其他发展中国家占全球国内生产总值的比重从 24% 上升到 33%，对世界经济增长的贡献率达到 46%，成为拉动全球经济增长的主要力量。新兴市场国家的崛起，加速了全球经济复苏，推进了多极化进程，世界格局趋向平衡。

三是新兴和发展中国家贸易激增，在全球贸易中的地位迅速上升，占全球贸易额的比重不断提高，加速南北经济格局的变化。继 2009 年世界贸易萎缩 12% 之后，预计 2010 年全球贸易增长 13.5%，其中发达国家约 13.5%，而新兴和发展中国家为 16.5%；新兴和发展中国之间的贸易约占其整个贸易额的 40%。

四是新兴国家队伍不断壮大，提振新兴和发展中国家的整体力量，改变南北力量对比。“金砖五国”（中国、印度、巴西、俄罗斯、南非）、“展望五国”（越南、印度尼西亚、南非、土耳其和阿根廷）、“钻石十一国”（ 菲律宾、孟加拉、埃及、印尼、伊朗、韩国、墨西哥、尼日利亚、巴基斯坦、土耳其和越南）等名目繁多的排列组合，无不说明新兴国家已遍布于亚洲、非洲、南美洲及中东各个角落，形成了一个“新兴国家群体”。这个群体属于发展中国家，发展中国家兴起与腾飞已经是一个不争的事实。

尽管新兴和发展中国家的政治制度、文化和意识形态存在差异，发展阶段也不相同，但取得经济较快发展和实力提升的条件和经验存在共同之处。首先，这些国家走上快速增长的轨道之前，工农业生产、基础设施、科技、教育事业等各方面都有了一定发展，为其快速发展打下了一定基础。其次，这些国家都在寻找最适当的发展道路和发展战略上进行了艰难的探索，从自身和世界其他国家的发展中获得了宝贵的经验，更吸取了深刻的教训，逐步走出有本国特色的发展道路和构建有本国特色的发展模式。最后，这些国家把握住了难得的发展机遇。冷战结束后，以美苏为首的两大军事政治集团对立斗争的局面成为历史，两个互相平行、互相隔绝的市场开始融合成一个大市场，世界真正迈进全球化深入发展的新时期。商品、资本、服务、人员及科技信息在全球范围的流动规模逐步扩大，各国间经济的依存关系不断加强。跨国公司快速发展，成为经济全球化的引擎，推动着世界经济结构调整和全球产业大转移。那些拥有相当资源优势和市场潜力、具备一定物质基础的国家，抓住历史机遇，大胆改革开放，积极参加经济全球化，不断提高国际竞争力，促进工业化和经济结构升级，实现跨越式的发展。

当然，新兴和发展中国家追赶发达国家的空间依然十分巨大。新兴和发展中国家虽然经济快速增长，但从总体上看仍然属于数量型和粗放型增长，与发达国家相比，只有量的规模却没有质的优势。不但全社会劳动生产率较低，而且全要素生产率、技术效率和能源使用效率也都不高。同时，经济和社会结构也还存在突出矛盾和问题。新兴和发展中国家要真正追上和超越发达国家还要走很长的路。

尽管如此，新兴和发展中国家在全球经济中还将继续发挥越来越重要的作用，引领世界经济增长，这一趋势必将有助于世界经济格局均衡化的演变。

发达国家高企的政府债务将长期存在，制约这些国家经济发展的步伐

发达国家高企的政府债务将长期存在，制约这些国家经济发展的步伐，加剧世界经济的脆弱性和不确定性。金融危机使发达国家政府债务攀升至二战以来最高水平，处于不可持续状态。巨额救市资金使西方政府债务猛增，成为后危机时代威胁经济平稳发展的最大风险。

①欧洲债务危机从希腊和爱尔兰，迅速蔓延到葡萄牙、西班牙等欧洲国家，一波未平，一波又起，愈演愈烈。造成这种状况的主要原因是：

第一，国际炒家的投机炒作。10 年前，高盛公司通过外汇掉期交易掩盖希腊财政赤字和政府债务的真实水平，隐藏了相当一部分债务，规避了欧盟对赤字的严格规定，帮助希腊政府加入欧元区，为债务危机的爆发埋下了祸根。危机发生后，一些美国的主要对冲基金又大肆沽空投机欧元，希腊贷款成本飙升，危机被放大蔓延至整个欧元区。

第二，财政政策与货币政策分离。根据欧元区的制度设置，欧元区各国执行独立的财政政策，但货币政策却是统一的，欧洲中央银行在布鲁塞尔。财政政策和货币政策分离的结果是，各国面对危机冲击时，财政政策和货币政策的两手少了一手，只能完全依赖财政政策，巨大的救市开支，加之部分国家多年财政纪律松弛、控制赤字不力，财政赤字大幅上涨。目前欧元区 16 国平均赤字水平超过 GDP 的 6%（欧盟规定不得超过 GDP 的 3%），各国财政赤字过高和债务严重超标直接引发了本次债务危机。另一方面，欧元区又长期实行统一的低利率政策，使希腊等国能够很容易获得低廉借贷，促进国内经济增长，掩盖了其劳动生产率低但劳动成本高等结构性问题。在经济危机冲击下，这些问题日益凸显，希腊和西班牙等国越来越难越履行债务，最终引发大规模违约。

第三，希腊等欧洲国家内部经济失衡。如希腊长期财政预算超支，公务员队伍庞大，公共事业开支过高（占 GDP 的 40%），偷税逃税严重，私人部门赤字过大，经济危机造成的政府收入下降使得情况更加严重；葡萄牙的经济增长在本世纪的前十年迅速下降，人均 GDP 只有欧盟平均的 2/3；爱尔兰经济在过去的两年陷入衰退，房地产泡沫破灭导致经济低迷和个人财务状况严重恶化；意大利经济近年来发展缓慢，并为高失业率、高债务所困扰；西班牙的经济在高于欧盟平均值之上增长十多年之后陷入了严重的衰退，失业率在过去的一年里大幅上升，达 20.1%，为欧元区之冠，财政赤字也远远超出欧盟所允许的上限。

第四，欧元区内外的结构性矛盾和不平衡。在欧元区内部，各国经济发展存在很大差别，德国和荷兰基本一直处于经常项目顺差，两国去年经常项下盈余仍高达 GDP 的 5%，而希腊、西班牙等危机最为严重的国家则出现了巨额贸易赤字和经常账户赤字。这使财政政策难以有效协调，盈余国与赤字国之间的矛盾越来越突出。希腊等国无节制的信贷最后需要德国这样的大国来埋单。这种只靠成员国相互救济的单一渠道，使得欧元区的救助机制极难建立，危机爆发之初这个问题并未及时得到解决，导致欧洲主权债务危机愈演愈烈。

在欧元区外部，随着经济全球化和贸易一体化进程的加速，面对亚洲市场的竞争，以往传统的劳动密集型制造业优势尽失。希腊等国多年来社会保障制度过度高福利化，长期富裕的生活环境养成的高消费习惯，造成财政支出负担沉重，加上人口老龄化问题日益突出，国家的产业竞争力显著削弱。这不仅给政府带来巨大的财政压力，也提高了单位劳动力成本，使希腊在与亚洲低成本国家的竞争中不断处于劣势，长时间的积累导致对外债务不断攀升。

欧元区统一的货币政策使得这种欧元区内外的结构性矛盾和不平衡无法通过货币贬值等手段来纠正和调节，政府只能采用财政政策来刺激和维持国内经济，加剧了财政赤字和债务的产生，成为本次危机的导火索。

②美国债务问题渐成经济发展的隐患。美国是这次国际金融危机的策源地，当前面临的公共债务和财政赤字问题十分严重，短期之内看不到明显改善的迹象。

美国财政部今年 1 月初公布的报告显示，到 2010 年底美国的国债余额突破 14 万亿美元，人均负债 4.5 万美元。在近 7 个月的时间里美国国债余额就由 13 万亿美元迅速蹿升到 14 万亿美元，距离国会制定的国债最高限额 14.3 万亿美元只有不到 3000 亿美元距离。设定上限目的是控制政府债务规模，但是政府举债成瘾，无法遏制。过去 10 年中，债务上限已被 10 次提高过。再次提高上限看来无法避免。

美国为提振实体经济、降低失业率、扭转通货紧缩、转嫁美国政府债务，在实施了总额为 1.725 万亿美元的第一轮量化宽松货币政策之后，又实施了第二轮量化宽松货币政策，进一步收购 6000 亿美元的美国国债。按照目前的借贷速度，美国的国债数量将会在今年 3 月底超过国会设定的上限 14.3 万亿美元，美国的债务与 GDP 之比将接近 100% 的水平。

庞大的债务规模给美国的经济前景增添了危险的变数。若不削减债务，美国债券市场有可能爆发危机，造成灾难性后果。但另一方面，目前美国经济依然疲软，如果大幅度削减开支势必导致经济增长放缓，而推动经济增长，债务规模又将会继续扩大。如何在这两者之间保持平衡将是对美国政府的重大挑战。

奥巴马总统在国情咨文当中表示，“美国人一直生活在先人留下的、在长期负债消费当中不断堆积起来的遗产当中”。“政府虽然已经度过了金融危机引起的大衰退，但又不得不面对入不敷出这样一个现实。”奥巴马提出的一个应对方案是，冻结未来 5 年的总体预算规模，称这一方案“将在未来 10 年削减 4000 亿美元的财政赤字，并将政府的盲目消费降低至艾森豪威尔总统任期以来的最低水平。”

根据这项方案，美国将冻结联邦政府雇员未来两年的薪水，在未来5年内削减780亿美元军费开支。但即使这一方案得到落实，也只能削减部分国内消费，并且只占政府财政预算的12%，显然是远远不够的。有一种说法，即使从现在起美国不再举债，美国现有的内外债务总额也要经过10届总统的任期才能彻底还清，每届任期4年，10届就是40年，也即40年才能彻底还清。

③日本严重的债务问题难以为继。目前日本的债务占GDP比率已经超过200%。多年以来，日本一直靠国内储户消化国债，国内债务占日本债务的95%以上。与希腊或者其他一些依赖外债的国家不同，日本的主权债市场暂时不必担心投资者突然撤离的风险，对全球对冲基金和其他投机机构的投机行为具有基本的免疫力。

但是经济停滞与国债攀升同时并存的局面是不可持续的。随着社会日益老龄化，国民存款日渐减少，储户已经没有太多钱投资在国债上。根据国际货币基金组织的一份报告，即使储蓄率停留在现有的水平，到2015年，日本的债务也会超过国内的资产总和。届时，日本就只能依靠境外投资者购买国债，而境外投资者自然会要求更高的回报，必然会使矛盾变得更加尖锐，陷入发达国家中财政最窘迫的境地。

据国际货币基金组织预测，发达国家债务高峰期将在2011～2018年，2014年发达国家的政府债务占国内生产总值比重将超过100%，比危机前高35个百分点；到2023年，发达国家政府债务降到80%，2030年才能恢复到危机前水平，即回落到60%的警戒线以内。

未来一段时间，发达经济体将遭受高债务严重困扰。前车之鉴是，拉美债务危机使其“失去20年”，前苏东地区债务危机最终导致政治剧变，经济倒退20年。

以清洁能源技术为核心的新一轮技术革命和产业创新正成为趋势

以清洁能源技术为核心的新一轮技术革命和产业创新正成为趋势，科技知识创新、传播、应用的规模和速度前所未有，亟须以国际视野和战略思维，对新一轮技术革命和产为创新的基本特点进行准确把握。

①新兴产业代表产业发展的未来方向。19世纪，电磁学发展成为电气革命的知识基础，使电力、化工等工业部门得到迅猛发展。20世纪初，半导体物理和材料的发展、现代计算机理论和模型的突破等成为电子革命的知识基础，使电

子、信息等新兴产业得到快速发展。进入21世纪，新能源、新光源、节能环保、低碳技术、新一代信息、生物、新材料等取得突破性进展，将为生产力发展打开新的空间，引发新一轮产业变革，推动新兴产业成为主导和支柱产业，引领人类进入绿色、低碳、智能时代。

②许多国家特别是发达国家纷纷采取规模空前的经济刺激措施，加强体制创新和政策引导，以抢占世界经济发展新的制高点。

首先，美国十分强调新能源、航空航天、宽带网络的技术开发和产业发展，积极推行“绿色经济复苏计划”，期待实现“绿色技术”革命。美国总统奥巴马2月4日发表“美国创新战略”报告，提出5项新计划：发展无线网络，在未来5年内使美国高速无线网络接入率达到98%；改革专利审批制度，提高审批效率，将平均审批时间从目前的35个月缩短到20个月；发展清洁能源，到2035年使清洁能源发电占全国发电总量的比例提高到80%；实施教育改革，着重提高学生理工科技能，在未来10年内新培训10万名理工科教师；实施“启动美国伙伴关系”计划，帮助中小企业创业并提振就业。

其次，日本把重点放在信息技术应用、新型汽车、低碳产业、新能源（太阳能）等新兴行业。日本提出《创新25战略》，为创新立国制定了具体的政策路线图，将通过创新到2025年把日本建成一个终身健康的社会，确定优先发展能源和环境技术作为经济发展的动力，增加教育经费和改革大学教育作为提升创新能力的关键。

最后，欧盟着力提高“绿色技术”和其他高技术水平，推动“绿色经济”发展。欧盟委员会于2010年3月公布指引欧盟发展的“欧洲2020战略”，提出欧盟未来十年的发展重点和具体目标。发展重点之一便是清洁能源和创新，并提出诸多计划，如“创新型联盟”计划；“欧洲数字化议程”；面向能源和交通的“能效欧洲”计划；提高竞争力的“全球化时代的工作政策”计划；“新技能和就业议程”；面向教育的“流动的青年”计划等。同时采取措施增加研发投入，把研发经费在欧盟国内生产总值中所占的比重从目前的1.9%提高到3%；把未能完成基本教育的人数控制在10%以下，将30岁至34岁年轻人获得高等教育文凭的比例从31%提高至40%；将温室气体排放量在1990年的基础上削减20%，提高可再生能源在欧盟总能源消耗中的比例，使之占到20%等等。

③清洁能源、节能环保、新材料、新医药、生物育种、信息网络等战略性新兴产业方兴未艾，各国基本处于同一起跑线上。这一轮技术革命和技术创新为新兴国家提供了实现跨越式发展的机遇。首先，经济全球化和科技全球化的深入发

展，使正在发生的科技革命和产业创新对各个国家都是机会均等的。其次，新兴国家经过几十年高速发展，经济实力大大增强，尤其是在科学技术领域都具备一定实力和基础。第三，尽管美国等发达国家在绝大部分新兴产业领域已经拥有技术积累优势，西方发达国家整体实力强于新兴国家，但新兴国家为实现后发优势，可以在重点地区、重点领域实现突破和重点跨越，在未来的国际竞争新格局中占据主动。

④科技创新在产业结构调整中承担着重要作用。通过科技创新，可以培育与发展一批具有核心竞争力的支柱产业及主导产业群，提升经济发展的质量与效益；通过科技创新，可以加强对传统产业的改造，并选择那些能够充分发挥比较优势的产业作为主导产业，促进产业结构不断向产品技术、附加值、产业加工高度化以及集约化的方向发展，以实现产业竞争优势逐步从劳动密集型优势向技术密集型优势转移；通过科技创新，可以改变那种依靠高投入、高消耗、高污染来支持经济增长的发展方式，走出一条科技含量高、经济效益好、资源消耗低、环境污染少、人力资源优势得到充分发挥的新型工业化道路。

吴正龙

现任中国太平洋经济合作全国委员会秘书长。

此前曾任中国驻克罗地亚大使、外交部外事管理司司长、中国驻圭亚那大使、中国驻安提瓜和巴布达大使等职。

担任大使之前曾任中国驻休斯敦副总领事，外交部干部司处长、副处长，中国驻苏联大使馆二秘、三秘等。

金融危机正在改变世界经济格局

徐清军（商务部政策研究室博士）

两年前爆发的国际金融危机留给了人类太多的思考，市面上正在热播的《华尔街Ⅱ》电影又把这个话题推向了公众视野。岁岁年年人不同，2010 年世界经济贸易画上了一抹复苏的亮彩，也引起了各界关于世界经济可能“二次探底”的担忧。那么，世界经济将在金融危机后为世人展现什么样的面貌呢？让我们稍加梳理。

世界经济格局向三个图景演进

危机后，世界经济进入大调整、大变革的重要时期，经济全球化和国际产业分工的总体格局不会出现大的变化，但是局部微调已经在悄然进行中。

图景一：经济全球化向加强规范和治理方向演进。

此次国际金融危机从深层次看也是全球化本身的危机，市场自行纠错的内在局限性无法引导全球化有序发展，导致全球化进程从“机遇期”进入“问题高发期”。在全球化进程不可逆转、各国经济联系日益紧密的情况下，主要国家通过二十国集团峰会（G20）等途径加强全球治理，试图使经济全球化走上更健康的发展轨道。

第一，经济全球化注入新元素。此次危机表明，以尼克松新政为起点，IT 和互联网革命大力推动，追求过度自由化陷入误区。危机后，越来越多的国家为经济发展注入道德和人文因素，如欧盟重视解决贫困人口分化问题、美国更多关注就业岗位等，这使全球化不再以追求利润为唯一目标，开始与环境保护、教育卫生、就业、缩小贫富差异等社会事业结合，向更平衡的方向发展。

第二，政府干预经济的手段增多。危机后，各国政府对企业和市场的临时干预监督措施常态化，督促企业承担更多社会责任，照顾公共利益，降低社会风险。欧盟相继推出加强金融监管举措，美国宣布金融监管新政，欧美在监管问题上的政治共识正在扩大，美国通过了防止金融危机再发的“金融监管改革法案”，这是自1930年以来美国首次对金融制度进行改革，意味着美国金融业界的自由主义路线将随之发生重大变化。欧洲银行监管委员会也发布了对欧洲银行进行压力测试的范围和标准。

第三，新的矛盾和冲突增多。初期各国加强协调合作意愿空前加强，但随后先行复苏的新兴国家与尚未完全摆脱衰退威胁的欧美国家间竞争因素上升，合作意愿降低。西方主要国家普遍面临较大的政治和民意压力，施政时更多考虑本国企业和产业利益，领导人更多从内政角度处理一些国际问题，如美国处理丰田汽车质量问题、鼓噪人民币汇率；法国倡议征收碳税等。

图景二：国际经济力量“东升西降”进一步强化。

危机前，世界经济似乎实现了各方共赢。危机后，世界经济发生巨变，美国经济出现“无就业复苏”，深陷国内民意支持率下调以及中东和平进程迟缓、伊核等诸多难题。欧盟受危机重创未愈，陷入主权债务危机泥沼，救援措施失当，经济复苏缓慢，欧元区内部凝聚力减弱。西方实力和影响继续呈下降态势，自信心和优越感受到重挫，戒备、焦虑、不安心态严重，政策明显内顾，社会矛盾上升，社会思潮趋于保守，各种保护主义抬头，甚至寻求对外转嫁危机，寻找替罪羊。

相比之下，新兴国家的经济实力正转化为政治力量，话语权有所上升。新兴大国经济复苏普遍较快，总体保持较好发展势头，与发达国家实力差距继续缩小，争取平等地位的意识进一步上升，对国际事务的影响力日益增强。以2008年秋季在金融危机最严重时G20机制的形成和哥本哈根气候变化会议体现的全球权力转移为标志，国际力量对比朝着相对均衡的方向“重新洗牌”。

图景三：世界产业格局正在深刻调整。

受危机高峰后的全球市场结构、消费习惯变化等影响，以汽车、IT、生物技术、节能环保和航空等产业为主导，开始新一轮结构调整和重组。消费者日益将汽车视作简单的代步工具，环保、轻便小型车逐渐成为市场主流，汽车业掀起一场新的文化革命，各大汽车企业结成战略联盟和合作伙伴，目标是要在小型车和新能源汽车研发方面走在前列。此外，各大国纷纷加快经济结构调整，推动虚拟经济和实体经济、出口与消费均衡发展，加大对新兴战略性产业的投入，着力打造新的经济增长点。低碳经济、绿色经济、数字经济成为重要发展方向。继美国出台国家创新战略之后，欧、日、俄、印、巴西等也纷纷出台各自创新战略。各方均把科技创新作为推进产业升级、提升国际竞争力的主要手段。全球产业转移和国际分工更趋深化，发达国家力图保持对后发力量的发展优势，新兴和发展中国家努力增强自身发展后劲，围绕未来发展制高点的争夺日益激烈。

世界经济是否可能“二次探底”?

2010年二季度以来主要发达经济体增速放缓，新兴经济体也有所回落，如美国二季度经济增速1.7%，估计三季度增长1.5%左右，均低于一季度的3.7%；二季度日本经济由一季度的5%大幅下挫至1.5%，新兴经济体快速增长中的结构性问题和风险上升，并未脱离对发达国家的出口和资本依赖，经济增长后劲不足。业界担心世界经济有可能“二次探底”，国际货币基金组织的最新报告也认为“世界经济增长下行风险显著增大”，但是美日欧经济体表现并非绝对止步不前，而是复苏脆弱、动力不足、不稳定和不确定因素较多。从目前判断，当前世界经济出现“二次探底”的可能性不大。主要理由是：

第一，各个国家已实施的经济刺激政策仍将为世界经济继续回升提供支撑。美国新近实行一揽子组合拳政策，美联储继续实行量化宽松的货币政策，在上周举行的二十国集团首尔首脑峰会上，各国继续加强宏观政策的国际协调，这有助于提振市场信心。

第二，在各国财政刺激政策逐渐退出后，刺激政策改善基础设施和发展战略新兴产业将增强世界经济的内生增长动力。

第三，新兴经济体经济增长将成为推动世界经济继续回升的重要力量。经合组织的最近报告显示，新兴经济体的总体实力已经占世界经济总量的半壁江山，中印巴俄“金砖四国”今年将分别增长10.5%、9.7%、7.5%和4%，新兴经济体将成为世界经济复苏和增长的一支重要力量。

世界经济复苏中国功不可没

从2009年下半年特别是年底以来，世界贸易复苏不断超过预期，成为拉动世界经济复苏的关键动力。2010年以来，出口增长越快的国家，经济复苏步伐也越快。在欧盟主要成员中，德国、荷兰、意大利、波兰等依靠较强的出口能力实现较快复苏，而英国、西班牙等出口能力较弱的成员国经济增速处于欧盟平均水平以下。日、韩和东南亚出口导向型经济体出口恢复势头强劲，成为拉动经济增长的关键。受美国国家出口战略和美元贬值滞后效应的影响，美国出口会更快复苏，1~8月份美国出口增长22.6%，超过2010年一季度的增速，美国货物与服务贸易逆差占经济总量比重下降，不仅缓解了经济失衡压力，也使净出口成为经济复苏的重要拉动因素。一些新兴经济体出口不断回升，如2010年一季度印度出口增长37%，前三个季度巴西出口同比增长30%。

在国际金融危机爆发和蔓延期间，中国在世界经济贸易复苏中扮演了重要角色，2009年我们统计了37个国家对中国的出口情况，其中有16个国家对中国的出口是增长的。即使欧盟地区出口总体下降20.3%，但对中国的出口也只下降15.3%。2009年德国对中国的出口多达760亿欧元，创历史最高。美国出口下降17%，但是对中国的出口仅下降0.22%。中国已经成为周边国家包括日本、韩国的出口市场，也成为欧美的出口市场。

2010年以来，在应对金融危机的过程中，我国从主要贸易伙伴的进口快速增长，成为拉动有关国家和地区经济复苏的重要动力。根据对方统计，目前中国是日本、韩国、澳大利亚、巴西、南非等国的第一大贸易伙伴和出口市场，是欧盟第一大贸易伙伴、第二大出口市场，是美国第二大贸易伙伴、第三大出口市场。1~7月，美国对中国出口增长36.2%，德国对中国出口增长52.1%，1~6月欧盟对中国出口增长42.1%，另外日本、韩国、澳大利亚对中国出口增幅都超过了40%。

危机后，中国对世界经济增长、国际贸易投资及全球经济治理改革等影响力进一步增大，西方国家无法回避中国经济持续发展的现实。我国在世界经济舞台上的基本走势可能是：合作是主流，摩擦成常态。

徐清军

2000年6月在厦门大学经济学院获经济学博士学位，尔后在商务部（原外经贸部）政策研究室工作，主要研究世界经济与国际贸易。2004年7月至2010年2月在英国伦敦常驻。曾在《世界经济》、《国际贸易》刊物上等发表论文若干篇，连续三年获中国国际贸易学会论文奖。

新兴大国在全球治理中承担的责任越来越重

俞邃（中国当代世界研究中心教授、国际自然和社会科学院院士）

自从2008年的全球金融危机爆发以来，新兴大国的地位日益凸显，出现了诸如新兴大国与传统大国并驾齐驱甚至是否有朝一日可能取代传统大国地位的诸多议论。所谓新兴大国，包括两方面的成员，一是从发展中大国产生的，如中国、印度、巴西；一是发达大国瓦解之后重新起步与转型的大国，如俄罗斯。事实证明，在传统发达大国的地位每况愈下的今天，新兴大国在全球治理中承担的责任越来越重大。

新兴大国走向全球治理历史舞台

“全球治理”作为西方国际政治学的一种理论，早已出现。1990年德国政治家勃兰特（曾担任联邦德国总理和社会党国际主席）率先提出这个概念。他指的是建立和发展多边的规则和管理体系以促进全球相互依存和可持续发展。此后，“治理”的概念和理论被广泛地使用在国际关系和全球化理论的研究之中。近年来，特别是发生国际金融危机之后，全球治理成为当今世界最强烈的政治呼吁之一，其实质是试图探讨如何把全球化的世界当作一个集体的存在来共同治理。纵观近20年历史，这方面的议论颇多，收效甚微。

“新兴大国与全球治理”包含的两层意思，都还是新课题。马克思讲过“存在决定意识”。复杂多变的客观存在，必然引起复杂多样的思考；人们在新兴大国与全球治理问题上取得共识的同时，势必出现某些看法上的差异。

历史是一面镜子。世界史上有过惊人相似的事例，但不会完全重复。新兴大国的出现，无疑会改变世界政治、经济和文化的历史。在科学技术蓬勃发展、经济全球化席卷世界和人类依存性空前加深的今天，任何国家都不可能再像历史上有过的那样以侵略扩张手段实现崛起。冷战结束将近20年来，新兴大国群体性崛起是在两个超级大国——苏联和美国“一死一伤”、世界格局多极化进一步发展的大背景下形成的。如今美国还是超级大国，而且是唯一的超级大国，其标志是：导致国际形势复杂多变的，依然是美国政策影响下的地区热点；在很大程度上左右世界安全环境的，依然是以美国为主要矛盾方面的大国关系。当然，这并不意味着美国仍有能力独霸世界，但是，我们在关注全球治理问题时，也不能忽视美国地位和作用的某种特殊性。

全球治理，顾名思义，一是针对人类面临的全球性问题而不是个别性、局部性问题；二是这种治理不能仅仅靠某一家或者某几家去完成，更不能由谁来主宰。全球治理离不开各国自身的治理，也离不开联合国组织本身的治理。全球治理的内涵有其特定的宽度和跨度，但也不是无所不包，更不能成为干涉主权国家内政的借口。就全球治理的机制而论，联合国组织和一些地区组织以及新兴大国的多种合作方式，应成为全球治理和地区治理直接的或间接的平台。在全球治理过程中，摆正新兴大国与传统大国的关系尤其重要，它们之间要保持权利与义务的平衡。民族特征、宗教信仰、文化传统和社会制度，不应成为在全球治理中合作的障碍。面对核扩散、国际恐怖主义猖獗、全球金融危机、气候变化、环境保护以及各种自然灾害等重大问题，多边主义才能适应全球治理的需要。全球治理有一个磨合的复杂过程，有一个逐步走向成熟的艰难过程。

和平与发展是当今世界两大主题，全球治理正是围绕着这两大主题运作的。在我们这个时代，和平是人心所向，发展是大势所趋，变革是必由之路，竞争是通用手段，合作是最佳选择，机遇与挑战并存。这种时代精神决定了新兴大国只有在和平发展的氛围中，弘扬创新精神，采取协商合作、互利共赢的办法，方能达到可持续发展。

新兴大国之间以及新兴大国与传统大国之间，发达国家与发展中国家之间，有可能、也应该找到利益的汇合点。当今新兴大国被推上世界历史舞台，应当积极而又慎重地担当起自己的崇高责任。中国被公认是新兴大国中负责任的一员。中国和平发展取得的成就受到国际社会的高度尊重，有时也引起一些人的疑虑。出现了两种截然相反的论断：日益扩大的“中国机遇论”与影响犹在的“中国威胁论”。中国高举和平、发展、合作旗帜，言行一致，贯彻始终，会不断增进国际社会的信任，但要化解和消除“中国威胁论”，仍是一项长期而艰巨的任务。

文明对话的世界意义

自从 2002 年联合国大会宣布每年的 5 月 21 日为“世界文明对话日”以来，文明对话在当今世界业已蔚然成风。文明对话之所以能在全球范围内被普遍接受，由于它存在着一种不可抗拒的共性效应，有助于人们沟通思想、消除隔阂和协调行动。纵观当今世界，要形成和平与稳定的局面，要实现全球治理，都离不开文明对话这个前提。对于任何一个国家，任何一个地区，乃至整个世界，文明对话的必要性和重要性，是不言而喻的。

文明对话之所以具有世界意义，由于它存在着坚实的基础。

物质文明、精神文明和政治文明，是人类文明的三大领域。科技进步使得地球变小，推动着人类的物质文明。各个国家、各个民族千百年积累起来的、并随着时代发展继续加以完善的道德风范，丰富着人类的精神文明。二战后和平共处五项原则的提出并不断得到弘扬，则是人类政治文明升华的一种体现。这一切，都是世界性的，涉及所有国家的安全和发展利益。

人类文明从其发生之时起，便是多元的。各种文明都要走向世界，且存在于世界。各国人民有着不同的经济发展水平、文化背景、社会制度和价值观念，延续着不同的生活方式。各国文明的多样性是人类社会的基本特征，也是人类文明进步的动力，都为人类文明的发展作出了贡献。没有多样性也就不成其为世界。世界各种文明应该也可能长期共存，在竞争中取长补短，在求同存异中共同发展。与经济不同的是，文明不可能“一体化”。但高尚的文明毕竟有其共性，例如社会公正。文明不能唯我独尊，不能强加于人。尊重他国文明，恰恰是对本国文明的尊重。文明的包容性远胜于文明的排他性，文明的平等性否定了文明的优劣之分。

文明对话之所以具有世界意义，还由于它取得了一定程度的全球共识。

人类面临着一系列全球性问题。文明对话不只是发展中国家的需要，也是发达国家的需要。

近两年发生的全球金融危机，威胁着几乎所有国家。文明对话取得的共识是：谁也不能独善其身，而应该同舟共济。

当今世界是一个发展不平衡的世界。文明对话取得的共识是：国家不分大小、强弱、贫富，都是国际社会的平等成员；要反对以大欺小、以强凌弱、以富压贫。各国人民有权根据本国的国情和自己的意愿，选择社会制度和发展道路。

周边国家之间往往因领土和资源问题引起纠纷。文明对话取得的共识是：应该与邻为伴而不是以邻为壑，睦邻友好、互利合作、共同繁荣是最佳选择。

大国关系对于世界安全环境的影响举足轻重。文明对话取得的共识是：合作与竞争同在，摩擦与妥协并存；合作要诚信，竞争要守规矩，摩擦要不导致对抗，妥协要适度，结果是互利共赢，而不是某一家受益。

文明对话之所以具有世界意义，还在于它已经并将继续产生深远的影响。人类将在文明对话中相互借鉴，在文明对话中完善自身社会变革，在文明对话中探索新的发展模式，在文明对话中设法解决面临的全球性棘手问题。

文明对话，理论易，实践难。要防止文明对话的表里不一，要扫除文明对话的人为障碍。例如有人渲染“文明冲突论”，此论早已被上世纪两次世界大战引发的根源所否定。“文明共处论”被越来越多的人所接受，则是理所当然的。

世界经济进入超主权时代

张石（东京大学客座研究员）

2007年世界经济爆发次贷危机，2008年演变为金融海啸，2009年进一步恶化为经济复合型危机。目前世界经济虽然暂时企稳，但接下来世界经济是发生二次衰退，还是持续萧条，抑或长期低迷？对此，各国政府答案似乎有些乐观，而实际问题还隐藏在深处，引而未发，以笔者30年研究发达国家经济的经验分析，最好不要轻率下结论。

中长期世界经济发展大趋势

中国已经是世界出口第一大国，经济规模也位居前列，研究危机过后对外经济首先需要对世界经济发展大趋势有所把握。

危机过后世界经济将进入一个怎样的时代？媒体上可以常常见到“后危机时代”一词。但作为长期研究世界经济的学者不能用如此简单含糊的说辞一带而过，还需从世界经济各种动向进行深入分析，抓住本质特征和核心内容，才能有针对性地提出中国对外经济发展战略的构想。

1. 大调整时代？

此次世界经济危机包含三种性质：周期性调整，结构性危机以及现有发展模式的终结。换句话说，此次经济危机属于复合型危机，其严重程度远远超过普通的经济周期性衰退。因为对于周期性衰退只需周期性调整，大约经历一年左右时间，经济就会逐步复苏，对此人们早已熟知，世界经济运行大约每隔3～5年总要完成一次。

但结构性危机是指经济、产业结构严重失衡，成为妨碍经济继续增长的重大因素。显然结构性失衡造成的危机绝非短期调整可以完成，也不能照搬传统宏观调控手段加以调整，贸然调整也会收效甚微，甚至适得其反。

第三种性质危机是指发展模式的终结，如美国超前消费、金融催化经济增长的模式发展过分，走向极端，提前支付了需求。相反该模式的弊端正在充分“发酵”，如家庭负债过于沉重，房地产泡沫破灭，最终消费已经被提前支出，再也不能指望个人消费带动经济增长。

而金融催化经济发展的一面早已随着去杠杆化而“失去功效”，根本无法带动经济增长，如果实施新的金融催化或提高催化强度都不能令美国经济前进，因为金融衍生商品失去了消费者信任，市场正在萎缩。正如2010年二季度美国经济增长结构所示，几乎全部依靠设备投资、靠制造业出口带动。显然美国旧有经济增长模式已经完成历史使命，在新的发展阶段需要寻找和建立新的模式，而转变发展模式绝非一朝一夕能够完成。

类似结构性和发展模式问题，美国有，欧盟有，日本、中国及东亚也同样存在，限于篇幅不能具体展开。因此世界经济普遍需要进行周期性、结构性调整，需要转变发展模式。历史经验证明，调结构、转变发展模式需要长时间推进。在此期间世界经济增速必然会趋于缓慢，进而脆弱的经济增长表现为“弱不禁风”，禁不起“风吹草动”，故发生小型衰退不足为奇，这就是当前人们热议的“二次衰退”，也是上个世纪90年代日本经济真实写照。可以预料，大调整时期世界经济不会一帆风顺。更何况各国政府如果出现政策摇摆，如上世纪90年代日本政府首脑10年发生9次更迭，则调整过程将更加曲折，时间还要延长。因此提出未来世界经济将进入一个大调整时代，似乎并不为过。大调整时代世界经济将持续缓慢增长，对中国对外经济和国民经济发展将产生深刻影响。

2. 减排时代，绿色革命时代？

2009年底世界气候峰会在哥本哈根举行。会议达成的协议将成为人类社会发展的一个转折点，其核心精神就是人类终于开始学会向自然界妥协，认识到必须与自然界和谐相处，需要严格约束人类破坏自然的行为，防止爆发生态危机。由此全人类而不是少数发达国家需要为减少温室气体排放协商对策，分担减排目标。全人类而不是少数发达国家需要学会在发展经济的同时兼顾生态平衡。从此人类社会一切制造和消费活动都要减少排放温室气体，注意维护生态平衡。这要求人类的生产技术活动无一例外实行大改革。且不言如此庞大的社会和经济工程耗时费力、波及面广，需要揭开一场新的能源革命、产业革命，即便是人类社会一贯的价值取向、道德标准、意识形态也将有所变革。因此，中国经济和对外经济发展战略当然免不了需要进行“绿化处理”。

3. 超主权时代？

世界经济爆发金融危机后，世界主要国家、20国首脑四度齐聚一堂，共同商讨渡过危机良策，引领发展方向，提出共同救市、改革以美元为核心的世界金融体系，防止贸易保护主义复燃等重大措施。在世界经济最危急的时刻发挥了关键性作用。目前20国集团磋商机制已经基本取代8国集团，参与国覆盖世界经济80%以上，扮演的角色越来越重要，会议机制也越来越常态化。在全球化背景下，一个超主权协调机制已经降临。以此为平台，今后世界领袖势必将共商世界经济发展的方向和重点，制定新规则，建立新秩序，协调重大活动。世界经济超主权发展趋势似乎已经成为未来形势演变的核心。

4. 世界经济格局向新兴市场倾斜，新兴经济时代？

在世界经济处于危机期间，包括中国在内新兴经济体普遍抗冲击能力较强，经济回升、复苏较快，因而成为带动世界经济走出谷底的主要力量。展望未来，美、日、欧盟经济调结构和转变模式的任务更加繁重，而新兴经济体多数可以在实现较快增长的情况下进行调整。因而在整个世界经济大调整时代，新兴市场需求前景将更加光明，美日欧市场需求相对低迷，世界市场格局的这一重大演变需要中国对外经济发展战略进行重点转移。

5. 资源大较量时代？

对比上个世纪50～70年代世界经济黄金发展时期，当时拥有8亿人口的发达国家经济出现持续高速增长，对资源需求大增，曾爆发两次石油危机，一段时期资源价格猛涨，资源供需关系的紧张局面进而影响到国际政治关系。此次拥有30亿人口的新兴经济体进入新型工业化发展阶段，对资源需求正在大量增加，且已经对资源长期供应产生巨大压力。2008年原油价格一度被炒到147美元/桶，离石油危机仅一步之遥。

此次金融危机过后发达国家经济虽然需要进行大调整，经济进入缓慢增长时期，但新兴经济体发展速度依然保持较快增长，如长期保持快速增长的印度，预计2010年度将增长8.5%，这是前所未有的高速度。而印尼、越南、巴西也在为经济增长过热、通胀担忧。

再分析此次世界经济爆发危机，资源出口国如澳大利亚、加拿大、巴西经济表现抗冲击，主要是因为来自新兴经济体对资源需求经历了短暂下降之后迅速恢复，外部需求成为拉动经济增长的主要因素。长期来看，世界资源需求潜力巨大，对供给产生持续压力。当前国际市场铁矿石价格持续猛涨已对中国经济造成巨大的现实压力。因此，世界资源供需长期紧张关系必然成为中国制定对外经济发展战略重点考量内容之一。

世界经济进入超主权时代

综合以上分析，笔者认为世界经济大调整、绿色革命、市场格局转变、新兴经济崛起、资源供应长期紧张等情况是从不同角度分析世界经济发展的几大趋势，其相互之间没有核心与外围关系，也不是原生与派生关系，更不是主导与随从关系。

而超主权发展趋势以 20 国集团峰会为国际舞台，参与国家覆盖世界经济 80%、具备比较充分的代表性。在此舞台上世界领袖将定期协商提出政策主张，发出信息，其“能量”足以引领世界经济发展方向；进而峰会还设置一些工作组、研究组，研究解决世界性经济大课题，提出解决世界经济发展存在的问题方案；加上国际货币基金组织、世界银行、世界贸易组织积极参与峰会，从中发挥具体执行作用。可见一个以 20 国峰会为舞台，以课题组、工作组和国际组织为两轮，一个推动世界经济发展的超主权机制、体系已经初步形成，将在世界范围发挥主导与核心作用。因而，新时期世界经济运行的本质特征和中心议题应该是超主权机制和体系建设。从这个角度讲，世界经济正进入一个前所未有的新时代——超主权时代。

世界进入超主权时代对中国提出前所未有的挑战，同时也是中国对外经济发展的新机遇。中国应该提出怎样的发展战略，提出怎样的理念和主张，发挥世界经济大国应有的作用，为世界经济发展做出应有贡献等等，这些将成为需要我们认真研究的课题。

全球经济有望进入低速扩张周期

——访中国银行战略发展部高级经济师周景彤

张　娜/文

对于金融危机后的世界经济走势，中国银行战略发展部高级经济师周景彤认为，未来5年世界经济将进入新一轮扩张周期，但增速将明显放缓。美国经济可望步入新的增长周期，但增长率将会有所降低。欧洲经济可能出现反复波动，但扩张力度较为疲软。日本经济将持续“脱欧美、入亚太”进程，但结构性问题将制约其经济增长速度。日趋旺盛的内需将成为推动新兴经济体持续较快增长的重大动力，并成为拉动全球经济增长的重心。

全球经济有望进入新一轮扩张周期，但增速有所放缓

从全球经济运行周期看，2008年下半年到2009年上半年是衰退期，2009年下半年到2010年是复苏期，2011～2012年全球经济有望进入新一轮增长周期。但是，受一系列因素影响，本轮经济增长将远逊于2003～2007年的高速增长。

中国经济时报： 影响经济扩张的主要因素是什么？

周景彤： 金融危机的后遗症难以在短期内根除。此次金融危机是对十多年来全球经济金融发展中种种不协调、不稳定、不平衡因素的一个总爆发。危机中，各国相继出台了一系列迅速而广泛的应对措施。但是，这些措施从总体上是以政府部门的“杠杆化”抵消民间部门“去杠杆化”的影响，以天量货币供应“狂潮”弥补金融机构与金融市场融资功能的“失血”，尚未根治引发危机的深层次弊端，却又引发新的风险因素。未来，主权债务危机、资产价格泡沫或通货膨胀危机还会此起彼伏，制约经济增长力度。

金融危机引发全球增长模式的转换，潜在增长率将降低。危机中，发达国家消费者支出倾向降低，内需疲软；发展中国家以前期的收入增长为后盾，以政府的刺激政策为契机，以较低的居民负债基础为杠杆，掀起新一轮消费浪潮。但是，全球“再平衡”不会推动经济更快增长，因为发展中国家消费规模较小，

短期内难以弥补发达国家消费放缓“腾出”的空间。按照发达国家居民消费增长放慢0.5个百分点、发展中国家消费加快1个百分点测算，全球消费至少要到2015年前后才能增长得更快。

中国经济时报：哪些领域有可能成为新的经济增长亮点？

周景彤：新技术、新产业和基础建设投资短期内难现经济增长亮点。发达国家基础设施更新改造、发展中国家基础设施建设有很大的投资空间，可能成为新的经济增长点，但是对社会就业、新产业发展的拉动效应并不明显，增长的可持续性与对别国的辐射效应较小。

美国经济复苏超预期，未来增长可能放缓

从2008~2010年，美国经济经历了一个典型的“U”形衰退与复苏历程，比欧洲经济更为强劲，这主要得益于美国人口规模与人口结构具有优势，金融体系相对灵活，危机应对措施果断得力，推动消费支出复苏和出口竞争力的提升。不过，快速复苏不能掩盖美国经济的风险与困境。未来5年美国经济可望步入新的增长周期，但增长率将会有所降低。

中国经济时报：判断未来美国经济增长放缓的主要依据是什么？

周景彤：一是美国房地产市场的调整仍未结束。这一调整进程可能贯穿整个2010年，而要恢复到危机前水平，更需要数年时间。房地产市场的低迷不仅影响到美国的投资，也影响消费，进而影响全球经济增长。

二是美国金融机构受到危机的重创。将耗费较长时间“去杠杆化”，消化次贷与金融衍生品泡沫，导致金融信贷持续疲软；美国金融市场难以在短期内重返危机前水平，特别是证券化市场将长期停顿。因此，美国金融业对经济增长支持作用将受到削弱。

三是美国居民消费的复苏仍然主要受益于经济刺激计划。在刺激效应消减之后，美国经济增长可能放缓。美国私人消费占GDP的70%以上，主要由资产价格上涨形成的财富效应支撑，危机使美国居民承受了大规模的金融财富损失，房价调整也影响居民的借贷能力。另外，失业率高企还制约居民收入增长。

四是“双赤字”困扰美国经济。美国政府出台大规模救市措施，进一步推高美国财政赤字水平，继续追加财政支出的空间有限；美国“出口倍增计划”将受到欧洲复苏疲软、美元升值等因素的制约，国内产出能力仍不能满足消费需求，经常项目赤字将长期存在。“双赤字”将削弱美国经济重返高增长的动能。

欧洲经济复苏将较为疲弱

欧洲经济深受本次金融危机的打击。从 2008～2010 年，欧洲先后经历了西欧银行业危机、东欧新兴市场金融危机和欧元区成员的主权债务危机。相比美、日两大经济体，欧洲经济陷入危机时间更长、衰退程度更深、复苏力度更弱。未来 5 年，欧洲经济可能出现反复波动，但扩张力度较为疲软。

中国经济时报： 主要原因？

周景彤： 总体而言，欧洲经济在二战以来长达 30 多年的"黄金发展期"后，成熟度较高，基础设施和资源开发建设基本完善，缺乏新的投资亮点；欧洲处于老龄化进程中，消费动力不足。欧洲高福利的社会制度、僵化的劳动力市场和技术创新缺乏主导性，限制生产率与竞争力的提升。

欧洲产业与区域发展结构的缺陷。欧洲金融业高度发达，对全球的资本输出甚于美国金融业。部分西欧国家房地产泡沫比美国更为严重，部分欧元区国家出口依存度较高，部分东欧国家严重依赖于外资和单一能源产业，部分南欧国家则主要依托旅游、文化等产业。因此，欧洲经济整体的抗风险能力较弱，在本次金融危机中受到严重打击，从危机中全身而退的难度最大。

欧洲经济一体化缺陷带来的挑战。欧盟与欧元区是欧洲经济一体化的重大成果，但是其天然的缺陷无法经受重大金融危机的考验。欧元区成员发展差异日益扩大，既有德国这类拥有大规模经常账户盈余和巨额资本输出的国家，也有西班牙这类高赤字、高消费的国家；既有通胀率低的国家，也有通胀率高的国家，限制了欧洲央行货币政策的灵活性。与此同时，欧洲财政主权分散，导致政策协调与政策约束难度较大，在危机中做出的政策反应较为滞后，政策效果也大打折扣，特别是部分成员国大幅超出了财政赤字纪律的约束。

欧洲经济持续复苏的风险重重。欧洲有很多"大而不能倒"、"大而无法救"的主权国家与金融机构，在未来面临更多的金融冲击之时将对经济复苏带来重大挑战，特别是银行业危机、主权债务危机与欧元危机尚未看到根治方案，进一步打击国际投资者对欧洲经济发展的信心，欧洲经济可能面临多次探底的风险，未来 5 年整体的经济增长力度较为疲弱。

日本经济有望稳步增长

日本金融体系受金融危机直接打击较小，但实体经济受欧美经济衰退的打击巨大，衰退程度更甚于欧美。不过，近水楼台先得月，日本经济受益于亚洲新兴市场内需扩张的拉动，出口复苏较快，拉动经济复苏。未来5年，日本经济将持续“脱欧美、入亚太”进程，但结构性问题将制约其经济增长速度。

中国经济时报：为什么说结构性问题将制约日本经济增速？

周景彤：在后危机时代，基于人口老龄化、基础设施投资空间有限等结构性缺陷，日本不能指望靠内需来拉动经济复苏，通缩问题和生产率上升缓慢将始终困扰日本经济发展。而且，日本正日益面临政府债务比例不断上升的挑战，刺激政策必将不可持续。2009年日本政府债务总额已占其国内生产总值的218%，位列经合组织所有成员国之首，未来还将继续攀升。

基于日本GDP规模的庞大，如果偿债能力出现问题，任何国家和国际组织也无力援救。为避免像希腊那样陷入债务危机，日本必须制定中长期财政框架和财政运行战略，明确提出削减债务方针。依靠政策来刺激国内需求增长必然将受到限制。

日本借助优势可以维持经济增长态势。如能加大与中国、印度等人口大国的融合力度，为亚洲经济发展提供技术、资金和高端产品的支持，则出口仍可望为日本经济的持续增长贡献力量。总体而言，日本经济未来年均增速可望达到2%左右。

新兴市场分化中平稳增长，在全球经济社会中的地位上升

在金融危机中，由于新兴经济体具有庞大的人口基础，在前期的贸易盈余中积累了相当的财富，财政与金融体系也更为健康，在危机中采取了果断而有力的对策，因此经济保持持续增长。未来5年，日趋旺盛的内需将成为推动新兴经济体持续较快增长的重大动力，并成为拉动全球经济增长的重心。

中国经济时报：你比较看好新兴市场，说说理由？

周景彤：未来5年，庞大的人口基础带来日益旺盛的消费需求、发展空间仍然巨大的基础设施建设和逐步好转的国际环境，将推动亚洲新兴市场持续较快增长。

拉美、中东和非洲表现相对良好。对主要为全球经济发展提供能源、资源支持的拉美、中东和非洲地区而言，亚洲经济体内需的发展将是其经济持续增长的关键。在本次金融危机中，这些地区主要受到大宗商品价格暴跌的冲击，出口萎缩；同时，来自海外的侨汇收入减少，贫困问题有所加剧；资本流入下滑，投资

受到影响。不过，在亚洲需求的拉动下，大宗商品价格止跌回升，为这些地区的经济复苏提供了良好环境。未来5年，新能源、新材料技术的发展依然难以成长到足够规模，会威胁这些地区的经济持续发展。随着国际资本重新流入、出口再度回升，这些地区仍可维持平稳增长。

东欧新兴市场在金融危机中同时受到西欧银行业危机、国际资本流出、大宗商品价格暴跌和美、欧需求急剧萎缩的冲击。未来5年，东欧新兴市场的经济复苏之路将较为崎岖，潜在增长水平较危机前有较大下滑。特别是要克服西欧经济疲软、恢复自身金融体系和实现经济结构转型等多重挑战，需要时日。

周景彤

北京大学经济学博士，高级经济师。曾在国家信息中心从事宏观经济研究工作，现中国银行战略发展部工作。研究领域包括宏观经济、金融、房地产、固定资产投资、收入分配等。多项研究上报中办、国办，并获国家发改委、国家信息中心优秀科研成果奖，部分研究成果获国家领导人的批示。

附录

国际金融危机大事记

2007 年

4 月 2 日

美国第二大次级抵押贷款机构新世纪金融公司向法院申请破产保护。

4 月 27 日

纽约证券交易所对新世纪金融公司股票实行摘牌处理。

7 月

American HomeMortgage Investment 关门大吉。

8 月 6 日

美国第十大抵押贷款机构美国住房抵押贷款投资公司正式向法院申请破产保护。

8 月 11 日

世界各地央行 48 小时内注资超 3262 亿美元救市；美联储一天三次向银行体系注资 380 亿美元。

8 月 14 日

美国欧洲和日本三大央行再度注入超过 720 亿美元救市；亚太央行再向银行系统注资。

8 月 16 日

美联储再向金融系统注入 70 亿美元；全球股市暴跌。

8 月 17 日

美联储再次向金融系统注入资金 170 亿美元；全美最大商业抵押贷款公司全国金融公司面临破产；全球股市再次暴跌。

8 月 20 日

日央行向银行系统注资 1 万亿日元，美联储再向金融系统注资 35 亿美元，日本股市大涨。

8 月 21 日

日央行宣布再向银行注 8000 亿日元；美联储再向金融系统注资 37.5 亿美元；美国全国金融公司证实，已裁减 500 名抵押贷款业务部门的员工。

8 月 22 日

美联储再向金融系统注资 20 亿美元。

8月23日

美联储再向金融系统注资70亿美元；欧洲央行再次向金融系统注资400亿欧元；雷曼兄弟关闭抵押贷款子公司；美国四大银行从美联储贴现窗口借入资金20亿美元。

8月24日

日本央行从金融市场回收资金3000亿日元；美联储向金融系统注资172.5亿美元。

8月28日

美联储再次向金融系统注入资金95亿美元；美国最大房贷公司Countrywide Financial Corp.的获利预估遭到雷曼兄弟调降；高盛下调对贝尔斯登、雷曼兄弟以及摩根士丹利的三季度获利预估。

8月29日

美联储再次向金融系统注入资金52.5亿美元；美联储备主席伯南克致信美国国会，建议国会设法帮助次级住房抵押贷款市场借款人。

8月30日

自8月9日至30日，美联储已累计向金融系统注资1472.5亿美元，以防次贷危机恶化。

8月31日

巴克莱银行第二次借入英国央行大约16亿英镑的紧急储备金；美国主要次级抵押贷款公司Ameriquest不再接受新的抵押贷款申请。

9月4日

美联储通过二日回购协议向银行体系注入50亿美元的临时储备；美国8月份制造业活动指数下滑至近五个月来最低水平。

9月5日

美联储通过隔夜回购协议向银行体系注入85亿美元临时储备。

9月12日

花旗集团提供214亿美元支应金融公司GMAC；欧洲央行再次向银行系统注资750亿欧元。

9月18日

为应对愈演愈烈的次贷危机以及可能的经济衰退后果，美联储决定降息0.5个百分点。从此，美联储进入“降息周期”。

9月19日

美联储通过隔夜回购协议向银行体系注入97.5亿美元临时储备，将商业银行间隔夜拆借利率降到4.75%。

9月21日

美联储通过隔夜回购协议向银行体系注入30亿美元临时储备。

10月30日

全球最大券商美林证券公司首席执行官斯坦·奥尼尔成为华尔街第一位直接受次贷危机影响丢掉饭碗的CEO。

11月4日

全球最大金融机构花旗集团董事长兼首席执行官查尔斯·普林斯宣布辞职。

2008年

2月12日

为避免房贷违约引发更严重的社会和经济问题，美国政府和六大房贷商提出“救生索计划”，以帮助那些因还不起房贷而即将失去房屋的房主。

2月13日

布什正式签署一揽子经济刺激法案，大幅退税，刺激消费，进而刺激经济增长，避免经济陷入衰退。

7月13日

美国财政部和联邦储备委员会宣布救助两大住房抵押贷款融资机构房利美和房地美，提高“两房”信用额度，并承诺必要情况下购入两公司股份。

7月14日

房利美和房地美股价过去一周被“腰斩”，纽约股市三大股指全面跌入“熊市”。

7月26日

美国参议院批准总额3000亿美元的住房援助议案，授权财政部无限度提高“两房”贷款信用额度，必要时可不定量收购“两房”股票。

9月7日

美国联邦政府宣布接管房利美和房地美，以避免更大范围金融危机发生。

9月10日

雷曼兄弟决定出售旗下资产管理部门55%的股权，并分拆价值300亿美元处境艰难的房地产资产。

9月15日

雷曼兄弟宣布将依据以重建为前提的美国联邦破产法第11章申请破产保护。美国银行已与另一家证券巨头美林证券公司达成协议，将以440亿美元收购美林公司。届时美银将超过花旗集团，成为全美最大的金融机构。

9月16日

中国人民银行宣布，下调贷款基准利率0.27个百分点，部分存款类金融机构人民币存款准备金率下调1个百分点。这是6年来首次下调贷款利率，9年来首次下调存款准备金率。

9月17日

美国政府同意出资最高850亿美元，救助美国保险企业美国国际集团（AIG），获得其79.9%的股份。

9月19日

中国财政部宣布，从9月19日起，对证券交易印花税政策进行调整，由现行双边征收改为单边征收，税率保持1‰。

9月20日

美国政府向国会提交了一项总额达7000亿美元的金融救援计划，要求国会赋予政府广泛权力购买金融机构不良资产，以阻止金融危机加深。这是自上世纪30年代经济大萧条以来，美国政府制定的最大规模金融救援计划。

9月21日

美联储批准美国金融危机发生后至今幸存的最后两大投资银行高盛和摩根士丹利提出的转为银行控股公司的请求。

9月22日

继美国政府出台7000亿美元救市计划后，英国政府考虑动用2000亿英镑挽救濒临危机银行业渡过难关。

9月23日

德国财政部长施泰因布吕克在与西方七国集团财政部长和中央银行行长电话磋商后表示，西方七国集团其他成员国拒绝参与美国金融救援计划。

9月24日

美国亿万富翁沃伦·巴菲特的伯克希尔·哈撒韦将购买高盛集团价值50亿美元的永久性优先股。美媒称FBI开始调查雷曼等大型金融机构是否涉及欺诈。

9月26日

全美最大的储蓄及贷款银行华盛顿互惠公司被美国联邦存款保险公司（FDIC）查封、接管，成为美国有史以来倒闭的最大规模银行。

9月28日

荷兰、比利时和卢森堡三国周日同意向富通集团注资112亿欧元。

9月30日

美国众议院否决了美国政府的7000亿美元的救援计划。美国三大股指暴跌，纳斯达克综合指数创历史最大单日跌幅；道指创单日最大下跌点数，下跌了777.68点，至10365.45点，跌幅为6.98%。

10月2日

美国国会参议院1日晚以74票支持，25票反对，通过修改后的7000亿美元救市计划。但该法案作了修改，附加已被众议院拒绝的一个嘉惠中产阶级和企业的1100亿美元的减税计划。

10月2日

日本央行出手向金融市场注资，共22.7万亿日元。

10月7日

美联储将增加注资力度，预计年底将达9000亿美元。

澳大利亚央行降低基准利率一个百分点，这是自1992年以来澳大利亚幅度最大的降息。

10月8日

英国财政大臣宣布英国银行救助方案，英国政府将向银行业至少注资500亿英镑。作为救助方案的一部分，英国央行将向银行和建筑业提供额外的2000亿英镑的短期借贷额度以增加流动性。

全球6家主要央行有史以来首次联手降息。美国联邦储备委员会、欧洲央行、英国央行、瑞士央行、加拿大央行和瑞典央行，8日联合宣布将基准利率均下调50基点。

阿联酋央行决定将贷款利率从5%下降到3%，并将存款单回购利率从2%下降到1.5%。

美国财长保尔森暗示，在动用最高7000亿美元收购银行业坏账的同时，财政部还可能考虑直接入股银行，以直接改善后者的资本状况。

10月9日

中国人民银行宣布，从2008年10月9日起下调一年期人民币存贷款基准利率各0.27个百分点，从2008年10月15日起下调存款类金融机构人民币存款准备金率0.5个百分点，对储蓄存款利息所得暂免征收个人所得税。

香港金融管理局宣布，将从即日起把基本利率由2.50%下调50基点，至2.00%。

中国台湾货币当局宣布，将基准利率下调25基点，至3.25%。

韩国央行宣布，将基准利率下调25基点，至5.00%。

德国总理默克尔（AngelaMerkel）称，她不能排除对德国任何一家银行进行国有化的可能。

比利时首相莱特姆宣布，比利时、法国和卢森堡三国将为比利时和法国合资的德克夏银行提供财政担保，使其能够从资本市场募集到总额达45亿欧元的资金。

冰岛政府宣布，将接管该国第一大银行Kaupthing。至此，冰岛市值排名前三位的银行已全部被政府接管。

10月12日

美联储批准富国银行以117亿美元收购美联银行。

10月13日

英国政府宣布将针对四大银行提出纾困计划，金额高达350亿英镑（605亿美元），这是英国规模最大的消费金融银行救援计划，而英国政府也将成为HBOS、苏格兰皇家银行（RBS）、骏懋银行（Lloyds TSB）与巴克莱银行的大股东，并进驻银行的董事会。

英国政府宣布，将向苏格兰皇家银行（RBS）等该国三大银行投资共计370亿英镑（640亿美元），以帮助后者避免陷入破产境地。

韩国政府宣布将动用2400亿美元外汇储备救市，目标涵盖所有银行及金融机构。

10月14日

美国总统布什宣布，政府将斥资2500亿美元购买金融机构股权。

俄罗斯和冰岛在莫斯科开始就向冰岛提供40亿欧元贷款问题进行谈判。

日本公布了旨在稳定金融体系的一揽子计划。按照该计划，政府也将在必要时对地方金融机构注资。

10月17日

中国国务院召开常务会议，部署第四季度经济工作，出台十项措施，包括加大投资力度、降低房地产交易税费支持居民购房、鼓励金融机构增加对中小企业贷款、提高纺织品和机电产品出口退税率等。

10月23日

中国财政部9月初提交的千亿元减税规模的增值税全面转型方案已获国务院批准，减税规模保底为1500亿元，有望达到2000亿元，2009年1月1日起实施。

10月27日

日本最大银行三菱日联金融集团宣布，将通过增发股份的方式融资9900亿日元（107亿美元），以补充资本金。

10月29日

中国人民银行宣布，于10月30日起下调金融机构人民币存贷款基准利率。一年期存款基准利率由现行的3.87%下调至3.60%，下调0.27个百分点；一年期贷款基准利率由现行的6.93%下调至6.66%，下调0.27个百分点；其他各档次存、贷款基准利率相应调整。个人住房公积金贷款利率保持不变。

10月30日

美联储决定将联邦基准利率下调50个基点至1%。这是美联储一个月内第二次进行同样幅度的降息。

欧盟委员会宣布，已批准瑞典和葡萄牙两国的金融救援方案，涉及资金总额达1700亿欧元。

11月1日

印度央行宣布降息50个基点，由8.0%调降至7.5%；同时下调存款准备金率100个基点，由6.5%调降至5.5%。自10月11日以来，印度央行已连续三次调低商业银行存款准备金率，累计降幅高达3.5个百分点。此外，印度央行还宣布将该国截至2009年3月31日的2008财年经济增长预期下调0.5%，至7.5%。

11月3日

越南大幅降息100基点。

11月4日

澳大利亚央行宣布，将基准隔夜拆款利率目标下调75个基点，至5.25%。

马来西亚政府宣布，投入70亿马币刺激国内经济。

11月5日

中国国务院召开常务会议，确定了进一步扩大内需、促进经济增长的十项措施，为保实施上述工程建设，到2010年底共投资4万亿元。

11月6日

英国央行宣布大幅下调基准利率1.5个百分点，达到1955年以来最低的3%。

因欧元区经济放缓，欧洲央行宣布调降指标利率50个基点至3.25%。

丹麦央行决定，从11月7日起将其指导利率降低0.5个百分点，即从目前的5.5%降至5%；同时将贴现率也降低0.5个百分点，从目前的4.5%降至4%。

11 月 7 日

韩国央行宣布将基准政策利率下调 25 个基点，至 4.00%，为近期第二次降息，以对抗韩国经济与很多发达国家一起下滑的风险。

美国得克萨斯州监管机构关闭了总部位于休斯敦的 Franklin 银行（Franklin Bank, S. S. B)，这是美国今年倒闭的第 18 家银行。同一天，美国加州 Security Pacific Bank 也被美国联邦存款保险公司（FDIC）监管机构关闭，这是今年美国倒闭的第 19 家银行。

11 月 8 日

二十国集团财政部长和中央银行行长 2008 年年会在巴西圣保罗开幕，与会代表纷纷呼吁国际社会协调一致，共同应对国际金融危机。

11 月 11 日

世界银行集团星期二宣布将大幅提高对于发展中国家的资金支持，通过多个融资或咨询机制帮助私营部门获得贷款，从而促进就业和经济复苏。

11 月 13 日

欧盟委员会宣布，已批准荷兰政府向陷入困境的本国银行及保险巨头荷兰国际集团紧急注资 100 亿欧元。

巴基斯坦央行将基准利率上调两个百分点至 15%，意在减轻目前处在近 30 年高点的通货膨胀压力。

11 月 14 日

哈萨克政府表示，该国四大银行已经同意政府的拯救方案，政府将出资至少 34.7 亿美元，购买这些银行 25% 的股权。

11 月 15 日

G20 华盛顿峰会召开，全球 20 位领袖聚集华盛顿，为应对金融危机出谋划策。

11 月 21 日

新加坡政府宣布了一项 23 亿新元的财政刺激计划，希望在今明两年增长前景恶化之际提振经济。该刺激计划包括增加贷款、提高贷款违约时政府承担风险的比例，并把企业融资计划的覆盖范围扩大至所有本地公司。

日本央行宣布，将维持银行间无担保隔夜拆借利率 0.3% 不变。

韩国央行宣布以附买回交易方式向市场注资 2 万亿韩元。

因房地产泡沫破灭导致坏账骤增，美国合众银行（U. S. Bank）母公司宣布，在美国联邦存款保险公司（FDIC）的促成下，该公司正式接收南加州的两家被查封银行。两家被查封的金融机构分别是总部位于橙县新港滩市（Newport Beach）的唐尼储蓄贷款银行（Downey Savings & Loan）和橙县 Rancho Cucamonga 的波莫纳第一联合银行（PFF Bank & Trust)。

越南央行宣布，越盾基准利率从 12% 下调至 11%/年，带动商业银行贷款利率从 18% 下调至 16.5%/年；再融资利率从 13% 下调至 12%/年；贴现利率从 11% 下调至 10%。

11 月 23 日

美国政府宣布，将为总额高达 1 万 4000 亿美元的银行债务提供担保，同时也将放宽私人投资者收购倒闭银行的条件。

11 月 26 日

欧盟委员会批准了一项涵盖欧盟 27 个成员国的经济激励计划，总额达 2000 亿欧元（约合 2600 亿美元），目的是迅速提振欧盟经济，并限制全球金融危机给欧盟所带来的影响。这项计划总额相当于欧盟 GDP 的 1.5%。

中国央行宣布，从 2008 年 11 月 27 日起，下调金融机构一年期人民币存贷款基准利率各 1.08 个百分点，其他期限档次存贷款基准利率作相应调整。同时，下调中央银行再贷款、再贴现等利率。这一降幅为近十年来最大。

美联储宣布，正式批准美国银行收购美林公司的交易。据悉，美国银行在收购美林后，其合并报表资产总规模将达到约 2.7 万亿美元，并将控制约 8520 亿美元的存款。

11 月 28 日

中共中央政治局会议，决定把保持经济平稳较快发展作为明年经济工作的首要任务，继续实施积极的财政政策和适度宽松的货币政策。

11 月 29 日

澳大利亚总理陆克文宣布，联邦政府将向各州增加共 150 亿澳元（约合 100 亿美元）的财政拨款，以帮助澳大利亚对抗这场全球金融危机。

11 月 30 日

波兰总理图斯克 11 月 30 日说，波兰政府计划推出一项约 913 亿兹罗提（约合 310 亿美元）的刺激经济计划，以稳定和推动波兰的经济发展。同时，波兰财政部当天大幅度下调了明年的经济增长预期。

12 月 2 日

澳大利亚央行宣布，将基准隔夜拆款利率目标下调 100 个基点至 4.25%，为 6 年半以来的最低水平。

12 月 4 日

新西兰央行将基准利率下调了 150 个基点，创下 9 年来的最大调整幅度，旨在减轻国内经济下滑的压力。

印尼央行降息 25 个基点至 9.25%，这是自 2007 年 12 月以来印尼央行首次降息。

英国央行宣布将基准利率降低 100 基点至 2%，为 1951 年以来最低水平。

欧洲央行决定将欧元区基准利率削减 75 基点至 2.5%，为该行成立以来最大降幅。

瑞典央行宣布，大幅降息 175 基点，基准利率降至 2.00%。降幅之大，为 1992 年以来首见。

12 月 5 日

佐治亚第一社区银行（First Georgia Community Bank）被监管机构关闭，使得美国年内宣布破产银行家数已经达到 23 家，远超过之前 5 年的总数。

12 月 9 日

加拿大央行将基准利率下调 75 个基点，至 1.5%。

12 月 11 日

美国国际集团（AIG）计划在今年底前宣布价值超过 150 亿美元的资产出售计划。

韩国央行大幅降息 100 个基点，至 3.00%。

瑞士央行降息 50 个基点。

12 月 16 日

爱尔兰政府宣布，拨出 100 亿欧元对国内六家主要银行进行输血救援。

沙特阿拉伯央行宣布，将两大主要政策利率各下调 50 个基点：将回购利率自 3% 调降至 2.5%，同时调降逆回购利率 50 个基点至 1.5%。

12 月 19 日

美国总统布什宣布了针对美国汽车企业的救援方案。这项贷款总计 174 亿美元，是从美国政府总额为 7000 亿美元的金融救援方案中拨出的。

12 月 20 日

加拿大联邦政府总理哈珀和安大略省省长麦坚迪在多伦多召开联合发布会宣布，将向加拿大汽车工业提供 40 亿加元的紧急援助。

12 月 22 日

中国人民银行决定从 23 日起下调一年期人民币存贷款基准利率各 0.27 个百分点，并从 25 日起，下调金融机构人民币存款准备金率 0.5 个百分点。这是央行今年以来的第 5 次降息，降息幅度达到 216 个基点。

12 月 23 日

中国人民银行决定，从 2008 年 12 月 23 日起，下调一年期人民币存贷款基准利率各 0.27 个百分点，其他期限档次存贷款基准利率作相应调整。同时，下调中央银行再贷款、再贴现利率。从 2008 年 12 月 25 日起，下调金融机构人民币存款准备金率 0.5 个百分点。

12 月 24 日

美联储批准通用汽车金融服务公司转型为银行控股公司。之后，该公司可以申请财政部 7000 亿美元金融援助资金，直接从美联储得到紧急贷款。根据协议，通用汽车和博龙资产管理有限公司在该公司的持股比例将不得超过 10% 和 14.9%。

12 月 30 日

美国财政部宣布，已经为通用汽车公司提供第一笔总额为 40 亿美元的紧急贷款。

2009 年

1 月 1 日

美国银行（Bank of America）宣布，已完成对美林证券高达 194 亿美元的全股本收购；而富国银行当天也将曾是美国第四大银行的美联银行（Wachovia）以 127 亿美元完全纳入麾下。

1 月 5 日

美国总统奥巴马向美国国会提出一项总额高达 3000 亿美元的减税计划，期待得到国会的支持，以便在他任期开始后有效刺激已经陷入衰退的美国经济。

德国政府高级官员表示，德国即将公布第二套财政刺激方案，总额最高可达500亿欧元（合680亿美元）。

1月6日

巴西政府宣布向国际市场发行总额为10亿美元的10年期债券。

1月7日

印度尼西亚央行宣布，将基准利率下调50个基点至8.75%。

1月8日

德国政府向德国商业银行进一步注资100亿欧元（合137亿美元），支持其完成对德累斯顿银行的收购。

英国央行英格兰银行宣布降息0.5个百分点，将基准利率降至1.5%——英格兰银行建行300多年来的最低水平。

1月13日

美国花旗集团和华尔街巨头摩根士丹利正计划整合双方的交易业务部门，打造全球最大证券公司。

1月14日

曾经的全球电讯巨人加拿大北电网络公司（Nortel Networks）申请破产保护，成为全球金融危机下第一家申请破产保护的主要科技企业。

中国国务院常务会议审议通过汽车产业调整振兴规划、钢铁产业调整振兴规划。

1月15日

欧洲中央银行宣布将基准利率下调50个基点，即从2.5%下调至2.0%。

美国众议院民主党议员公布高达8250亿美元的两年期振兴经济方案，包括约5500亿美元的联邦政府开支，以及2750亿美元的减税方案。

1月21日

马来西亚中央银行宣布，将隔夜政策利率下调75个基点至2.5%，创下10年新低纪录。

1月28日

美国众议院以244票赞成、188票反对的表决结果通过了总额为8190亿美元的经济刺激方案，这也是美国历史上最庞大的经济刺激方案。

2月2日

法国总理菲永宣布法国经济振兴方案的具体实施计划，由政府投资265亿欧元用于上千个项目发展，以刺激经济增长，应对金融危机。

2月3日

澳大利亚总理陆克文宣布了一项经济刺激方案，将拨款420亿澳元用于公共项目建设和对中低收入者进行补贴，以刺激经济发展，增加就业机会。

2月4日

俄罗斯财政部长阿列克谢·库德林表示，政府将向国内银行业再度注资400亿美元。

中国国务院常务会议，审议通过装备制造业调整振兴规划、纺织工业调整振兴规划。

2月5日

欧洲央行宣布维持基准利率于2%不变符合预期。

英国央行货币政策委员会将基准利率从1.5%下调至1%。

2月6日

中国国务院下发通知，2009年地方政府债券发行规模为2000亿元，各省区将在全国两会前上报拟发行数量，由中央分配并代为发行。

2月7日

美国联邦储蓄保险公司（FDIC）宣布，该公司从即日起接管因受金融危机严重冲击而难以为继的三家地方性银行。

2月10日

美国财长盖特纳在华盛顿宣布总额高达1.5万亿美元的金融稳定计划（FSP），包括三方面内容：为银行注入更多资金、高达1万亿美元的信贷融资以及由政府和民间资金共同设立一个类似“坏账银行”的机构收购银行“有毒资产”。

2月11日

中国国务院常务会议审议通过船舶工业调整振兴规划。

2月12日

韩国央行宣布将基准利率下调0.5个百分点至2%，这是韩国央行在利率水平已处于历史最低位后再次降息。

2月14日

西方七国集团（G7）财政部长和中央银行行长在罗马举行会议。会后，西方七国集团在一份声明草案中表示，在继续致力于稳定经济和金融形势的同时，强调要反对贸易保护主义。

2月15日

日本政府及执政党确定了将推出大规模追加刺激经济方案的方针。据日本共同社报道，预计该方案中政府财政支出将为15万亿~20万亿日元，整体事业规模将超过100万亿日元（逾万亿美元）。

2月17日

通用汽车向美国财政部提交了重组计划详细方案，表示还需要美国政府额外提供高达166亿美元的救助资金。

克莱斯勒汽车向美国财政部提交了公司重振计划，希望政府增加财政支持，提出增加20亿美元的贷款申请。

美国总统奥巴马正式签署总值7870亿美元的刺激经济方案，落实推行这项方案中的各项措施。

2月18日

中国国务院常务会议审议通过电子信息产业调整振兴规划。

2月19日

中国国务院常务会议审议通过石化产业调整振兴规划，以及轻工业调整振兴规划。

2月20日

美国俄勒冈州金融监管部门宣布关闭锡尔弗·福尔斯银行。至此，美国今年头两个月内倒闭的银行数目已上升到14家。

2月25日

中国国务院常务会议审议通过有色金属产业调整振兴规划、物流业调整振兴规划。

2月21日

美国总统奥巴马命令美国财政部减税95个百分点，兑现他竞选时的承诺。此次减税是7870亿美元的经济刺激计划的一部分，目的是增加美国人的收入，用以增加消费者开支来刺激经济增长。

2月26日

美国总统奥巴马向国会提交其首份联邦政府预算报告，表示有信心在2013年内将美国高达1.3万亿美元的赤字减半。这份总额为3.55万亿美元的预算报告要求增加2500亿美元应急资金，用于救援金融业。

法国两大互助银行——储蓄银行和人民银行合并，从而催生了法国第二大、欧洲第三大储蓄银行。

3月5日

欧洲中央银行宣布将主导利率降低0.5个百分点，即从2%降至1.5%，以刺激经济复苏。

英国央行——英格兰银行宣布将基准利率从1%降至0.5%，再创历史新低。

菲律宾央行宣布，将基准利率下调25基点，至4.75%，为至少16年来最低水平。

3月7日

英国政府接手该国第三大银行莱斯银行集团2600亿英镑的“有毒资产”，作为交换条件，政府对该行持股从现阶段的43.5%上升为65%，甚至高达75%。

比利时政府发表声明称，法国巴黎银行仍将收购富通银行75%的股权。此外，富通银行将在法国巴黎银行融资担保下，出价13.75亿欧元买入富通比利时保险公司25%的股份。

3月9日

冰岛宣布，政府将接管国内硕果仅存的大型银行Straumur投资银行。这也是该国进行的第四起银行国有化案例。

3月11日

巴西中央银行宣布将基准利率下调1.5个百分点，从原来的12.75%降至11.25%。这是自2003年11月以来巴西利率的最大降幅。

3月12日

新西兰央行宣布，下调基准利率0.5个百分点，从3.5%下调到3%，创下历史新低。

3月19日

美联储公布将购买价值超过1万亿美元的政府担保的债券。

3月20日

美国联邦储蓄保险公司（FDIC）宣布，佐治亚州金融监管部门当天关闭了该州的

FirstCity 银行。

3 月 24 日

韩国政府宣布历来最大规模的追加预算案，金额达 28.9 万亿韩元，以免经济陷入衰退。

3 月 26 日

美国政府公布金融体系全面改革方案，旨在对诸如对冲基金之类的金融市场主要参与者实行更严格的监管。

3 月 30 日

奥巴马政府否决了通用汽车和克莱斯勒的重组计划，并暂停向这两家公司继续“输血”。

3 月 31 日

世界银行宣布一项 500 亿美元的基金计划，提振全球贸易下滑趋势。

4 月 12 日

德国财长施泰因布吕克起草了 2000 亿欧元坏账银行计划，允许德国的银行把不良资产从资产负债表中剥离出去，这项计划现已提交给德国总理默克尔，德国金融界官员将在 4 月下旬讨论该计划。

4 月 15 日

美国政府宣布首批加入住房救援计划的 6 家抵押贷款公司名单。政府将向这些公司提供最多 99 亿美元资金，作为对它们修改住房贷款条款以降低月供、避免止赎的补偿。

欧盟委员会决定，批准英国政府将去年 10 月推出的 3000 亿英镑金融救助计划再延长半年。

4 月 16 日

黑岩集团（BlackRock，BLK. N）日前表示将参与美国政府计划，通过在全球范围内集资 50 亿～70 亿美元来购买美国金融机构的“有毒资产”。

4 月 21 日

加拿大央行将隔夜拆借利率降低到 0.25%。

瑞典央行宣布降息 50 个基点至 0.5%，以应对该国自 1940 年以来最严重的经济衰退。

印度央行宣布，将基准利率从 3.5% 下调至纪录低点 3.25%。

4 月 24 日

美国财政部宣布，为通用公司再提供 20 亿美元贷款作为营运资本。这使得政府为该公司提供的援助总额达到了 154 亿美元。

4 月 26 日

美国又有四家银行被关闭，分别为佐治亚州的美国南方银行、密歇根州的 Heritage 银行、加州的比华利山第一银行和爱达荷州的第一银行，涉及总资产达 23 亿美元。今年美国的倒闭银行增至 29 家，数目超越去年全年的总数。

4 月 29 日

美国联邦储备委员会决定将商业银行间隔夜拆借利率维持在历史最低点 0～0.25% 不变，并表示将利用一切可能的工具来促使经济复苏。

5 月 1 日

美国联邦存款保险机构（FDIC）宣布，再接管三家银行，分别为佐治亚州的 Silverton-Bank、新泽西州的 CitizensCommunity Bank 与犹他州的 America West Bank。至此，美国今年关闭银行数目增至 32 家。

5 月 5 日

墨西哥政府宣布，将推行总额为 13 亿美元的减税措施，以帮助受甲型 H1N1 流感疫情打击的本国经济部门。

5 月 7 日

欧洲央行决定将基准利率下调至 1%，创下该行历史上的最低水平，并有可能向银行提供长期贷款，以遏止自二战以来最为严重的经济衰退形势。同时宣布计划购买总额达 600 亿欧元的资产担保债券。

英国央行宣布继续维持基准利率于 0.5% 不变。

冰岛央行也将关键利率下调 250 个基点至 13%，降息幅度远远超出市场预期，这是该行数月以来的第三次减息。

5 月 9 日

美国房贷机构房利美公布，首季亏损 232 亿美元，需要政府额外 190 亿美元援助。

5 月 21 日

美国参议院通过决议，同意美国政府履行承诺，向国际货币基金组织提供 1080 亿美元融资，用于抵制大萧条以来最为糟糕的经济危机，重树国际货币基金组织“危机拯救者”形象。

6 月 1 日

由于经营管理失误以及债务等问题，拥有百年历史的美国第一大汽车企业——美国通用汽车公司正式递交破产保护申请。通用汽车公司也因此成为美国历史上申请破产的最大的工业企业。

6 月 10 日

美国政府提议出台一项“股东决定薪酬”（say on pay）的立法草案，要求上市公司每年举行一次针对高管薪酬的非约束性股东投票。此外政府还打算指定一名“薪酬沙皇”，此人有权对接受政府救助资金的美国公司高管的薪酬进行审核。

美国资产管理业务巨擘贝莱德集团（BlackRock Inc.，BLK）宣布，将以现金加股票的方式出资 135 亿美元收购英国巴克莱银行（Barclays PLC）旗下资产管理子公司——Barclays Global Investors。交易完成后，贝莱德管理的资产规模将超过 2.7 万亿美元，成为全球最大的资产管理公司。

6 月 17 日

贝莱德公司发表公告宣布，巴克莱董事会已经接受贝莱德提出的收购巴克莱国际投资管理（“BGI”）协议。贝莱德将以现金加股票的方式出资 135 亿美元收购 BGI，由此造就一个管理资产超过 2.7 万亿美元的巨无霸。

6 月 24 日

欧洲央行（ECB）向欧元区疲弱的银行系统注入 4422 亿欧元一年期贷款，创下应急资金额的新纪录，以求打开信贷市场，振兴欧元区的经济体。

6 月 27 日

美国监管部门又关闭了 5 家小型银行，使今年以来获得美国政府相关资信担保的银行倒闭数量上升至 45 家。

6 月 28 日

日本丰田汽车出现 71 年以来巨大亏损。受金融危机的影响，丰田集团从 2008 年 4 月到 2009 年 3 月的净亏损达到 4369 亿日元，约合 44.9 亿美元。

7 月 6 日

八国集团峰会在意大利拉奎拉举行，共同商议如何稳定金融市场和力图推动世界经济复苏。

通用汽车公司出售资产计划在美国东部时间 6 日凌晨正式获得纽约破产法院批准。

7 月 22 日

巴西中央银行货币政策委员会将基准利率从 9.25% 下调至 8.75%，这是巴西央行今年以来第 5 次降息。

7 月 27 日

美国政府计划本周发债 1150 亿美元，创下空前最大发债金额纪录，但美国公债利率少有变化，原因是美国联邦准备理事会主席伯南克上周指出，近乎“零利率”将维持“很长期间”。

7 月 30 日

新西兰央行宣布维持现有 2.5% 基准利率不变，同时表示可能进一步采取降息举措。2008 年 7 月到今年 4 月间，新西兰央行已累计降息 5.75 个百分点。

7 月 31 日

美国国会众议院紧急表决，批准向旨在扶持本国汽车制造业、助推节能减排的“旧车换现金”计划追加 20 亿美元资金，以刺激消费。

8 月 7 日

俄罗斯中央银行宣布，从本月 10 日起，将再融资年利率下调 25 个基点，调至 10.75%。这也是俄央行今年以来第五次调整再融资年利率。

8 月 24 日

美联储宣布，通过定期拍卖工具（TAF）再拍卖 1000 亿美元贷款。

日本向肯尼亚政府提供了 5.87 亿先令（约合 770 万美元）用于购买粮食的援助资金。

8 月 25 日

美国总统奥巴马宣布提名伯南克连任美联储主席。

8 月 28 日

美国又有三家银行被接管，分别为马里兰州的 Bradford Bank、明尼苏达州的 Mainstreet Bank 和加州的 Affinity Bank。这三家银行总资产共近 19 亿美元，接受存款近 17 亿美元。至此，今年以来倒闭的美国银行增加至 84 家，创下自 1992 年以来最多银行破产的纪录。

9 月 25 日

二十国集团第三次金融峰会在匹兹堡闭幕，与会领导人就金融体系改革等一系列问题达成共识，发表《领导人声明》，承诺继续实施经济刺激计划，支持经济活动，直到经济复苏得到明显巩固。

10月6日

澳联储宣布上调基准利率0.25个百分点至3.25%，为G20国中首个加息的国家。

10月30日

美国联邦货币监理局（OCC）宣布，包括加州国民银行在内的九家私人银行当天倒闭，并由美国联邦储蓄保险公司（FDIC）接管。至此，今年以来美国倒闭银行达到115家。

11月1日

由于政府救助及债务重组失败，拥有百年历史的美国中小企业商贷机构CIT集团1日正式申请破产保护。

11月6日

美国联邦储蓄保险公司宣布关闭旧金山联合银行等5家银行，至此，全美今年破产银行数量升至120家，创下1992年以来最高纪录。

11月15日

亚太经合组织（APEC）第十七次领导人非正式会议发表《新加坡宣言》，承诺继续进行经济刺激政策，直至经济复苏更加稳固。

12月4日

美国联邦储蓄保险公司（FDIC）再度关闭了6家小型银行，这使得2009年因全球金融危机而倒闭的美国银行数量，已累计增加至130家。

12月9日

美国财政部宣布，将原定总额为7000亿美元的问题资产救助计划（TARP）延长至2010年10月3日；该部门同时预计，TARP计划的总支出规模将不会超过5500亿美元。

12月11日

美国众议院通过了金融监管改革方案，美联储将成为一个“超级监管者”，全面加强对大型金融机构的监管。

12月15日

美国联邦存款保险公司（FDIC）和美国财政部分别公布了具体计划，以致力于解决目前仍深处困境的小型银行以及信贷问题。美国财政部表示已经购买了本地10家小型银行约7200万美元的优先股，以振兴仍处于困境的中小型银行，并改善银行对小型企业的贷款；美国联邦存款保险公司表示将2010财年的公司预算提高56%至40亿美元，来进一步处理银行倒闭问题。

2010年

1月8日

美国联邦监管机构控制了Horizon银行的18家分行，Horizon银行成为2010年美国首家破产银行。

1 月 28 日

德国与希腊 10 年期国债利率首次超过 400 个基点，创下最高纪录。

2 月 9 日

德国考虑同其他欧元区国家向希腊以及陷入债务问题的国家提供贷款，以避免危机扩散。

2 月 23 日

美国联邦储蓄保险公司（FDIC）公布，2009 年全年，美国银行业放贷下降了 7.5%，为 67 年来最大降幅。更令人担忧的是，“问题银行”的数量进一步增至 702 家的 16 年新高，预示银行破产潮仍可能延续到 2010 年。

希腊债务危机扩散到银行系统，希腊四大银行评级遭到下调。

3 月 17 日

美国参议院以 68∶29 的投票比例通过了一项规模为 175 亿美元的刺激就业法案。

3 月 25 日

欧盟就如何救助负债累累的希腊达成共识。根据救助方案，一旦希腊陷入严重困境，可获得欧盟与国际货币基金组织（IMF）协同安排的双边贷款，据悉援助金额最高达 220 亿欧元（290 亿美元）。

4 月 5 日

爱尔兰政府宣布了一项“坏银行”计划，通过专门机构收购该国三大银行高达 810 亿欧元的贷款资产，相当于爱尔兰 GDP 的一半。当局还要求银行业大量补充资本金。

4 月 16 日

美国证券交易委员会（SEC）向纽约南区联邦法院提交了对高盛集团的民事起诉，指控其在 2007 年出售金融衍生品时，涉嫌存在重大信息虚报和遗漏，以及误导性陈述，特别是隐瞒了与投资者有直接利益冲突的知名对冲基金投资组合的有关事实，导致投资者在不知情的情况下购买正在被该对冲基金卖空的产品，给投资者造成高达逾 10 亿美元的损失。高盛市值旋即蒸发 120 亿美元，“股神”巴菲特损失惨重。

4 月 23 日

陷入严重债务危机的希腊政府因无力承担市场融资成本，正式请求启动欧盟 - IMF 联合救助机制，欧元区历史上首次大规模财政救助行动即将展开。

二十国集团（G20）财长和央行行长在华盛顿召开会议。主要有两大核心主题，一是促进全球经济可持续复苏，二是加强全球金融监管改革。

4 月 27 日

标准普尔再次下调希腊主权信用评级，从 BBB + 降为 BB +，发展前景负面，由此，自从 1999 年欧元诞生以来，在欧元区国家中，希腊国债首次沦为“垃圾债券”（junk bond）。

5 月 2 日

德国内阁批准了向希腊提供约 224 亿欧元贷款的援助法案。

5 月 3 日

欧洲央行宣布，暂时取消希腊政府借贷的主权信用评级“门槛”。这意味着即使希腊主权信用评级再遭下调，希腊政府仍可向欧洲央行借贷。

5 月 7 日

欧元区 16 个成员国领导人在布鲁塞尔举行紧急会议，强调严控各自公债，削减财政赤字。会议还提出要建立一个稳定机制，创建针对任何陷入困境成员国的应急资金，采取“一切手段”捍卫欧元区稳定。

5 月 11 日

德国内阁在一次特别会议上批准欧盟财长达成的 7500 亿欧元一揽子救助方案，德国将对其中的 1230 亿欧元信贷提供担保。

5 月 17 日

欧洲央行表示，在 7500 亿欧元救援计划达成后的 1 周内购买了 165 亿欧元的欧元区国债。

欧盟成员国决定，向希腊提供首笔 200 亿欧元的援助金，并在 5 月 18 日转交希腊。该笔款项有 145 亿欧元来自欧元区国家，其余的 55 亿欧元来自国际货币基金组织。

5 月 22 日

西班牙中央银行宣布接管大型地方银行 Cajasur，它是当地 44 家大型地方银行之一，该银行需要央行注资 5 亿欧元续命。

5 月 28 日

惠誉评级宣布，将西班牙的主权债信评级由此前的“AAA”下调至“AA +”。

6 月 4 日

美国联邦储蓄保险公司（FDIC）宣布，该机构接管了来自内布拉斯加州、伊利诺伊州和密西西比州的三家地区性银行。

6 月 5 日

为期两日的二十国集团（G20）成员国财长和央行行长会议圆满结束。会议发布公告称，同意合作防止金融市场动荡，维持世界经济良性复苏。G20 成员国在下列两个方面取得一致意见：1. 赞同对欧洲的救援政策；2. 各成员国需要通过促进内需及扩大和发展中国家之间的贸易以实现全球经济平衡增长。这份声明就金融改革的若干细节达成一致，呼吁加快金融监管改革，大幅削减预算赤字。

6 月 17 日

美国联邦住房金融局（FHFA）发表声明，要求其监管的美国两大抵押贷款巨头房利美（FNM）与房地美（FRE）将它们的股票从纽约证交所退市。退市的原因是两家公司的股价长期处于纽约交易所对股价要求的最低水平。

6 月 25 日

美国参众两院最终就各自版本的金融监管改革方案达成一致。根据最终草案，美国将把监管触角伸到金融市场的各个角落，清除导致目前危机的各种“系统性风险”。今后大至大金融机构的运作、并购，小至抵押贷款的发放、信用评级的制定以及各种衍生工具的交易等，都将列入监管之列。此外，美国政府还将对资产超过 500 亿美元的银行和 100 亿美元的对冲基金征收特别税，预计未来 10 年可收税 190 亿美元。该草案还需得到参议院和众议院的最终批准并送交总统签字方能生效成为法律。

6 月 26 日

第四次 G20 集团峰会在加拿大多伦多市举行，这是 G20 机制化后的首次峰会，本次峰会的主题是“复苏和新开端”。

6 月 29 日

美国主管机关再关闭三家银行，使得美国今年以来倒闭银行数累计达 86 家，美国联邦储蓄保险公司（FDIC）的存保基金因此损失 2.8460 亿美元。被勒令停业的三家银行分别是佛罗里达州的半岛银行、乔治亚州的第一国家银行和新墨西哥州的高漠国家银行。

7 月 2 日

穆迪投资服务公司宣布，可能调降西班牙现为 Aaa 的主权评级，主要理由是该国经济状况不断恶化，此前自己已对西班牙的评级进行了为期三个月的再评估。

7 月 16 日

美国联邦储蓄保险公司（FDIC）宣布，该机构当日再度关闭了美国的六家地区性银行，这使得今年的美国倒闭银行数量达到了 96 家。FDIC 接管上述六家银行所花费的联邦储蓄保险基金金额约为 2.33 亿美元。

7 月 20 日

美联储表示，同意将财政部向美联储的定期资产支持证券贷款工具（TALF）提供的信贷担保规模由之前的 200 亿美元降至 43 亿美元。此举被认为是美联储应对危机的货币政策退出的一部分。

7 月 21 日

美国总统奥巴马正式在金融监管改革法案上落笔签字，结束了长达一年的金融改革立法之争。这项名为《多德－弗兰克华尔街改革与消费者保护法》的法案正式生效，美国自上世纪 30 年代以来最重大的金融改革也就此全面展开。

8 月 17 日

美联储重启国债收购行动。为了支持步伐放缓的经济复苏，美联储当天利用其持有的按揭支持证券（MBS）的到期资金购入 25.51 亿美元美国国债。这是美联储自去年 10 月以来首次增持国债。为了消除金融危机的不利影响，去年 3 月至 10 月期间，美联储曾购入总额 3000 亿美元的国债，以压低借贷成本。

9 月 1 日

雷曼兄弟前首席执行官富尔德向美国金融危机调查委员会（FCIC）提交的一份书面证词中，指责美联储听凭雷曼破产的行为加剧了金融危机。

国际货币基金组织（IMF）发布报告中表示，由西方七大工业国美、英、法、德、意、加、日组成的 G7 发达国家集团的负债水平过高，临近他们的“债务极限”。

9 月 12 日

巴塞尔银行监管委员会管理层会议在瑞士巴塞尔举行，通过了加强银行体系资本要求的改革方案，即《巴塞尔协议Ⅲ》。

10 月 5 日

日本央行宣布将银行间无担保隔夜拆借利率从现行的 0.1% 降至 0 ~ 0.1%。这是日本央行时隔 4 年多再次实施零利率政策，并承诺维持息率在零水平直至物价稳定。

日本执政党宣布了经济刺激计划的最终版本，要求利用超过 4.8 万亿日元的支出来刺激日本正在放缓的经济复苏。

11 月 7 日

为期两天的亚太经合组织（APEC）高官会在日本横滨开幕。这是本年度 APEC 举行的第四次高官会。重点讨论亚太地区为应对危机和促进繁荣、发展必须实施的变革与行动。

11 月 11 ~ 12 日

二十国集团（G20）领导人在韩国首尔聚首，举行第五次首脑峰会。峰会通过《首尔宣言》。

11 月 21 日

爱尔兰总理布莱恩·考恩表示，爱尔兰向欧盟和国际货币基金组织提出的一揽子金融援助请求，已经获得欧盟的批准。七国集团财政部长发表声明对此表示欢迎。

12 月 14 日

美联储表示，美国经济正在复苏，但复苏的缓慢速度不足以大幅降低失业率，美联储将继续维持联邦基金利率在 0 ~ 0.25% 的水平不变，并继续执行逐月购买总计 6000 亿美元的美国长期国债计划，以刺激美国经济更强劲复苏。

12 月 16 日

美国通过延长减税及失业救济议案。这次通过的议案预计耗资 8580 亿美元，是国会近两年来第二次通过大规模经济刺激方案。上次是奥巴马政府 2009 年提起的 8140 亿美元政府开支议案。

12 月 17 日

美国监管部门再次宣布关闭 6 家地区银行，这使得年内美国银行的破产数目增至 157 家。自 2008 年至今，美国监管部门已经关闭 322 家银行。

2011 年

1 月 1 日

爱沙尼亚总理安西普从塔林市中心国家歌剧院广场上一台银行自动取款机上提取了该国第一张欧元钞票，正式宣告爱沙尼亚成为第 17 个加入欧元区的国家。

1 月 4 日

美联储公布了《公开市场委员会会议纪要》。

1 月 10 日

美联储宣布，将向美国财政部交纳约 784 亿美元的利润，这是美联储成立以来的最高纪录。

2月9日

中国人民银行决定，自2011年2月9日起上调金融机构人民币存贷款基准利率。金融机构一年期存贷款基准利率分别上调0.25个百分点，其他各档次存贷款基准利率相应调整。这是央行今年以来首次上调利率，也是2010年以来第三次上调利率。

3月4日

欧洲银行管理局宣布开始对欧洲银行业进行新一轮的压力测试。本次压力测试将检测欧洲银行业能否经受贷款损失大幅增加、证券价格下降以及宏观经济增速严重衰退导致的其他问题。

惠誉评级公司确认了西班牙“AA+”主权信用评级，同时将该国评级前景由“稳定”下调至“负面”。

3月14日

日本央行宣布向金融市场注资15万亿日元，16日再注资3万亿日元。这是去年5月欧债危机造成金融市场动荡后，日本央行首次向短期金融市场提供紧急融资。

3月31日

二十国集团国际货币体系改革高级别研讨会在南京举行。

（由李成刚根据公开资料整理）

后记 Postcript

李慧莲

2010年春节过后，跟王晓军先生一次偶然的关于对当时经济形势的讨论，使我们萌发了在中国经济时报开设一个研究金融危机专栏的念头，过后因事多而杂，直到是年6月份此话题才又被提及。时不我待，经过一番准备，2010年9月14日，“后危机时代的世界”专栏终于在中国经济时报“世界观察”版正式开篇。

对于这个专栏的定位，就像我在开篇的编者按语中所写的：“爆发于2008年的金融危机已经过去了吗？乐观者说过去了，悲观者说远未结束，相当多的人不敢轻易下结论。目前唯一可以确定的是，它对全球格局尤其是经济格局带来了巨大影响。权威人士尤其是经济方面的权威专家是如何看待这次危机的？它在哪些方面影响了世界？导致经济格局发生了怎样的改变？一波危机过后中国在全球经济格局中的地位发生了怎样的变化？这些变化对世界经济的影响是什么？人们应该在多大程度上总结前一段的经验和教训以避免今后重蹈覆辙？目前，金融危机发展到了何种阶段？带着这些问题，中国经济时报记者将邀请一批国内外权威人士接受采访或亲自撰文，以对这些问题进行全方位、深层次的解读。”这是我对这个专栏最初的想法，庆幸的是，在各方的共同努力下，这个想法执行得还算不错。

从2010年9月14日开篇到2011年6月28日结束，十个月时间里，我们采访了四十多位来自中外的学者、企业家，请他们对上述问题发表见解，有41位的专访或文章入选本书。与这四十多位采访对象的交往过程是非常愉快而且令人难忘的，他们当中，不乏在国内外有广泛影响力的专家学者，像李君如、辜胜阻、隆国强、冯飞、金碚、王志乐、史蒂芬·罗奇、柯林·梅尔等等，还有一些颇具知名度的中外企业家，比如陈东升、宗庆后、瑞拉文等。其实，他们每一个人，包括那些还不太知名的中青年学者，都给我们留下了深刻印象，他们的精彩言论以及他们深刻的洞察力和敏锐的判断力令我们获益匪浅。更难得的是，通过采访，我们也稍稍理解他们身上那些人性的闪光点如何支撑他们在学术与经营上达到今天的高度。希望细心的读者在阅读本书时也能体会到这一点。

感谢所有接受我们采访的人士！

我还要感谢这个专栏的采访团队，我的辛苦而勤奋的同事们：徐伟、张娜、赵海娟、朱菲娜、刘慧、王小霞、李成刚、范思立，还有实习生黄晓萌，当我像个可恶的监工那样不停地催促他们加快进度或者修改稿件时，他们对我表现出极大的宽容、忍耐。尤其要感谢成刚的辛苦努力，为了最后的“金融危机大事记”，他整理出十几万字的素材，而最终只用了十分之一。没有他们的努力与支持，这个专栏不可能这样顺利圆满地完成。

最后，我要特别感谢中国发展出版社的包月阳社长，没有他的鼓励和支持，就不可能有这本书的出版。感谢他领导的团队中所有为本书出版付出劳动的编辑、美编、校对及发行人员。

这并不是一本系统研究金融危机或者世界格局变化的学术专著，囿于我们的人脉资源及能力水平，没有把所有适合谈这个话题的人物都找出来。或者说即便找到了，可能也没有做到最好，因此，本书有许多未尽如人意之处，敬请读者谅解。唯一让我们聊以自慰的是，我们已尽了心力，改进提升就留待下次。

李慧莲

2011 年 6 月 25 日晨于平西府